M. Pitkowitz
Praxishandbuch Vorstands- und Aufsichtsratshaftung

Für Victoria

Praxishandbuch Vorstands- und Aufsichtsratshaftung

Pflichten, Haftung, Ermessen und Versicherung in
der Aktiengesellschaft

Deutschland und Österreich

Von

Dr. Matthias M. Pitkowitz, LL.M. (Columbia)
Rechtsanwalt in New York (Attorney at Law)

2014

C.H.BECK

www.beck.de

ISBN 978 3 406 66149 5

© 2014 Verlag C.H. Beck oHG
Wilhelmstraße 9, 80801 München

Druck und Bindung: BELTZ Bad Langensalza GmbH
Neustädter Straße 1–4, D-99947 Bad Langensalza

Satz: Fotosatz H. Buck
Zweikirchener Str. 7, 84036 Kumhausen

Gedruckt auf säurefreiem, alterungsbeständigem Papier
(hergestellt aus chlorfrei gebleichtem Zellstoff)

Vorwort

Über die Jahre hat sich das Haftungsrecht der Aktiengesellschaft stark gewandelt. Einst selten relevant, ist es heute zu einem allgegenwärtigen Thema herangewachsen. Neben einem massiven Pflichtenzuwachs finden sich Vorstands- und Aufsichtsratsmitglieder mit teils dreisten Haftungsklagen konfrontiert. Die Relevanz des Themas wird schon aus Zahl und Umfang der einschlägigen Publikationen deutlich.

Das vorliegende Handbuch soll dem Bedürfnis gerecht werden, sich einfach Zugang zu den relevanten Materien verschaffen zu können. Es stellt den Anspruch, die Komplexitäten des Haftungsrechts und der damit verbundenen Themenbereiche (Pflichten, Ermessen und Versicherung) in verständlicher, kompakter Weise abzuhandeln und auch Nicht-Juristen zugänglich zu machen, ohne dabei seinen wissenschaftlichen Anspruch zu verlieren. Dabei soll es neben Vorstands- und Aufsichtsratsmitgliedern auch Rechtsanwälten und Richtern als kompaktes Nachschlagewerk dienen. Das Handbuch stellt aber weder den Anspruch auf Vollständigkeit, noch soll es umfassende Beratung ersetzen. Der Rechtsanwalt nimmt hier jedenfalls eine bedeutende Rolle ein. Wer aber seine Pflichten und den Haftungsrahmen kennt, der kann sich auch besser innerhalb dieser Regeln bewegen und gezielter beraten lassen.

Mein besonderer Dank gilt Frau Dr. Marie-Therese Richter, die mir bei Zusammenstellung des Handbuches stets tatkräftig zur Seite stand, Herrn Richard Hall, Esq., der mir als Mentor die Fertigstellung ermöglichte, Frau Univ.-Prof. Dr. Susanne Kalss, für die Weckung meines akademischen Interesses, sowie nicht zuletzt, Herrn Dr. Roland Klaes und Herrn Matthias Hoffmann vom Verlag C.H. Beck, ohne deren Einsatz das Handbuch in dieser Form nicht das Licht der Welt erblickt hätte.

Den Benutzern des Handbuches wünsche ich, dass es ihnen bei der Erfüllung ihrer Aufgaben behilflich ist. Anregungen und gegebenenfalls auch Kritik nehme ich gerne dankbar entgegen (MPitkowitz@cravath.com).

New York, im März 2014   Matthias M. Pitkowitz

Inhaltsübersicht

Inhaltsverzeichnis

Abkürzungsverzeichnis

*An manchen Stellen kann sich – je nach Bedarf – ein zusätzlicher Hinweis darauf finden, ob es sich um eine Abkürzung aus dem deutschen oder österreichischen Rechtsraum handelt. Ein der Abkürzung vorangestelltes „**d**" deutet auf eine deutsche Abkürzung hin; ein vorangestelltes „**ö**" auf eine österreichische.*

aA	anderer Ansicht
aaO	am angegebenen Ort
ABGB	Allgemeines bürgerliches Gesetzbuch (Österreich)
ABl	Amtsblatt der Europäischen Gemeinschaft (Union)
Abs	Absatz
AcP	(deutsches) Archiv für civilistische Praxis
ADV	Allgemeine Deutsche Versicherungsverein
aE	am Ende
aF	alte Fassung
AG	Aktiengesellschaft
AGB	Allgemeine Geschäftsbedingungen
AHVB	Allgemeine Bedingungen für die Haftpflichtversicherung
AktG	Aktiengesetz (dAktG und/oder öAktG, wie es der Kontext verlangt)
aM	anderer Meinung
Anh	Anhang
Anm	Anmerkung
AnwBl	Österreichisches Anwaltsblatt
AR	Aufsichtsrat
ARAG/Garmenbeck	Entscheidung des BGH vom 21.4.1997 – II ZR 175/95
ArbVG	Arbeitsverfassungsgesetz
ARD	ARD-Betriebsdienst
Art	Artikel
ASVG	Allgemeines Sozialversicherungsgesetz 1999 (Österreich)
AT	Allgemeiner Teil
AVB-AVG	Allgemeine Versicherungsbedingungen für die Vermögensschaden-Haftpflichtversicherung von Aufsichtsräten, Vorständen und Geschäftsführern
AVBV	Allgemeine Versicherungsbedingungen zur Haftpflichtversicherung für Vermögensschäden
BaFin	(Deutsche) Bundesanstalt für Finanzdienstleistungsaufsicht
BAO	Österreichische Bundesabgabenordnung
BAV	Bundesaufsichtsamtes für das Versicherungswesen
BB	Betriebsberater (Zeitschrift)
Bd	Band
BegrRefE UMAG	Begründung zum Referentenentwurf UMAG, in: Entwurf eines Gesetzes zur Unternehmensintegrität und Modernisierung des Anfechtungsrechts (UMAG).
BG	Bundesgesetz
BGB	(Deutsches) Bürgerliches Gesetzbuch
BGBl	Bundesgesetzblatt
BGH	(Deutscher) Bundesgerichtshof
BGHZ	Entscheidungen des (deutschen) Bundesgerichtshofs in Zivilsachen
BJR	Business Judgment Rule
Blg	Beilage
BlgAH	Beilagen zu den Beschlüssen des Abgeordnetenhauses

BlgNR	Beilagen zu den stenographischen Protokollen des Nationalrates
BörseG	Österreichisches Börsegesetz 1989
BT	Besonderer Teil
BVG	Bundes-Verfassungsgesetz in der Fassung von 1929
bzw	beziehungsweise
dAktG	Deutsche Aktiengesetz
d-AO	Deutsche Abgabenordnung
DB	Der Betrieb (Zeitschrift)
dh	das heißt
DHG	Dienstnehmerhaftpflichtgesetz
DRdA	Das Recht der Arbeit
d-StPO	Deutsche Strafprozessordnung
d-ZPO	Deutsche Zivilprozessordnung
E	Entscheidung
EB	Erläuternde Bemerkungen
ecolex	Fachzeitschrift für Wirtschaftsrecht
EFSlg	Ehe- und familienrechtliche Entscheidungen
EF-Z	Zeitschrift für Ehe- und Familienrecht
EG	Europäische Gemeinschaft(-en)
EGVVG	Einführungsgesetz zum Versicherungsvertragsgesetz
EKHG	Eisenbahn- und Kraftfahrzeughaftpflichtgesetz
EO	Exekutionsordnung
ErlRV	Erläuternde Bemerkungen zur Regierungsvorlage
ETV	Eigentumsvorbehalt
EU	Europäische Union
EvBl	Evidenzblatt der Rechtsmittelentscheidungen
f	und der (die) folgende
FamRZ	(deutsche) Zeitschrift für das gesamte Familienrecht
ff	und die folgenden
FinStrG	Österreichisches Finanzstrafgesetz
Fn	Fußnote
FS	Festschrift
G	Gesetz
GDV	Gesamtverband der Deutschen Versicherungswirtschaft
gem	gemäß
GeS	Zeitschrift für Gesellschafts- und Steuerrecht
GesRÄG	Gesellschaftsrechts-Änderungsgesetz
GesRZ	Der Gesellschafter, Zeitschrift für das Gesellschaftsrecht
GlUNF	Sammlung von zivilrechtlichen Entscheidungen des kk Obersten Gerichtshofes, Neue Folge
GP	Gesetzgebungsperiode
GRURInt	Gewerblicher Rechtsschutz und Urheberrecht Internationaler Teil
GVD	Gesamtverband der Deutschen Versicherungswirtschaft e.V.
H	Heft
hA	herrschende Ansicht
HaRÄG	Handelsrechts-Änderungsgesetz
HG	Handelsgericht
HGB	Handelsgesetzbuch (Deutschland)
hL	herrschende Lehre
hM	herrschende Meinung
Hrsg	Herausgeber
HS	Handelsrechtliche Entscheidungen; Halbsatz
idF	in der Fassung
idR	in der Regel
ieS	im engeren Sinn
IKS	Internes Kontrollsystem

immolex	Zeitschrift für neues Miet- und Wohnrecht
ImmZ	Österreichische Immobilien-Zeitung
insb	insbesondere
InsO	Deutsche Insolvenzordnung 1994 (idF BGBl. I S 3533)
IRÄG	Insolvenzrechts-Änderungsgesetz
iRd	im Rahmen der/des
iS	im Sinne
iSd	im Sinne des
iVm	in Verbindung mit
iwS	im weiteren Sinn
iZm	im Zusammenhang mit
JAB	Justizausschussbericht
JAP	Juristische Ausbildung und Praxisvorbereitung
JB	Judikatenbuch des OGH
JBl	Juristische Blätter
Jh	Jahrhundert
JN	Jurisdiktionsnorm
JZ	(deutsche) Juristenzeitung
Kfz	Kraftfahrzeug
Kl	Kläger, -in
KMG	Kapitalmarktgesetz
KMU	Kleine und mittelgroße Unternehmen
KO	Konkursordnung
KSchG	Konsumentenschutzgesetz
lat	lateinisch
leg cit	legis citatae (des zitierten Gesetzes)
LG	Landgericht (D); Landesgericht (Ö); Landesgesetz
lit	litera (Buchstabe)
maW	mit anderen Worten
mE	meines Erachtens
MietSlg	Mietrechtliche Entscheidungen
Mio	Millionen
mMn	meiner Meinung nach
MoMiG	Modernisierung des GmbH-Rechts und zur Bekämpfung von Missbräuchen (Deutschland)
Mrd	Milliarden
MRG	Mietrechtsgesetz
mS	meiner Sicht
MW	Masseverwalter
mwN	mit weiteren Nachweisen
nF	neue Fassung
NJW	(deutsche) Neue Juristische Wochenschrift
NO	Notariatsordnung
NotAktsG	Notariaktsaktsgesetz
Nov	Novelle
NR	Nationalrat
Nr	Nummer
NversZ	Neue Zeitschrift für Versicherung und Recht
NYSE	New York Stock Exchange
NZ	Österreichische Notariats-Zeitung
NZG	Neue Zeitschrift für Gesellschaftsrecht
Ö	Österreich
oÄ	oder Ähnliche(s)
öAktG	Österreichisches Aktiengesetz
ö-AO	Österreichische Ausgleichsordnung
ÖBA	Österreichisches Bankarchiv

ÖBl	Österreichische Blätter für gewerblichen Rechtschutz und Urheberrecht
ÖCGK	Österreichischer Corporate Governance Kodex
OGH	Oberster Gerichtshof
ÖJT	Österreichischer Juristentag
ÖJZ	Österreichische Juristen-Zeitung
OLG	Oberlandesgericht
OR	schweizerisches Obligationenrecht
österr	österreichisch, -e, -er, -es
ö-StGB	Österreichisches Strafgesetzbuch
ÖZW	Österreichische Zeitschrift für Wirtschaftsrecht
PKW	Personenkraftwagen
Prot	Protokoll, -e
RdW	Österreichisches Recht der Wirtschaft
RG	(deutsches) Reichsgericht
RGBl	Reichsgesetzblatt
RIS	Rechtsinformationssystem des Bundes (www.ris.bka.gv.at)
RL	Richtlinie
Rn	Randnummer
Rspr	Rechtsprechung
RV	Regierungsvorlage
RZ	Österreichische Richterzeitung
Rz	Randzahl
S	Satz
s	siehe
SigG	Signaturgesetz
Slg	Sammlung der Rechtsprechung des EuGH und des EuG
sog	sogenannte, -r, -s
StGB	Strafgesetzbuch (siehe auch d-StGB oder ö-StGB)
stRspr	ständige Rechtsprechung
StVO	Straßenverkehrsordnung
SZ	Entscheidungen des österreichischen Obersten Gerichtshofes in Zivilsachen
TN	Teilnovelle zum ABGB
uÄ	und Ähnliche(s)
ua	und andere(n), unter anderem
UGB	Unternehmensgesetzbuch
UMAG	Gesetz zur Unternehmensintegrität und Modernisierung des Anfechtungsrechts
URG	Unternehmensreorganisationsgesetz
usw	und so weiter
uU	unter Umständen
uva	und viele andere
UWG	Gesetz gegen den unlauteren Wettbewerb
V	Verordnung
va	vor allem
Verh	Verhandlungen
VerkProspG	Wertpapier-Verkaufsprospektgesetz
VersR	Zeitschrift für Versicherungsrecht
VersRdSch	Die Versicherungsrundschau
VersVG	Versicherungsvertragsgesetz
VfGH	Verfassungsgerichtshof
VfSlg	Sammlung der Erkenntnisse und wichtigsten Beschlüsse des Verfassungsgerichtshofes
vgl	vergleiche
VRInfo	Information zum Verbraucherrecht
VStG	Verwaltungsstrafgesetz
VVG	Versicherungsvertragsgesetz

WBl	Wirtschaftsrechtliche Blätter
WM	Zeitschrift für Wirtschafts- und Bankenrecht
WoBl	Wohnrechtliche Blätter
WpHG	Wertpapierhandelsgesetz
WpÜG	Wertpapiererwerbs- und Übernahmegesetz (Deutschland)
Z	Ziffer, Zahl
ZAS	Zeitschrift für Arbeitsrecht und Sozialrecht
zB	zum Beispiel
ZEuP	Zeitschrift für Europäisches Privatrecht
ZfRV	Zeitschrift für Rechtsvergleichung
ZGR	Zeitschrift für Unternehmens- und Gesellschaftsrecht
ZHR	Zeitschrift für das gesamte Handelsrecht und Wirtschaftsrecht
Ziff	Ziffer
ZIP	Zeitschrift für Wirtschaftsrecht
ZPO	Zivilprozessordnung
zT	zum Teil
ZVR	Zeitschrift für Verkehrsrecht

Literaturverzeichnis

I. MONOGRAPHIEN, LEHR- UND HANDBÜCHER

Abeltshauser, Leitungshaftung im Kapitalgesellschaftsrecht (1998)

Abeltshauser, Unternehmensbegriff und öffentliches Interesse (1981)

Assmann/Bungert, Handbuch des US-amerikanischen Handels-, Gesellschafts- und Wirtschaftsrechts (2001)

Bainbridge, Corporation Law and Economics (2002)

Barzen/Brachmann/Braun, D&O-Versicherung für Kapitalgesellschaften: Haftungsrisiken der Geschäftsleitung und ihre Deckung (2003)

Bastuck, Enthaftung des Managements (1986)

Bayer/Habersack, Aktienrecht im Wandel (2007)

Beckmann/Matusche-Beckmann, Versicherungsrechts-Handbuch, 2. Auflage (2009)

Birkner/Löffler, Corporate Governance in Österreich (2004)

Block/Barton/Radin, The Business Judgment, 5. Auflage (1998)

Bollenberger-Klemm, Geschäftsführerhaftung (2004)

Bungert, Gesellschaftsrecht in den USA (2003)

Dauner-Lieb in *Henssler/Strohn*, Gesellschaftsrecht (2011)

Dose, Rechtsstellung der Vorstandsmitglieder einer Aktiengesellschaft, 3. Auflage (1975)

Duursma/Duursma-Kepplinger/M. Roth, Handbuch zum Gesellschaftsrecht (2007)

Fleischer, Handbuch des Vorstandsrechts (2006)

Goette, Handbuch Corporate Governance (2003)

Goette, Handbuch Corporate Governance (2003)

Golling, Sorgfaltspflicht und Verantwortlichkeit der Vorstandsmitglieder für ihre Geschäftsführung innerhalb der nicht konzerngebundenen Aktiengesellschaft (1969)

Gruber/Mitterlechner/Wax, D&O-Versicherung mit internationalen Bezügen (2012)

Gummert/Weipert (Hrsg), Münchener Handbuch des Gesellschaftsrechts, Band IV, 3. Auflage (2007)

Haberer, Corporate Governance (2003)

Hauschka, Corporate Compliance, Handbuch der Haftungsvermeidung im Unternehmen (2007)

Hefendehl, Kollektive Rechtsgüter im Strafrecht (2002)

Henssler/Strohn, Gesellschaftsrecht (2011)

Henze, Höchstrichterliche Rechtsprechung zum Aktienrecht, 5. Auflage (2002)

Henze, Höchstrichterliche Rechtsprechung zum Aktienrecht, 5. Auflage (2002)

Hoffmann-Becking, Münchener Handbuch des Gesellschaftsrechts, Band 4, 3. Auflage (2007)

Hommelhoff, Konzernleitungspflichten: Zentrale Aspekte eines Konzernverfassungsrechts (1982)

Hueck/Windbichler, Gesellschaftsrecht, 21. Auflage (2008)

Ihlas, Organhaftung und Haftpflichtversicherung (1997)

Jaufer, Managerhaftung (2011)

Kalss, Gläubigerschutz im slowenischen, italienischen und österreichischen Kapitalgesellschaftsrecht (2002)

Kalss, Vorstandshaftung in 15 europäischen Ländern (2005)

Kalss/Nowotny/Schauer, Österreichisches Gesellschaftsrecht (2008)

Kastner/Doralt/Nowotny, Grundriss des österreichischen Gesellschaftsrechts (1990)

Koziol, Haftpflichtrecht, Band I, 3. Auflage (1997)

Koziol, Haftpflichtrecht, Band II, 2. Auflage (1984)

Kreuzer, Die Haftung der Leitungsorgane von Kapitalgesellschaften (1991)

Krieger/U. H. Schneider, Handbuch Managerhaftung (2007)

Küpper-Dirks, Managerhaftung und D&O-Versicherung, Haftungssituation und Deckungskonzepte (2002)

Lazopoulos, Interessenkonflikte und Verantwortlichkeit des fiduziarischen Verwaltungsrates (2004)

Limmer, D&O-Versicherungen in Deutschland – Die Absicherung der Organhaftung in Unternehmen (2006)

Lohse, Unternehmerisches Ermessen (2005)

Lutter, Information und Vertraulichkeit im Aufsichtsrat, 3. Auflage (2006)

M. Roth, Unternehmerisches Ermessen und Haftung des Vorstands (2001)

Merkt, US-amerikanisches Gesellschaftsrecht (1991)

Merkt/Göthel, US-amerikanisches Gesellschaftsrecht (2006)

Mertens, der Begriff des Vermögensschadens im bürgerlichen Recht (1967)

Möhrle, Gesellschaftsrechtliche Probleme der D&O-Versicherung (2007)

Mutter, Unternehmerische Entscheidungen und Haftung des Aufsichtsrats der Aktiengesellschaft (1994)

Olbrich, Die D&O-Versicherung in Deutschland (2003)

Olbrich, Die D&O-Versicherung, 2. Auflage (2007)

Paefgen, Unternehmerische Entscheidungen und Rechtsbindung der Organe in der AG (2002)

Patzina/Bank/Schimmer/Simon-Widmann, Haftung von Unternehmensorganen (2010)

Perner/Spitzer/Kodek, Bürgerliches Recht, 3. Auflage (2012)

Pichler/Weninger, Der Vorstand der AG (2004)

Raiser, Recht der Kapitalgesellschaften, 3. Auflage (2001)

Raiser/Veil, Recht der Kapitalgesellschaften (2006)

Ratka/Rauter, Handbuch Geschäftsführerhaftung, 2. Auflage (2011)

Ries/Peininger, Haftung und Versicherung von Managern (2007)

Scheifele, Die Vermögensschaden-Haftpflichtversicherung für Manager in den Vereinigten Staaten von Amerika (1993)

Schilling, Managerhaftung und Versicherungsschutz für Unternehmensleiter und Aufsichtsräte (2002)

Schlosser, Die Organhaftung der Vorstandsmitglieder der Aktiengesellschaft (2002)

Schmitt, Organhaftung und die D&O-Versicherung (2006)

Schöner/Stöber, Grundbuchrecht, Band 4, 14. Auflage (2008)

Schubert/Klein, Das Politiklexikon, 4. Auflage (2006)

Schüppen/Schaub, Münchener Anwaltshandbuch Aktienrecht, 2. Auflage (2010)

Semler, Leitung und Überwachung der Aktiengesellschaft, 2. Auflage (1996)

Semler/Peltzer, Arbeitshandbuch für Vorstandsmitglieder (2005)

Semler/v. Schenck, Arbeitshandbuch für Aufsichtsratsmitglieder, 3. Auflage (2009)

Simen/Streier/Hüsken, Wegweiser der Wissenschaft (1992)

Spahlinger/Wegen, Internationales Gesellschaftsrecht (2005)

Terbille/Höra, Münchener Anwaltshandbuch Versicherungsrecht, 3. Auflage (2013)

Thümmel, Persönliche Haftung von Managern und Aufsichtsräten, 3. Auflage (2003)

Veith/Gräfe, Versicherungsprozess, 2. Auflage (2010)

Widmaier, Münchener Anwaltshandbuch Strafverteidigung (2006)

Winner, Die Zielgesellschaft in der freundlichen Übernahme (2002)

Wöhe, Einführung in die Allgemeine Betriebswirtschaftslehre, 23. Auflage (2008)

Wollny, Die Directors' and Officer's Liability Insurance in den Vereinigten Staaten von Amerika (D und O-Versicherung) – Vorbild für eine Aufsichtsratshaftpflichtversicherung in Deutschland (1993)

II. KOMMENTARE

Doralt/Nowotny/Kalss, Kommentar zum Aktiengesetz, Band I, 2. Auflage (2012)

Geibel/Süßmann, Kommentar zum Wertpapiererwerbs- und Übernahmegesetz, 2. Auflage (2008)

Geßler/Hefermehl, Kommentar zum Aktiengesetz (1973)

Goette/Habersack (Hrsg), Münchener Kommentar zum Aktiengesetz, Band I, 3. Auflage (2008)

Goette/Habersack (Hrsg), Münchener Kommentar zum Aktiengesetz, Band II, 3. Auflage (2008)

Goette/Habersack (Hrsg), Münchener Kommentar zum Aktiengesetz, Band III, 3. Auflage (2013)

Goette/Habersack (Hrsg), Münchener Kommentar zum Aktiengesetz, Band IV, 3. Auflage (2011)

Goette/Habersack (Hrsg), Münchener Kommentar zum Aktiengesetz, Band VI, 3. Auflage (2011)

Heiss/Lorenz, Versicherungsvertragsgesetz samt Nebengesetzen, 2. Auflage (1996)

Hölters, Kommentar zum Aktiengesetz (2011)

Höpfel/Ratz, Wiener Kommentar zum StGB, 2. Auflage (2006)

Hopt/Wiedemann, Großkommentar zum Aktiengesetz, 4. Auflage (1999)

Hopt/Wiedemann, Großkommentar zum Aktiengesetz, 4. Auflage (1999), Nachtrag § 93 Abs 1 Satz 2 und 4 nF

Hüffer, Kommentar zum Aktiengesetz, 10. Auflage (2012)

Jabornegg/Strasser, Kommentar zum Aktiengesetz, 5. Auflage (2010)

Lutter/Hommelhoff, Kommentar zum GmbHG, 17. Auflage (2009)

Mertens/Cahn (Hrsg), Kölner Kommentar zum AktG, 3. Auflage (2010)

Oetker, Erfurter Kommentar zum Arbeitsrecht, 13. Auflage (2013)

Prölss/Martin, Versicherungsvertragsgesetz, 28. Auflage (2010)

Reich-Rohrwig, Das österreichische GmbH-Recht (1996)

Ringleb/Kremer/Lutter/v. Werder, Kommentar zum Deutschen Corporate Governance Kodex, 5. Auflage (2014)

Rowedder, Kommentar zum GmbHG, 3. Auflage (1997)

Rummel, Kommentar zum ABGB, 3. Auflage (2000)

Schauer, Versicherungsvertragsrecht, 3. Auflage (1995)

Schlegelberger/Hefermehl, Kommentar zum HGB, 5. Auflage (1977)

Scholz, Kommentar zum GmbHG, 9. Auflage (2000)

Spindler/Stilz, Kommentar zum Aktiengesetz, 2. Auflage (2010)

Straube, Kommentar zum HGB, 3. Auflage (2003)

Ziemons/Jaeger (Hrsg), Beck'scher Online-Kommentar GmbHG (2013)

III. BEITRÄGE IN SAMMELWERKEN

Bayer, Legalitätspflicht, Gesetzesverstöße und Regress bei Kartellverstößen, FS Karsten Schmidt (2009), 88

Beckmann, Einschränkungen der Innenhaftungsdeckung bei der D & O-Versicherung, FS Kollhosser Bd. I (2004), 25

Fleischer, Behavioral Law and Economics im Gesellschafts- und Kapitalmarktrecht, FS Immenga (2004), 575

Fleischer, Die „Business Judgment Rule" im Spiegel von Rechtsvergleichung und Rechtsökonomie, FS Wiedemann (2002), 827

Grass, Business Judgment Rule, Schweizer Schriften zum Handels- und Wirtschaftsrecht, Bd. 186 (1998), 129

Henssler, D&O-Versicherung in Deutschland, RWS-Forum 20, Gesellschaftsrecht (2001), 131

Hopt, Die Haftung von Vorstand und Aufsichtsrat – Zugleich ein Beitrag zur Corporate Governance-Debatte, FS Mestmäcker (1996), 909

Kalss, Geheimnisschutz, Datenschutz, Informationsschutz im Gesellschaftsrecht, Studiengesellschaft Wirtschaft und Recht, (2007), 237

Kastner, Die Stellung des Vorstandes der österreichischen Aktiengesellschaften, FS Schmitz (1967), 84

Lutter, Der Aufsichtsrat: Kontrolleur oder Mitunternehmer? FS Albach (2001), 350

Pataki, Der Versicherungsfall in der Haftpflichtversicherung – Grenzen eines Definitionsversuches am Beispiel der „Claims-made"-Theorie, FS Winter (2002), 229

Raisch, Zum Begriff und zur Bedeutung des Unternehmensinteresses als Verhaltensmaxime von Vorstands- und Aufsichtsratsmitgliedern, FS Hefermehl (1976), 347

Rauter, Vorstand, in *Straube*, Fachwörterbuch zum Handels- und Gesellschaftsrecht (2005)

Rittner, zur Verantwortung des Vorstandes nach § 76 Abs 1 AktG 1965, FS Gessler (1970), 139

S. H. Schneider, Haftungsmilderung bei fehlerhafter Unternehmensleitung? FS Werner (1984), 803

Semler, Entscheidung und Ermessen im Aktienrecht, FS Ulmer (2003), 627

U. Torggler, Geschäftsführung, in *Straube*, Fachwörterbuch zum Handels- und Gesellschaftsrecht (2005)

IV. ZEITSCHRIFTENAUFSÄTZE

Arnold/Rechberger, Neues vom Haften, Anfechten und Hinterlegen, GeS 2005, 184

Armbrüster, Wettbewerbsverbote im Kapitalgesellschaftsrecht, ZIP 1997, 1269

Baumann, Versicherungsfall und zeitliche Abgrenzung des Versicherungsschutzes in der D&O-Versicherung, NZG 2010, 1366

Baumann, Versicherungsfall und zeitliche Abgrenzung des Versicherungsschutzes in der D&O-Versicherung, NZG 2010, 1366

Bezzenberger, Der Vorstandsvorsitzende der Aktiengesellschaft, ZGR 1996, 661

Bingel, Die „Insiderinformation" in zeitlich gestreckten Sachverhalten und die Folgen der juengsten EuGH-Rechtsprechung für M&A-Transaktionen, AG 2012, 685

Brandes, Rückzahlung überhöhter Vorstandsgehälter, LSK 2013, 240850

Buchta, Die Haftung des Vorstands einer Aktiengesellschaft – aktuelle Entwicklungen in Gesetzgebung und Rechtsprechung (Teil I), DStR 2003, 694

Bunz, Die Business Judgment Rule bei Interessenkonflikten im Kollegialorgan, NZG 2011, 1294

Bürgers/Theusinger, Die Zulässigkeit einvernehmlicher Aufhebung der Bestellung eines Vorstandsmitglieds bei gleichzeitiger Neubestellung, NZG 2012, 1218

Dietz-Vellmer, Organhaftungsansprüche in der Aktiengesellschaft: Anforderungen an Verzicht oder Vergleich durch die Gesellschaft, NZG 2011, 248

Doralt, Shareholder und Stakeholder Value, ÖBA 2000, 639

Dreher, Das Ermessen des Aufsichtsrats, ZHR 158 (1994), 614

Dreher, Der Abschluss von D&O-Versicherungen und die aktienrechtliche Zuständigkeitsordnung, ZHR 165, 293

Dreher, Vergütung, Versorgung und Absicherung von Vorstandsmitgliedern in der Aktiengesellschaft, RWS-Forum 25, Gesellschaftsrecht (2003), 203

Dreher/Thomas, Die D&O-Versicherung nach der VVG-Novelle 2008, ZGR 2009, 31

Easterbrook/Fischel, 80 Michigan Law Review 1155/1168 Nr 36 (1982)

Eckert/Gassauer-Fleissner, Überwachungspflichten des Aufsichtsrats im Konzern, GeS 2004, 416

F. Schneider, Die zivilrechtliche Verantwortlichkeit der Organe einer Aktiengesellschaft, ÖJZ 1986, 129

Fest, Darlegungs- und Beweislast bei Prognoseentscheidungen im Rahmen der Business Judgment Rule, NZG 2011, 540

Feyl, Gedanken zur Business Judgment Rule, GesRZ 2007, 89

Fleischer, „Nützliche" Pflichtverletzungen von Vorstandsmitgliedern, ZIP 2005, 141

Fleischer, Aktuelle Entwicklung der Managerhaftung, NJW (2009) 2337.

Fleischer, Buchführungsverantwortung des Vorstands und Haftung der Vorstandsmitglieder für fehlerhafte Buchführung, WM (2006) 2021

Fleischer, Die „Business Judgment Rule": Vom Richterrecht zur Kodifizierung, ZIP 2004, 685

Fleischer, Gesetz und Vertrag als alternative Problemlösungsmodelle im Gesellschaftsrecht, ZHR 168 (2004), 673

Fleischer, Gestaltungsgrenzen für Zustimmungsvorbehalte des Aufsichtsrats nach § 111 Abs. 4 S. 2 AktG, BB 2013, 835

Fleischer, Gestaltungsgrenzen für Zustimmungsvorbehalte des Aufsichtsrats nach § 111 Abs 4 S. 2 AktG, BB 2013, 835

Fleischer, Haftung des herrschenden Unternehmens im faktischen Konzern und unternehmerisches Ermessen (§§ 317 II, 93 AktG) – Das UMTS-Urteil des BGH, NZG 2008, 371

Fleischer, Haftungsfreistellung, Prozesskostenersatz und Versicherung für Vorstandsmitglieder, WM 2005, 909

Fleischer, Kompetenzüberschreitungen von Geschäftsleitern im Personen- und Kapitalgesellschaftsrecht – Schaden – rechtmäßiges Alternativverhalten – Vorteilsausgleichung, DStR 2009, 1204

Fleischer, Vorstandshaftung und Vertrauen auf anwaltlichen Rat, NZG 2010, 121

Fleischer, Vorstandsverantwortlichkeit und Fehlverhalten von Unternehmensangehörigen – Von der Einzelüberwachung zur Errichtung einer Compliance-Organisation, AG 2003, 291

Fleischer, Zum Grundsatz der Gesamtverantwortung im Aktienrecht, NZG 2003, 449

Fleischer, Zum Grundsatz der Gesamtverantwortung im Aktienrecht, NZG 2003, 449

Fleischer, Zur Leitungsaufgabe des Vorstands im Aktienrecht, ZIP 2003, 1

Fleischer, Zur organschaftlichen Treuepflicht der Geschäftsleiter im Aktien- und GmbH-Recht, WM 2003, 1045

Fonk, Zustimmungsvorbehalte des AG-Aufsichtsrats, ZGR 2006, 841

Frotz, Grundsätzliches zur Haftung von Gesellschaftsorganen und für Gesellschaftsorgane, GesRZ 1982, 82

Gallmeyer, Pflichten des Vorstands der Aktiengesellschaft zur Unternehmensplanung, ZGR (1993), 104

Gärtner, BB-Rechtsprechungsreport zur Organhaftung 2010/2011, BB 2012, 1745

Gelter/Grechenig, „Nützliche Gesetzesverletzungen" in Kapitalgesellschaften aus rechtsökonomischer Sicht, Wirtschaftspolitische Blätter 57.1 (2010): 35

Gevurtz/Berger-Walliser, Der Fall „Mannesmann" aus rechtsvergleichender Sicht, ZfRV 2009, 38

Göschke, Drastische Verschärfung der Vorstandshaftung in Sicht, ecolex 2004, 617

Graf von Westphalen, Wirksamkeit des Claims-made-Prinzips in der D&O-Versicherung, VersR 2011, 145

Graf, Rechtsfolgen unzulässig hoher Vorstandsbezüge, RdW 2007, 515

Griehser, Business Judgement Rule und Entscheidungen des Aufsichtsrats? RdW 2009, 10

Griehser, Versicherungsmöglichkeit von Vorstands- und Aufsichtsratsmitgliedern – Anpassung der Director's and Officer's Liabiliy Insurance für Österreich, RdW 2006, 134

Grooterhorst, Pflichten und Haftung des Aufsichtsrats bei zustimmungsbedürftigen Geschäften des Vorstands, NZG 2011, 921

Gruber/Auer, Die Verschwiegenheitpflicht der Vorstands- und Aufsichtsratsmitglieder einer nicht börsenotierten AG, GesRZ 2013, 173

Harzenetter, Der Selbstbehalt in der D&O-Versicherung nach dem VorstAG und der Neufassung des Deutschen Corporate Governance Kodex (DCGK), DStR 2010, 653

Heermann, Wie weit reicht die Pflicht des Aufsichtsrats zur Geltendmachung von Schadensersatzansprüchen gegen Mitglieder des Vorstands? AG 1998, 201

Henze, Entscheidungen und Kompetenzen der Organe in der AG: Vorgaben der höchstrichterlichen Rechtsprechung, BB 2001, 53

Henze, Prüfungs- und Kontrollaufgaben in der Aktiengesellschaft, NJW 1998, 3309

Heße, Das Anspruchserhebungsprinzip in den Allgemeinen Versicherungsbedingungen von D&O-Versicherungsverträgen und das Recht der Allgemeinen Geschäftsbedingungen, NZI 2009, 790

Hoffmann, Existenzvernichtende Haftung von Vorständen und Aufsichtsräten?, NJW 2012, 1393

Horn, Die Haftung des Vorstands der AG nach § 93 AktG und die Pflichten des Aufsichtsrats, ZIP 1997, 1129

Ihlas/Stute, D&O-Versicherung für das Innenverhältnis dargestellt an Ziffer 1.3 der AVB-AVG des unverbindlichen GVD-Modells, PHi Haftpflicht international – Recht & Versicherung 2003, 30.

Ihrig, Reformbedarf beim Haftungstatbestand des § 93 AktG, WM 2004, 2098

Jäger, Das nachvertragliche Wettbewerbsverbot und die Karenzentschädigung für Organmitglieder juristischer Personen, DStR (1995) 724

Jäger/Trölitzsch, Unternehmerisches Ermessen des Aufsichtsrats bei der Geltendmachung von Schadensersatzansprüchen gegenüber Vorstandsmitgliedern, ZIP 1995, 1157

Kalss, Durchsetzung von Haftungsansprüchen der Gesellschaft, GesRZ 2005, 51

Kapsch/Grama, Business Judgment Rule: Pflichtwidrige oder bloß unglückliche Geschäftsentscheidung? ecolex 2003, 524

Kästner, Aktienrechtliche Probleme der D&O-Versicherung, AG 2000, 113

Kästner, Aktienrechtliche Probleme der D&O-Versicherung, AG 2000, 113

Kiethe, Falsche Erklärung nach § 161 AktG – Haftungsverschärfung für Vorstand und Aufsichtsrat? NZG 2003, 559

Kiethe, Falsche Erklärung nach § 161 AktG – Haftungsverschärfung für Vorstand und Aufsichtsrat? NZG 2003, 559

Kindler, Unternehmerisches Ermessen und Pflichtenbindung, ZHR 162 (1998), 101

Koch, Das Claims-made-prinzip in der D&O-Versicherung auf dem Prüfstand der AGB-Inhaltskontrolle, VersR 2011, 295

Kossen, Haftung des Vorstands und des Aufsichtsrats der Aktiengesellschaft für Pflichtverletzungen, DB 1988, 1785

Krause, „Nützliche" Rechtsverstöße im Unternehmen-Verteilung finanzieller Lasten und Sanktionen, BB 2007, BB-Special 8, 2

Krause, Strafrechtliche Haftung des Aufsichtsrates, NStZ 2011, 57

Krieger, Aktionärsklage zur Kontrolle von Vorstand und Aufsichtsrat, ZHR 163 (1999), 343

Krüger, Nichtigkeit des D&O-Versicherungsvertrages bei fehlender Genehmigung durch die Hauptversammlung, NVersZ 2001, 8

Kuhner, Unternehmensinteresse vs Shareholder Value als Leitmaxime kapitalmarktorientierter Aktiengesellschaften, ZGR 2004, 244

Kunz, Würde die Übernahme des § 93 Abs 1 dAktG in das österreichische Aktienrecht zu mehr Rechtssicherheit in Bezug auf nützliche Gesetzesverletzungen führen? GesRZ 2007, 91

Kwauk, Wenn Manager teure Fehler machen, VersR 2006, 5

Lange, D&O-Versicherung: Binnenhaftung und Selbstbehalt, DB 2003, 1833

Lange, Der Direktanspruch gegen den Haftpflichtversicherer (am Beispiel der D&O-Versicherung), r+s 2011, 185

Lange, Die Company-Reimbursement-Klausel in der D&O-Versicherung, VersR 2011, 429

Lange, Die D&O-Selbstbehalt-Versicherung, r+s 2010, 92

Lange, Die Haftung des (versicherungsnehmenden) Unternehmens anstelle des D&O-Versicherers, VersR 2010, 162

Lange, Praxisfragen der D&O-Versicherung (Teil I), DStR 2002, 1626

Lange, Praxisfragen der D&O-Versicherung (Teil II), DStR 2002, 1674

Lange, Zulässigkeitsvoraussetzungen einer gesellschaftsfinanzierten Aufsichtsrats-D&O-Versicherung, ZIP 2001, 1524

Langenbucher, Vorstandshandeln und Kontrolle: zu einigen Neuerungen durch das UMAG, GesRZ 2005, 3

Langenbucher, Vorstandshandeln und Kontrolle-zu einigen Neuerungen durch das UMAG, DStR 2005, 2083

Lattwein, Quo vadis D&O? – Status der Diskussionen über die D&O-Bedingungen, NVersZ 1999, 49

Lattwein/Krüger, D&O-Versicherung – das Ende der Goldgräberstimmung, NVersZ 2000, 365

Lattwein/Krüger, D&O-Versicherung – Das Ende der Goldgräberstimmung? NVersZ 2000, 365

Lieder, Zustimmungsvorbehalte des Aufsichtsrats nach neuer Rechtslage, DB 2004, 2251

Linker/Zinger, Rechte und Pflichten der Organe einer Aktiengesellschaft bei der Weitergabe vertraulicher Unternehmensinformationen, NZG 2002, 497

Loritz/Wagner, Haftung von Vorständen und Aufsichtsräten, DStR 2012, 2189

Loritz/Wagner, Haftung von Vorständen und Aufsichtsräten: D&O-Versicherungen und steuerliche Fragen, DStR 2012, 2205

Luschin, GesRÄG 2005 – Zwischen Corporate Governance und Aktiengesetz, GeS 2005, 150

Lutter, Bankenkrise und Organhaftung, ZIP 2009, 197

Lutter, Business Judgment Rule in Deutschland und Österreich, GesRZ 2007, 79

Manger, Das Informationsrecht des Aufsichtsrats gegenüber dem Vorstand – Umfang und Grenzen, NZG (2010) 1255

Melot de Beauregard/Gleich, Aktuelle Problemfelder bei der D&O-Versicherung, NJW 2013, 824

Müller, Geschäftsleiterhaftung wegen Insolvenzverschleppung und fachkundige Beratung, NZG 2012, 981

Notthoff, Rechtliche Fragestellungen im Zusammenhang mit dem Abschluss einer Director's & Officer's-Versicherung. Effektiver Schutz von Vorständen und Aufsichtsräten gegen Haftungsrisiken, NJW 2003, 1350

Notthoff, Rechtliche Fragestellungen im Zusammenhang mit dem Abschluss einer Director's & Officer's-Versicherung, NJW 2003, 1350

Olbrich/Kassing, Der Selbstbehalt in der D&O Versicherung: Gesetzliche Neuregelung lässt viel Fragen offen, BB 2009, 1659

Paefgen, Die Darlegungs- und Beweislast bei der Business Judgment Rule, NZG 2009, 891

Paetzmann, „Insuring the Agents" – Managerdisziplinierung und Rolle der D&O – Versicherung als Instrument der Corporate Governance, ZVersWiss 2008, 177

Peltzer, Konstruktions- und Handhabungsschwierigkeiten bei der D&O Versicherung, NZG 2009, 970

Peltzer, Konstruktions- und Handhabungsschwierigkeiten bei der D&O Versicherung, NGZ 2009, 970

Pietzke, Die Verantwortung für Risikomanagement und Compliance im mehrköpfigen Vorstand, CCZ 2010, 45

Rachlinski, A Positive Psychological Theory of Judging in Hindsight, The University of Chicago Law Review Nr. 65 (1998), 571

Rahmann/Ramm, Managerhaftung, D&O-Versicherung und internes Risikomanagement, GWR 2013, 435

Redeke, Zu den Voraussetzungen unternehmerischer Ermessensentscheidungen, NZG 2009, 496

Reich-Rohrwig, Ermessensspielraum für AR-Mitglieder bei „Golden Handshakes" an Vorstandsmitglieder für deren vorzeitiges Ausscheiden, ecolex 2008, 926

Röttgen/Kluge, Nachhaltigkeit bei Vorstandsvergütungen, NJW 2013, 900

S. H. Schneider, „Unternehmerische Entscheidungen" als Anwendungsvoraussetzung für die Business Judgment Rule, DB 2005, 707

Saria, Die subjektive Komponente der Pflichtwidrigkeitsklauseln in der Haftpflichtversicherung, VR 2005, 206

Schaefer/Baumann, Compliance-Organisation und Sanktion bei Verstößen, NJW 2011, 3601

Schäfer, Die Binnenhaftung von Vorstand und Aufsichtsrat nach der Renovierung durch das UMAG, ZIP 2005, 1253

Schima, Business Judgment Rule und Verankerung im österreichischen Recht, GesRZ 2007, 93

Schima, Gestaltungsfragen bei Vorstandsverträgen in der AG, ecolex 2006, 452

Schima, Organ-Interessenkonflikte und Corporate Governance, GesRZ 2003, 199

Schrank/Reyländer, Wann haftet der Vorstand direkt gegenüber Aktionären und Gesellschaftsgläubigern?, CFOaktuell 2011, 230

Schüppen/Sanna, D&O-Versicherungen: Gute und schlechte Nachrichten! ZIP 2002, 550

Schwab, Vorstandsregress und Streitverkündung, NZG 2013, 521

Seibt/Saame, Geschäftsleiterpflichten bei Entscheidung über D&O-Versicherungsschutz, AG 2006, 901

Selter, Die Pflicht von Aufsichtsratsmitgliedern zur eigenständigen Risikoanalyse, NZG 2012, 660

Semler, Zu aktienrechtlichen Haftung der Organmitglieder einer Aktiengesellschaft, AG 2005, 321

Sieg, Tendenzen und Entwicklungen der Managerhaftung in Deutschland, DB 2002, 1759

Sieg, Zur Außenhaftung des GmbH-Geschäftsführers und zu ihrer Deckung durch Versicherung, VersR 1996, 1210

Steiner, Zur Haftung des Aufsichtsrats, GesRZ 1997, 248

Szalai//Marz, Die Haftung des Aufsichtsrats – Ueberlegungen zur kollegialorganschaftlichen Haftung de lege lata und de lege feranda, DStR 2010, 809

Thomas, Unternehmensinterne Informationspflichten bei Verlust der D&O-Deckung, VersR 2010, 281

Thümmel, Aufsichtsratshaftung vor neuen Herausforderungen – Überwachungsfehler, unternehmerische Fehlentscheidungen, Organisationsmängel und andere Risikofelder, AG 2004, 83

Thümmel, Haftungsrisiken der Vorstände, Geschäftsführer, Aufsichtsräte und Beiräte sowie deren Versicherbarkeit, DB 1995, 1013

Thümmel, Organhaftung dem Referentenentwurf des Gesetzes zur Unternehmensintegrität und Modernisierung des Anfechtungsrechts (UMAG) – Neue Risiken für Manager? DB 2004, 471

Thüsing/Traut, Angemessener Selbstbehalt bei D&O-Versicherungen. Ein Blick auf die Neuerungen nach dem VorstAG, NZA 2010, 140

U. H. Schneider/Ihlas, Die Vermögensschaden-Haftpflichtversicherung des Geschäftsführers einer GmbH, DB 1994, 1123

U. H. Schneider, Die Vermögensschaden-Haftpflichtversicherung des Geschäftsführers einer GmbH, DB 1994, 1123

U. H. Schneider, Unentgeltliche Zuwendungen durch Unternehmen, AG 1983, 205

U. Torggler, Business Judgment Rule und unternehmerische Ermessensentscheidungen, ZfRV 2002, 133

U. Torggler, Von Schnellschüssen, nützlichen Gesetzesverletzungen und spendablen Aktiengesellschaften, wbl 2009, 168

Ulmer, Die Aktionärsklage als Instrument zur Kontrolle des Vorstands- und Aufsichtsratshandelns, ZHR 163 (1999), 290

Ulmer, Haftungsfreistellung bis zur Grenze grober Fahrlässigkeit bei unternehmerischen Fehlentscheidungen von Vorstand und Aufsichtsrat? DB 2004, 859

v. Westphalen, Ausgewählte neue Entwicklungen in der D&O-Versicherung, VersR 2006, 17 Versicherbarkeit, DB 1995, 1013

Vetter, Aktienrechtliche Probleme der D&O-Versicherung, AG 2000, 453

Völkl, Der Umfang des Versicherungsschutzes nach den Allgemeinen Versicherungsbedingungen zur Haftpflichtversicherung für Vermögensschäden (AVBV), AnwBl 1995, 166

von Falkenhausen, Die Haftung außerhalb der Business Judgment Rule, NZG 2012, 644

Weitemeyer, Die Entlastung im Aktienrecht – neueste Entwicklungen in Gesetzgebung und Rechtsprechung, ZGR 2005, 280

Wenger, AG: Abschluss einer Rechtsschutzversicherung für den Vorstand auf Kosten der Gesellschaft, RWZ 1999, 360

Werner, Die zivilrechtliche Haftung des Vorstands einer AG für gegen die Gesellschaft verhängte Geldbußen gegenüber der Gesellschaft, CCZ 2010, 143

Witte/Hrubesch, Die persönliche Haftung von Mitgliedern des Aufsichtsrats einer AG – unter besonderer Berücksichtigung der Haftung bei Kreditvergaben, BB 2004, 725

Zöllner, Aktionär und Eigentum, GesRZ Sonderheft Societas Europaea 2004, 5

V. SONSTIGE QUELLEN

\<blog.beck.de/2008/09/18/hohe-anforderungen-an-die-haftungsprivilegierung-eines-geschaftsfuhrers-im-rahmen-der-business-judgment-rule\>

\<bundesbank.de/bankenaufsicht/bankenaufsicht_basel.php\>.

\<http://www.gdv.de/downloads/versicherungsbedingungen/allgemeine-versicherungsbedingungen-fur-die-vermogensschaden-haftpflichtversicherung-von-aufsichtsraten-vorstanden-und-geschafts-fuhrern-avb-avg/gdv-allg-versicherungsbedingungen_dando_2013/?back=%2Fdownloads%2Fversicherungsbedingungen%2Fallgemeine-versicherungsbedingungen-fur-die-vermogensschaden-haftpflichtversicherung-von-aufsichtsraten-vorstanden-und-geschaftsfuhrern-avb-avg%2F\>

\<www.mpipriv.de/ww/de/pub/forschung/forschungsarbeit/deutsches_privat__und_wirtscha/gesellschafts__und_kapitalmark/gro_kommentar_aktiengesetz/kommentierung_des_rechts_der_v.cfm\>

Allianz Global Corporate & Speciality, Introduction to D&O Insurance, S. 6 (abrufbar unter \<http://www.agcs.allianz.com/assets/PDFs/risk%20insights/AGCS-DO-infopaper.pdf\>)

BegrRefE UMAG, abzurufen unter \<www.gesmat.bundesgerichtshof.de/gesetzesmaterialien/15_wp/umag/refe.pdf\>

Guerrera, Obsession with shareholder value was a 'dumb idea' says Welch, Financial Times, Print- Ausgabe vom 13.3.2009

Kaufmann, Bankvorstände „Höchstpersönlich haftbar", abzurufen unter \<www.manager-magazin.de/unternehmen/artikel/ 0,2828,610977,00.html.\> Interview mit *Lutter.*

Krüger, Führungskräfte sollen zahlen, Financial Times Deutschland, Online-Ausgabe vom 20.5.2009.

The Economist, A stress test for good intentions, 16.05.2009, 67.

Entscheidungsverzeichnis

I. Deutsche Entscheidungen

Gericht	Verkün- dungsdatum	Aktenzeichen	Fundstellen und sonstiges
BGH	13.5.1955	I ZR 139/53	BGHZ 17, 214 = NJW 1955, 1314 m. Anm. *Goltermann*
BGH	23.11.1955	VI ZR 193/54	BGHZ 19, 114 = NJW 1956, 217
BGH	27.9.1956	II ZR 144/55	BGHZ 21, 354 = NJW 1956, 1753
BGH	16.12.1958	VI ZR 245/57	BGHZ 29, 100 = NJW 1959, 623
BGH	7.12.1961	II ZR 117/60	BGHZ 36, 142 = NJW 1962, 340
BGH	29.1.1962	II ZR 1/61	BGHZ 36, 296 = NJW 1962, 864
BGH	28.4.1975	II ZR 16/73	NJW 1975, 1412
BGH	5.6.1975	II ZR 156/73	NJW 1975, 1412
BGH	21.2.1978	KZR 6/77	BGHZ 70, 331 = NJW 1978, 1001
BGH	13.3.1979	KZR 23/77	NJW 1979, 1605
BGH	9.7.1979	II ZR 118/77	NJW 1979, 1823 – Herstatt-Bank
BGH	21.10.1982	VII ZR 51/82	NJW 1983, 991
BGH	26.3.1984	II ZR 229/83	BGHZ 91, 1 = NJW 1984, 2366
BGH	17.5.1984	VII ZR 169/82	BGHZ 91, 206 = NJW 1984, 2457
BGH	14.2.1985	IX ZR 145/83	NJW 1985, 2194 = AG 1985, 165
BGH	5.12.1989	VI ZR 335/88	BGHZ 109, 297 = NJW 1990, 976
BGH	25.3.1991	II ZR 169/90	NJW 1991, 1681
BGH	25.3.1991	II ZR 188/89	BGHZ 114, 127 = NJW 1991, 1830
BGH	5.10.1992	II ZR 172/91	BGHZ 119, 305 = NJW 1993, 57
BGH	19.10.1993	KZR 3/92	NJW 1994, 384
BGH	15.11.1993	II ZR 235/92	BGHZ 124, 111 = NJW 1994, 520 = ZIP 1993, 1862
BGH	7.3.1994	II ZR 52/93	BGHZ 125, 239 = NJW 1994, 1410
BGH	13.4.1994	II ZR 16/93	BGHZ 125, 366 = NJW 1994, 1801
BGH	6.6.1994	II ZR 292/91	BGHZ 126, 181 = NJW 1994, 2220

Gericht	Verkün-dungsdatum	Aktenzeichen	Fundstellen und sonstiges
BGH	20.2.1995	II ZR 143/93	BGHZ 129, 30 = NJW 1995, 1290
BGH	15.10.1996	VI ZR 319/95	BGHZ 133, 370 = NJW 1997, 130
BGH	24.2.1997	II ZB 11/96	NJW 1997, 1923 = ZIP 1997, 1027
BGH	21.4.1997	II ZR 175/95	BGHZ 135, 244 = NJW 1997, 1926
BGH	14.7.1997	II ZR 238/96	NJW 1997, 3089
BGH	13.7.1998	II ZR 131/97	DStR 1998, 1398 m. Anm. *Goette*
BGH	4.11.2002	II ZR 224/00	BGHZ 152, 280 = NZG 2003, 81
BGH	1.12.2003	II ZR 161/02	BGHZ 157, 151 = NJW 2004, 1528
BGH	19.7.2004	II ZR 218/03	BGHZ 160, 134 = NZG 2004, 816
BGH	28.9.2005	IV ZR 255/04	NJW 2006, 289
BGH	8.1.2007	II ZR 304/04	WM 2007, 344
BGH	11.10.2007	IX ZR 105/06	NZG 2008, 371
BGH	16.2.2009	II ZR 185/07	NJW 2009, 2207 – Kirch/Deutsche Bank
BGH	17.7.2009	5 StR 394/08	NJW 2009, 3173 m. Anm. *Stoffers* = NZG 2009, 1356
BGH	22.2.2011	II ZR 146/09	NZG 2011, 549
BGH	20.9.2011	II ZR 234/09	NZG 2011, 1271 = BB 2011, 2960
BGH	10.7.2012	II ZR 48/11	BGHZ 194, 14 = NJW 2012, 3235
BGH	17.7.2012	II ZR 55/11	NZG 2012, 1027
OLG Düsseldorf	3.12.1993	22 U 122/93	NJW-RR 1994, 424 = GmbHR 1994, 406 (Ls.)
OLG Düsseldorf	28.11.1996	6 U 11/95	BeckRS 1997, 00514 = AG 1997, 231 = ZIP 1997, 27
OLG Frankfurt	5.11.1999	10 U 257/98	NZG 2000, 738 = AG 2000, 518
OLG Frankfurt	17.8.2011	13 U 100/10	BeckRS 24234 = AG 2011, 218 m. Anm. *M. Paul* BB 2011, 2771
OLG Hamm	10.5.1995	8 U 59/94	BeckRS 1995, 31004040 = AG 1995, 512 = ZIP 1995, 1263
OLG Koblenz	5.11.2004	5 U 875/04	NZG 2005, 79
OLG München	15.3.2005	25 U 3940/04	BeckRS 2005, 30352872 = WM 2006, 452
OLG München	8.5.2009	25 U 5136/08	NZG 2009, 714 m. Anm. *Staudinger*
OLG München	9.2.2011	15 U 3789/10	BeckRS 2011, 03139 m. Anm. *Heinze* GWR 2011, 119
LG Bonn	15.5.2001	11 O 181/00	BeckRS 2010, 15367 = AG 2001, 484
LG Hamm	10.5.1995	8 U 59/94	AG 1995, 512 = ZIP 1995, 1263

II. Österreichische Entscheidungen

Gericht	Verkün-dungsdatum	Geschäftszahl (Aktenzeichen)	Fundstellen und sonstiges
OGH	31.10.1973	1 Ob 179/73	SZ 46/113 = EvBl 1974/83, 182 = NZ 1974, 190 = Arb. 9185
OGH	10.1.1978	3 Ob 536/77	GesRZ 1978, 36 = HS 11.291 = HS 11.302 = HS 11.305
OGH	11.3.1996	1 Ob 566/95	ecolex, 1996, 865 m. Anm. *Elsner* = GesRZ 1997,46 = HS 27.158 = HS 27.159 = HS 27.164 = JBl 1996, 728 = RdW 1996, 584 = RdW 1997, 121
OGH	11.6.2008	7 Ob 58/08t	GesRZ 2008, 378 m. Anm. *Kalss/Zollner*
OGH	16.7.2002	4 Ob 163/02	ARD 5417/7/2003 = ecolex 2002/348 = GeS 2002, 81 m. Anm. *Fantur* = ÖJZ 2002/197 (EvBl) = ÖJZ-LSK 2002/210 = ÖJZ-LSK 2002/211 = RdW 2003/168 = wbl 2003/18
OGH	2.1.1979	5 Ob 699/78	GesRZ 1979, 122 = HS 11.307
OGH	22.5.2003	8 Ob 262/02s	ecolex 2003/313 = GeS 2003, 441 = RdW 2003/377 = ZIK 2003/293
OGH	24.6.1998	3 Ob 34/97i	ecolex 1998, 774 m. Anm. *Reich-Rohrwig* = SZ 71/108
OGH	24.6.1998	3 Ob 34/97i	SZ 71/108 = GesRZ 1998, 208 = ecolex 1998, 774 m. Anm. *Reich-Rohrwig* = RdW 1998, 671 = RWZ 1999, 37 = WBl 1999, 37
OGH	26.2.2002	1 Ob 144/01k	ecolex 2003/22 = GeS 2002, 26 = GesRZ 2002, 26 = RdW 2002/350 = SZ 2002/26 = wbl 2002/227
OGH	29.4.1998	9 ObA 416/97k	
OGH	3.7.1975	2 Ob 356/74	GesRZ 1976, 26 = HS 9593 = HS 9597= HS 9599 = HS 9600 = HS 9601 = HS 9602 = ÖJZ 1976/66 (EvBl) = SZ 48/79
OGH	30.1.1979	5 Ob 686/78	HS 11.308 = nÖJZ 1979/135 (EvBl)
OGH	30.6.1999	9 ObA 68/99m	
OGH	31.10.1973	1 Ob 179/73	SZ 46/113
OGH	5.2.1985	4 Ob 5/85	Arb. 10.406 = GesRZ 1985, 142 = GRU-RInt 1986, 64 = HS 16.199 = ÖB1985, 124 = ÖJZ 1985/80 (EvBl) = ÖJZ 1986/80 (EvBl) = ÖZW 1986, 110 = ÖZW 1987, 118 = RdA 1985,417 = RdW 1985, 159 = SZ 58/20
OGH	6.9.1990	12 Os 50/90	ARD 4302/21/91

Gericht	Verkün-dungsdatum	Geschäftszahl (Aktenzeichen)	Fundstellen und sonstiges
OGH	9.1.1985	3 Ob 521/84	
OGH	24.6.1998	3 Ob 34/97i	ecolex 1998, 774 m. *Anm. Reich-Rohrwig* = GBU 1998/10/04 = RdW 1998, 671 = SZ 71/108
OGH	28.5.1974	8 Ob 98/74	

Abbildungsverzeichnis

§ 1 Einleitung

Die Welt hat sich für Vorstands- und Aufsichtsratsmitglieder nachhaltig geändert. Neben **1** einem stetig wachsenden Rechten- und Pflichtenkatalog, einer gesteigerten Anspruchsmentalität der Geschädigten, sowie der Tendenz zur vereinfachten Durchsetzung von Haftungsansprüchen, finden sich Vorstands- und Aufsichtsratsmitglieder häufig durch die **Komplexität** und **Vielfalt** der sie betreffenden Normen überfordert. Gesetzliche Handlungspflichten ergeben sich für Organmitglieder nunmehr aus allen Bereichen der Rechtsordnung. Die Furcht vor **Haftungsklagen** in Millionenhöhe ist dabei eine reale, wie sich an den Beispielen von Porsche, Siemens und BayernLB zeigen lässt. Das vorliegende Handbuch soll Vorstands- und Aufsichtsratsmitgliedern, sowie Richtern und Rechtsanwälten als kompaktes Referenzwerk zur Seite stehen. Die an angebrachter Stelle vorzufindenden **Praxisboxen** und **Grafiken** sollen dem raschen Informationszugang dienlich sein und die praktische Handhabung des Buches fördern.

Der Aufbau des Handbuches folgt fünf logisch verbundenen **Themenbereichen**: 1) Rechte **2** und Pflichten der Vorstands- und Aufsichtsratsmitglieder, 2) die persönliche Haftung der Vorstands- und Aufsichtsratsmitglieder gegenüber Gesellschaft, Aktionären, Gläubigern oder sonstigen Dritten wegen Verletzung dieser Pflichten, 3) die den Organmitgliedern zustehenden unternehmerischen Entscheidungsfreiräume, innerhalb derer auch Fehlentscheidungen nicht zur Haftung der der Vorstands- und Aufsichtsratsmitglieder führen können, 4) die Pflicht des Vorstands zur Einhaltung von Gesetzen (Legalitätspflicht) sowie 5) die D&O-Versicherung als gängiges Schutzkonzept vor Schadensersatzforderungen.

Die **Rechte und Pflichten** der Vorstands- und Aufsichtsratsmitglieder (siehe *§ 2 Pflichten* **3** *des Vorstands* und *§ 3 Pflichten des Aufsichtsrats*) ergeben sich sowohl aus dem AktG (zB Sorgfaltspflicht, Treuepflicht) als auch aus unzähligen anderen Rechtsbereichen (zB Kapitalmarktrecht, Wettbewerbsrecht). Die wichtigsten Pflichten sind aufgrund des zugrundeliegenden unternehmerischen Charakters lediglich generalklauselartig umschrieben (insbes die Leitungspflicht des Vorstands), sodass sie anhand der Situation des Unternehmens zu konkretisieren sind. Sowohl für Vorstands- als auch für Aufsichtsratsmitglieder gilt es, ihre Tätigkeiten mit der Sorgfalt eines ordentlichen und gewissenhaften Geschäftsleiters bzw Überwachungsorgans auszuführen. Soweit im Gesetz keine konkreten Handlungspflichten bestehen, sind die Handlungen der Organe an diesem Sorgfaltsmaßstab zu messen.

Anhand der **Innen- und Außenhaftung** werden anschließend die Konsequenzen der Ver- **4** letzung dieser Pflichten erörtert (siehe *§ 4 Haftung*). Das Erfordernis, pflichtwidrig handelnde Vorstands- und Aufsichtsratsmitglieder zur **persönlichen** Haftung gegenüber der Gesellschaft heranzuziehen, ergibt sich aus dem treuhandähnlichen Verhältnis des Vorstands zum Unternehmen und den Eigentümern der AG bzw, für den Aufsichtsrat, aus seiner Bedeutung in der Überwachung des Vorstands. Das Haftungsrecht soll dabei einen Anreiz für die Organmitglieder schaffen, im Unternehmenswohl zu handeln (Prävention) bzw es dem Unternehmen ermöglichen, für pflichtwidrig verursachte Schäden Ersatz zu erlangen (Schadensausgleich).

Dem folgt eine umfassende Behandlung des **unternehmerischen Ermessensspielraums**, der **5** dem Vorstand (und tw auch dem Aufsichtsrat) im Rahmen seiner unternehmerischen Tätigkeit zusteht und das *unternehmerische* Handeln in Anbetracht der strengen Haftungssituation schützen soll (siehe *§ 5 Unternehmerisches Ermessen und die Business Judgment Rule*). Die Existenz eines unternehmerischen Ermessensspielraums und einem damit einhergehenden Schutzkonstrukt (sog Business Judgment Rule), welche die gerichtliche Überprüfung unternehmerischer Entscheidungen unter gewissen Voraussetzungen einschränkt, ergibt sich daraus, dass Vorstand und Aufsichtsrat nicht das **unternehmerische Risiko** übernehmen; dieses trägt alleine die Gesellschaft. Als Konsequenz dieser Aufteilung dürfen die handelnden Organmitglieder nicht für Fehlentscheidungen belangt werden. Davon zu unterscheiden sind Entscheidungen, bei denen das handelnde Organmitglied nicht die gehörige Sorgfalt aufgebracht hat – in solchen Fällen genießt das Organ nicht den Schutz für unternehmerisches Handeln. Die Organmitglieder schulden dem Unternehmen nur sorgfältiges Handeln, nicht aber einen bestimmten Erfolg.

6   Anschließend wird auf die **Legalitätspflicht** eingegangen (siehe *§ 6 Legalitätspflicht*). Hier geht es darum, die dem Vorstand bzw Aufsichtsrat gegenüber der Gesellschaft auferlegten Pflichten (vorrangig jene Pflichten, die in *§ 2 Pflichten des Vorstands* und *§ 3 Pflichten des Aufsichtsrats* behandelt werden) einzuhalten (interne Legalitätspflicht). Besondere Fragen ergeben sich im Zusammenhang mit der **externen** Legalitätspflicht, so beispielsweise, ob der Vorstand auch für die Einhaltung von gesetzlichen und vertraglichen Pflichten verantwortlich ist, die nicht ihn, sondern die Gesellschaft selbst treffen. Unweigerlich damit verbunden ist die Frage nach der **nützlichen Pflichtverletzung**. Hier soll erörtert werden, ob sich das Vorstandsmitglied gegenüber der Gesellschaft darauf berufen kann, dass eine Pflichtverletzung zugunsten des Unternehmens begangen wurde.

7   Zuletzt wird auf die Möglichkeit des Vorstands bzw Aufsichtsrats eingegangen, sich durch Abschluss einer **D&O-Versicherung** gegen die persönliche Inanspruchnahme wegen Pflichtverletzungen im Rahmen der Innen- und Außenhaftung zu versichern (siehe *§ 7 D&O-Versicherung*). Eine D&O-Versicherung hat auch für die AG selbst beträchtliche Vorteile, da sie die Deckung von Schadensersatzansprüchen von der persönlichen Zahlungsfähigkeit seiner Organmitglieder entkoppelt. Der D&O-Versicherung kommt im Bereich der Vorstands- und Aufsichtsratshaftung eine nicht mehr wegzudenkende Bedeutung zu.

8   Schließlich ist auch auf *§ 8 Executive Summary* hinzuweisen. Hier handelt es sich um eine Mischung aus **Zusammenfassung** und **Inhaltsverzeichnis**. Dieses soll dem Handbuchbenutzer ermöglichen, sich in die Grundlagen der Materie einzulesen und durch Verfolgung der umfassenden Querverweise rasch an die richtige Stelle zum vertiefenden Studium zu gelangen.

§ 2 Pflichten des Vorstands

I. Aufgaben

Der Vorstand ist zur **Geschäftsführung** im Innenverhältnis und zur **Vertretung** im Au- 9
ßenverhältnis berufen (§§ 76, 77 und 78 dAktG bzw §§ 70 f öAktG). Ihm kommt ein nur in
Ausnahmefällen durchbrochenes Geschäftsführungs- und Vertretungsmonopol zu.[1] Beschränkungen dieses Monopols ergeben sich dort, wo Kompetenzen oder Mitbestimmungsrechte
anderer Organe festgelegt sind. Der Vorstand ist das **Leitungsorgan** der AG. Oberste Maxime
seiner Tätigkeit ist die Erfüllung des Unternehmenszwecks durch die Verfolgung des **Unter-
nehmensgegenstandes**.

A. Geschäftsführung

Der Begriff der Geschäftsführung ist sehr weit zu verstehen – sie umfasst die Gesamtheit 10
aller auf die Verfolgung des **Gesellschaftszwecks gerichteten Tätigkeiten** auf höchster Ebene
sowie jedwede **tatsächliche oder rechtsgeschäftliche Tätigkeit** für die AG.[2]

Die Geschäftsführung obliegt gs **alleine** dem Vorstand.[3] Überdies gilt das Prinzip der 11
Gesamtgeschäftsführung, dh jedes Mitglied des Vorstands muss an der Geschäftsführung
beteiligt sein und darf nicht von ihr ausgeschlossen werden.[4] Die Willensbildung erfolgt daher
durch **einstimmigen** Beschluss,[5] dh eine Geschäftsführungsmaßnahme muss unterbleiben, soweit ihr auch nur ein Vorstandsmitglied widerspricht. Satzung oder Geschäftsordnung können
Abweichungen hiervon vorsehen, so beispielsweise Gesamtgeschäftsführung mit mehrheitlicher Willensbildung; Einzelgeschäftsführung; Einzelgeschäftsführung mit funktionsbezoge-
ner, spartenbezogener oder lokaler/regionaler Beschränkung der Geschäftsführungsbefugnis.[6]

Zur Geschäftsführung ieS zählen beispielsweise folgende Bereiche (welche auch Bereiche 12
der Leitung umfassen, siehe sogleich):[7] Planung und Strategie (zielt auf die Festlegung langfristiger Unternehmensziele und der Geschäftspolitik ab); Pflicht zur gegenseitigen Überwachung der Vorstandsmitglieder untereinander, sowie der Überwachung des Unternehmens
durch den Vorstand (inkl *Compliance*-Organisation); Nachbesetzung von Führungsstellen;
und Organisation und Ausführung des Tagesgeschäfts (umfasst sowohl rechtsgeschäftliche

---

[1] *Spindler* in Münchener Kommentar zum AktG, § 77 Rn 1 f; *Strasser* in *Jabornegg/Strasser*, Kommentar
zum Aktiengesetz, § 70 Rn 2; *Pichler/Weninger*, Der Vorstand der AG, 1.
[2] *Hüffer*, Kommentar zum AktG, § 77 Rn 3.
[3] *Spindler* in Münchener Kommentar zum AktG, § 83 Rn 2.
[4] *Spindler* in Münchener Kommentar zum AktG, § 77 Rn 2.
[5] *Hüffer*, Kommentar zum AktG, § 77 Rn 6; *Weber* in *Hölters*, Kommentar zum Aktiengesetz, § 77
Rn 1; *Kalss* in *Kalss/Nowotny/Schauer*, Gesellschaftsrecht, Rn 3/339.
[6] *Hüffer*, Kommentar zum AktG, § 77 Rn 9 f.
[7] In Anlehnung an *Kalss/Nowotny/Schauer*, Gesellschaftsrecht, Rn 3/329 ff.

Handlungen als auch tatsächliche Verrichtungen, zB Ein- und Verkauf, Personalwesen, Buchführung).[8]

B. Leitung des Unternehmens

13 Der Vorstand ist obligatorisches Leitungsorgan der AG.[9] Mit der Leitung des Unternehmens übernimmt der Vorstand eine „**Führungsfunktion**".[10] Es handelt sich um einen aus der Geschäftsführung ausgelösten Teilbereich. Normiert findet sich diese Aufgabe des Vorstands in der Generalklausel des § 76 dAktG bzw § 70 öAktG, in gesetzlichen Präzisierungen (zB Vertretung der AG gem § 78 dAktG bzw § 71 öAktG) und gesetzlich explizit zugewiesenen Aufgaben.[11]

14 Wichtig ist die Abgrenzung zur Geschäftsführung, da die Leitungsmacht dem Vorstand **zwingend** zugewiesen ist.[12] Er kann die Leitungsmacht **nicht** an Dritte **delegieren.**[13] Überlässt ein Vorstandsmitglied dennoch einer nachgeordneten Führungskraft einen, wenn auch nur kleinen Teil der ihm zugeordneten Leitung, so verletzt er die im Aktienrecht zwingend festgelegte Zuständigkeitsordnung.[14] Die Abgrenzung zwischen Leitungspflicht und (der übergeordneten) Geschäftsführungspflicht erlangt praktische Bedeutung dadurch, dass nur die Geschäftsführungsaufgaben delegationsfähig sind, jene der Leitungspflicht jedoch nicht.[15]

15 Der Vorstand leitet das Unternehmen unter **eigener Verantwortung**[16] und ist an **keine Weisungen** (dh direkte Handlungsanordnungen) des Aufsichtsrats, der Hauptversammlung,[17] eines Mehrheitsaktionärs[18] oder sonstiger Organe sowie Dritter gebunden.[19] Diese nehmen an

---

[8] *U. Torggler*, Geschäftsführung, in *Straube*, Fachwörterbuch zum Handels- und Gesellschaftsrecht (2005); *Kalss/Nowotny/Schauer*, Gesellschaftsrecht, Rn 3/329 ff.

[9] *Hüffer*, Kommentar zum AktG, § 76 Rn 7; *Kalss* in Münchener Kommentar zum AktG, § 76 Rn 115; *Fleischer*, Handbuch des Vorstandsrechts, 5, 65; *Nowotny* in *Doralt/Nowotny/Kalss*, Kommentar zum Aktiengesetz, § 70 Rn 2, 6; *Pichler/Weninger*, Der Vorstand der AG, 1; *Kalss* in *Kalss/Nowotny/Schauer*, Gesellschaftsrecht, Rn 3/245, 3/316.

[10] *Hüffer*, Kommentar zum AktG, § 76 Rn 7.

[11] *Kalss* in *Kalss/Nowotny/Schauer*, Gesellschaftsrecht, Rn 3/318.

[12] *Fleischer*, Handbuch des Vorstandsrechts, 65; OGH 16.7.2002, 4 Ob 163/02 = ARD 5417/7/2003 = ecolex 2002/348 = GeS 2002, 81 (Anm. *Fantur*) = ÖJZ 2002/197 (EvBl) = ÖJZ-LSK 2002/210 = ÖJZ-LSK 2002/211 = RdW 2003/168 = wbl 2003/18; *Kalss* in *Kalss/Nowotny/Schauer*, Gesellschaftsrecht, Rn 3/316; *Kalss* in Münchener Kommentar zum AktG, § 76 Rn 115; *Nowotny* in *Doralt/Nowotny/Kalss*, Kommentar zum Aktiengesetz, § 70 AktG Rn 2.

[13] *Spindler* in Münchener Kommentar zum Aktiengesetz § 76 Rn 15 und § 77 Rn 63; *Weber* in *Hölters*, Kommentar zum Aktiengesetz, § 77 Rn 3; *Kalss* in *Kalss/Nowotny/Schauer*, Gesellschaftsrecht, Rn 3/316 mwN. Auch ist eine Klage auf Vornahme oder Unterlassung von Geschäftsführungsmaßnahmen abzulehnen, vgl *Krieger*, Aktionärsklage zur Kontrolle von Vorstand und Aufsichtsrat, ZHR 163 (1999), 343 (353 f).

[14] *Spindler* in Münchener Kommentar zum Aktiengesetz § 76 Rn 15.

[15] *Hüffer*, Kommentar zum AktG, § 76 Rn 7.

[16] *Henze*, Entscheidungen und Kompetenzen der Organe in der AG: Vorgaben der höchstrichterlichen Rechtsprechung, BB 2001, 53 (57).

[17] *Hüffer*, Kommentar zum AktG, § 76 Rn 10.

[18] *Fleischer*, Handbuch des Vorstandsrechts, 22.

[19] *Hüffer*, Kommentar zum AktG, § 76 Rn 10; *Kalss* in *Kalss/Nowotny/Schauer*, Gesellschaftsrecht, Rn 3/317; *Nowotny* in *Doralt/Nowotny/Kalss*, Kommentar zum Aktiengesetz, § 70 Rn 6; *Pichler/Weninger*, Der Vorstand der AG, 2; *Strasser* in *Jabornegg/Strasser*, Kommentar zum Aktiengesetz, § 70 Rn 10.

der Leitung des Unternehmens nicht teil – das organschaftliche Vertretungsverhältnis besteht alleine zwischen dem Vorstand und der Gesellschaft.[20]

Zum **Kernbereich** der Leitung eines Unternehmens gehören die Unternehmensplanung, **16** die Organisation der Unternehmensstruktur und die Kontrolle sowie die Besetzung von der dem Vorstand unmittelbar nachgeordneten Führungspositionen.[21]

Die Tatsache, dass das Vorstandsmitglied bei der Leitung der Gesellschaft in **eigener** **17** **Verantwortung** und im bloß generalklauselartig festgelegten **Interesse des Unternehmens** handelt (siehe hierzu im Detail Rn 431), macht es erforderlich, dass ihm ein **unternehmerischer Ermessensspielraum** (oder auch Leitungsermessen) zukommt, innerhalb welchem er diese eigenständige Verantwortung wahrnehmen kann.[22] Einschränkungen ergeben sich dabei durch gesetzlich vorgegebene **Schranken** (insbesondere die Sorgfalts- und Treuepflichten) und die Zielvorgaben des § 76 dAktG bzw § 70 Abs 1 öAktG, welche als Leitlinien herangezogen werden.[23]

Der Vorstand handelt in jenen Fällen nicht in eigener Verantwortung, in denen er – gemäß **18** Gesetz, Satzung oder zwingendem Organbeschluss – die **Zustimmung der Hauptversammlung** einzuholen hat. In diesen Fällen hat der Vorstand die Weisung der Hauptversammlung zu befolgen; ihm kommt kein unternehmerischer Ermessensspielraum zu. Bei Fragen der Geschäftsführung hat der Vorstand Beschlüsse der Hauptversammlung dann zu befolgen, soweit er die Entscheidung der Hauptversammlung selbst eingeholt hat.[24]

C. Vertretung der Gesellschaft

Die Vertretung der Gesellschaft nach Außen ermöglicht der Gesellschaft die Teilnahme am **19** Rechtsverkehr und findet sich außer in der Generalklausel des § 78 Abs 1 dAktG bzw § 70 Abs 1 öAktG auch als Präzisierung[25] in § 71 Abs 1 öAktG. Sie obliegt bis auf in wenigen Ausnahmen ausschließlich dem Vorstand (**Vertretungsmonopol**).[26] Der Wortlaut der deutschen und österreichischen Norm ist zwar nicht ident, der materielle Gehalt der Normen deckt sich jedoch.[27] Das Vorstandshandeln wird der AG, gem Organtheorie, als **eigenes** zugerechnet.[28]

Die Vertretungsmacht des Vorstandsmitglieds erstreckt sich auf gerichtliche und außer- **20** gerichtliche, gewöhnliche wie ungewöhnliche Handlungen.[29] Die Vertretungsmacht des Vorstands ist gs **unbeschränkt** und **unbeschränkbar** – selbst Beschränkungen die sich aus dem Unternehmensgegenstand, dem Gesellschaftszweck oder der Satzung für das Innenverhältnis ergeben, haben auf das Vertretungsverhältnis des Vorstands und die Gültigkeit von

---

[20] Eine Ausnahme vom Prinzip der Weisungsfreiheit besteht beispielsweise beim Beherrschungsvertrag.

[21] *Fleischer*, Handbuch des Vorstandsrechts, 65 f; *Spindler* in Münchener Kommentar zum AktG, § 76 Rn 63; *Hüffer*, Kommentar zum AktG, § 76 Rn 8.

[22] *Kort* in Großkommentar zum Aktiengesetz, § 76 Rn 41; *Weber* in *Hölters*, Kommentar zum Aktiengesetz, § 76 Rn 24.

[23] *Nowotny* in Doralt/Nowotny/Kalss, Kommentar zum Aktiengesetz, § 70 Rn 8.

[24] *Hüffer*, Kommentar zum AktG, § 76 Rn 11.

[25] *Strasser* in *Jabornegg/Strasser*, Kommentar zum Aktiengesetz, § 70 Rn 2.

[26] *Kalss* in Münchener Kommentar zum AktG, § 78 Rn 137.

[27] *Kalss* in Münchener Kommentar zum AktG, § 78 Rn 136.

[28] *Spindler/Stilz*, Kommentar zum Aktiengesetz, § 78 Rn 4.

[29] *Fleischer*, Handbuch des Vorstandsrechts, § 2 Rn 31 ff; *Kalss/Nowotny/Schauer*, Gesellschaftsrecht, Rn 3/374.

Vertretungshandlungen keine Auswirkung – das Aktienrecht kennt keine *ultra-vires* Doktrin[30] (im Innenverhältnis kann es jedoch zur Schadensersatzverpflichtung des verantwortlichen Organmitglieds kommen); auch die Geschäftsführungsbefugnis hat auf das Ausmaß der Vertretung keinen Einfluss.[31] Abzugrenzen ist die Vertretungsmacht daher bei Handlungen im Außenverhältnis von der Geschäftsführungsbefugnis – die Berechtigung des Vorstands im Innenverhältnis rechtsgeschäftlich tätig zu werden, richtet sich nach der Geschäftsführungsbefugnis (was der Vorstand „*darf*"); die Fähigkeit des Vorstands, die Gesellschaft im Außenverhältnis gegenüber Dritten zu verpflichten, richtet sich hingegen nach den Regeln der Vertretungsbefugnis (was er „*kann*").[32] Ein Rechtsgeschäft kann nachträglich im Innenverhältnis von den übrigen Vorstandsmitgliedern **genehmigt** werden (die Genehmigung durch den Aufsichtsrat genügt hingegen nicht).[33]

21 **Ausnahmen** hinsichtlich des Grundsatzes der unbeschränkten Vertretungsmacht des Vorstands ergeben sich beispielsweise bei der Durchsetzung von Ersatzansprüchen gegen den Vorstand, bei den im AktG vorgesehenen Fällen der Doppelvertretung (Vertretung durch Aufsichtsrat und Vorstand) sowie bei den im AktG aufgelisteten, die AG betreffenden, Grundlagenentscheidungen (welche aufgrund ihrer Bedeutung der Zustimmung der Hauptversammlung bedürfen).[34]

22 Soweit in der Satzung nichts anderes vorgesehen ist, gilt für einen mehrgliedrigen Vorstand bei aktiven Handlungen der Grundsatz der **Gesamtvertretung**.[35] Demnach sind alle Vorstandsmitglieder nur gemeinschaftlich zur Abgabe von Willenserklärungen befugt (zeitgleiche Abgabe dieser Willenserklärungen ist hingegen nicht erforderlich). Die Gesamtvertretung ist als Einschränkung der persönlichen *Ausübung* der Vertretungsbefugnis, nicht aber als Beschränkung der Vertretungsbefugnis selbst zu verstehen.[36] Verstößt ein einzelnes Vorstandsmitglied gegen den Grundsatz der Gesamtvertretung, ist das Rechtsgeschäft im Außenverhältnis dennoch gültig.

23 **Abweichungen** vom Grundsatz der Gesamtvertretung können in der Satzung festgelegt werden.[37] So kann beispielsweise anstelle der gesetzlichen Gesamtvertretung vorgesehen werden, dass mehrere oder alle Mitglieder des Vorstands jeweils einzeln die AG vertreten (sog **Einzelvertretung** § 78 Abs 3 S 1 dAktG bzw § 71 Abs 3 öAktG); dies kommt in der Praxis jedoch nur selten vor.[38] Bei der unechten Gesamtvertretung wird vorgesehen, dass ein einzelnes Vorstandsmitglied, das nur zur Gesamtvertretung berechtigt ist, gemeinsam mit einem **Prokuristen** die Aktiengesellschaft vertreten kann (dabei muss der Vorstand aber

---

[30] *Spindler* in Münchener Kommentar zum AktG, § 78 Rn 26; *Kalss/Nowotny/Schauer*, Gesellschaftsrecht, Rn 3/378; *Fleischer*, Kompetenzüberschreitungen von Geschäftsleitern im Personen- und Kapitalgesellschaftsrecht – Schaden – rechtmässiges Alternativverhalten – Vorteilsausgleichung, DStR 2009, 1204 ff.

[31] *Fleischer*, Handbuch des Vorstandsrechts, § 2 Rn 35; *Spindler* in Münchener Kommentar zum AktG, § 78 Rn 26; *Kalss/Nowotny/Schauer*, Gesellschaftsrecht, Rn 3/378.

[32] *Weber* in Hölters, Kommentar zum Aktiengesetz, § 77 Rn 3; *Hüffer*, Kommentar zum AktG, § 77 Rn 3; *Kalss/Nowotny/Schauer*, Gesellschaftsrecht, Rn 3/379.

[33] *Fleischer*, Handbuch des Vorstandsrechts, § 2 Rn 46.

[34] *Fleischer*, Handbuch des Vorstandsrechts, § 2 Rn 36 ff; *Kalss* in Münchener Kommentar zum AktG, § 78 Rn 137.

[35] *Schöner/Stöber*, Grundbuchrecht, Rn 3621; *Spindler* in Münchener Kommentar zum AktG, § 77 Rn 1; *Fleischer*, Handbuch des Vorstandsrechts, § 2 Rn 46; *Kalss/Nowotny/Schauer*, Gesellschaftsrecht, Rn 3/375.

[36] *Spindler* in Münchener Kommentar zum AktG, § 78 Rn 30.

[37] *Hüffer*, Kommentar zum AktG, § 78 Rn 1.

[38] *Fleischer*, Handbuch des Vorstandsrechts, § 2 Rn 54 f; *Kalss/Nowotny/Schauer*, Gesellschaftsrecht, Rn 3/377.

die Gesellschaft immer auch ohne Prokuristen vertreten können).[39] Zu beachten ist auch, dass unterschiedliche Regelungen für Geschäftsführung und Vertretung festgelegt werden können.[40]

Die **passive** Vertretungsbefugnis, dh die Befugnis rechtlich bindende Willenserklärungen **24** für die Gesellschaft entgegenzunehmen, kommt jedem einzelnen Vorstandsmitglied zu.[41] Dies kann jedoch im Gegensatz zur aktiven Vertretungsbefugnis nicht abgeändert werden.[42]

Die unbeschränkte Vertretungsmacht erlangt auch im Bereich der **Legalitätspflicht** Bedeu- **25** tung. Als Vertreter der Gesellschaft ist der Vorstand auch für die Einhaltung gesetzlicher und vertraglicher Pflichten der Gesellschaft verantwortlich. Für Verletzungen dieser sog externen Legalitätspflicht kann das Vorstandsmitglied folglich persönlich zur Haftung herangezogen werden (Rn 477).

> Die **Vertretungsmacht** des Vorstands ist gs unbeschränkt und unbeschränkbar. Da Rechtsgeschäfte auch dann gültig sind, wenn das einzelne Vorstandsmitglied seine Vertretungsbefugnisse überschreitet, sollten, um eine Innenhaftung zu vermeiden, stets die im Innenverhältnis aufgestellten Zustimmungserfordernisse beachtet werden (idR Gesamtvertretung).

D. Erfüllung des Unternehmenszwecks und Verfolgung des Unternehmensgegenstandes

Bei Wahrnehmung seiner Kompetenzen als eigenverantwortliches Leitungsorgan der **26** Gesellschaft ist dem Vorstand die Erfüllung des Unternehmenszwecks durch Verfolgung des satzungsmäßigen Unternehmensgegenstands aufgetragen.[43] Das Leitungsermessen des Vorstands erfährt also durch den Unternehmensgegenstand und den Unternehmenszweck eine Beschränkung,[44] der Vorstand darf keine Handlungen setzten, die diesem zuwiderlaufen.

Dabei ist der in der Satzung festgelegte **Unternehmens- bzw Gesellschaftszweck** die lang- **27** fristige Zielsetzung (Ausrichtung) der Gesellschaft. Im Zweifel liegt der Unternehmenszweck bei einer AG in der **langfristigen Gewinnerzielung**.[45] Die Förderung des Unternehmenswohls entspricht daher idR auch der Verfolgung des Unternehmenszwecks. Über die Grenzen des Unternehmenszwecks hinaus darf der Vorstand nicht tätig werden.

Demgegenüber ist der in der Satzung festgelegte **Unternehmensgegenstand** die opera- **28** tive Tätigkeit der Gesellschaft.[46] Der Vorstand ist bei der Ausführung seiner Geschäfte zur

---

[39] *Fleischer,* Handbuch des Vorstandsrechts, § 2 Rn 46; *Kalss/Nowotny/Schauer,* Gesellschaftsrecht, Rn 3/375.
[40] *Hüffer,* Kommentar zum AktG, § 77 Rn 9.
[41] *Fleischer,* Handbuch des Vorstandsrechts, § 2 Rn 52; *Kalss* in Münchener Kommentar zum AktG, § 78 Rn 138.
[42] *Kalss/Nowotny/Schauer,* Gesellschaftsrecht, Rn 3/375.
[43] *Weber* in *Hölters,* Kommentar zum Aktiengesetz, § 76 Rn 24; *Kalss* in *Kalss/Nowotny/Schauer,* Gesellschaftsrecht, Rn 3/322; *Nowotny* in *Doralt/Nowotny/Kalss,* Kommentar zum Aktiengesetz, § 70 Rn 2.
[44] *Hueck/Windbichler,* Gesellschaftsrecht, § 27 Rn 25; *Fleischer* in *Spindler/Stilz,* Kommentar zum Aktiengesetz, § 82 Rn 26; *Pentz* in Münchener Kommentar zum AktG, § 23 Rn 71.
[45] *Fleischer* in *Spindler/Stilz,* Kommentar zum Aktiengesetz, § 82 Rn 26; *Kalss* in *Kalss/Nowotny/Schauer,* Gesellschaftsrecht, Rn 3/322; *Pentz* in Münchener Kommentar zum AktG, § 23 Rn 71.
[46] *Kalss* in *Kalss/Nowotny/Schauer,* Gesellschaftsrecht, Rn 3/322.

Erreichung des Gesellschaftszwecks *durch* den Unternehmensgegenstand beschränkt (sog „**Mittel-Zweck-Relation**").[47] Dabei können alle Aktivitäten, die dem Unternehmensgegenstand dienen können, als Geschäftstätigkeit der Gesellschaft verstanden werden.[48] „Herr dieser Geschäftstätigkeit und demnach zuständig und berufen dazu, diese Aktivitäten zu planen, in Gang zu bringen, zu lenken (Unternehmensstrategie, unternehmerische Taktik), sie auszuweiten, einzuschränken oder einzustellen, ist, von ganz wenigen Ausnahmen abgesehen, der Vorstand."[49]

29   Zu den Rechtsfolgen einer **dauerhaften Überschreitung** des Unternehmensgegenstands, siehe Rn 243. Zur Rolle des Unternehmensgegenstands im Zusammenhang mit der Pflicht zur Verfolgung des Unternehmenswohls, siehe Rn 435.

> **Geschäftsführung:** Jedwede tatsächliche oder rechtsgeschäftliche Tätigkeit für die AG; Vorstand hat gs Geschäftsführungsmonopol (dh ihm alleine obliegt die Geschäftsführung) mit wenigen Ausnahmen. Es gilt Prinzip der Gesamtgeschäftsführung (dh Entscheidungsfindung nur durch einstimmige Beschlüsse). Abweichungen hiervon können in Satzung festgelegt werden.
>
> **Leitung:** Teilbereich der Geschäftsführung; nicht delegierbar.
>
> **Vertretung:** Bezieht sich auf das Außenverhältnis. Vorstand hat Vertretungsmonopol (dh ihm alleine obliegt gs die Vertretung); Vertretungsmacht ist unbeschränkt (dh auch wenn im Innenverhältnis die Erlaubnis fehlt); es gilt Prinzip der Gesamtvertretung (dh alle Vorstandsmitglieder vertreten gemeinsam und einstimmig). Rechtsgeschäfte, die gegen Gesamtvertretung verstoßen, sind ungültig (aber genehmigungsfähig). Abweichungen können in der Satzung festgelegt werden. Unterschiede in der Ausgestaltung der Geschäftsführungs- und Vertretungsmacht sind möglich.

II. Pflichten

30   Dem Vorstand obliegen bei der Ausführung seiner Tätigkeit als Organ der AG unzählige Pflichten. Das AktG enthält – meist in der Form von Generalklauseln – großteils bloß übergreifende *Verhaltenspflichten* (zB Sorgfaltspflicht und Treuepflicht) und nur vereinzelt *konkret* ausformulierte Handlungspflichten (zB das Wettbewerbsverbot, die Berichterstattungspflicht, das Gebot der Unterlassung der schädigenden Einflussnahme auf die Gesellschaft bzw deren Organe).[50] Dies dient dem Ziel, die unternehmerische Freiheit zu wahren. Folglich ergeben sich die meisten der den Vorstand treffenden Pflichten aus im AktG festgelegten **Generalklauseln**.

---

[47] *Pentz* in Münchener Kommentar zum AktG, § 23 Rn 71.
[48] *Strasser* in *Jabornegg/Strasser,* Kommentar zum Aktiengesetz, § 70 Rn 7.
[49] *Strasser* in *Jabornegg/Strasser,* Kommentar zum Aktiengesetz, § 70 Rn 7.
[50] Siehe Rn 87; *Schlosser*, Die Organhaftung der Vorstandsmitglieder der Aktiengesellschaft, 27.

Die Lehre gliedert die Vorstandspflichten in drei **Gruppen:**[51]   **31**

- Die Pflichtengruppe zur Einhaltung der Sorgfalt eines ordentlichen und gewissenhaften Geschäftsleiters (**Sorgfaltspflicht**; § 93 Abs 1 dAktG bzw § 84 Abs 1 öAktG);
- die **Treuepflicht**; sowie
- die Gruppe **sonstiger Pflichten**, die dem Vorstandsmitglied durch Gesetz, Satzung oder sonstige verbindliche Organbeschlüsse auferlegt sind.[52]

Im Folgenden soll ein kurzer Überblick über diese gegeben werden. Für eine graphische Darstellung der Vorstandspflichten siehe Abbildung 4 (nach Rn 137).

A. Die Sorgfaltspflicht

Das Grundrecht des Eigentums erlaubt es einer Person, mit seinem Eigentum nach eigenem   **32** Belieben zu schalten und walten und auch andere vom Genuss seines Eigentums auszuschließen. Die Sorgfalt, mit welcher diese Person mit seiner eigenen Sache umgeht, kann sie selbst bestimmen. Welche Sorgfalt aber der Verwalter fremden Vermögens an den Tag legen muss, richtet sich nach einem anderen Maßstab. Da dem Vorstand eine **treuhandähnliche Funktion** zukommt,[53] darf folglich, soweit er nicht auch gleichzeitig Alleinaktionär ist, als Verwalter des Vermögens der Gesellschaft und der Aktionäre, nicht beliebig mit dem Unternehmen verfahren.[54] Vielmehr gelten hier besondere Regeln, um das fremde Eigentum zu schützen und dessen wertsteigernde Verwaltung zu sichern.

Die in § 93 Abs 1 S 1 dAktG bzw § 84 Abs 1 S 1 öAktG festgelegte allgemeine Sorgfalts-   **33** pflicht des Vorstands (*duty of care*) verlangt, dass das Vorstandsmitglied bei der Geschäftsführung die **Sorgfalt eines ordentlichen und gewissenhaften Geschäftsleiters** anwendet.[55] Die Sorgfaltspflicht ist die Kardinalpflicht des Vorstands. Nach ganz hM nimmt § 93 Abs 1 S 1 dAktG bzw § 84 Abs 1 S 1 öAktG dabei eine **Doppelfunktion**[56] ein: Einerseits dient die Sorgfaltspflicht als **Pflichtenquelle**, dh es leiten sich konkrete, objektive Pflichten aus der Sorgfaltspflicht ab (Rechtswidrigkeitsebene). Andererseits fungiert die Sorgfaltspflicht auch als **Sorgfaltsmaßstab** (Verschuldensebene), an dem gemessen wird, ob das Vorstandsmitglied schuldhaft, dh subjektiv vorwerfbar, gehandelt hat.

---

[51] Gliederung nach vorbildlicher Einteilung durch *Kalss* in *Kalss/Nowotny/Schauer*, Gesellschaftsrecht, Rn 3/414.

[52] *Adensamer/Eckert* in *Kalss,* Vorstandshaftung in 15 europäischen Ländern, 171; *Kalss* in *Kalss/Nowotny/Schauer*, Gesellschaftsrecht, Rn 3/414; *Hüffer*, Kommentar zum AktG, § 93 Rn 13; *Kiethe,* Falsche Erklärung nach § 161 AktG – Haftungsverschärfung für Vorstand und Aufsichtsrat? NZG 2003, 559 (562).

[53] *Spindler* in Münchener Kommentar zum AktG, § 93 Rn 24; *Hüffer*, Kommentar zum AktG, § 93 Rn 4.

[54] *Henze*, Höchstrichterliche Rechtsprechung zum Aktienrecht, Rn 479; BGHZ 129, 30 (34); *Schlosser*, Die Organhaftung der Vorstandsmitglieder der Aktiengesellschaft, 29.

[55] *Hüffer*, Kommentar zum AktG, § 93 Rn 3a; *Adensamer/Eckert* in *Kalss,* Vorstandshaftung in 15 europäischen Ländern, 174; *Pelzer* in *Semler/Pelzer*, Arbeitshandbuch für Vorstandsmitglieder, § 9 Rn 182.

[56] *Hüffer*, Kommentar zum AktG, § 93 Rn 3a; *Hopt* in Großkommentar zum Aktiengesetz, § 93 Rn 78; *Kastner/Doralt/Nowotny*, Grundriss des österreichischen Gesellschaftsrechts, 237; *Fleischer*, Handbuch des Vorstandsrechts, 240; *Schlosser*, Die Organhaftung der Vorstandsmitglieder der Aktiengesellschaft, 27; *Schneider* in *Scholz,* Kommentar zum GmbHG, § 43 Rn 12a.; *Horn*, Die Haftung des Vorstands der AG nach § 93 AktG und die Pflichten des Aufsichtsrats, ZIP 1997, 1129 (1134); *Koppensteiner* in *Rowedder*, Kommentar zum GmbHG, § 43 Rn 7; *Hefermehl* in *Geßler/Hefermehl*, Kommentar zum Aktiengesetz, § 93 Rn 9; *Wiesner* in Münchener Handbuch des Gesellschaftsrechts, § 26 Rn 5.

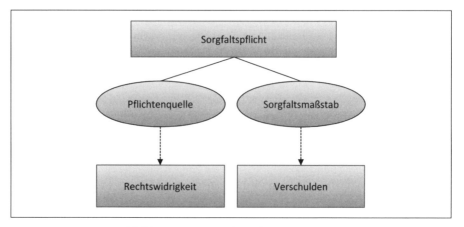

Abbildung 1: Doppelfunktion der Sorgfaltspflicht

1. Die Sorgfaltspflicht als Pflichtenquelle

34   Wer den objektiv festgelegten Sorgfaltsmaßstab nicht einhält, der handelt pflichtwidrig und damit rechtswidrig (**objektive Sorgfaltspflicht**). Dies ist bei der Haftungsprüfung auf der Rechtswidrigkeitsebene von Relevanz.

35   § 93 Abs 1 S 1 dAktG bzw § 84 Abs 1 S 1 öAktG verlangt, dass die Vorstandsmitglieder bei der Geschäftsführung die **Sorgfalt eines ordentlichen und gewissenhaften Geschäftsleiters** anzuwenden haben. Es handelt sich bei diesem Sorgfaltsmaßstab (auch Verhaltensmaßstab)[57] klar um einen **objektivierten**[58] – es kommt nicht auf die subjektiven Kenntnisse und Fähigkeiten des Vorstandsmitglieds an, sondern jedes Vorstandsmitglied hat die Sorgfalt der **Maßfigur**, nämlich eines ordentlichen und gewissenhaften Geschäftsleiters, anzuwenden. Es wird also ein ganz bestimmter Sorgfaltsstandard verlangt (der jedoch von Situation zu Situation unterschiedlich ist – siehe sogleich). Die Vorstandsmitglieder haben die nötigen Fähigkeiten und Kenntnisse, die für die Erfüllung der übertragenen Geschäftsführungsaufgaben **erforderlich sind,** aufzuweisen.[59]

36   Gemeint ist aber kein allgemeiner Maßstab für alle Geschäftsleiter, sondern ein **konkretisierter** Maßstab für einen Geschäftsleiter in der ganz konkreten Situation des Vorstandsmitglieds. Vielmehr kommt es also auf die tatsächlichen Verhältnisse der jeweiligen Gesellschaft sowie das vom jeweiligen Vorstandsmitglied übernommene Ressort an (**relative Komponente**).[60] Der Sorgfaltsmaßstab ist damit von Situation zu Situation verschiedenen[61] und im Einzelfall nach den besonderen *Umständen* des geführten Unternehmens (zB Art,

---

[57] *Hueck/Windbichler,* Gesellschaftsrecht, § 27 Rn 34.

[58] *Haberer,* Corporate Governance, 145.

[59] OGH 10.1.1978, 3 Ob 536/77 = GesRZ 1978, 36 = HS 11.291 = HS 11.302 = HS 11.305; *Kalss* in *Kalss/Nowotny/Schauer,* Gesellschaftsrecht, Rn 3/389; *Adensamer/Eckert* in *Kalss,* Vorstandshaftung in 15 europäischen Ländern, 174 f.; *Schlosser,* Die Organhaftung der Vorstandsmitglieder der Aktiengesellschaft, 30; *Hopt* in Großkommentar zum Aktiengesetz, § 93 Rn 79; *Kalss* in Münchener Kommentar zum AktG, § 93 Rn 301; *Nowotny* in *Doralt/Nowotny/Kalss,* Kommentar zum Aktiengesetz, § 84 Rn 4 ff.

[60] *Adensamer/Eckert* in *Kalss,* Vorstandshaftung in 15 europäischen Ländern, 174.

[61] *Hopt* in Großkommentar zum Aktiengesetz, § 93 Rn 81; *Mertens/Cahn,* Kölner Kommentar zum Aktiengesetz, § 93 Rn 66.

Größe und Situation des Unternehmens sowie Aufgabenverteilung zwischen mehreren Vorstandsmitgliedern)[62] sowie an den *Aufgaben*, die sich dem Vorstandsmitglied in einer Situation stellen, zu konkretisieren.[63] Verlangt wird jene Sorgfalt, die ein „Geschäftsleiter, der ein Unternehmen von bestimmter Art und Größe unter eigener Verantwortung leitet, anzuwenden hat".[64] Weicht das Vorstandsmitglied bei seinen Handlungen von diesem Maßstab nach unten ab, so begeht es eine Sorgfaltspflichtverletzung.

Für die Konkretisierung von Bedeutung sind hier zunächst das Unternehmen, der Geschäftszweig, sowie das Umfeld des Unternehmens. Dabei werden jene Kenntnisse und Fähigkeiten vorausgesetzt, die für die Leitung der konkreten Gesellschaft in ihrem **Geschäftszweig** üblicherweise erforderlich sind.[65]   37

Unter die **besonderen Verhältnisse** der Gesellschaft fallen beispielsweise Art und Größe,[66] Branche[67] und Marktposition[68] des Unternehmens, eingesetztes Vermögen,[69] Zahl der Beschäftigten,[70] Art des Gesellschaftsgegenstandes,[71] Zeitverhältnisse,[72] jeweilige wirtschaftliche Lage,[73] Situation am Binnenmarkt und am Weltmarkt,[74] Konkurrenzsituation des Unternehmens[75] und allgemeine Wirtschaftslage.[76]   38

Es muss jedoch nicht jedes einzelne Vorstandsmitglied, sondern nur der **Gesamtvorstand**   39 „über die erforderlichen Kenntnisse und Fähigkeiten verfügen, die für die Führung der Geschäfte der kompletten Gesellschaft erforderlich sind".[77] Um also letztendlich feststellen zu können, welche Kenntnisse, Fähigkeiten, Aufmerksamkeit und Fleiß[78] das *einzelne* Vorstandsmitglied nun tatsächlich haben muss, erfolgt eine weitere Konkretisierung innerhalb des Unternehmens und durch die Ressortverteilung. Hier wird anhand der vom Vorstandsmitglied **tatsächlich übernommenen Aufgaben** und Tätigkeiten innerhalb der Ressortverteilung be-

---

[62] *Mertens/Cahn,* Kölner Kommentar zum Aktiengesetz, § 93 Rn 66.

[63] *Kalss* in *Kalss/Nowotny/Schauer,* Gesellschaftsrecht, Rn 3/389.

[64] *Spindler* in Münchener Kommentar zum AktG, § 93 Rn 24.

[65] OGH 30.1.1979, 5 Ob 686/78 = HS 11.308 = nÖJZ 1979/135 (EvBl); *Adensamer/Eckert* in *Kalss,* Vorstandshaftung in 15 europäischen Ländern, 174.

[66] Für D: *Spindler* in Münchener Kommentar zum AktG, § 93 Rn 24; Für Ö: *Strasser* in *Jabornegg/Strasser,* Kommentar zum Aktiengesetz, § 84 Rn 95; *Schlosser,* Die Organhaftung der Vorstandsmitglieder der Aktiengesellschaft, 28; *Reischauer* in *Rummel,* Kommentar zum ABGB³ (2007) § 1299 Rn 2b; OGH 26.2.2002, 1 Ob 144/01k = ecolex 2003/22 = GeS 2002, 26 = GesRZ 2002, 26 = RdW 2002/350 = wbl 2002/227.

[67] Für Ö: *Reischauer* in *Rummel,* Kommentar zum ABGB³ (2007) § 1299 Rn 2b; *Schlosser,* Die Organhaftung der Vorstandsmitglieder der Aktiengesellschaft, 28.

[68] OGH 26.2.2002, 1 Ob 144/01k = ecolex 2003/22 = GeS 2002, 26 = GesRZ 2002, 26 = RdW 2002/350 = SZ 2002/26 = wbl 2002/227; *Reischauer* in *Rummel,* Kommentar zum ABGB, § 1299 Rn 2b.

[69] Für Ö: *Strasser* in *Jabornegg/Strasser,* Kommentar zum Aktiengesetz, § 84 Rn 95.

[70] Für D: *Spindler* in Münchener Kommentar zum AktG, § 93 Rn 24.

[71] Für Ö: *Strasser* in *Jabornegg/Strasser,* Kommentar zum Aktiengesetz, § 84 Rn 95.

[72] Für D: *Spindler* in Münchener Kommentar zum AktG, § 93 Rn 24.

[73] Für Ö: *Strasser* in *Jabornegg/Strasser,* Kommentar zum Aktiengesetz, § 84 Rn 95.

[74] Fuer D: *Spindler* in Münchener Kommentar zum AktG, § 93 Rn 24; *Kossen,* Haftung des Vorstands und des Aufsichtsrats der Aktiengesellschaft für Pflichtverletzungen, DB 1988, 1785 (1787); Für Ö: *Schlosser,* Die Organhaftung der Vorstandsmitglieder der Aktiengesellschaft, 28; *Strasser* in *Jabornegg/Strasser,* Kommentar zum Aktiengesetz, § 84 Rn 95.

[75] Für Ö: *Strasser* in *Jabornegg/Strasser,* Kommentar zum Aktiengesetz, § 84 Rn 95.

[76] Für D: *Spindler* in Münchener Kommentar zum AktG, § 93 Rn 24; Für Ö: OGH 26.2.2002, 1 Ob 144/01k = ecolex 2003/22 = GeS 2002, 26 = GesRZ 2002, 26 = RdW 2002/350 = SZ 2002/26 = wbl 2002/227.

[77] *Adensamer/Eckert* in *Kalss,* Vorstandshaftung in 15 europäischen Ländern, 174 f.

[78] Vgl *Nowotny* in *Doralt/Nowotny/Kalss,* Kommentar zum Aktiengesetz, § 84 Rn 7.

urteil, über welche Kenntnisse und Fähigkeiten es verfügen muss.[79] Die Betrachtung erfolgt daher immer im Zusammenhang mit der konkret übernommenen Tätigkeit.[80]

40   Dabei werden von jedem Vorstandsmitglied jedenfalls **Basiskenntnisse** verlangt, „um die wirtschaftliche Gesamtentwicklung aus dem Rechnungswesen der Gesellschaft beurteilen und die Vorstandskollegen im Rahmen der Ressortaufteilung ordnungsgemäß überwachen zu können".[81] Darüber hinaus muss jedes Vorstandsmitglied die für sein Ressort erforderlichen **Spezialkenntnisse** aufweisen.[82] Risikoreiche oder für die Gesellschaft besonders bedeutsame Geschäfte verlangen eine gesteigerte Sorgfalt.[83]

41   § 93 Abs 1 dAktG bzw § 84 Abs 1 öAktG enthält jedoch keine Auflistung von konkreten Pflichten; diese lassen sich nur eingeschränkt aus dem Wortlaut ableiten.[84] Auch ist eine abstrakte und allgemeine Bestimmung der Pflichten im Vorhinein nicht möglich, vielmehr ergeben sich die Pflichten erst je nach **Situation**, in der sich das Vorstandsmitglied befindet.[85] Auch der in der Literatur viel zitierte Versuch einer abstrakten Konkretisierung durch den BGH ist nicht sehr hilfreich. Dort heißt es, dass das Organmitglied zur Wahrung des Vorteils der Gesellschaft und zur Abwendung von Schäden von dieser verpflichtet sei.[86] So weit aber nicht im Gesetz, in der Satzung oder im Anstellungsvertrag festgelegt wurde, welche Pflichten das Vorstandsmitglied dabei konkret zu beachten hat, ist daraus nicht viel gewonnen.[87]

42   Nur in § 93 **Abs 3** dAktG bzw § 84 Abs 3 öAktG findet sich eine Aufzählung von **Tatbeständen**, bei deren Verletzung die Vorstandsmitglieder „namentlich" zum Ersatz verpflichtet sind. Es handelt sich daher um ganz **konkrete Unterlassungspflichten** – sie zielen vorrangig darauf ab, die **Erhaltung des Kapitals** der AG zu sichern:

- Rückgewährung von Einlagen an die Aktionäre (§ 57 Abs 1 dAktG bzw §§ 52, 184 öAktG)
- Zahlung von Zinsen oder Gewinnanteilen an Aktionäre (§§ 57, 60, 233 dAktG bzw §§ 54, 187 öAktG)
- Einziehung von eigenen Aktien der Gesellschaft oder von Aktien, die von einer anderen Gesellschaft gezeichnet, erworben, als Pfand genommen oder eingezogen werden (§§ 56, 71 bis 71e, 237 bis 239 dAktG bzw §§ 51, 65, 65a, 65b, 66, 66a, 192 öAktG)
- Ausgabe von Aktien vor der vollen Leistung des Ausgabebetrags (§ 10 Abs 2 dAktG bzw §§ 10 Abs 2 öAktG)
- Verteilung von Gesellschaftsvermögen (§§ 57 Abs 3, 225 Abs 2, 230, 233, 237 Abs 2, 271, 272 dAktG bzw §§ 212, 213 öAktG)
- Leistung von Zahlungen entgegen Zahlungsverbot bei Zahlungsunfähigkeit oder Überschuldung (§ 92 Abs 3 dAktG)
- Gewährung von Vergütungen an Aufsichtsratsmitglieder (§§ 113, 114 dAktG; keine entsprechende Bestimmung in § 84 Abs 3 öAktG, siehe aber § 98 öAktG)
- Kreditgewährung (§§ 89, 115 dAktG bzw § 80 öAktG)

---

[79] *Adensamer/Eckert* in *Kalss,* Vorstandshaftung in 15 europäischen Ländern, 174.

[80] *Nowotny* in *Doralt/Nowotny/Kalss,* Kommentar zum Aktiengesetz, § 84 Rn 4, 7; *Adensamer/Eckert* in *Kalss,* Vorstandshaftung in 15 europäischen Ländern, 174; *Schlosser,* Die Organhaftung der Vorstandsmitglieder der Aktiengesellschaft, 31.

[81] *Adensamer/Eckert* in *Kalss,* Vorstandshaftung in 15 europäischen Ländern, 174 f.

[82] Vgl bereits § 1299 ABGB.

[83] *Schlegelberger/Hefermehl,* Kommentar zum HGB, § 347 Rn 23.

[84] *Hopt* in Großkommentar zum Aktiengesetz, § 93 Rn 80.

[85] *Semler,* Leitung und Überwachung der Aktiengesellschaft, Rn 60 f.

[86] BGHZ 21, 354 (357); *Hefermehl* in *Geßler/Hefermehl* , Kommentar zum Aktiengesetz, § 93 Rn 13; *Fleischer,* Handbuch des Vorstandsrechts, 240; *Hopt* in Großkommentar zum Aktiengesetz, § 93 Rn 80.

[87] *Hopt* in Großkommentar zum Aktiengesetz, § 93 Rn 80.

● Ausgabe von Bezugsaktien bei der bedingten Kapitalerhöhung außerhalb des festgesetzten Zwecks oder vor der vollen Leistung des Gegenwerts (§ 199 dAktG bzw § 166 öAktG)

Lehre und Rechtsprechung haben aus der Generalklausel des § 93 Abs 1 dAktG bzw § 84 **43** Abs 1 öAktG konkrete, situationsbezogene Einzelpflichten bzw objektive Verhaltenspflichten abgeleitet.[88] Diese werden im Folgenden behandelt.

a) Legalitätspflicht

Die Legalitätspflicht ist die Pflicht des Vorstands, sich bei der Führung seiner Geschäfte **44** gesetzestreu zu verhalten.[89] Einerseits umfasst die Legalitätspflicht, dass Vorstandsmitglieder ihre Pflichten gegenüber der Gesellschaft einhalten (**interne** Legalitätspflicht). Dabei handelt es sich vorwiegend um jene Pflichten, die unter *§ 2 Pflichten des Vorstands* behandelt werden (Pflichten aus der Sorgfaltspflicht, Treuepflicht, sowie Pflichten aus dem AktG, der Satzung und verbindlichen Organbeschlüssen). Andererseits umfasst die Legalitätspflicht aber auch die Pflicht des Vorstands, Rechtsvorschriften einzuhalten, die nicht ihn, sondern die **Gesellschaft** selbst verpflichten (**externe** Legalitätspflicht), für deren Einhaltung aber wiederum der Vorstand als Vertreter der Gesellschaft zu sorgen hat. Zur umfassenden Behandlung der Legalitätspflicht (insbes der externen Legalitätspflicht) siehe Rn 472.

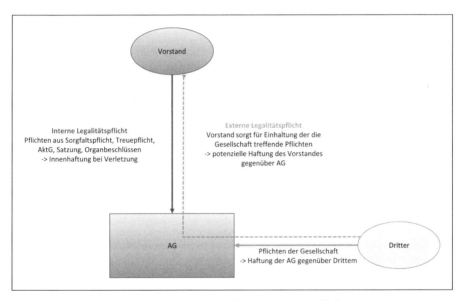

Abbildung 2: Interne und externe Legalitätspflicht

b) Überwachungspflicht und *Compliance*

Die Überwachungspflicht erfordert die **Abstimmung** der Tätigkeit der Vorstandsmitglie- **45** der untereinander hinsichtlich Ressortaufteilung und Geschäftsordnung, die gegenseitige **Überwachung** der Vorstandsmitglieder, sowie die „sachgerechte Aufteilung und Abgrenzung

---

[88] *Hüffer*, Kommentar zum AktG, § 93 Rn 3a; *Fleischer*, Handbuch des Vorstandsrechts, 240.
[89] *Fleischer* in *Spindler/Stilz*, Kommentar zum Aktiengesetz, § 93 Rn 14; *Fleischer*, Aktuelle Entwicklung der Managerhaftung, NJW (2009) 2337.

der Arbeit der nachgeordneten Führungskräfte"[90] (**Legalitätspflicht und Legalitätskontrolle**). Die Vorstandsmitglieder sind im Rahmen der Überwachungspflicht auch dazu verpflichtet, durch **organisatorische Vorkehrungen** („Überwachungssysteme")[91] sicherzustellen, dass die Unternehmensangehörigen **gesetzliche Bestimmungen** sowie **unternehmensinterne Richtlinien** einhalten[92] (dies hat der BGH[93] erneut hervorgehoben).[94] Oder anders ausgedrückt: die Überwachungspflicht umfasst die Pflicht, die maßgeblichen organisatorischen Vorkehrungen für die Einhaltung der Legalitätspflicht zu treffen (sog *Compliance*).[95]

46   Die *Compliance*-Organisation dient unzweifelhaft dazu, schädigende Ereignisse zu vermeiden und somit das Haftungsrisiko für das Unternehmen (und seine Organmitglieder) zu minimieren.[96] „Abhängig von den Spezifika der jeweiligen Unternehmen können also der Risikolage des Unternehmens angemessen Rechnung tragende Richtlinien und *Compliance* Systeme dazu beitragen, teils drastische Haftungsfolgen aus Organisationsverschulden auf ein erträgliches Maß zu beschränken."[97] Auch **Ziff 4.1.3. DCGK** enthält eine einschlägige Pflicht für Vorstände börsennotierter Unternehmen, für die Einhaltungen der gesetzlichen Bestimmungen und unternehmensinternen Richtlinien zu sorgen und auf deren Beachtung durch die Konzernunternehmen hinzuwirken (erstmals wird dies ausdrücklich als *Compliance* bezeichnet). Eine weitere Motivation für die Einrichtung einer *Compliance*-Organisation sind die Zurechnungsnormen des § 9 OWiG sowie des **§ 130 OWiG** (Strafe von bis zu €1 Mio wenn Aufsichtsmaßnahmen vorsätzlich oder fahrlässig unterlassen wurden),[98] sowie der UK Bribery Act 2010.[99] In anderen Rechtsgebieten (so beispielsweise im Bank- und Kapitalmarktrecht, im Versicherungsrecht und im Pharma- und Medizinrecht) finden sich, anders als im allgemeinen Gesellschaftsrecht, konkrete Pflichten zur Einrichtung einer *Compliance*-Organisation (diese werden hier nicht gesondert behandelt).[100]

47   **Verantwortlich** für die Schaffung (und Ausgestaltung) der *Compliance*-Organisation ist der Vorstand; er kann jedoch Funktionen auf geeignete Mitarbeiter übertragen (auch eine dezentrale Organisation ist zulässig).[101] Einzustehen haben Organmitglieder nur für eigenes Verschulden; für das Verschulden untergebener Mitarbeiter haften sie nur soweit sie ein Überwachungsverschulden trifft (dh soweit diese nicht ordnungsgemäß ausgesucht und/oder überwacht wurden).[102]

48   Im Hinblick auf die unternehmensspezifischen Anforderungen der Sorgfaltspflicht des § 93 Abs 1 dAktG bzw § 84 Abs 1 dAktG empfiehlt es sich ein auf den **Einzelfall zugeschnittenes**

---

[90] *Kalss* in *Kalss/Nowotny/Schauer*, Gesellschaftsrecht, Rn 3/334.

[91] *Ritter* in *Schüppen/Schaub*, Münchener Anwaltshandbuch Aktienrecht, § 24 Rn 27.

[92] *Fleischer* in *Spindler/Stilz*, Kommentar zum Aktiengesetz, § 91 Rn 47; *Schaefer/Baumann*, Compliance-Organisation und Sanktion bei Verstößen, NJW 2011, 3601 (3601); *Ritter* in *Schüppen/Schaub*, Münchener Anwaltshandbuch Aktienrecht, § 24 Rn 27.

[93] BGH NJW 2009, 3173 = NZG 2009, 1356.

[94] *Schaefer/Baumann*, Compliance-Organisation und Sanktion bei Verstößen, NJW 2011, 3601 (3601).

[95] *Kalss* in *Kalss/Nowotny/Schauer*, Gesellschaftsrecht, Rn 3/334.

[96] *Ringleb/Kremer/Lutter/v. Werder*, DCGK-Kommentar, Rn 588.

[97] *Ringleb* in *Ringleb/Kremer/Lutter/v. Werder*, DCGK-Kommentar, Rn 589.

[98] *Ringleb* in *Ringleb/Kremer/Lutter/v. Werder*, DCGK-Kommentar, Rn 589.

[99] *Hoffmann*, Existenzvernichtende Haftung von Vorständen und Aufsichtsräten?, NJW 2012, 1393 (1396).

[100] *Schaefer/Baumann*, Compliance-Organisation und Sanktion bei Verstößen, NJW 2011, 3601 (3602f).

[101] *Spindler* in Münchener Kommentar zum AktG, § 91 Rn 38.

[102] *Hoffmann*, Existenzvernichtende Haftung von Vorständen und Aufsichtsräten?, NJW 2012, 1393 (1396).

Compliance-System einzurichten[103] („die angesichts der konkreten Situation der Gesellschaft angemessen sind").[104] Dem Vorstand kommt bei der Ausgestaltung der *Compliance*-Organisation ein **unternehmerischer Ermessensspielraum** (BJR) zugute; die *Compliance*-Organisation ist auf das Unternehmen und seine Risiken zuzuschneiden.[105] Hier kommt es auf „Größe, Struktur und Lage des Unternehmens, das Risikopotential der Märkte, auf dem das Unternehmen tätig ist, sowie die Art des Kapitalmarktzugangs" an.[106] Die Pflichten des Vorstands sind jedoch durch die Grundsätze der **Erforderlichkeit** und **Zumutbarkeit** beschränkt (nicht jede mögliche Schutzmaßnahme ist verpflichtend umzusetzen) und Maßnahmen müssen geeignet und rechtlich zulässig sein.[107] Der Vorstand sollte bei Ausübung seines Ermessens stets auf die **BJR-Kriterien** (siehe hierzu Rn 388) achten (zB Informationseinholung über bestandsgefährdende Risiken des Unternehmens, Vor- und Nachteile unterschiedlicher Möglichkeiten zur Strukturierung der *Compliance*-Organisation).[108] Eine effektive *Compliance*-Organisation vermag den Vorstand nur dann vor der Haftung aus Verletzung der Überwachungspflicht schützen, wenn er nicht selbst als Täter anzusehen ist.[109] Eine Haftungsmilderung aufgrund der Einrichtung einer *Compliance*-Organisation ist bei Bejahung einer Pflichtverletzung gs nicht anerkannt[110] (siehe aber die Diskussion hierzu unter Rn 327).

Es lässt sich eine **Unterteilung** in die (1) vorstandsinterne Selbstüberwachung und (2) die **49** Überwachung nachgeordneter Unternehmensangehöriger vornehmen. Vorstandsmitglieder müssen in diesen Bereichen **geeignete und zumutbare Vorkehrungen** treffen, um nachgeordnete Unternehmensangehörige sowie Vorstandskollegen zu überwachen.[111] Dabei darf es jedoch zu keiner Überspannung der Aufsichtspflichten der Vorstandsmitglieder kommen.[112]

(1) Selbstüberwachung des Vorstands

Die Pflicht zur **Selbstüberwachung**[113] lässt sich mit der gesamtschuldnerischen Haftung **50** der Vorstandsmitglieder erklären.[114] Aufgrund der Aufteilung der Kompetenzen auf die verschiedenen Mitglieder des Vorstands im Rahmen einer **Ressort- oder Geschäftsverteilung** haben sämtliche Mitglieder die Bereiche der übrigen Vorstandsmitglieder zu überwachen. Obwohl also die Zuständigkeit eines Bereiches auf ein bestimmtes Ressort übertragen wurde, sind die übrigen Vorstandsmitglieder dennoch zur umfassenden Überwachung dieses Bereiches verpflichtet (**Prinzip der gegenseitigen Überwachung**).[115] Die Verteilung der Zuständigkeit auf verschiedene Ressorts entbindet daher nicht vollständig von der Verantwortung

---

[103] *Ringleb* in *Ringleb/Kremer/Lutter/v. Werder*, DCGK-Kommentar, Rn 588.

[104] *Ringleb* in *Ringleb/Kremer/Lutter/v. Werder*, DCGK-Kommentar, Rn 593.

[105] *Spindler* in Münchener Kommentar zum AktG, § 91 Rn 36; *Schaefer/Baumann*, Compliance-Organisation und Sanktion bei Verstößen, NJW 2011, 3601 (3601).

[106] *Spindler* in Münchener Kommentar zum AktG, § 91 Rn 36. Siehe auch *Schaefer/Baumann*, Compliance-Organisation und Sanktion bei Verstößen, NJW 2011, 3601 (3601).

[107] *Ringleb* in *Ringleb/Kremer/Lutter/v. Werder*, DCGK-Kommentar, Rn 591 f.

[108] *Spindler* in Münchener Kommentar zum AktG, § 91 Rn 38.

[109] *Ringleb* in *Ringleb/Kremer/Lutter/v. Werder*, DCGK-Kommentar, Rn 593.

[110] *Hoffmann*, Existenzvernichtende Haftung von Vorständen und Aufsichtsräten?, NJW 2012, 1393 (1396).

[111] *Hopt* in Großkommentar zum Aktiengesetz, § 93 Rn 107; BGHZ 133, 370 (377 f); *Fleischer*, Handbuch des Vorstandsrechts, 267 f; *Bezzenberger*, Der Vorstandsvorsitzende der Aktiengesellschaft, ZGR 1996, 661 (671 f);

[112] *Hüffer*, Kommentar zum AktG, § 77 Rn 15.

[113] *Dose*, Rechtsstellung der Vorstandsmitglieder einer Aktiengesellschaft, 75 ff.

[114] *Hüffer*, Kommentar zum AktG, § 77 Rn 15.

[115] Vgl die sorgfältige Unterscheidung dieser beiden Konzepte in *Fleischer*, Handbuch des Vorstandsrechts, 268 f.

der Vorstandsmitglieder; sie sind vielmehr verpflichtet, den Gang von Geschäften auch über die eigenen Ressortgrenzen hinaus zu überwachen (Restverantwortung).[116]

51   Vorstände haben daher zu beachten, dass bei einer **Ressortverteilung** die übrigen Vorstandsmitglieder nicht die volle Verantwortung für „abgegebene" Ressorts behalten, sondern zunächst nur für das ihnen zugewiesene Arbeitsgebiet volle Verantwortung tragen.[117] Hinsichtlich der anderen Bereiche bleiben die Vorstandsmitglieder jedoch zumindest für die Gesetz- und Zweckmäßigkeit des Geschäftsbetriebs (im Rahmen der Überwachungspflicht)[118] verantwortlich. Sie müssen sich folglich einen Überblick darüber verschaffen, ob die anderen Ressorts ordnungsgemäß geleitet werden.[119] Damit diese Überwachungspflicht effektiv wahrgenommen werden kann, steht den übrigen Vorstandsmitgliedern ua ein **Informationsanspruch** über Angelegenheiten aus anderen Ressorts zu[120] und sollte auch in Anspruch genommen werden. Demgegenüber sind aber auch die Ressortleiter für ihren Bereich gegenüber dem Gesamtvorstand **berichtspflichtig.**[121]

52   Besteht der Verdacht, dass eines der Vorstandsmitglieder seinen Leitungspflichten im entsprechenden Ressort nicht in gehöriger Weise nachkommt, so müssen die übrigen Vorstandsmitglieder unverzüglich **eingreifen.**[122]

(2) Überwachung nachgeordneter Unternehmensangehöriger (Organisationspflichten)

53   Im Rahmen der Pflicht zur Überwachung **nachgeordneter Unternehmensangehöriger** sind die Vorstandsmitglieder dazu verpflichtet, für das gesetzestreue Verhalten ihrer Untergebenen zu sorgen.[123] In diesem Bereich bestehen nur vereinzelt individuelle Überwachungspflichten sondern vielmehr abstrakt-generelle **Organisationspflichten.**[124] Hierher gehören auch die – teilweise gesetzlich ausdrücklich geregelten – Pflichten des Vorstands zur Einrichtung eines Früherkennungssystems, eines internen Kontrollsystems (IKS), eines **Rechnungswesens** und eines Risikocontrollings.[125] Siehe hierzu ausführlich Rn 111.

54   An dieser Stelle sei hierzu nur Folgendes zusammenfassend angemerkt: Die Pflicht zur Einrichtung eines **Rechnungswesens** ist in § 91 dAktG bzw § 82 öAktG festgelegt. Die selbständige Bedeutung dieser Bestimmung liegt insb in der Klarstellung, dass es sich in Bezug auf den Vorstand nur um eine das **Rechnungswesen** und das **Kontrollsystem** betreffende Sorgepflicht und nicht um eine dem Vorstand auferlegte Pflicht, all dies selbst zu besorgen, handelt. Dies bedeutet, dass der Vorstand unmittelbar verpflichtet ist, die Mitarbeiter, denen das Rechnungswesen der Gesellschaft anvertraut wird, sowie das für die Zwecke der konkreten AG am besten geeignete Buchhaltungssystem (EDV-System) sorgfältig auszuwählen, die im Rechnungswesen Tätigen regelmäßig zu kontrollieren, Kontroll- bzw Revisionsexperten heranzuziehen bzw ein dem Umfang des jeweils notwendigen Rechnungswesens entsprechen-

---

[116] *Fleischer*, Zum Grundsatz der Gesamtverantwortung im Aktienrecht, NZG 2003, 449 (452).

[117] OGH 10.1.1978, 3 536/77 = GesRZ 1978, 36 = HS 11.291 = HS 11.302 = HS 11.305.

[118] OGH 10.1.1978, 3 536/77 = GesRZ 1978, 36 = HS 11.291 = HS 11.302 = HS 11.305.

[119] *Fleischer*, Handbuch des Vorstandsrechts, § 8 Rn 10.

[120] *Fleischer*, Zum Grundsatz der Gesamtverantwortung im Aktienrecht, NZG 2003, 449 (452).

[121] *Hüffer*, Kommentar zum AktG, § 77 Rn 15; *Fleischer*, Zum Grundsatz der Gesamtverantwortung im Aktienrecht, NZG 2003, 449 (452); *Fleischer*, Handbuch des Vorstandsrechts, § 8 Rn 10. Vgl zur grundlegenden Bedeutung der Sicherung des Intonationsflusses als „Unternehmensressource schlechthin": *Fleischer*, Zur Leitungsaufgabe des Vorstandes im Aktienrecht, ZIP 2003, 1 (5).

[122] *Fleischer*, Handbuch des Vorstandsrechts, 268; OGH 10.1.1978, 3 536/77 = GesRZ 1978, 36 = HS 11.291 = HS 11.302 = HS 11.305.

[123] *Fleischer*, Handbuch des Vorstandsrechts, 268.

[124] *Fleischer*, Handbuch des Vorstandsrechts, 268.

[125] Vgl *Fleischer*, Handbuch des Vorstandsrechts, 268.

des Kontroll- und Revisionssystem aufzubauen und sicherzustellen, dass er von den das Rechnungswesen betreuenden Mitarbeitern in strittigen oder zweifelhaften Fragen unmittelbar mit der Entscheidung befasst wird.[126] Der Vorstand hat zu gewährleisten und sicherzustellen, dass das Unternehmen ständig mit relevanten Informationen versorgt wird (**unternehmensinterner Informationsfluss**).[127] Der Informationsfluss ist auch für das unternehmerische Ermessen relevant, denn nur so kann sichergestellt werden, dass Unternehmensplanung, Unternehmenssteuerung und Unternehmenskontrolle ordnungsgemäß funktionieren. Die Einrichtung eines funktionierenden **Berichtswesens** ist hierfür erforderlich. Hinsichtlich der konkreten Ausgestaltung steht dem Vorstandsmitglied ein unternehmerischer Ermessensspielraum zu.[128]

Im Rahmen der Überwachungspflicht kann es ev zu inhaltlichen Überschneidungen mit **55** der **Legalitätspflicht** kommen (siehe Rn 472).

c) Sorgfaltspflicht und unternehmerisches Ermessen

Das unternehmerische Ermessen ist ein für unternehmerisches Handeln notwendiger, vom **56** Gericht nicht überprüfbarer Handlungsfreiraum, der dem Vorstand bei der Erfüllung seiner Leitungspflichten zugestanden wird (zum unternehmerischen Ermessen, siehe Rn 355). Wird ein Vorstandsmitglied wegen vermeintlich pflichtwidriger und verschuldeter Schadensverursachung auf Schadensersatz in Anspruch genommen, so wird im Rahmen des gerichtlichen Verfahrens überprüft, ob das Vorstandsmitglied bei seiner Handlung das ihm zustehende unternehmerische Ermessen rechtmäßig ausgeübt hat (und damit sorgfältig gehandelt hat). Diese Prüfung erfolgt anhand der durch die Business Judgment Rule („**BJR**") festgelegten Kriterien (dh das Vorstandsmitglied konnte bei Treffen der unternehmerischen Entscheidung vernünftigerweise und in gutem Glauben davon ausgehen, auf Grundlage sorgfältig ermittelter Information und unter Abwesenheit sachfremder Einflüsse und Interessenkonflikte im Wohle des Unternehmens gehandelt zu haben). Sind diese BJR-Kriterien erfüllt, entsteht eine unwiderlegliche Vermutung, dass das Vorstandsmitglied sorgfältig (und damit nicht pflichtwidrig) gehandelt hat.

2. Die Sorgfaltspflicht als Verschuldensmaßstab

Die Sorgfalt betrifft naturgemäß auch die subjektive Sphäre. Ihr kommt daher in einem **57** Haftungsprozess auch auf Verschuldensebene Bedeutung zu (subjektive Vorwerfbarkeit des pflichtwidrigen Verhaltens). Wer nicht die „**Sorgfalt eines ordentlichen und gewissenhaften Geschäftsleiters**" walten lässt, also den im AktG aufgestellten Sorgfaltsmaßstab nicht einhält, dem kann dieses Verhalten subjektiv zum Vorwurf gemacht werden. Da der Sorgfaltsmaßstab **objektiviert** ist, kann sich das Vorstandsmitglied nicht auf fehlende Fähigkeiten und Kenntnisse berufen (die Berufung auf persönliche Unfähigkeit oder fachliche Unkenntnis kann nicht zu seiner Entlastung führen).[129] Durch die Objektivierung eines an sich subjektiven Elements (Verschulden) ergibt sich die Besonderheit, dass das Verschulden indirekt bereits auf **Rechtswidrigkeitsebene** geprüft wird; auf Verschuldensebene ist das Verschulden durch den objektiven Verstoß gegen die Sorgfaltspflicht dann bereits indiziert. Formell verzichtet wird zwar auf die Prüfung des Verschuldens nicht, doch kann sie sich idR darauf beschränken, dass der objektive Sorgfaltsmaßstab tatsächlich nicht eingehalten wurde. Zur Prüfung des Verschuldens im Rahmen der Haftung siehe Rn 313.

---

[126] *Strasser* in *Jabornegg/Strasser*, Kommentar zum Aktiengesetz, § 84 Rn 15.
[127] *Fleischer*, Zur Leitungsaufgabe des Vorstands im Aktienrecht, ZIP 2003, 1 (5); *Fleischer*, Handbuch des Vorstandsrechts, 255.
[128] *Fleischer*, Handbuch des Vorstandsrechts, 255.
[129] *Fleischer*, Handbuch des Vorstandsrechts, 240 mwN.

58   Ausnahmsweise lässt sich aber eine Haftung auf Verschuldensebene dadurch **vermeiden**, dass das Vorstandsmitglied einen Zustand der Deliktsunfähigkeit oder des entschuldigenden Notstands beweist.[130]

B. Die Treuepflicht

59   Die Treuepflicht ist eine der Hauptpflichten des Vorstands[131] und verpflichtet diesen zur umfassenden Wahrung der Gesellschaftsinteressen. Es geht dabei darum, dass das Vorstandsmitglied in einem **Interessenkonflikt** zwischen sich und der Gesellschaft nicht zu seinen Gunsten oder zu Gunsten einer anderen, ihm nahestehenden Person, entscheidet. Vielmehr soll der Vorstand umfassend im Interesse der Gesellschaft handeln.

60   Die Treuepflicht hat im Gesetz keine allgemeine Regelung erfahren; vielmehr findet sie sich nur in **Sondertatbeständen** konkretisiert.[132] Tatsächlich geht sie aber über diese ausdrücklich normierten Sondertatbestände weit hinaus.[133]

1. Allgemeine Treuepflicht (Generalklausel)

61   Im deutschen als auch im österreichischen Recht wird eine allgemeine, im Gesetz nicht ausdrücklich niedergeschriebene Treuepflicht anerkannt. Diese ergibt sich aus der Stellung des Vorstands als **Verwalter fremden Vermögens**, welches einem Treuhandverhältnis gleicht,[134] sowie aus seiner organschaftlichen Stellung zur Gesellschaft.[135] Die Treuepflicht gilt dabei nach ganz hM gegenüber der Gesellschaft, nicht aber gegenüber den Anteilseignern.[136] Die Treuepflicht wirkt auch dem *Principal-Agent*-Problem entgegen, welches sich aus der Trennung von Eigentum an der Gesellschaft (Aktionäre) und der Kontrolle/Leitung der Gesellschaft (durch den Vorstand, der nicht zwingend auch Aktionär ist) ergibt. Die Treuepflicht verlangt, dass das Vorstandsmitglied seine Fähigkeiten, Kenntnisse und Erfahrungen uneingeschränkt und vorbehaltlos in den Dienst der Gesellschaft stellt; das Ausmaß der geschuldeten Pflichten findet nicht im Anstellungsvertrag seine Grenze.[137] Damit soll der Vorstand das Gesellschaftswohl dem eigenen Wohl oder sonstigen unternehmensfremden Interessen überordnen.[138]

62   Eine besondere Rolle kommt dieser allgemeinen Treuepflicht auch bei der **Vermeidung von Interessenkonflikten** zu.[139] Es wird verlangt, dass auch der bloße **Anschein** eines Interes-

---

[130] *Adensamer/Eckert* in *Kalss,* Vorstandshaftung in 15 europäischen Ländern, 192 mwN.

[131] *Schlosser,* Die Organhaftung der Vorstandsmitglieder der Aktiengesellschaft, 57.

[132] *Kalss/Nowotny/Schauer,* Gesellschaftsrecht, Rn 3/414.

[133] *Schlosser,* Die Organhaftung der Vorstandsmitglieder der Aktiengesellschaft, 57.

[134] *Fleischer,* Zur organschaftlichen Treuepflicht der Geschäftsleiter im Aktien- und GmbH-Recht, WM 2003, 1045 (1045); *Spindler* in Münchener Kommentar zum AktG, § 93 Rn 92; *Strasser* in *Jabornegg/Strasser,* Kommentar zum Aktiengesetz, §§ 77–84 Rn 67; *Kalss/Nowotny/Schauer,* Gesellschaftsrecht, Rn 3/390; *Schlosser,* Die Organhaftung der Vorstandsmitglieder der Aktiengesellschaft, 57; *Adensamer/Eckert* in *Kalss,* Vorstandshaftung in 15 europäischen Ländern, 182 f.

[135] AA wohl *Schlosser,* der die Sonderbeziehung der Treuepflicht als rechtsgeschäftlich begründete Basis ansieht: *Schlosser,* Die Organhaftung der Vorstandsmitglieder der Aktiengesellschaft, 57 mwN.

[136] *Fleischer* in *Spindler/Stilz,* Kommentar zum Aktiengesetz, § 93 Rn 118; *Hopt* in Großkommentar zum Aktiengesetz, § 93 Rn 469.

[137] *Schlosser,* Die Organhaftung der Vorstandsmitglieder der Aktiengesellschaft, 58.

[138] *Spindler* in Münchener Kommentar zum AktG, § 93 Rn 92.

[139] *Schlosser,* Die Organhaftung der Vorstandsmitglieder der Aktiengesellschaft, 57.

senkonflikts vermieden wird.[140] Etwaige Interessenkonflikte sind der Gesellschaft unverzüglich und vollständig **offenzulegen**; das Vorstandsmitglied hat in sämtlichen Angelegenheiten, die das Interesse der Gesellschaft betreffen, nicht seinen eigenen Nutzen oder den Vorteil anderer im Auge zu haben, sondern stets das Unternehmenswohl und das Unternehmensinteresse zu verfolgen.[141] Das Vorstandsmitglied darf **Geschäftschancen** der Gesellschaft nicht zum eigenen Vorteil ausnutzen[142] (siehe auch Ziff 4.3.3. DCGK). Ausdrücklich umfasst sind auch Interessen Dritter, soweit diese auf die Entscheidungen des Vorstandsmitglieds Einfluss nehmen.

Probleme entstehen dort, wo das Vorstandsmitglied verschiedene Pflichten treffen, näm- **63** lich gegenüber anderen Gesellschaften oder Personen („**konkurrierende Treuepflicht**"; zB wenn das Vorstandsmitglied im Aufsichtsrat einer zumindest mittelbar konkurrierenden Gesellschaft sitzt). Eine in der Literatur vorgeschlagene Möglichkeit zur Lösung von Interessenkonflikten ist die analoge Heranziehung der gesetzlich normierten Teile der Treuepflicht. So werden beispielsweise für das Verbot der Wahrnehmung von Geschäftschancen der Gesellschaft (*corporate opportunities*) die Rechtsfolgen des Wettbewerbsverbots angewendet.[143] Es wird argumentiert, dass mit Zustimmung des Aufsichtsrats eine Geschäftschance der Gesellschaft durchaus wahrgenommen werden kann, andernfalls jedoch der Gesellschaft wahlweise ein Recht auf Schadensersatz oder ein Eintrittsrecht zukommt.

2. Gesetzlich normierte Sondertatbestände der Treuepflicht

Neben der allgemeinen, gesetzlich nicht ausdrücklich geregelten Treuepflicht, bestehen **64** auch konkrete im Gesetz festgelegte Ausformungen der Treuepflicht. Zu diesen gehören nach überwiegender Ansicht zuvorderst das Wettbewerbsverbot und die Verschwiegenheitspflicht.

a) Wettbewerbsverbot (§ 88 dAktG bzw § 79 Abs 1 öAktG)

Vom Wettbewerbsverbot umfasst sind gem § 88 dAktG bzw § 79 Abs 1 öAktG drei **Fall- 65 gruppen**. Es untersagt den Vorstandsmitgliedern, soweit eine Einwilligung des Aufsichtsrats nicht vorliegt,

- das Betreiben eines Handelsgewerbes,
- das Geschäftemachen auf eigene oder fremde Rechnung, und
- die Übernahme von Vorstands- und Geschäftsführungsmandaten (teilweise auch von Aufsichtsratsmandaten) in anderen Gesellschaften, sowie die Beteiligung als persönlich haftender Gesellschafter an anderen Unternehmen.

Das Verbot des **Betriebs eines Handelsgewerbes** zielt auf die volle Erhaltung der Arbeits- **66** kraft und uneingeschränkten Hingabe des Vorstands an die AG ab; das Verbot umfasst daher den Betrieb eines **Unternehmens** ohne Rücksicht auf den Geschäftszweig und die Konkurrenz dieses Unternehmens mit der AG.[144] Unbeachtlich ist auch, ob die Gesellschaft das Geschäft

---

[140] *Mertens/Cahn,* Kölner Kommentar zum AktG, § 93 Rn 95; *Kalss* in *Kalss/Nowotny/Schauer,* Gesellschaftsrecht, Rn 3/392; *Hopt* in Großkommentar zum Aktiengesetz, § 93 Rn 145.

[141] OGH 9.1.1985, 3 Ob 521/84; *Schlosser,* Die Organhaftung der Vorstandsmitglieder der Aktiengesellschaft, 57; *Kalss* in *Kalss/Nowotny/Schauer,* Gesellschaftsrecht, Rn 3/392.

[142] *Mertens/Cahn,* Kölner Kommentar zum Aktiengesetz, § 93 Rn 105; *Spindler* in Münchener Kommentar zum AktG, § 88 Rn 56.

[143] *Bachmann* in *Spindler/Stilz,* Kommentar zum Aktiengesetz, § 284 Rn 6.

[144] *Spindler* in Münchener Kommentar zum AktG, § 88 Rn 11; *Hüffer,* Kommentar zum AktG, § 88 Rn 3; *Kalss* in *Kalss/Nowotny/Schauer,* Gesellschaftsrecht, Rn 3/397; *Kalss* in Münchener Kommentar zum AktG, § 88 Rn 65.

bei Offenlegung durch den Vorstand selbst übernommen hätte oder ob ihr aus dem Handeln des Vorstands ein Schaden entstanden ist.[145] Nicht umfasst vom Verbot sind demgegenüber Tätigkeiten als Freiberufler oder als kleiner Gewerbetreibender soweit der Arbeitseinsatz des Vorstandsmitglieds, nach Art und Umfang des Betriebes, nicht jenem eines Handelsgewerbes entspricht.[146]

67   Ebenso untersagt ist der **Abschluss von Geschäften** auf eigene oder fremde Rechnung durch das Vorstandsmitglied im Geschäftszweig der Gesellschaft („Geschäftemachen"). Davon umfasst ist jede, wenn auch nur spekulative, auf **Gewinnerzielung** gerichtete Teilnahme am geschäftlichen Verkehr (einschließlich durch Vertretung und Vermittlung); nicht umfasst sind Geschäfte privater Natur.[147] Es handelt sich aber nicht um ein absolutes Verbot, sondern um eines, bei dem auf den Geschäftszweig der Gesellschaft abgestellt wird; auf die Konkurrenz oder einen Schaden der Gesellschaft kommt es aber nicht an.[148] Dabei wird auf den **tatsächlichen Geschäftszweig** und nicht auf den in der Satzung festgelegten Unternehmensgegenstand abgestellt; dies auch dann, wenn der tatsächliche Geschäftszweig den Gegenstand der Satzung **übersteigt**.[149] Eine Ausnahme sollte sich entgegen der hM richtigerweise dort ergeben, wo sich der Geschäftszweig der Gesellschaft über die Zeit hinweg **eingeengt** hat, so dass dieser hinter dem satzungsmäßig festgelegten Unternehmensgegenstand zurückbleibt. In einem solchen Fall sollte der Unternehmensgegenstand ausschlaggebend sein, um einen Anreiz des Vorstands, die Geschäfte der Gesellschaft einzuengen, hintanzuhalten.[150] Sobald das Geschäft in denselben Geschäftszweig fällt, ist diese Tätigkeit vom Wettbewerbsverbot umfasst und hat das Vorstandsmitglied diese Tätigkeit zu unterlassen. Durch das Verbot des Geschäftemachens soll vorwiegend die Konkurrenz durch Geschäfte des Vorstands vermieden werden, weshalb Geschäfte, die sich außerhalb der soeben besprochenen Grenzen befinden, erlaubt sind.[151] Der bloße **Erwerb** eines Handelsgeschäftes gilt nicht als Geschäftemachen.[152]

68   Ein Vorstandsmitglied darf sich überdies nicht ohne Zustimmung des Aufsichtsrats an anderen unternehmerisch tätigen Gesellschaften als Mitglied des **Vorstands**, **Geschäftsführer** oder als persönlich haftender **Gesellschafter** beteiligen. Trotz sprachlicher Abweichungen im Gesetzeswortlaut des dAktG und des öAktG sind Unterschiede in den Pflichten der Vorstandsmitglieder nur eingeschränkt beabsichtigt. So ist die Übernahme von Vorstands- und Geschäftsführungsmandaten wie nach dem dAktG auch nach dem öAktG – trotz fehlender Auflistung im Gesetzestext – aufgrund des Mehrbelastungsverbots nicht ohne Zustimmung des Aufsichtsrates zulässig.[153] Hinsichtlich des Verbots, ohne Zustimmung des Aufsichtsrats

---

[145] *Thüsing* in *Fleischer*, Handbuch des Vorstandsrechts, § 4 Rn 88; *Spindler* in Münchener Kommentar zum AktG, § 88 Rn 11.

[146] *Spindler* in Münchener Kommentar zum AktG, § 88 Rn 10.

[147] *Hüffer*, Kommentar zum AktG, § 88 Rn 3; *Thüsing* in *Fleischer*, Handbuch des Vorstandsrechts, § 4 Rn 89; *Spindler* in Münchener Kommentar zum AktG, § 88 Rn 12.

[148] *Thüsing* in *Fleischer*, Handbuch des Vorstandsrechts, § 4 Rn 89; *Spindler* in Münchener Kommentar zum AktG, § 88 Rn 12.

[149] *Hüffer*, Kommentar zum AktG, § 88 Rn 3; *Thüsing* in *Fleischer*, Handbuch des Vorstandsrechts, § 4 Rn 89; BGHZ 70, 331 (332 f); OLG Frankfurt, AG 2000, 518 (519); *Kalss* in *Kalss/Nowotny/Schauer*, Gesellschaftsrecht, Rn 3/397; *Strasser* in *Jabornegg/Strasser*, Kommentar zum Aktiengesetz, §§ 77–84 Rn 76.

[150] *Fleischer* in *Spindler/Stilz*, Kommentar zum Aktiengesetz, § 88 Rn 21; siehe zur Darstellung der hM, statt Vieler: *Spindler* in Münchener Kommentar zum AktG, § 88 Rn 15. AA *Thüsing* in *Fleischer*, Handbuch des Vorstandsrechts § 4 Rn 89.

[151] *Spindler* in Münchener Kommentar zum AktG, § 88 Rn 16.

[152] *Spindler* in Münchener Kommentar zum AktG, § 88 Rn 17.

[153] *Kalss* in Münchener Kommentar zum AktG, § 88 Rn 64.

konzernfremde **Aufsichtsratsmandate** anzunehmen,[154] besteht allerdings ein beabsichtigter Unterschied. In Österreich ist die Annahme konzernfremder Aufsichtsratsmandate nach dem Wortlaut des § 79 Abs 1 öAktG verboten; in Deutschland gibt es hierfür lediglich eine Empfehlung in Ziff 4.3.5 DCGK,[155] welche allerdings nur bindende Anwendung findet, soweit sich die Gesellschaft dem Kodex unterworfen hat. Folglich wird idR die Annahme konzernfremder Aufsichtsratsmandate zulässig sein (zu Ausnahmen siehe sogleich). Da es bei dieser dritten Fallgruppe des Wettbewerbsverbots wiederum um die Sicherung der Arbeitskraft des Vorstands geht, kommt es auf eine Konkurrenztätigkeit der in Frage stehenden Gesellschaft nicht an; überdies sind auch ausländische Gesellschaften von der Einschränkung betroffen.[156]

Da es sich beim Wettbewerbsverbot nicht um zwingendes Recht handelt, können in Satzung und Anstellungsvertrag weitere bindende **Einschränkungen** (oder auch Erleichterungen) vorgesehen oder an die Zustimmung des Aufsichtsrates gebunden werden.[157] In Deutschland kann folglich, da derzeit nicht zwingend im Gesetz festgelegt, auch die Übernahme von Aufsichtsratsmandaten in der Satzung eingeschränkt oder an die Einwilligung des Aufsichtsrates gekoppelt werden. **69**

Vom Wettbewerbsverbot werden Tätigkeiten eines amtierenden Vorstandsmitglieds (einschließlich stellvertretender und gerichtlich bestellter Vorstandsmitglieder) umfasst.[158] **Vorübergehend** in den Vorstand bestellte Aufsichtsratsmitglieder sind hingegen nicht vom Wettbewerbsverbot umfasst.[159] **70**

Die genannten Tätigkeiten sind aber wie bereits angemerkt nicht schlicht verboten – entfallen kann das Wettbewerbsverbot durch die vorherige Zustimmung des Aufsichtsrats (sog „**Einwilligung**"). Diese Einwilligung kann (für *bestimmte* Tätigkeiten, nicht aber ganz generell)[160] *vorweg* in der Satzung[161] und im Anstellungsvertrag[162] gegeben werden.[163] Eine nachträgliche Zustimmung (sog „**Genehmigung**") ist rechtlich bedeutungslos; sie kann lediglich für die Zukunft Bedeutung erlangen. Dies ergibt sich aus § 93 Abs 4 S 2 dAktG und öAktG, wonach der Aufsichtsrat nicht über bereits entstandene Ersatzansprüche der Gesellschaft verfügen kann[164] (und Ersatzansprüche aber bereits mit Fehlen der Einwilligung entstehen; siehe zu den Rechtsfolgen sogleich). Eine erteilte Einwilligung kann überdies wohl **71**

---

[154] *Kalss* in Kalss/Nowotny/Schauer, Gesellschaftsrecht, Rn 3/396; *Luschin*, GesRÄG 2005 – Zwischen Corporate Governance und Aktiengesetz, GeS 2005, 150 (150 f).

[155] Die Parallelregel findet sich in Österreich in Regel 26 des ÖCGK.

[156] *Spindler* in Münchener Kommentar zum AktG, § 88 Rn 18; *Kalss* in Münchener Kommentar zum AktG, § 88 Rn 64.

[157] *Fleischer*, Handbuch des Vorstandsrechts, § 4 Rn 105; *Spindler* in Münchener Kommentar zum AktG, § 88 Rn 5.

[158] *Spindler* in Münchener Kommentar zum AktG, § 88 Rn 7; *Fleischer* in Spindler/Stilz, Kommentar zum Aktiengesetz, § 88 Rn 7; *Weber* in Hölters, Kommentar zum Aktiengesetz, § 88 Rn 4; *Strasser* in Jabornegg/Strasser, Kommentar zum Aktiengesetz, §§ 77–84 Rn 74, 77.

[159] *Spindler* in Münchener Kommentar zum AktG, § 88 Rn 7; *Armbrüster*, Wettbewerbsverbote im Kapitalgesellschaftsrecht, ZIP 1997, 1269 (1271); *Weber* in Hölters, Kommentar zum Aktiengesetz, § 88 Rn 4; *Kalss* in Münchener Kommentar zum AktG, § 88 Rn 64. AA betr stellvertretender Vorstandsmitglieder siehe *Hüffer*, Kommentar zum AktG, § 88 Rn 2.

[160] *Wiesner* in Münchener Handbuch des Gesellschaftsrechts, § 21 Rn 67.

[161] *Armbrüster*, Wettbewerbsverbote im Kapitalgesellschaftsrecht, ZIP 1997, 1269 (1270); *Spindler* in Münchener Kommentar zum AktG, § 88 Rn 23.

[162] *Kalss* in Kalss/Nowotny/Schauer, Gesellschaftsrecht, Rn 3/398.

[163] Allgemein zur Zustimmung des AR: *Spindler* in Münchener Kommentar zum AktG, § 88 Rn 23; *Kalss* in Kalss/Nowotny/Schauer, Gesellschaftsrecht, Rn 3/398.

[164] *Wiesner* in Münchener Handbuch des Gesellschaftsrechts, § 21 Rn 67; *Spindler* in Münchener Kommentar zum AktG, § 88 Rn 25.

auch stets wieder vom Aufsichtsrat entzogen werden.[165] Nicht zulässig sind (nach Abs 3 dAktG und öAktG) **Blankoeinwilligungen**;[166] erforderlich ist vielmehr ein Grad an Spezifität (zB Einwilligung für bestimmte Handelsgewerbe, bestimmte Geschäftsarten oder bestimmte Handelsgesellschaften).

> Ein Vorstandsmitglied sollte für vom Wettbewerbsverbot umfasste Tätigkeiten stets vorweg die **Einwilligung** des Aufsichtsrats einholen. Die Einwilligung sollte die Tätigkeit hinreichend bestimmt umschreiben.

72   Das Wettbewerbsverbot des Vorstandsmitglieds **endet** grundsätzlich mit Beendigung der Vorstandstätigkeit.[167] Eine Geltung des Wettbewerbsverbots auch nach Beendigung der Vorstandstätigkeit (sog nachträgliche Wettbewerbsverbot) ist aber durch Vereinbarung möglich (**Konkurrenzklausel**) – hier gelten jedoch teilweise von den Beschränkungen während der aufrechten Organtätigkeit abweichende Grundsätze (unter anderem da es sich hier nun um vertragliche und nicht um gesetzliche Beschränkungen handelt und sich die Interessenlage nach Beendigung der Vorstandstätigkeit ändert). Dabei wird die Grenze so gezogen, dass nur solche wettbewerbsbeschränkende Vereinbarungen zulässig sind, die dem Schutz eines **berechtigten Interesses** des Unternehmens dienen und nach Ort, Zeit oder Gegenstand keine unbillige Erschwerung des Fortkommens des Vorstands zur Folge haben.[168]

73   Das nachvertragliche Wettbewerbsverbot muss sich dabei:

- **sachlich** am tatsächlichen (nicht bloß an dem in der Satzung festgelegten)[169] Unternehmensgegenstand der Gesellschaft orientieren und sich auf das Ressort des Vorstandsmitglieds beziehen,[170]
- **zeitlich** auf maximal zwei Jahre erstrecken,[171]
- **räumlich** auf den Tätigkeitsbereich des ehemaligen Vorstandsmitglieds beschränken – in Ausnahmefällen können daher auch europaweite oder weltweite Beschränkungen zulässig sein,[172] soweit das Vorstandsmitglied einen solchen Tätigkeitsbereich hatte.

74   Als generelle Richtlinie für die Gültigkeit einer Konkurrenzklausel ist es hilfreich, sich an ihrem **Rechtfertigungsgedanken** zu orientieren: ihre Rechtfertigung liegt vorwiegend in „dem anerkennenswerten Bestreben des von ihr begünstigten Teils, sich davor zu schützen, dass der andere Teil die Erfolge seiner Arbeit illoyal verwertet oder sich in sonstiger Weise zu seinen Lasten die Freiheit der Berufsausübung missbräuchlich zunutze macht"[173]; soweit im

---

[165] *Kalss* in Münchener Kommentar zum AktG, § 88 Rn 65.

[166] *Spindler* in Münchener Kommentar zum AktG, § 88 Rn 24; *Hüffer*, Kommentar zum AktG, § 88 Rn 5.

[167] *Spindler* in Münchener Kommentar zum AktG, § 88 Rn 8; *Fleischer* in *Spindler/Stilz*, Kommentar zum Aktiengesetz, § 88 Rn 42.

[168] BGHZ 91, 1 (5); *Fleischer* in *Spindler/Stilz*, Kommentar zum Aktiengesetz, § 88 Rn 43. Vgl ebenso Wortlaut des § 74 a Abs 1 Satz 2 dHGB

[169] *Jäger*, Das nachvertragliche Wettbewerbsverbot und die Karenzentschädigung für Organmitglieder juristischer Personen, DStR 1995, 724 (727).

[170] *Fleischer* in *Spindler/Stilz*, Kommentar zum Aktiengesetz, § 88 Rn 42.

[171] BGH: Wettbewerbsverbot ausscheidender Gesellschafter, NJW 1994, 384 (385); *Hüffer*, Kommentar zum AktG, § 88 Rn 10; *Fleischer* in *Spindler/Stilz*, Kommentar zum Aktiengesetz, § 88 Rn 46.

[172] *Bauer/Diller* Karenzentschädigung und bedingte Wettbewerbsverbote bei Organmitgliedern, BB 1995, 1134; Rn 729 b und Rn 135 a; *Spindler* in Münchener Kommentar zum AktG, § 88 Rn 48; *Fleischer* in *Spindler/Stilz*, Kommentar zum Aktiengesetz, § 88 Rn 45.

[173] BGH: Keine geltungserhaltende Reduktion für sittenwidriges nachvertragliches Wettbewerbsverbot im Gesellschaftsvertrag (Tierarztpraxis), NJW 1997, 3089 (3089); zur Sittenwidrigkeit im öster-

Einzelfall dieses Schutz-Interesse der Konkurrenzklausel nicht erforderlich ist, beschränkt sie die Freiheit der Berufsausübung unangemessen und ist daher sittenwidrig.

> ➡ **Gesetzliches Wettbewerbsverbot** (§ 88 dAktG bzw § 79 Abs 1 öAktG): verbietet Vorstandsmitgliedern, ohne Zustimmung des Aufsichtsrats, ein Handelsgewerbe zu betreiben oder auf Gewinn gerichtete Geschäfte auf eigene oder fremde Rechnung abzuschließen (Letztere sind zulässig, soweit sie nicht in de Geschäftsbereich der AG fallen); auch dürfen sie keine Vorstands-, Geschäftsführungs- und (teilweise) Aufsichtsratsmandate in anderen Unternehmen übernehmen. Gleiches gilt für Beteiligungen als persönlich haftender Gesellschafter. Eine Beschränkung auf konkurrierende Unternehmen findet nicht statt. Abänderungen dieser Einschränkungen sind möglich.
>
> **Vertragliche Konkurrenzklausel:** betrifft vertragliche Beschränkungen in der Handlungsfreiheit des Vorstandsmitglieds va nach Beendigung seiner Tätigkeit im Vorstand; Gültigkeit der Klausel wird am Maßstab der Sittenwidrigkeit gemessen und muss sachlich, örtlich und zeitlich angemessen sein.

Bei schuldhaft pflichtwidriger **Verletzung** des Wettbewerbsverbotes kann die Gesellschaft **75** das Vorstandsmitglied auf Schadensersatz in Anspruch nehmen oder aber auch in das Geschäft eintreten (§ 88 Abs 2 dAktG bzw § 79 Abs 2 öAktG), dh die AG kann verlangen, dass das vom Vorstandsmitglied getätigte Rechtsgeschäft als für ihre Rechnung abgeschlossen gilt „und das Vorstandsmitglied den aus dem Geschäft erzielten Gewinn herausgibt (Eintrittsrecht) oder seinen Anspruch auf **Gewinn** an die Gesellschaft abtritt".[174] Auch steht dem Unternehmen ein (verschuldensunabhängiger) **Unterlassungsanspruch** gegen zukünftige Handlungen des Vorstandsmitglieds zu, die dem Wettbewerbsverbot zuwiderlaufen.[175] Ein Verstoß gegen das Wettbewerbsverbot stellt überdies auch eine **grobe Pflichtverletzung** dar, die den Aufsichtsrat zur vorzeitigen **Abberufung** des Vorstandsmitglieds sowie zur vorzeitigen Auflösung seines Anstellungsvertrages ermächtigen[176] (§ 84 Abs 3 dAktG bzw § 75 Abs 4 öAktG).

Die Ansprüche der Gesellschaft gegen das Vorstandsmitglied wegen Verletzung des **76** Wettbewerbsverbots **verjähren** drei Monate ab dem Zeitpunkt der Kenntniserlangung durch den gesamten Vorstand und den Aufsichtsrat. Die objektive Verjährungsfrist (dh ohne Rücksicht auf die Kenntnis der Vorstands- und Aufsichtsratsmitglieder) beträgt fünf Jahre nach Entstehen des Anspruchs (§ 88 Abs 3 dAktG bzw § 79 Abs 3 öAktG). Zur allgemeinen Verjährungsfrist siehe Rn 343.

> ➡ **Rechtsfolgen:** Bei schuldhaft pflichtwidriger Verletzung des Wettbewerbsverbots kann die AG zwischen Schadensersatzanspruch oder Eintrittsrecht wählen. Überdies steht ihr ein verschuldensunabhängiger Unterlassungsanspruch gegen das Vorstandsmitglied zu. Ansprüche verjähren 3 Monate nach Kenntniserlangung aller Vorstands- und Aufsichtsratsmitglieder oder nach 5 Jahren ab Entstehung des Anspruchs.

---

reichischen AktG siehe *Kalss* in Münchener Kommentar zum AktG, § 88 Rn 65. Vgl auch BGHZ 91, 1 (5 f) = NJW 1984, 2366; BGH NJW 1979, 1605; Senat, NJW 1991, 699.

[174] *Wiesner* in Münchener Handbuch des Gesellschaftsrechts, § 21 Rn 69. Vgl auch *Kalss* in *Kalss/ Nowotny/Schauer*, Gesellschaftsrecht, Rn 3/400.

[175] *Bank* in *Patzina/Bank/Schimmer/Simon-Widmann*, Haftung von Unternehmensorganen, Kapitel 6, Rn 289; *Fleischer* in *Spindler/Stilz*, Kommentar zum Aktiengesetz, § 88 Rn 33; *Spindler* in Münchener Kommentar zum AktG, § 88 Rn 27.

[176] *Spindler* in Münchener Kommentar zum AktG, § 88 Rn 37; *Kalss* in *Kalss/Nowotny/Schauer*, Gesellschaftsrecht, Rn 3/400.

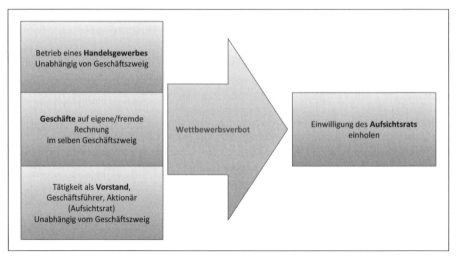

Abbildung 3: Wettbewerbsverbot und Einwilligung

b) Verschwiegenheitspflicht (§ 93 Abs 1 S 3 dAktG bzw § 84 Abs 1 S 2 öAktG)

77 Die Verschwiegenheitspflicht erfordert, dass das Vorstandsmitglied über **vertrauliche Angaben** und **Geheimnisse** der Gesellschaft Stillschweigen bewahrt.[177] Die Verschwiegenheitspflicht hat **zwingenden** Charakter und kann weder durch Satzung noch durch Geschäftsordnung verschärft oder gemildert werden.[178] Die Verschwiegenheitspflicht soll davor schützen, dass vertrauliche Information das Unternehmen verlässt, sie soll aber nicht die interne Kommunikation und den Informationsaustausch verhindern oder erschweren.

78 Eine Verschwiegenheitspflicht besteht selbstverständlich **nicht** gegenüber sonstigen Vorstandsmitgliedern oder dem Aufsichtsrat der Gesellschaft[179] (andernfalls die gegenseitige Leitung, Vertretung und Aufsicht des Vorstands nicht möglich wäre, und auch mit den im AktG normierten Informationspflichten in Konflikt stehen würde), grundsätzlich aber schon gegenüber Aktionären.[180] Gegenüber dem Abschlussprüfer besteht eine Geheimhaltungspflicht nicht, soweit Informationen für die sorgfältige Abschlussprüfung notwendig sind.[181]

79 Von der Verschwiegenheitspflicht sind **Geschäfts- und Betriebsgeheimnisse**, sowie auch **vertrauliche Angaben** umfasst (Angelegenheiten, deren Mitteilung sich für die Gesellschaft nachteilig auswirken können, auch wenn sie allgemein bekannt sind und folglich keine Geheimnisse mehr sind).[182] Beispiele für geheime Informationen sind Informationen bezüglich

---

[177] *Mertens/Cahn,* Kölner Kommentar zum Aktiengesetz, § 93 Rn 113. Vgl zum Begriff der „vertraulichen Angaben": *Kalss,* Geheimnisschutz, Datenschutz, Informationsschutz im Gesellschaftsrecht, Studiengesellschaft Wirtschaft und Recht, 237 (240 f).

[178] *Feltl* in *Ratka/Rauter,* Handbuch Geschäftsführerhaftung, 9/277.

[179] *Hüffer,* Kommentar zum AktG, § 93 Rn 7; *Strasser* in *Jabornegg/Strasser,* Kommentar zum Aktiengesetz, §§ 77–84 Rn 89; *Kalss* in *Kalss/Nowotny/Schauer,* Gesellschaftsrecht, Rn 3/403; *Kalss* in Münchener Kommentar zum AktG, § 76 Rn 309; *Gruber/Auer,* Die Verschwiegenheitspflicht der Vorstands- und Aufsichtsratsmitglieder einer nicht börsenotierten AG, GesRZ 2013, 173 (174).

[180] *Kalss* in Münchener Kommentar zum AktG, § 93 Rn 310.

[181] *Hüffer,* Kommentar zum AktG, § 93 Rn 7; *Feltl* in *Ratka/Rauter,* Handbuch Geschäftsführerhaftung, 9/277.

[182] *Spindler* in Münchener Kommentar zum AktG, § 93 Rn 103; *Hüffer,* Kommentar zum AktG, § 93 Rn 7.

Herstellungsverfahren, Produktionsvorhaben, Kundenstamm, Finanzpläne und wesentliche Personalentscheidungen.[183] Welche Information als vertraulich anzusehen ist, richtet sich nach dem **Interesse** der Gesellschaft **an der Geheimhaltung** der konkreten Information.[184] Das Interesse der Gesellschaft kann auch die Geheimhaltung von vertraulichen Angaben **Dritter** erforderlich machen.[185] Die Pflicht zur Verschwiegenheit stellt daher kein absolutes Verbot dar. Vielmehr hat der Vorstand das Interesse der Gesellschaft an der Weitergabe der Information im Einzelfall zu bewerten. Der Vorstand handelt hier als „Herr der Geschäftsgeheimnisse" – das Unternehmensinteresse bestimmt dabei zwar ganz objektiv, ob bestimmte Informationen als geheim einzustufen sind, jedoch ist es die Aufgabe des Vorstands das Unternehmensinteresse zu konkretisieren.[186]

Ein Interesse der Gesellschaft an der Geheimhaltung von Informationen besteht beispielsweise dann **nicht**, wenn durch die Geheimhaltung das Unternehmenswohl geschädigt würde. Überdies findet die Verschwiegenheitspflicht dort ihre Grenze, wo das Unternehmensinteresse das Reden gebietet.[187] Damit ist wohl auch die Durchbrechung der Verschwiegenheitspflicht gegenüber Personen zulässig, die für die Wahrnehmung ihrer eigenen Verpflichtungen über Geschäftsgeheimnisse aufgeklärt und informiert werden müssen, und selbst auch an die Verschwiegenheit dieser vertraulichen Informationen gebunden sind. In derartigen Fällen entscheidet der Vorstand in seiner Gesamtheit.[188] Ist sich ein Vorstandsmitglied über den Vertraulichkeitscharakter einer Angelegenheit nicht im Klaren oder handelt es sich um ein Geheimnis, das von entscheidender Bedeutung für die Gesellschaft ist, so hat das Vorstandsmitglied den Gesamtvorstand mit der Angelegenheit zu betrauen.[189]

Nach hM wirkt die Verschwiegenheitspflicht auch **nach Beendigung** der Vorstandstätigkeit unbeschränkt **fort**.[190] Das Interesse der Gesellschaft an der Geheimhaltung endet nicht bloß deshalb, weil das Vorstandsmitglied das Unternehmen verlässt. Es ist daher richtigerweise auch nach Beendigung der Vorstandstätigkeit an der Verschwiegenheitspflicht festzuhalten.[191] Es kann auch angenommen werden, dass eine Fortwirkung stets konkludent im Anstellungsvertrag als vereinbart gilt. Entschärft wird die nach Beendigung der Vorstandstätigkeit andauernde Geheimhaltungspflicht aber dadurch, dass es auch weiterhin auf das **Interesse** der Gesellschaft an der **Geheimhaltung** der konkreten Informationen ankommt. Hat die Gesellschaft kein Interesse mehr an der Geheimhaltung bestimmter Informationen, weil sie überholt order irrelevant sind, so trifft das ehemalige Vorstandsmitglied auch keine Pflicht zur Geheimhaltung mehr.

80

81

---

[183] *Hüffer*, Kommentar zum AktG, § 93 Rn 7.

[184] *Kalss* in *Kalss/Nowotny/Schauer*, Gesellschaftsrecht, Rn 3/402.

[185] *Mertens/Cahn*, Kölner Kommentar zum Aktiengesetz, § 93 Rn 113.

[186] *Spindler* in Münchener Kommentar zum AktG, § 93 Rn 102.

[187] *Spindler* in Münchener Kommentar zum AktG, § 93 Rn 116; *Hopt* in Großkommentar zum Aktiengesetz, § 93 Rn 209.

[188] *Spindler* in Münchener Kommentar zum AktG, § 93 Rn 124.

[189] *Spindler* in Münchener Kommentar zum AktG, § 93 Rn 124.

[190] *Schlosser*, Die Organhaftung der Vorstandsmitglieder der Aktiengesellschaft, 73; *Mertens/Cahn*, Kölner Kommentar zum Aktiengesetz, § 93 Rn 122; *Hüffer*, Kommentar zum AktG, § 93 Rn 7. AA: *Strasser* in *Jabornegg/Strasser*, Kommentar zum Aktiengesetz, §§ 77–84 Rn 91; *Gruber/Auer*, Die Verschwiegenheitspflicht der Vorstands- und Aufsichtsratsmitglieder einer nicht börsenotierten AG, GesRZ 2013, 173 (173). Zu einer differenzierten Betrachtung siehe *Strasser* in *Jabornegg/Strasser*, Kommentar zum Aktiengesetz, §§ 77–84, Rn 92.

[191] *Mertens/Cahn*, Kölner Kommentar zum Aktiengesetz, § 93 Rn 122; *Pelzer* in *Semler/Pelzer*, Arbeitshandbuch für Vorstandsmitglieder, § 9 Rn 197.

82   Ein **Zeugnisverweigerungsrecht** im **Strafprozess** steht den Vorstandsmitgliedern nicht zu[192] (vgl §§ 52 ff d-StPO).[193] Im **Zivilprozess** der Gesellschaft können aktive Vorstandsmitglieder nur als Partei, nicht aber als Zeugen, vernommen werden. Die Vernehmung – unter Berufung auf ihre organschaftliche Verschwiegenheitspflicht – können sie ablehnen (§ 446 d-ZPO) oder die Aussage verweigern. Ausgeschiedene Vorstandsmitglieder sind hingegen als Zeugen zu vernehmen,[194] die „hM billigt ihnen wegen ihrer fortdauernden Verschwiegenheitspflicht ein Zeugnisverweigerungsrecht nach § 383 Abs 1 Nr 6 [d-]ZPO zu".[195]

83   **Verletzt** ein Vorstandsmitglied schuldhaft seine Verschwiegenheitspflicht und damit das Interesse der Gesellschaft an der Geheimhaltung von Informationen, so hat die Gesellschaft einen Anspruch auf Schadensersatz (gem § 93 Abs 2 dAktG bzw § 84 Abs 2 öAktG) und kann das Vorstandsmitglied wegen eines wichtigen Grundes vorzeitig abberufen sowie den Anstellungsvertrag auflösen.[196]

84   Eine dem deutschen Recht entsprechende **allgemeine strafrechtliche Sanktionierung** für den Verstoß gegen die Verschwiegenheitspflicht (§ 404 dAktG) ist dem österreichischen Recht nicht bekannt. Für den Vorstand relevante Sondernormen in **Österreich** sind § 101 BWG (für die Verletzung des Bankgeheimnisses aufgestellte Sanktion) und § 48a BörseG (Vorstandsmitglieder börsennotierter Gesellschaften gelten als Primärinsider und unterliegen damit dem Handels-, Weitergabe- und Empfehlungsverbot, das strafrechtlich sanktioniert ist). Eine Verletzung der Geheimhaltungspflicht kann gemäß § 11 UWG auch wettbewerbsrechtliche Konsequenzen auslösen.[197]

3. Weitere Ausformungen

85   Weiters können beispielsweise die Pflicht zur Zustimmung des Aufsichtsrats bei der Kreditgewährung an Vorstandsmitglieder und deren Angehörige gemäß § 80 dAktG, aber auch die ausschließliche Kompetenz des Aufsichtsrats für Geschäfte mit Vorstandsmitgliedern (§ 97 dAktG) als Auswüchse der Treuepflicht angesehen werden.[198] Auch der DCGK listet in seinen Ziff 4.3.1 bis 4.3.5 Anwendungsformen der Treuepflicht auf:

- Vorstandsmitglieder unterliegen während ihrer Tätigkeit für das Unternehmen einem umfassenden **Wettbewerbsverbot**. (Ziff 4.3.1)
- Vorstandsmitglieder und Mitarbeiter dürfen im Zusammenhang mit ihrer Tätigkeit weder für sich noch für andere Personen von Dritten **Zuwendungen** oder sonstige **Vorteile** fordern oder annehmen oder Dritten ungerechtfertigte Vorteile gewähren. (Ziff 4.3.2)
- Die Vorstandsmitglieder sind dem Unternehmensinteresse verpflichtet. Kein Mitglied des Vorstands darf bei seinen Entscheidungen **persönliche Interessen** verfolgen und Geschäftschancen, die dem Unternehmen zustehen, für sich nutzen. (Ziff 4.3.3)

---

[192] *Fleischer* in *Spindler/Stilz*, Kommentar zum Aktiengesetz, § 93 Rn 173; *Hüffer*, Kommentar zum AktG, § 93 Rn 9.

[193] *Mertens/Cahn* in Kölner Kommentar zum Aktiengesetz, § 93 Rn 123.

[194] OLG Koblenz, 6 W 38/87 vom 5.3.1987, AG 1987, 480 = ZIP 1987, 637.

[195] *Fleischer* in *Spindler/Stilz*, Kommentar zum Aktiengesetz, § 93 Rn 174.

[196] *Spindler* in Münchener Kommentar zum AktG, § 93 Rn 96; *Kalss* in Kalss/Nowotny/Schauer, Gesellschaftsrecht, Rn 3/404; *Strasser* in Jabornegg/Strasser, Kommentar zum Aktiengesetz, §§ 77–84 Rn 93; *Nowotny* in Doralt/Nowotny/Kalss, Kommentar zum Aktiengesetz, § 84 Rn 19; *Kalss* in Münchener Kommentar zum AktG, § 93 Rn 315.

[197] *Kalss* in Münchener Kommentar zum AktG, § 93 Rn 314.

[198] *Fleischer* in *Spindler/Stilz*, Kommentar zum Aktiengesetz, § 93 Rn 113; *Adensamer/Eckert* in Kalss, Vorstandshaftung in 15 europäischen Ländern, 182.

- Jedes Vorstandsmitglied soll **Interessenkonflikte** dem Aufsichtsrat gegenüber unverzüglich **offenlegen** und die anderen Vorstandsmitglieder hierüber informieren. Alle Geschäfte zwischen dem Unternehmen einerseits und den Vorstandsmitgliedern sowie ihnen nahestehenden Personen oder ihnen persönlich nahestehenden Unternehmungen andererseits haben branchenüblichen Standards zu entsprechen. Wesentliche Geschäfte sollen der Zustimmung des Aufsichtsrats bedürfen. (Ziff 4.3.4)
- Vorstandsmitglieder sollen Nebentätigkeiten, insbesondere **Aufsichtsratsmandate** außerhalb des Unternehmens, nur mit Zustimmung des Aufsichtsrats übernehmen. (Ziff 4.3.5)

Wie zu Beginn dargelegt, kann die Treuepflicht aber als allgemeine Pflicht begriffen **86** werden, die konkrete Handlungen oder Unterlassungen vom Vorstand erfordert. Diese sind nicht ausschöpfend aufgelistet.

C. Sonstige Pflichten

Die dritte Pflichtengruppe der Vorstandspflichten umfasst Pflichten aus **Gesetz, Satzung** **87** **und verbindlichen Organbeschlüssen.** Die sich hieraus ergebenden Pflichten sind insofern von den übrigen Pflichten zu unterscheiden, als für sie eine selbstständige Entscheidungsbefugnis des Vorstands aufgrund des Konkretisierungsgrades der Pflichten grundsätzlich **nicht** besteht. Die Bestimmungen in dieser Pflichtengruppe geben meist eine **konkrete Handlungsanweisung**, die nur eingeschränkt Raum für unternehmerisches Ermessen lässt. In einzelnen Fällen kann aber ein solcher Ermessensspielraum durchaus bestehen (beispielsweise bei der Beurteilung der Frage, ob Gefahr in Verzug vorliegt).

1. Pflichten aus Gesetz

Im AktG verstreut findet sich eine Vielzahl von **gesetzlichen Einzelpflichten.** Vielfach **88** wäre eine konkrete Ausformulierung dieser Pflichten gar nicht erforderlich, da sie inhaltlich von der Sorgfalts- und Treuepflicht umfasst sind. Dennoch hat der Gesetzgeber es für notwendig erachtet, bestimmte Pflichten ausdrücklich vorzusehen.[199] Die gesetzliche Konkretisierung hat den Sinn, „den Leitungsorganmitgliedern konkrete Leitlinien und einen absolut zu beachtenden Verfahrensrahmen für ihre Tätigkeit an die Hand"[200] zu geben. Im Folgenden soll auf einige dieser einzelgesetzlich geregelten Handlungspflichten eingegangen werden.

a) Pflicht zur Namensangabe auf Geschäftsbriefen (§ 80 dAktG)

Diese Pflicht erfordert die Angabe von **Informationen** betreffend den Geschäftsleiter der **89** Gesellschaft auf Geschäftsbriefen, soweit diese an bestimmte Personen gerichtet sind. Die dadurch geschaffene Publizität soll es Personen, die mit der AG in Kontakt treten, ermöglichen, sich ein Bild über den etwaigen Vertragspartner zu machen.

Laut § 80 dAktG sind folgende Informationen **zwingend anzuführen**: **90**

- Namen sämtlicher Mitglieder des Vorstands und des Vorsitzenden des Aufsichtsrats (der Vorsitzende des Vorstands ist als solcher gesondert auszuweisen)

---

[199] *Schlosser*, Die Organhaftung der Vorstandsmitglieder der Aktiengesellschaft, 80.
[200] *M. Roth*, Unternehmerisches Ermessen und Haftung des Vorstands, 105 f.

- Sitz der Gesellschaft
- Rechtsform der Gesellschaft (Hinweis auf Abkürzung „AG" ist ausreichend)[201]
- Registergericht und Registernummer (auch hier sind Abkürzungen zulässig)
- Angaben über das Kapital der Gesellschaft sind *nicht* zwingend anzuführen. Werden jedoch auf freiwilliger Basis Angaben zum Kapital gemacht, so müssen diese das Grundkapital umfassen
- Soweit auf die Aktien der Ausgabebetrag nicht vollständig eingezahlt ist, so ist der Gesamtbetrag der ausstehenden Einlagen anzugeben[202]

91 Die Einhaltung der Vorschrift kann durch Zwangsgeld durch das Registergericht durchgesetzt werden. Die **Verletzung** hat keinen Einfluss auf die Gültigkeit eines Rechtsgeschäfts (Ordnungsvorschrift, keine Formvorschrift).[203] In Betracht kommen ferner Schadensersatzansprüche aus § 823 Abs 2 BGB iVm § 80 dAktG (**Schutzgesetz**) sowie eine Irrtumsanfechtung und Haftung aus der Verletzung vorvertraglicher Nebenpflichten.[204]

92 Im **österreichischen** AktG gibt es keine § 80 dAktG vergleichbare Regelung – vielmehr findet sich diese in § 14 UGB. Die Regelungen sind gs deckungsgleich, jedoch enthält die österreichische Version keine Pflicht, Familiennamen und Vornamen der Vorstandsmitglieder und des Vorsitzenden des Aufsichtsrats auf Geschäftsbriefen anzugeben. Bei Verletzung der Pflicht nach § 14 UGB kann es zur Verhängung von Zwangsstrafen durch das Firmenbuchgericht kommen. Überdies sind Ansprüche nach dem UWG oder Schadenersatzansprüche denkbar; dabei ist § 14 UGB als **Schutzgesetz** zugunsten der Gläubiger und Geschäftspartner anzusehen.[205] Die Verletzung hat jedoch keinen Einfluss auf die Gültigkeit eines abgeschlossenen Rechtsgeschäfts (bloße Ordnungsvorschrift); eine Irrtumsanfechtung ist möglich.[206]

b) Pflicht zur Anmeldung von Änderungen des Vorstands (§ 81 dAktG bzw § 73 öAktG)

93 Der Vorstand ist dazu verpflichtet, Änderungen der persönlichen Verhältnisse (zB Namensänderung), der Zusammensetzung (zB Neuaufnahme, Abberufung oder vorübergehende Stellvertretung sowie auch gerichtlich bestellte Stellvertreter) oder der Vertretungsbefugnisse des Organs (zB Änderung von Einzelvertretung zu Gesamtvertretung) dem Registergericht bekannt zu geben. Die Pflicht dient der Publizität der Vertretungsverhältnisse.[207]

c) Pflicht zur Leitung der Gesellschaft (§ 76 Abs 1 dAktG bzw § 70 Abs 1 öAktG)

Siehe hierzu bereits Rn 13. Die sich aus dem Gesetz ergebende Handlungsanordnung ist hier die Pflicht zur Leitung der Gesellschaft (dh der Vorstand muss die Gesellschaft leiten). Bei der *Ausgestaltung* der Leitung kommt dem Vorstand ein unternehmerischer Ermessensspielraum zu. Hier handelt es sich um die Kerntätigkeit des Vorstands – das Gesetz kann und will nicht konkret vorschreiben, was zu tun ist.

---

[201] *Hüffer*, Kommentar zum AktG, § 80 Rn 3.

[202] *Spindler* in Münchener Kommentar zum AktG, § 80 Rn 1; *Hüffer*, Kommentar zum AktG, § 80 Rn 4; *Feltl* in Ratka/Rauter, Handbuch Geschäftsführerhaftung, 9/246.

[203] *Hüffer*, Kommentar zum AktG, § 80 Rn 8; *Spindler* in Münchener Kommentar zum AktG, § 80 Rn 26.

[204] *Weber* in Hölters, Kommentar zum Aktiengesetz, § 80 Rn 12.

[205] *Feltl* in Ratka/Rauter, Handbuch Geschäftsführerhaftung, 9/249.

[206] *Kalss* in Münchener Kommentar zum AktG, § 80 Rn 37.

[207] *Hüffer*, Kommentar zum AktG, § 81 Rn 1 ff; *Kalss* in Münchener Kommentar zum AktG, § 81 Rn 4 ff.

d) Pflicht zur Vorbereitung und Ausführung von Hauptversammlungsbeschlüssen (§ 83 dAktG)

Der Vorstand ist gem § 83 dAktG dazu verpflichtet, Beschlüsse der Hauptversammlung 94
auf Verlangen vorzubereiten und, nach erfolgreicher Beschlussfassung, auszuführen. Dieses
Erfordernis ergibt sich aus dem Umstand, dass die Hauptversammlung zwar über gewisse
Angelegenheiten (über die sie Entscheidungskompetenz hat) beschließt, jedoch oftmals nicht
in der Lage ist, die hierfür notwendigen Vorbereitungen selbst zu treffen.[208] Diese Aufgabe
fällt daher dem Vorstand zu und kann auch von der Hauptversammlung durchgesetzt werden,
um ihre Entscheidungskompetenz sicherzustellen.[209]

Im **öAktG** ergibt sich eine derartige Umsetzungspflicht von Hauptversammlungsbeschlüs- 95
sen als Annexzuständigkeit zur jeweiligen Hauptversammlungskompetenz[210] (diese findet sich
jedoch nicht als selbstständige Verpflichtung).

Die Hauptversammlung kann gem § 83 dAktG nicht nur die Vorbereitung von Beschlüs- 96
sen verlangen, die in die ausschließliche **Zuständigkeit der Hauptversammlung** fallen (zB
Wahl der Mitglieder des Aufsichtsrats, Verwendung des Bilanzgewinns, Entlastung der
Vorstands- und der Aufsichtsratsmitglieder, Bestellung von Abschluss- und Sonderprüfern,
Satzungsänderungen, Kapitalbeschaffungsmaßnahmen, Kapitalherabsetzung, Auflösung der
Gesellschaft[211]), sondern auch von jenen Beschlüssen, die zwar in die primäre Zuständigkeit
des Vorstands fallen, für deren Gültigkeit es aber der **Zustimmung der Hauptversammlung**
bedarf (zB Abschluss und Änderung von Unternehmensverträgen, Abschluss von Verschmel-
zungsverträgen und Verzicht und Vergleich über Ersatzansprüche[212]). Durch dieses Vorbe-
reitungsrecht hat die Hauptversammlung die Möglichkeit, einen Vorstand, der gs einem in
seine Zuständigkeit fallenden Unternehmensvertrag abgeneigt ist, auch gegen seinen Willen
zum Abschluss zu zwingen.[213] Nicht umfasst von § 83 dAktG sind hingegen jene Beschlüsse,
die in den ausschließlichen Kompetenzbereich des Vorstands fallen (so beispielsweise die **Geschäftsführung**). Die Hauptversammlung kann also vom Vorstand nicht die Vorbereitung
von Beschlüssen verlangen, die außerhalb ihrer Zuständigkeit liegen.[214]

Hinsichtlich der **Ausführungspflicht** ist anzumerken, dass nicht jeder von der Hauptver- 97
sammlung gefasste Beschluss der Ausführung bedarf (zB Entlastungsbeschluss). Soweit jedoch
Ausführungshandlungen notwendig sind, hat der Vorstand diese innerhalb angemessener
Überlegungs- und Vorbereitungsfrist vorzunehmen.[215] Zu weiteren Details zu den Anforderungen an den „gesetzmäßigen Beschluss" siehe Rn 338.

e) Pflicht zur Einhaltung des Wettbewerbsverbots (§ 88 dAktG bzw § 79 Abs 1 öAktG)

Siehe hierzu die Ausführungen im Rahmen der Treuepflicht bei Rn 65. 98

---

[208] *Spindler* in Münchener Kommentar zum AktG, § 83 Rn 1.
[209] *Spindler* in Münchener Kommentar zum AktG, § 83 Rn 1.
[210] *Feltl* in *Ratka/Rauter*, Handbuch Geschäftsführerhaftung, 9/227 f.
[211] *Spindler* in Münchener Kommentar zum AktG, § 83 Rn 6.
[212] *Spindler* in Münchener Kommentar zum AktG, § 83 Rn 10. Zu Verzicht und Vergleich, siehe
Rn 332.
[213] *Spindler* in Münchener Kommentar zum AktG, § 83 Rn 2.
[214] *Spindler* in Münchener Kommentar zum AktG, § 83 Rn 7.
[215] *Spindler* in Münchener Kommentar zum AktG, § 83 Rn 16.

f) Pflicht zur Berichterstattung gegenüber dem Aufsichtsrat (§ 90 dAktG bzw § 81 öAktG)

99   Der Vorstand hat gemäß AktG an den Aufsichtsrat Bericht zu erstatten. Damit wird sichergestellt, dass der Aufsichtsrat über ausreichend Informationen verfügt, um seinen Geschäftsführungsüberwachungspflichten (gem § 111 dAktG) nachkommen zu können. Wäre dieser Informationsaustausch nicht sichergestellt, so könnte der Aufsichtsrat in Versuchung geraten, sich hinter seiner Unkenntnis zu verstecken. Die Informationspflicht ist aber auch ein Anreiz für den Vorstand, „sich selbst Rechenschaft zu geben und über die Auswirkungen seiner Maßnahmen sowie die Entwicklung des Unternehmens Klarheit zu verschaffen, zum anderen gewinnt er die Stellungnahme des Aufsichtsrats und kann sich dessen Sachkunde und Erfahrung nutzbar machen".[216] Die in § 81 öAktG vorgesehene Informationspflicht des Vorstands gleicht trotz Unterschieden im Gesetzeswortlaut inhaltlich großteils dem deutschen Recht.

100   Im Einzelnen hat der Vorstand den Aufsichtsrat über folgende **Themen zu unterrichten** (Zeiträume in Klammern):

- Beabsichtigte Geschäftspolitik und andere grundsätzliche Fragen der **Unternehmensplanung** (insbesondere die Finanz-, Investitions- und Personalplanung) (gs einmal jährlich).
- **Rentabilität** der Gesellschaft, insbesondere die Rentabilität des Eigenkapitals (in der Sitzung des Aufsichtsrats, in der über den Jahresabschluss verhandelt wird). In Österreich, gemeinsam mit der Unternehmensplanung, genannt der *„Jahresbericht"*.[217]
- **Gang der Geschäfte**, insbesondere Umsatz und Lage der Gesellschaft (regelmäßig; mindestens vierteljährlich). In Österreich genannt der *„Quartalsbericht"*.
- **Geschäfte**, die für die **Rentabilität oder Liquidität** der Gesellschaft von erheblicher Bedeutung sein können (gs so, dass der Aufsichtsrat die Möglichkeit hat, zum Geschäft Stellung zu nehmen). In Österreich genannt der *„Sonderbericht"*.

101   Die oben in Klammer angeführten **Zeiträume** sind gesetzlich festgelegt. Der Aufsichtsrat kann aber auch selbst die Initiative ergreifen und vom Vorstand Berichterstattung **verlangen** (vom Vorstand an sich oder einem einzelnen Mitglied).

102   Dabei ist festzuhalten, dass es sich bei den in § 90 dAktG bzw § 81 öAktG geregelten Pflichten nicht um sämtliche Berichtpflichten des Vorstands handelt.[218] Vielmehr ist der Vorstand immer dann berichtspflichtig, wenn er den **Beschluss** des Aufsichtsrats **herbeiführen muss oder will** – ohne Information ist der Aufsichtsrat nicht in der Lage zu entscheiden.[219] Gleiches gilt für den Fall, dass eine Maßnahme des Vorstands der **Zustimmung** des Aufsichtsrats bedarf – auch in diesem Fall hat der Vorstand den Aufsichtsrat entsprechend zu unterrichten (zB §§ 88, 89 und 111 Abs 4 S 2 dAktG; § 32 MitbestG).[220]

103   Der Vorstand kann sich gegenüber dem Aufsichtsrat nicht auf die **Verschwiegenheitspflicht** (Rn 77) gem § 93 Abs 1 S 3 dAktG bzw § 84 Abs 1 S 2 öAktG berufen und sich dadurch seiner Berichtpflichten entledigen. Diese Ansicht wird auch gegenüber konfliktgefährdeten Aufsichtsratsmitgliedern bejaht.[221]

104   Soweit ein Berichtsgesuch **missbräuchlich** ist, kann der Vorstand den Bericht an den Aufsichtsrat verweigern (zB wenn das betroffene Aufsichtsratsmitglied Wettbewerber repräsen-

---

[216] *Spindler* in Münchener Kommentar zum AktG, § 90 Rn 11.
[217] *Kalss* in Münchener Kommentar zum AktG, § 90 Rn 67.
[218] *Hüffer*, Kommentar zum AktG, § 90 Rn 2.
[219] *Hüffer*, Kommentar zum AktG, § 90 Rn 2.
[220] *Hüffer*, Kommentar zum AktG, § 90 Rn 2.
[221] *Hüffer*, Kommentar zum AktG, § 90 Rn 3.

tiert und in der konkreten Situation zu befürchten ist, dass Informationen an Wettbewerber weitergegeben werden).[222] Zu bedenken ist, dass der Aufsichtsrat gem § 116 dAktG bzw § 99 öAktG selbst der Verschwiegenheit unterliegt.

Kommt der Vorstand seiner Berichtpflicht nicht nach, oder befolgt er diese in unzu- **105** reichendem Maße, so kann auf verschiedene **Durchsetzungsmaßnahmen** zurückgegriffen werden: Einerseits kann das Registergericht durch Ordnungsstrafen gem § 407 Abs 1 dAktG (von höchstens € 5.000) den Vorstand unter Fristsetzung dazu zwingen, seinen gesetzlichen Berichtpflichten nachzukommen; das Registergericht wird von Amts wegen tätig – der Aufsichtsrat kann daher sein Tätigwerden nur anregen.[223] Auch in Österreich kann die Berichterstattungspflicht durch firmenbuchgerichtliche Zwangsstrafen durchgesetzt werden (§ 258 öAktG).[224] Die Gesellschaft selbst kann gem § 112 dAktG im Wege des **Klageverfahrens** auf Berichterstattung klagen.[225] Eine Klage des Aufsichtsrats wird im jüngeren Schrifttum für zulässig erachtet.[226]

Andererseits stellt die Verweigerung der Berichterstattung (von sich aus oder auf Anfor- **106** derung des Aufsichtsrats) idR auch einen **wichtigen Grund**, jedenfalls nach Abmahnung (außer bei besonders gravierenden Fällen), für die vorzeitige **Abberufung** dar (§ 84 Abs 3 dAktG bzw § 75 öAktG); ebenso wird dies idR ein wichtiger Grund für die vorzeitige Auflösung des Dienstvertrages sein.[227] Die vorsätzlich unrichtige oder unvollständige Berichterstattung kann überdies **strafrechtlich** relevant sein (vgl § 400 Nr. 1 oder Nr. 2 dAktG; für Österreich: siehe gerichtliche Strafandrohung in § 255 öAktG von bis zu einem Jahr Freiheitsstrafe[228]).

Die Verletzung der Berichterstattungspflicht kann auch die **Haftung** des Vorstands für **107** Schäden der Gesellschaft nach sich ziehen (gem § 93 dAktG bzw § 84 öAktG).[229] Auch der Aufsichtsrat kann in einer solchen Situation haften, wenn er es pflichtwidrig unterlässt, vom Vorstand Berichterstattung zu fordern.

Anzumerken ist, dass es sich bei der Auskunfterteilung des Vorstands im Rahmen der **108** **Hauptversammlung** streng genommen um eine Pflicht der Gesellschaft handelt (und nicht um eine des Vorstands).[230] „Die Folgen einer unvollständig erteilten oder einer ausdrücklich verweigerten Auskunft treffen deshalb sowohl materiell-rechtlich als auch verfahrensrechtlich ausschließlich die Gesellschaft".[231]

g) Entsprechenserklärung

Vorstand und Aufsichtsrat einer börsennotierten AG haben jährlich zu erklären, dass den **109** Empfehlungen des DCGK entsprochen wurde (sog „**Entsprechenserklärung**" bzw in Ö: Corporate Governance-Bericht) oder welchen Empfehlungen nicht entsprochen wurde, ergänzt

---

[222] *Manger,* Das Informationsrecht des Aufsichtsrats gegenüber dem Vorstand – Umfang und Grenzen, NZG 2010, 1255 (1257); *Hüffer,* Kommentar zum AktG, § 90 Rn 12a.
[223] *Spindler* in Münchener Kommentar zum AktG, § 90 Rn 57.
[224] *Kalss* in Münchener Kommentar zum AktG, § 90 Rn 80.
[225] *Spindler* in Münchener Kommentar zum AktG, § 90 Rn 59
[226] *Fleischer* in *Spindler/Stilz,* Kommentar zum Aktiengesetz, § 90 Rn 70; *Hüffer,* Kommentar zum AktG, § 90 Rn 18.
[227] *Hüffer,* Kommentar zum AktG, § 90 Rn 15; *Fleischer* in *Spindler/Stilz,* Kommentar zum Aktiengesetz, § 90 Rn 66; *Kalss* in Münchener Kommentar zum AktG, § 90 Rn 82.
[228] *Kalss* in Münchener Kommentar zum AktG, § 90 Rn 84.
[229] *Hüffer,* Kommentar zum AktG, § 90 Rn 15.
[230] *Kubis* in Münchener Kommentar zum AktG, § 131 Rz 19.
[231] *Kubis* in Münchener Kommentar zum AktG, § 131 Rn 19.

durch eine Begründung. Entsprechenserklärungen sind zu aktualisieren (Teil der *Compliance*-Organisation).[232] Zur Haftung, siehe Rn 302.

110 Auch in **Österreich** hat der Vorstand einer börsennotierten AG nach dem Unternehmensrechtsänderungsgesetz 2008 gem § 222 Abs 1 UGB iVm § 243 b UGB und § 127 öAktG bei der Erstellung des Jahresabschlusses einen **Corporate Governance-Bericht** zu erstellen und dem Aufsichtsrat vorzulegen.[233] Dieser hat bestimmte Mindestangaben zu enthalten (insbes auch eine Begründung für das Abweichen von Anforderungen des ÖCGK).

h) Pflicht zur Buchführung und Einrichtung eines Frühwarnsystems (§ 91 dAktG bzw § 82 öAktG)

111 Nach dem dAktG ist der Vorstand zur „Führung der erforderlichen Handelsbücher" verpflichtet und verlangt die „Einrichtung und Führung eines Frühwarnsystems" (§ 91 dAktG). Im öAktG spricht man von der Führung eines „ordnungsgemäßen Rechnungswesens" und der Einrichtung und Führung eines „Internen Kontrollsystems" (§ 82 öAktG). Inhaltlich handelt es sich dabei um überwiegend deckungsgleiche Pflichten. Aufgrund der unterschiedlichen Terminologie werden die zwei Jurisdiktion, wo angebracht, gesondert behandelt.

112 Die Pflicht zur Buchführung und die Pflicht zur Einrichtung eines Frühwarnsystems fallen in die **Gesamtverantwortung** des Vorstands[234] (dh sämtliche Mitglieder des Vorstands, inklusive deren Stellvertreter, sind für die Entscheidung verantwortlich); sie sind unübertragbar und zwingend dem Gesamtvorstand zugewiesen. Der Vorstand hat diese Pflicht jedoch nicht selbst zu *erfüllen*, sondern kann diese vielmehr im Rahmen seiner Organisationspflicht übertragen; bei ressortmäßiger Aufgabenverteilung innerhalb des Vorstands bleibt die Verantwortlichkeit jener Vorstandsmitglieder, die unter der Ressortverteilung nicht zuständig sind, als Überwachungsaufgabe erhalten.[235]

(1) Buchführungspflicht

113 Die Buchführungspflicht wird durch § 91 dAktG bzw § 82 öAktG nicht angeordnet, sondern vorausgesetzt.[236] Die zusätzliche Nennung im AktG bringt zum Ausdruck, dass es sich dabei sowohl um eine privatrechtliche als auch **öffentlich-rechtliche** Pflicht handelt[237] (und damit – allgemein gesprochen – ein Verstoß haftungsrechtlich schwerwiegendere Konsequenzen mit sich zieht, da sich uU auch Dritte auf die Norm berufen können; zur Außenhaftung siehe Rn 296). Der Vorstand ist im Außenverhältnis dazu verpflichtet, für die AG der Buchführungsverantwortung nachzukommen; im Innenverhältnis ist er aus der hier behandelten Norm **organschaftlich** verpflichtet, die notwendigen Maßnahmen zu ergreifen.[238] Es handelt sich dabei um eine **Organisationspflicht**. Der Vorstand kann die Buchführungspflicht selbst

---

[232] *Ritter* in *Schüppen/Schaub*, Münchener Anwaltshandbuch Aktienrecht, § 24 Rn 136.

[233] *Kalss* in Münchener Kommentar zum AktG, § 90 Rn 72.

[234] *Hüffer*, Kommentar zum AktG, § 91 Rn 1; *Spindler* in Münchener Kommentar zum AktG, § 91 Rn 2. Zu Ö: *Strasser* in *Jabornegg/Strasser*, Kommentar zum Aktiengesetz, §§ 77-84 Rn 17; *Feltl* in *Ratka/Rauter*, Handbuch Geschäftsführerhaftung, 9/195; *Kalss* in Münchener Kommentar zum AktG, § 91 Rn 63.

[235] *Fleischer*, Buchführungsverantwortung des Vorstands und Haftung der Vorstandsmitglieder für fehlerhafte Buchführung, WM 2006, 2021 (2025); *Müller-Michaels* in *Hölters*, Kommentar zum Aktiengesetz, § 91 Rn 2; *Hüffer*, Kommentar zum AktG, § 91 Rn 3; *Kalss* in Münchener Kommentar zum AktG, § 91 Rn 50.

[236] In D ergibt sich die Buchführungspflicht aus § 238 Abs 1 HGB ivM § 3 Abs 1 und § 6 HGB, in Ö aus § 189 iVm § 6 UGB und § 222 UGB.

[237] *Müller-Michaels* in *Hölters*, Kommentar zum Aktiengesetz, § 91 Rn 2; *Hüffer*, Kommentar zum AktG, § 91 Rn 2; *Kalss* in Münchener Kommentar zum AktG, § 91 Rn 4, 49.

[238] *Hüffer*, Kommentar zum AktG, § 91 Rn 2.

oder aber auch, unter Sicherstellung der notwendigen organisatorischen Voraussetzungen und adäquater Überwachung, durch Andere (idR das Buchführungspersonal) besorgen lassen[239] (Organisationspflicht wandelt sich in Überwachungspflicht[240]). Der Buchführung kommt im Gesamtgefüge der Gesellschaft eine sehr wichtige Rolle zu. Wird ihre technische Durchführung einem unternehmensfremden Dritten überlassen (beispielsweise einem Rechenzentrum), so haben die Vorstandsmitglieder ihre Überwachungspflichten besonders ernst zu nehmen.[241]

Die **Verletzung** der Buchführungspflicht kann **strafrechtliche** Folgen haben – in Deutsch- **114** land etwa wegen Verletzung der Buchführungspflicht,[242] in Österreich wegen Bilanzfälschung[243] und grob fahrlässiger Beeinträchtigung von Gläubigerinteressen[244] (auch verwaltungsstrafrechtliche Sanktionen nach dem FinStrG sind möglich). Die Pflicht zur Aufstellung eines Jahresabschlusses kann auch durch Verhängung einer Zwangsstrafe gem § 335 f HGB bzw § 258 öAktG gegen das Vorstandsmitglied **durchgesetzt** werden.[245] Ein Verstoß kann zur vorzeitigen **Abberufung** des Vorstands wegen Vorliegens eines wichtigen Grundes führen. Da es sich bei der Buchführungspflicht gem § 82 öAktG um ein **Schutzgesetz** handelt (für das deutsche AktG wird dies nach Rspr[246] und hL verneint – hier handelt es sich um einen bloß mittelbaren Gläubigerschutz[247]), können auf dieser Grundlage neben der Gesellschaft auch Aktionäre und Gläubiger Schadensersatzansprüche geltend machen.[248] Im deutschen Rechtsraum wird der Schutzgesetzcharakter der Buchführungspflicht verneint,[249] erst in neueren Lehrmeinungen ist zT eine Haftung gegenüber Gläubigern aufgrund der Verletzung der Buchführungspflicht nach anderen Rechtsgrundlagen zu finden.[250]

(2) Frühwarnsystem

Das Frühwarnsystem dient gemäß **dAktG** der frühzeitigen Erkennung von bestandsgefähr- **115** denden Entwicklungen. Gemeint ist damit nicht bloß die Erkennung von Risiken, sondern auch die Erkennung von bereits auftretenden negativen Auswirkungen dieser Risiken. Bei **bestandsgefährdenden Entwicklungen** handelt es sich um jene Entwicklungen, die sich wesentlich nachteilig auf die Vermögens-, Finanz- und Ertragslage der Gesellschaft auswirken können und das Insolvenzrisiko der AG erheblich steigern.[251] Zur Sicherstellung der Früherkennung sind „**geeignete Maßnahmen**" zu treffen – diese sollen sicherstellen, dass der Vorstand die erforderlichen Informationen[252] erhält, um bestandsgefährdende Entwicklungen rechtzeitig abzuwenden. Hierzu gehören die **Erkennung bereits auftretender negativer Auswirkungen von risikobehafteten Geschäften** (beispielsweise etwa im Derivatenhandel

---

[239] *Kalss* in Münchener Kommentar zum AktG, § 91 Rn 50; *Feltl* in *Ratka/Rauter*, Handbuch Geschäftsführerhaftung, 9/196.

[240] *Müller-Michaels* in *Hölters*, Kommentar zum Aktiengesetz, § 91 Rn 2.

[241] Vgl *Müller-Michaels* in *Hölters*, Kommentar zum Aktiengesetz, § 91 Rn 2.

[242] Siehe § 283b dStGB.

[243] Siehe § 255 Abs 1 Z 1 öAktG.

[244] Siehe § 159 Abs 5 Z 4 und 5 ö-StGB.

[245] In Ö wird dies als Hinweis auf die Bedeutung der Buchführungspflicht für das öffentliche Interesse gedeutet.

[246] LG Bonn AG (2001) 494 (495 f).

[247] *Spindler* in Münchener Kommentar zum AktG, § 91 Rn 12.

[248] *Kalss* in Münchener Kommentar zum AktG, § 91 Rn 58.

[249] *Hüffer*, Kommentar zum AktG, § 91 Rn 3; *Spindler* in Münchener Kommentar zum AktG, § 91 Rn 12.

[250] Siehe zusammenfassend *Fleischer* in *Spindler/Stilz*, Kommentar zum Aktiengesetz, § 91 Rn 25. Siehe auch *Spindler* in Münchener Kommentar zum AktG, § 91 Rn 13.

[251] *Mertens/Cahn,* Kölner Kommentar zum Aktiengesetz, § 91 Rn 23; *Fleischer* in *Spindler/Stilz*, Kommentar zum Aktiengesetz, § 91 Rn 32.

[252] *Fleischer* in *Spindler/Stilz*, Kommentar zum Aktiengesetz, § 91 Rn 33.

oder bei Termingeschäften) oder aus Verstößen gegen Pflichten im Rechnungslegungsrecht und anderer gesetzlicher Vorschriften.[253] Obwohl im Gesetz nicht ausdrücklich geregelt, ist heute anerkannt, dass der Vorstand dazu verpflichtet ist, durch organisatorische Vorkehrungen sicherzustellen, dass die Unternehmensangehörigen gesetzliche Bestimmungen sowie unternehmensinterne Richtlinien einhalten.[254] Auch die Einrichtung einer **Compliance-Organisation** gehört zur Erkennung bestandsgefährdender Entwicklungen und dient der gesetzmäßigen Organisation und Führung des Unternehmens; sie trachtet danach, Gesetzesverstöße durch Organmitglieder und Unternehmensangehörige zu vermeiden.[255] Siehe hierzu im Detail Rn 45.

116   Der **Umfang und die Reichweite** bzw das „wie" der Umsetzung des Überwachungssystems bleiben dabei dem Vorstand überlassen,[256] auch hier kommt es für die „Frage der Ausgestaltung entscheidend auf die Größe, Struktur und Lage des Unternehmens, das Risikopotential der Märkte, auf denen das Unternehmen tätig ist, sowie die Art des Kapitalmarktzugangs an".[257] „§ 91 Abs 2 [d]AktG verknüpft eine Zielvorgabe (Früherkennung bestandsgefährdender Entwicklungen) mit organisatorischen Grundanforderungen (Einrichtung eines Überwachungssystems)".[258]

117   Eine vorsätzliche **Verletzung** des § 91 Abs 2 dAktG, die einen Schaden für die Gesellschaft hervorruft, kann zur **strafrechtlichen** Verantwortung des Vorstands nach dem Tatbestand der Untreue[259] führen.[260] Überdies können auch die strafrechtlich relevanten Tatbestände des Bankrotts,[261] des besonders schweren Fall des Bankrotts[262] oder der Verletzung der Buchführungspflicht[263] (letztere bereits oben angeführt) erfüllt sein.[264] Eine **zivilrechtliche** Außenhaftung (dh eine Haftung des Vorstandsmitglieds gegenüber Dritten) scheidet im deutschen Recht mangels Schutzgesetzcharakters des § 91 Abs 2 dAktG aus. Die Innenhaftung (dh die Haftung des Vorstands gegenüber der AG) richtet sich jedoch nach allgemeinen Grundsätzen (Rn 234). Die Nichterfüllung der Pflichten des Vorstands kann überdies einen **wichtigen Grund** für die vorzeitige Abberufung und Kündigung des Anstellungsverhältnisses darstellen.[265]

118   Das **öAktG** fordert die Einrichtung eines sog **Internen Kontrollsystems** (IKS). Es ist darauf gerichtet, die Sicherheit, Ordnungsmäßigkeit und Wirtschaftlichkeit des Unternehmens sicherzustellen und ist Ausdruck der Leitungspflicht des Vorstands. Neben der frühzeitigen Informationsgewinnung soll das IKS auch der rechtzeitigen Korrektur und Risikofrüherkennung dienen. Das Ausmaß des IKS richtet sich, ähnlich wie im dAktG, nach den **konkreten Umständen** des Unternehmens – hier beeinflussen Faktoren wie Größe des Unternehmens, Risiko der abgeschlossenen Geschäfte, Unternehmensgegenstand und Branche die Ausgestaltung des Kontrollsystems.[266] Bei der Pflicht zur Einrichtung eines IKS handelt es sich

---

[253] *Hüffer*, Kommentar zum AktG, § 91 Rn 6.

[254] *Fleischer* in *Spindler/Stilz*, Kommentar zum Aktiengesetz, § 91 Rn 47.

[255] *Spindler* in Münchener Kommentar zum AktG, § 91 Rn 35.

[256] *Fleischer* in *Spindler/Stilz*, Kommentar zum Aktiengesetz, § 91 Rn 35.

[257] *Spindler* in Münchener Kommentar zum AktG, § 91 Rn 27.

[258] *Fleischer* in *Spindler/Stilz*, Kommentar zum Aktiengesetz, § 91 Rn 30.

[259] Siehe § 266 d-StGB.

[260] *Fleischer* in *Spindler/Stilz*, Kommentar zum Aktiengesetz, § 91 Rn 45 mwN.

[261] Siehe § 283 Abs 1 Nr 5 bis 7, Abs 2 d-StGB.

[262] Siehe § 283 a d-StGB.

[263] Siehe § 283 b Abs 1 Nr 1 bis 3 d-StGB.

[264] *Müller-Michaels* in *Hölters*, Kommentar zum Aktiengesetz, § 91 Rn 11.

[265] *Fleischer* in *Spindler/Stilz*, Kommentar zum Aktiengesetz, § 91 Rn 46; *Müller-Michaels* in *Hölters*, Kommentar zum Aktiengesetz, § 91 Rn 11.

[266] *Kalss* in Münchener Kommentar zum AktG, § 91 Rn 61.

um **keine öffentlich-rechtliche** Verpflichtung – eine Außenhaftung gegenüber Gläubigern und Aktionären scheidet daher aufgrund fehlenden Schutzgesetzcharakters der Pflicht zur Einrichtung eines IKS aus (eine Innenhaftung jedoch nicht). Der **Aufsichtsrat** ist von schwerwiegenden Mängel des IKS unverzüglich durch einen Sonderbericht zu informieren; die Überprüfung der Wirksamkeit des IKS ist überdies Bestandteil der Abschlussprüfung durch den Prüfungsausschuss des Aufsichtsrats (dieser ist nicht zur Detail-, sondern zu einer Systemprüfung verpflichtet).[267]

> **Buchführungspflicht** verpflichtet zur Organisation oder, bei Ressortverteilung, zur Überwachung der Buchführungspflicht nach HGB bzw UGB. In Österreich Schutzgesetzcharakter zugunsten von Gläubigern bejaht, in Deutschland überwiegend verneint.
>
> **Frühwarnsystem** verpflichtet zur Einrichtung eines Systems zur Erkennung von gefährdenden Entwicklungen durch „angemessene Maßnahmen", über die Vorstand mit Ermessen nach Einzelsituation des Unternehmens entscheidet (inkl *Compliance*-Organisation). Schutzgesetzcharakter in Deutschland und Österreich abgelehnt; Klagen Dritter daher ausgeschlossen.

i) Pflicht zur Einberufung der Hauptversammlung (Verlustanzeige) und Stellung des Insolvenz- oder Vergleichsantrags (§ 92 dAktG, § 15a InsO bzw § 83 öAktG)

Das AktG enthält besondere Pflichten für den Vorstand, für den Fall, dass die Gesellschaft **119** in eine Notlage gerät. Gem § 92 Abs 1 dAktG bzw § 83 öAktG ist bei einem **Verlust in Höhe der Hälfte des Grundkapitals** (dh Gesellschaftsvermögen deckt nur noch die Hälfte des Nennkapitals[268]) die **Hauptversammlung** unverzüglich einzuberufen und über diesen Umstand zu informieren (Verlustanzeige). Die genannten Normen des dAktG und des öAktG stimmen, trotz geringfügiger Abweichungen im Wortlaut, inhaltlich überein.[269] Diese Pflicht dient der Information der Hauptversammlung und soll sicherstellen, dass die Eigentümer über die Notlage Bescheid wissen und gegebenfalls Maßnahmen zu ihrer Beseitigung ergreifen können (zB Kapitalveränderung oder Auflösungsbeschluss); der Schutz der Gläubiger bzw die Publizitätswirkung sind damit nicht bezweckt.[270]

Die Pflicht zur **Verlustanzeige** tritt dann ein, wenn sich der Verlust bei Aufstellung der **120** Jahresbilanz ergibt oder nach pflichtgemäßem Ermessen anzunehmen ist. Um die Beschlussfähigkeit der Hauptversammlung sicherzustellen, ist die Verlustanzeige deutlich auf der Tagesordnung anzukündigen,[271] eine Beschlussfassung ist aber nicht zwingend erforderlich – die Hauptversammlung kann die Anzeige auch bloß zur Kenntnis nehmen.[272]

Der Vorstand hat Zahlungen einzustellen, sobald die **Zahlungsfähigkeit** oder **Überschul-** **121** **dung** der Gesellschaft eingetreten ist (§ 92 Abs 2 dAktG bzw § 84 Abs 3 Z 6 öAktG). Dieses Zahlungsverbot dient im Gegensatz zur Informationspflicht dem öffentlichen Interesse, insbes dem **Gläubigerschutz**.[273] Die Information der Aktionäre wird durch die ad-hoc-Publizität

---

[267] *Kalss* in *Kalss/Nowotny/Schauer*, Gesellschaftsrecht, Rn 3/355; *Kalss* in Münchener Kommentar zum AktG, § 91 Rn 65 f.

[268] *Hüffer*, Kommentar zum AktG, § 92 Rn 2.

[269] *Kalss* in Münchener Kommentar zum AktG, § 92 Rn 72.

[270] *Spindler* in Münchener Kommentar zum AktG, § 92 Rn 2; *Hüffer*, Kommentar zum AktG, § 92 Rn 1; *Kalss* in Münchener Kommentar zum AktG, § 92 Rn 73.

[271] *Hüffer*, Kommentar zum AktG, § 92 Rn 5.

[272] *Kalss* in Münchener Kommentar zum AktG, § 92 Rn 77.

[273] *Hüffer*, Kommentar zum AktG, § 92 Rn 1.

gem § 48 d ö-BörseG abgedeckt.[274] Durch das Zahlungsverbot soll die Schmälerung der Insolvenzmasse verhindert werden; es sind damit alle Zahlungen unzulässig, die zugunsten einzelner Gläubiger erfolgen[275] oder den Eintritt der Insolvenzreife bewirken[276] (umfasst auch Zahlungen an Aktionäre). Das dAktG sieht auch vor, dass das Zahlungsverbot nicht für jene Zahlungen nach Eintritt der Insolvenzreife greift, die mit der Sorgfalt eines ordentlichen und gewissenhaften Geschäftsleiters vereinbar sind (hier sollte sehr sorgfältig vorgegangen werden). Dadurch soll sichergestellt werden, dass der Vorstand weiterhin jene Zahlungen tätigen kann, die zur Masseerhaltung beitragen und den **Interessen der Gläubiger** dienen; das Gesellschaftsinteresse ist an dieser Stelle hingegen nicht mehr ausschlaggebend.[277]

122   Ohne schuldhaftes Zögern, und spätestens drei Wochen nach Eintritt der Zahlungsunfähigkeit hat der Vorstand einen **Insolvenzantrag** zu stellen (ab positiver Kenntnis oder böswilliger Unkenntnis des Insolvenzgrundes).[278] Dies ergibt sich für Deutschland nunmehr aus **§ 15 a InsO** (vgl Rn 269). Für Österreich gilt gem § 69 KO und § 1 AO eine 60 Tages-Frist für die Anmeldung eines Konkurs- oder Ausgleichsverfahrens.[279] Erforderlich sind neben Vorliegen eines Insolvenzgrundes auch dessen Erkennbarkeit.[280] Die Geschäftsleiter müssen sich laut GmbH-Rspr „stets über die finanziellen Verhältnisse der Gesellschaft vergewissern und handeln daher fahrlässig, wenn sie sich nicht die zur Beurteilung der Insolvenzreife erforderlichen Informationen verschaffen".[281] Soweit der Vorstand nicht selbst über die notwendigen Kenntnisse verfügt, muss er **externen Rat** einholen.[282] Auf eine so eingeholte Auskunft kann **vertraut** werden, soweit der Berater sorgfältig ausgewählt, die für die Insolvenzreife relevanten Umstände offengelegt und die Antwort einer Plausibilitätskontrolle unterzogen wurde[283] (kein blindes Vertrauen). Wird der Insolvenzantrag nach Ablauf der Frist gestellt, liegt immer Verschulden vor (Sanierungsbemühungen entlasten nicht).[284]

123   Neben einschlägigen strafrechtlichen Normen ist bei Verletzung der Insolvenzanmeldungspflicht eine **zivilrechtliche** Haftung nach § 93 Abs 3 Z 6 dAktG bzw § 84 Abs 3 Z 6 öAktG möglich. Auch kommt ein Außenhaftungsanspruch aufgrund des Schutzgesetzcharakters des Zahlungsverbots aus § 92 Abs 2 dAktG (zum Schutz des öffentlichen Interesses, insbes der Gesellschaftsgläubiger),[285] sowie aufgrund des Schutzgesetzcharakters des § 69 KO und § 1 AO zugunsten der Gläubiger[286] in Frage.

---

[274] *Kalss* in Münchener Kommentar zum AktG, § 92 Rn 75.

[275] *Hüffer*, Kommentar zum AktG, § 92 Rn 14.

[276] *Fleischer* in *Spindler/Stilz*, Kommentar zum Aktiengesetz, § 92 Rn 22; *Hüffer*, Kommentar zum AktG, § 92 Rn 14.

[277] *Fleischer* in *Spindler/Stilz*, Kommentar zum Aktiengesetz, § 92 Rn 29.

[278] BGH, 9.7.1979 – II ZR 118/77 (Köln), Keine Haftung der Aufsichtsratmitglieder der Herstattbank, NJW 1979, 1823 (1827).

[279] *Kalss* in Münchener Kommentar zum AktG, § 92 Rn 78.

[280] *Hüffer*, Kommentar zum AktG, § 92 Rn 9.

[281] *Müller*, Geschäftsleiterhaftung wegen Insolvenzverschleppung und fachkundige Beratung, NZG 2012, 981 (981).

[282] *Müller*, Geschäftsleiterhaftung wegen Insolvenzverschleppung und fachkundige Beratung, NZG 2012, 981 (981).

[283] *Fleischer*, Vorstandshaftung und Vertrauen auf anwaltlichen Rat, NZG 2010, 121 (125); *Müller*, Geschäftsleiterhaftung wegen Insolvenzverschleppung und fachkundige Beratung, NZG 2012, 981 (981).

[284] *Hüffer*, Kommentar zum AktG, § 92 Rn 13.

[285] *Hüffer*, Kommentar zum AktG, § 92 Rn 1.

[286] *Kalss* in Münchener Kommentar zum AktG, § 92 Rn 79.

Pflichten (Insolvenz):

1) *Verlustanzeige* an Hauptversammlung bei Verlust in Höhe der Hälfte des Grundkapitals
2) *Zahlungsverbot* bei Zahlungsunfähigkeit oder Überschuldung zum Gläubigerschutz
3) *Insolvenzantrag* spätestens innerhalb von drei Wochen ab Zahlungsunfähigkeit

Die **Haftung** wegen Insolvenzverschleppung hat in der Praxis große Bedeutung und sollte weder vom Vorstand noch vom Aufsichtsrat unterschätzt werden; der Vorstand sollte sich hier bei den ersten Anzeichen von Problemen gut informieren und durch entsprechende Beratung sicherstellen, dass die richtigen Schritte eingeleitet werden. Es lauern hier einige Gefahren, sodass regelmäßig auch gutgesinnte Organmitglieder in die Haftungsfalle tappen.

j) Pflicht zur Geltendmachung von Schadensersatzansprüchen gegen den Aufsichtsrat

Der Vorstand ist gs dazu verpflichtet, Schadensersatzansprüche der Gesellschaft gegen den **124** Aufsichtsrat aus § 116 dAktG geltend zu machen – dies folgt aus der sinngemäßen Anwendung der Grundsätze der ARAG/Garmenbeck-Entscheidung[287] (siehe auch Rn 219).

k) Pflichten im Übernahmefall

Im Rahmen öffentlicher Übernahmen bestehen für den Vorstand (und Aufsichtsrat) wei- **125** tere sehr umfassende Verhaltenspflichten. Gemäß § 27 WpÜG beispielsweise, haben Vorstand (und Aufsichtsrat) einer Zielgesellschaft bei Erhalt eines **Übernahmeangebots** eine **begründete Stellungnahme** dazu abzugeben. Die Stellungnahme hat bestimmte inhaltliche Mindestanforderung zu erfüllen (Art und Höhe der Gegenleistung; erwartete Folgen eines erfolgreichen Angebots; die vom Bieter verfolgten Ziele; Absicht, das Angebot anzunehmen oder abzulehnen) und muss sich auf aussagekräftige Unterlagen bzw eingeholten fachkundigen Rat stützen.[288]

Bei Übernahmeangeboten unterliegt der Vorstand einer Zielgesellschaft ab Veröffent- **126** lichung eines Übernahmeangebotes durch den Bieter,[289] während der Dauer des laufenden Übernahmeangebots (dh zum Erwerb der Kontrolle eines börsennotierten Unternehmens[290]), einer **Einschränkung seiner Geschäftsführungsbefugnis** (§ 33 WpÜG).[291] Die Handlungsoptionen des Vorstands zur **Abwehr** des Übernahmeangebots werden in Übernahmesituationen eingeschränkt (gemeint sind jene Handlungen, die in die Geschäftsführungsbefugnis des Vorstands fallen) – der Vorstand darf jene Handlungen nicht vornehmen, durch die der Erfolg des Übernahmeangebots verhindert werden könnte[292] (sog **Handlungsverbot**). Von einer strikten Neutralitätspflicht wird hier nicht gesprochen.[293] Das Gesetzt nennt drei wichtige **Ausnahmen** in denen das Handlungsverbot nicht zur Anwendung gelangt:

- soweit auch ein ordentlicher und gewissenhafter Geschäftsleiter (iSd § 93 Abs 1 S 1 dAktG) einer Gesellschaft, die nicht von einem Übernahmeangebot betroffen ist, die

---

[287] *Habersack* in Münchener Kommentar zum AktG, § 116 Rn 8; BGHZ 135, 244; *Spindler* in *Spindler/ Stilz*, Kommentar zum Aktiengesetz, § 116 Rn 118.

[288] *Ritter* in *Schüppen/Schaub*, Münchener Anwaltshandbuch Aktienrecht, § 24 Rn 141.

[289] *Hüffer*, Kommentar zum AktG, § 76 Rn 15e.

[290] § 29 WpÜG.

[291] *Schlitt/Ries* in Münchener Kommentar zum AktG, § 33 WpÜG Rn 52.

[292] *Hüffer*, Kommentar zum AktG, § 76 Rn 15e.

[293] *Hüffer*, Kommentar zum AktG, § 76 Rn 15d, 15g; *Schlitt/Ries* in Münchener Kommentar zum AktG, § 33 WpÜG Rn 51.

Handlungen vorgenommen hätte (es genügt hier, dass der Vorstand Handlungen ergreifen *hätte dürfen;* nicht erforderlich ist, dass er sie ergriffen *hätte*[294]);

- bei der Suche nach einem konkurrierenden Angebot;
- für Handlungen, denen der Aufsichtsrat der Zielgesellschaft zugestimmt hat.

127   Während der Dauer des gesamten Übernahmeverfahrens sind Vorstand und Aufsichtsrat dazu verpflichtet, im **Interesse der Zielgesellschaft** zu handeln (§ 3 Abs 3 WpÜG). Das Verhinderungsverbot des § 33 Abs 2 WpÜG kann hiermit kollidieren (dh wenn das Übernahmeangebot nicht im Interesse der Gesellschaft liegt); die Ausnahmen zum Handlungsverbot sollen hier helfen.[295]

128   Soweit eine Ausnahme vom Handlungsverbot nicht gegeben ist, kann der Vorstand dennoch Abwehrhandlungen vornehmen, wenn eine Ermächtigung durch einen **Hauptversammlungsbeschluss** gegeben ist.[296] In Frage kommt hier sowohl ein Hauptversammlungsbeschluss aus Anlass eines **konkreten** Übernahmeangebotes (*post bid*; § 16 WpÜG) oder vorweg als **Vorratsbeschluss** (§ 33 Abs 2 WpÜG).[297] Die Ermächtigung in einem Vorratsbeschluss ist nach Art und Zeit (max 18 Monate) zu begrenzen und bedarf einer Mehrheit von mehr als drei Vierteln des bei Beschlussfassung vertretenen Kapitals und der Zustimmung des Aufsichtsrats.[298]

129   Die Satzung kann vorsehen (*opt-in*), dass das vergleichsweise strenge **Europäische Verhinderungsverbot** der Europäischen Übernahmerichtlinie zur Anwendung gelangt (§ 33a WpÜG statt § 33 WpÜG).[299] Der Katalog zulässiger Handlungsmaßnahmen zur Abwehr eines Übernahmeangebots wird dadurch weiter eingeschränkt. Die Beschränkungen gelten hier auch für den Aufsichtsrat, nicht nur für den Vorstand.[300]

130   Die Satzung einer Zielgesellschaft kann überdies vorsehen, dass im Falle eines Übernahmeangebots Abwehrmechanismen „in Form von Übertragungsbeschränkungen, Stimmbindungsverträgen und Mehrstimmrechten keine Anwendung finden"[301] (sog „**Europäische Durchbrechungsregel**"; vgl § 33b WpÜG). Soweit von diesem Wahlrecht in der Satzung nicht Gebrauch gemacht wurde, bleiben diese Beschränkungen bei Vorliegen eines Übernahmeangebots wirksam.[302]

131   Die handelnden Organe sollten in einer Übernahmesituation durch Beratung sicherstellen, dass sie ihren Pflichten nachkommen und ihr Vorgehen entsprechend dokumentieren.

2. Pflichten aus Satzung und Organbeschlüssen

132   **Satzung** und **verbindliche Organbeschlüsse** können für das Vorstandsmitglied weitere konkrete Pflichten vorsehen. Hier wird meist eine bestimmte Handlungsanweisung bezweckt, so dass dem Vorstandsmitglied dabei idR kein unternehmerischer Ermessensspielraum zukommt. Auch die Geschäftsordnung kann Pflichten des Vorstands konkretisieren; legt sie beispielsweise fest, dass der Vorstand die Empfehlungen des Kodex zu beachten hat, so ist seine Nichtbeachtung eine Pflichtverletzung.[303]

---

[294] *Hüffer,* Kommentar zum AktG, § 76 Rn 15 f mwN.
[295] *Schlitt/Ries* in Münchener Kommentar zum AktG, § 33 WpÜG Rn 53.
[296] *Hüffer,* Kommentar zum AktG, § 76 Rn 15 f.
[297] *Hüffer,* Kommentar zum AktG, § 76 Rn 15 f.
[298] *Schlitt/Ries* in Münchener Kommentar zum AktG, § 33 WpÜG Rn 198.
[299] *Schwennicke* in *Geibel/Süßmann,* WpÜG, § 33a Rn 1.
[300] *Schwennicke* in *Geibel/Süßmann,* WpÜG, § 33a Rn 5.
[301] *Schwennicke* in *Geibel/Süßmann,* WpÜG, § 33b Rn 2.
[302] *Schwennicke* in *Geibel/Süßmann,* WpÜG, § 33b Rn 2.
[303] *Ringleb* in *Ringleb/Kremer/Lutter/v. Werder,* DCGK-Kommentar, Rn 439.

3. Pflichten aus Anstellungsvertrag

Durch den Anstellungsvertrag werden die organschaftlichen Pflichten zugleich auch ver- **133**
tragliche Pflichten.[304] Es können sich aus ihm auch besondere vertragliche Pflichten ergeben,
die sich jedoch an die Grenzen des AktG halten müssen und nicht gegen zwingende Grundsätze verstoßen dürfen.

Durch den Anstellungsvertrag können dem Vorstand also **neue** vertragliche Pflich- **134**
ten im Rahmen der *Ausgestaltung* des Organverhältnisses auferlegt werden (*quantititive* Erweiterung des Pflichtenumfangs); diese können jedoch die Anforderung an den Vorstand
nicht intensivieren (keine *qualitative* Erweiterung).[305] Dabei darf die aktienrechtliche Zuständigkeitsordnung (insbesondere zwischen Vorstand und Aufsichtsrat) nicht abgeändert
werden.[306] Die im Anstellungsvertrag enthaltenen vertraglichen Pflichten, die das organschaftliche Verhältnis präzisieren, sind vom Vorstand mit der Sorgfalt eines ordentlichen
und gewissenhaften Geschäftsleiters einzuhalten.[307] Anknüpfungspunkt für die Haftung
ist daher auch hier § 93 dAktG bzw § 84 öAktG. Anspruchskonkurrenz von organschaftlichen Ansprüchen aus § 93 dAktG mit vertraglichen Ansprüchen aus dem Anstellungsvertrag besteht hier nicht (dh es besteht keine selbstständige Haftung aus Verletzung des
Anstellungsvertrags).[308]

Typische Inhalte des Anstellungsvertrags: **135**

- Pflicht der AG zum Abschluss einer D&O-Versicherung (Selbstbehalt ist zu beachten)[309]
- Boni, Provision, Stock-Options[310]
- Nachträgliche Wettbewerbsverbote (siehe hierzu Rn 65), Residenzpflichten oder Ne-
  bentätigkeitsverbote[311]
- Umsetzung der Pflichten des DCGK[312]

D. Zusammenfassung

Den Vorstand trifft eine Unzahl von Pflichten im Innen- sowie auch im Außenverhältnis. **136**
Verletzt der Vorstand eine ihm im Innenverhältnis (dh gegenüber der Gesellschaft) auferlegte
Pflicht, haftet er nach § 93 Abs 2 dAktG bzw § 84 Abs 2 öAktG persönlich für den dadurch
schuldhaft verursachten Schaden (Rn 234). Die Pflichten des Vorstands gegenüber der Gesellschaft lassen sich in drei Gruppen gliedern: Sorgfaltspflicht, Treuepflicht, sonstige Pflichten
aus Gesetz, Satzung oder verbindlichem Organbeschluss.

Die **Sorgfaltspflicht** nimmt in diesem Gefüge eine Doppelfunktion ein. Einerseits hat sie **137**
die Funktionen eines **Sorgfaltsmaßstabes** („Sorgfalt eines ordentlichen und gewissenhaften
Geschäftsleiters"). Dabei handelt es sich um einen objektivierten Sorgfaltsmaßstab, der den
konkreten Verhältnissen der Gesellschaft (zB Art, Umfang, Wirtschaftslage) und des Vor-

---

[304] *Fleischer* in *Spindler/Stilz*, Kommentar zum Aktiengesetz, § 84 Rn 75; *Wiesner*, Münchner Handbuch
des Gesellschaftsrechts, § 21 Rn 66.
[305] Siehe *Hopt* in Großkommentar zum Aktiengesetz, § 93 Rn 227.
[306] *Hopt* in Großkommentar zum Aktiengesetz, § 93 Rn 228.
[307] *Wiesner*, Münchner Handbuch des Gesellschaftsrechts, § 21 Rn 66.
[308] *Hopt* in Großkommentar zum Aktiengesetz, § 93 Rn 227.
[309] *Dauner-Lieb* in *Henssler/Strohn*, Gesellschaftsrecht, § 84 Rn 20.
[310] *Dauner-Lieb* in *Henssler/Strohn*, Gesellschaftsrecht, § 84 Rn 20.
[311] *Fleischer* in *Spindler/Stilz*, Kommentar zum Aktiengesetz, § 84 Rn 75; *Wiesner*, Münchner Handbuch
des Gesellschaftsrechts, § 21 Rn 66.
[312] *Fleischer* in *Spindler/Stilz*, Kommentar zum Aktiengesetz, § 84 Rn 75.

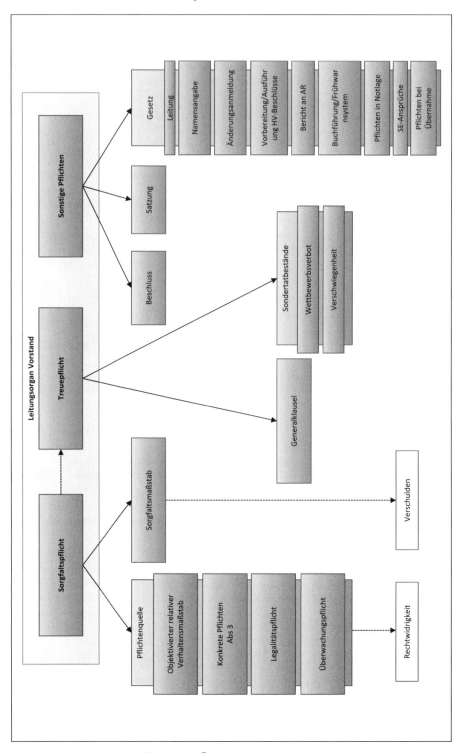

Abbildung 4: Übersicht Vorstandspflichten

stands (insbesondere Ressortverteilung) angepasst wird (Konkretisierung). Der so gewonnene konkrete Sorgfaltsmaßstab hat für das betroffene Vorstandsmitglied sowohl auf Rechtswidrigkeitsebene als auch auf Verschuldensebene Bedeutung. Andererseits nimmt die Sorgfaltspflicht aber auch die Funktion einer **Pflichtenquelle** ein. Hieraus lässt sich die Leitungspflicht, die Pflicht zur Einhaltung der Gesetze (Legalitätspflicht) und die Überwachungspflicht (inkl *Compliance*) ableiten. Teilweise sieht das Gesetz auch ausformulierte Sorgfaltspflichten vor. § 93 Abs 3 dAktG bzw § 84 Abs 3 öAktG enthält eine Liste von Tatbeständen, bei denen Vorstandsmitglieder „namentlich" zum Ersatz verpflichtet sind (sie dienen dem Erhalt des Gesellschaftsvermögens).

Die zweite Pflichtengruppe – die **Treuepflicht** – ergibt sich sowohl aus dem Treuhand-   **138** verhältnis des Vorstands gegenüber der Gesellschaft sowie aus der Generalklausel des § 93 dAktG bzw § 84 öAktG, da die Treuepflicht einen Sonderfall der Sorgfaltspflicht darstellt. Gesetzlich ausformulierte Treuepflichten sind das Wettbewerbsverbot, sowie die Verschwiegenheitspflicht.

Unter die dritte Pflichtengruppe (**sonstige Pflichten**) fallen Verpflichtungen des Vorstands   **139** die sich aus der Satzung, verbindlichen Organbeschlüssen (zB Hauptversammlungsbeschluss) oder aus dem Anstellungsvertrag ergeben. Sonstige gesetzliche Pflichten sind beispielsweise die **Berichtpflicht** an den Aufsichtsrat, die **Auskunftpflicht** an Aktionäre, die Pflicht zur Einrichtung eines **Rechnungswesens**, sowie die Pflicht zur Einberufung einer **Hauptversammlung** bei einem Verlust in Höhe des halben Grundkapitals.

Bei Ausübung seiner Tätigkeit kommt dem Vorstand ein weiter unternehmerischer Ermes-   **140** sensspielraum zu (Rn. 355).

Im Rahmen seiner Tätigkeit als Unternehmensleiter sind dem Vorstand eine Vielzahl an   **141** Rechten und Pflichten übertragen, deren Verletzung durch die Haftung des § 93 dAktG bzw § 84 öAktG sanktioniert ist.[313] Verletzt das Vorstandsmitglied eine Pflicht, so liegt pflichtwidriges bzw rechtswidriges Handeln vor und haftet das Vorstandsmitglied bei Vorliegen von Verschulden für den dadurch kausal entstandenen Schaden (Rn. 231).

---

[313] *Kalss* in *Kalss/Nowotny/Schauer*, Gesellschaftsrecht, Rn 3/314; *Adensamer/Eckert* in *Kalss*, Vorstandshaftung in 15 europäischen Ländern, 171. Zur Innenhaftung siehe Rn 253.

§ 3 Pflichten des Aufsichtsrats

Nach dem dualistischen System des AktG ist der Aufsichtsrat obligatorisches Organ der AG. **142** Die Trennung zwischen Leitungs- und Überwachungsorgan (Vorstand und Aufsichtsrat) ist zwingend.[314] Ähnlich wie beim Vorstand bilden auch hier die Aufgaben des Aufsichtsrats die Grundlage der ihm obliegenden Pflichten und der zu dessen Durchsetzung zur Verfügung gestellten Werkzeuge.

I. Aufgaben

Die Aufgaben und Rechte des Aufsichtsrats sind in § 111 dAktG bzw § 95 öAktG in nicht **143** abschließender Weise geregelt. Weitere Aufgaben finden sich über das AktG hinweg verstreut. Die zentrale Norm bezweckt überwiegend die **Abgrenzung** der Kompetenzen des Aufsichtsrats zu jenen der Hauptversammlung und des Vorstands,[315] sowie die Hervorhebung seiner **Überwachungsfunktion.**[316] Die allgemeinen Aufgaben des Aufsichtsrats nach österreichischem Recht gleichen jenen nach deutschem Recht.[317]

Die Aufgaben des Aufsichtsrats sind höchstpersönlicher Natur und können **nicht de-** **144** **legiert** werden (das öAktG sieht eine pragmatische Vertretungsmöglichkeit durch andere Aufsichtsratsmitglieder vor[318]); wahrgenommen werden die Aufgaben gs als **Kollegialorgan** durch die Gesamtheit seiner Mitglieder.[319] Ebenso ist anzumerken, dass der Aufsichtsrat einen etwaigen unternehmerischen Ermessensspielraum des Vorstands zu respektieren hat und eine Genehmigung deshalb nicht verweigern darf.[320] Ebenso kommt dem Aufsichtsrat selbst bei Ausübung seiner Tätigkeit ein **unternehmerischer Ermessensspielraum** im Sinne der BJR zu (vgl Rn 355), soweit er unternehmerische Entscheidungen zu treffen hat[321] (hierbei handelt es sich jedoch um eine wesentliche Einschränkung, da der Aufsichtsrat nicht allzu häufig unternehmerisch tätig wird). Oberstes Gebot ist auch bei der Überwachungstätigkeit das **Unternehmenswohl** (unter Berücksichtigung der sonstigen Interessen)[322] (vgl Rn 431).

---

[314] *Habersack* in Münchener Kommentar zum AktG, § 111 Rn 1.

[315] *Schüppen/Unsöld* in *Schüppen/Schaub*, Münchener Anwaltshandbuch Aktienrecht, § 24 Rn 2.

[316] *Hüffer*, Kommentar zum AktG, § 111 Rn 1.

[317] *Kalss* in Münchener Kommentar zum AktG, § 111 Rn 142.

[318] *Kalss* in Münchener Kommentar zum AktG, § 111 Rn 140.

[319] *Schüppen/Unsöld* in *Schüppen/Schaub*, Münchener Anwaltshandbuch Aktienrecht, § 24 Rn 2, 11.

[320] *Kalss* in *Kalss/Nowotny/Schauer*, Gesellschaftsrecht, Rn 3/515.

[321] *von Falkenhausen,* Die Haftung außerhalb der Business Judgment Rule, NZG 2012, 644 (646); *Kalss* in Münchener Kommentar zum AktG, § 111 Rn 144.

[322] *Kalss* in Münchener Kommentar zum AktG, § 111 Rn 144.

A. Überwachung der Geschäftsführung (Beratung und Kontrolle)

145 Der Aufsichtsrat hat die **Hauptaufgaben des Vorstands** (insbes die Geschäftsführung) **zu überwachen** und dessen ordnungsgemäße Ausführung sicherzustellen (§ 111 dAktG bzw § 95 öAktG). Die Geschäftsführung des Vorstands muss insbesondere den Grundsätzen der **Rechtmäßigkeit, Ordnungsmäßigkeit, Zweckmäßigkeit und Wirtschaftlichkeit** entsprechen.[323] Eine laufende Überwachung sämtlicher Geschäftsführungstätigkeiten des Vorstands ist jedoch aufgrund des Nebentätigkeitscharakters der Aufsichtsratsfunktion gs nicht erforderlich.[324] Eine **Steigerung** der Überwachungspflicht ergibt sich aber bei Auftreten von Verdachtsmomenten; die Überwachungspflicht ist je nach Lage der Gesellschaft ausgestaltet.[325] Sie bezieht sich sowohl auf die **nachträgliche Kontrolle** bereits abgeschlossener Sachverhalte (zB durch Prüfung des Jahresabschlusses/Lageberichts/Konzernabschlusses,[326] Billigung des Konzernabschlusses, Mitwirkung an der Feststellung des Jahresabschlusses[327]) als auch auf die **Beratung und begleitende Kontrolle** des Vorstands in zukünftigen Angelegenheiten[328] (ebenso in Ö[329]). Da aber der Aufsichtsrat selbst nicht zur Geschäftsführung befugt ist (dies ist ihm sogar ausdrücklich untersagt[330]) und ihm ein solches Recht auch in der Satzung nicht in Form eines Weisungsrechts eingeräumt werden kann,[331] ist die Funktion des Aufsichtsrats lediglich auf die hier behandelte nachträgliche Kontrolle sowie begleitende Beratung und Kontrolle beschränkt.

146 **Inhaltlich** bezieht sich die Überwachungsaufgabe sowohl auf die Geschäftsführung als auch auf sonstige organbezogene Tätigkeiten des Vorstands; überwachungsfreie Räume bestehen hier gs nicht. Die Kontroll- bzw Überwachungsaufgaben des Aufsichtsrats richten sich 1) auf den gesamten Vorstand als Organ, 2) auf seine einzelnen Mitglieder, sowie 3) auch auf die Zusammenarbeit der Mitglieder untereinander.[332] Auch die Aktivitäten von dem Vorstand nachgeordneten Organisationsebenen sind von der Überwachung umfasst, soweit dort wesentliche Maßnahmen getroffen werden, da der Vorstand auch für diese Maßnahmen verantwortlich ist.[333] Siehe auch Abbildung 6.

147 Die Überwachungspflicht des Aufsichtsrats enthält bereits die Pflicht, den Vorstand in übergeordneten Fragen der Unternehmensführung zu **beraten**.[334] Durch diese Form der Beratung nimmt der Aufsichtsrat an der Geschäftsführung des Vorstands indirekt teil. Es handelt sich bei der Beratungstätigkeit um eine zukunftsorientierte Form der Überwachung[335] (dessen genaue Einordnung ist richtiger Ansicht nach wenig relevant).[336] Fehler sollen durch einen

---

[323] *Hüffer*, Kommentar zum AktG, § 111 Rn 6; *Scheffler*, Die Überwachungsaufgabe des Aufsichtsrats im Konzern, DB 1994, 793 (794). Siehe auch *Jaeger* in *Ziemons/Jaeger*, Online-Kommentar GmbHG, § 52 Rn 28. Für Ö: *Kalss* in *Kalss/Nowotny/Schauer*, Gesellschaftsrecht, Rn 3/516.

[324] *Witte/Hrubesch*, Die persönliche Haftung von Mitgliedern des Aufsichtsrats einer AG – unter besonderer Berücksichtigung der Haftung bei Kreditvergaben, BB 2004, 725 (726).

[325] *Kalss* in *Kalss/Nowotny/Schauer*, Gesellschaftsrecht, Rn 3/515; *Kalss* in Münchener Kommentar zum AktG, § 111 Rn 142.

[326] Siehe § 171 dAktG bzw § 96 Abs 1 Satz 2 öAktG.

[327] Siehe § 172 dAktG bzw § 96 Abs 4 öAktG.

[328] *Habersack* in Münchener Kommentar zum AktG, § 111 Rn 39.

[329] *Kalss* in Münchener Kommentar zum AktG, § 111 Rn 142.

[330] Siehe § 111 Abs 4 S 1 dAktG.

[331] *Habersack* in Münchener Kommentar zum AktG, § 111 Rn 12.

[332] *Spindler* in *Spindler/Stilz*, Kommentar zum Aktiengesetz, § 111 Rn 9.

[333] *Hüffer*, Kommentar zum AktG, § 111 Rn 3; *Spindler* in *Spindler/Stilz*, Kommentar zum Aktiengesetz, § 111 Rn 9; AA: *Hoffmann-Becking*, Münchener Handbuch des Gesellschaftsrechts, § 29 Rn 24

[334] BGHZ 114, 127 (130) = NJW 1991, 1830.

[335] *Hüffer*, Kommentar zum AktG, § 111 Rn 5.

[336] *Habersack* in Münchener Kommentar zum AktG, § 111 Rn 12.

Austausch zwischen Vorstand und Aufsichtsrat frühzeitig erkannt und rechtzeitig korrigiert werden. Eine von der Überwachung unabhängige Beratungspflicht des Aufsichtsrats besteht jedoch nicht; ebensowenig besteht ein **Recht** des Aufsichtsrats, den Vorstand in derartigen Angelegenheiten zu beraten (und ihm auf diese Weise seine Beratung aufzudrängen).[337]

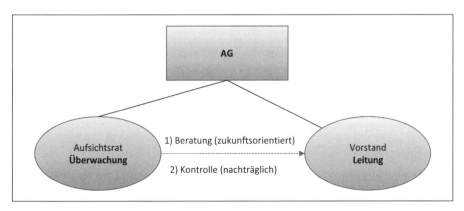

Abbildung 5: Überwachungsaufgabe

Die **Durchführung** der Überwachung und Beratung hat stets durch den Aufsichtsrat **als** **148** **Organ** zu erfolgen,[338] die Beratung durch einzelne Aufsichtsratsmitglieder ist ohne entsprechenden Beschluss aufgrund der Gefahr von Interessenkollisionen unzulässig (das einzelne Aufsichtsratsmitglied soll nicht die „Macht" haben, die Beratung alleine durchzuführen).[339] Bei Bildung von **Ausschüssen** zur Behandlung einzelner Überwachungsaufgaben (diese müssen inhaltlich begrenzt sein[340]) bleibt die Gesamtverantwortung des Organs und haftungsrechtliche Verantwortung seiner Mitglieder erhalten (§ 116 dAktG).[341] Es handelt sich hierbei bloß um eine **Hilfstätigkeit** des Ausschusses bzw der einzelnen Mitglieder, welche vom Plenum geprüft werden muss.[342]

Davon zu unterscheiden ist jene Beratung, die sich nicht unmittelbar aus der Organtätigkeit **149** des Aufsichtsrats ergibt (also jene, die nicht mit der Überwachungtätigkeit zusammenhängt), sondern **vertraglich** mit dem einzelnen Aufsichtsratsmitglied im Rahmen besonderer **Dienst-** **und Werkverträge** vereinbart wurde und aus diesem Verhältnis geschuldet ist.[343] Diese vertragliche Beratung durch das einzelne Aufsichtsratsmitglied ist zulässig; die Erbringung der Beratungsleistungen richtet sich nach dem vereinbarten Dienst- oder Werkvertrag.

Ergeben sich bei der Überwachung **Hinweise auf Mängel** bei der Ausübung der über- **150** wachten Tätigkeiten des Vorstands, so hat der Aufsichtsrat entsprechende **Maßnahmen** zu ergreifen („Einflussmöglichkeiten"). Um seiner Beratungs- und Kontrollaufgabe in der Praxis ordnungsgemäß nachzukommen, ist der Aufsichtsrat dazu angehalten, im wechselseitigen

---

[337] *Spindler* in *Spindler/Stilz*, Kommentar zum Aktiengesetz, § 111 Rn 11.

[338] *Hüffer*, Kommentar zum AktG, § 111 Rn 9.

[339] *Spindler* in *Spindler/Stilz*, Kommentar zum Aktiengesetz, § 111 Rn 12.

[340] *Habersack* in Münchener Kommentar zum AktG, § 111 Rn 49.

[341] *Hüffer*, Kommentar zum AktG, § 111 Rn 9; *Habersack* in Münchener Kommentar zum AktG, § 111 Rn 49.

[342] *Habersack* in Münchener Kommentar zum AktG, § 111 Rn 49; *Hüffer*, Kommentar zum AktG, § 111 Rn 9.

[343] Siehe im Detail: *Habersack* in Münchener Kommentar zum AktG, § 114 Rn 19.

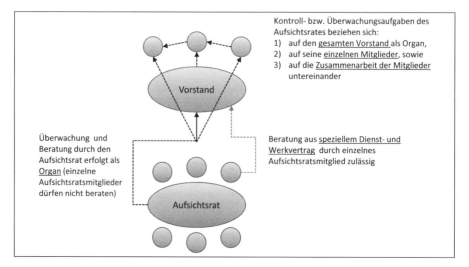

Abbildung 6: Durchführung der Überwachungsaufgabe

Austausch mit dem Vorstand zu bleiben und bereits auf diesem Wege auf dessen Geschäftspolitik im gewünschten und erforderlichen Ausmaß Einfluss zu nehmen.

151   Jedes Aufsichtsratsmitglied hat gs die Pflicht, sich über die überwachte Tätigkeit und die damit verbundenen Risiken ein **eigenes Urteil** zu bilden – der Einwand, beispielsweise, einem Aufsichtsratsratsmitglied sei es nicht gelungen, sich angemessen über die Risiken eines bestimmten Geschäftes zu erkundigen, wird in einem Verfahren letztlich nicht mit Erfolg gekrönt sein, sondern mit dem Vorwurf eines Erfassungs- bzw Bewertungsfehlers enden (vgl *Porsche*-Urteil).[344] Rechtsgeschäfte mit **erhöhtem Risiko** oder **besonderer Bedeutung** erfordern indes erhöhte Überwachung.[345] Die Einrichtung eines **Ad-hoc-Ausschusses** kann in bestimmten Fällen gerechtfertigt sein, sodass nicht das Urteil jedes einzelnen Aufsichtsratsmitglieds erforderlich ist[346] (es bleibt jedoch wie oben dargestellt bei der Gesamtverantwortung des Aufsichtsrats).

152   Auch umfasst von der Geschäftsführung des Vorstands, und damit außerhalb des Kompetenzbereichs des Aufsichtsrates, ist die Abgabe von **öffentlichen Äußerungen**; der Aufsichtsrat kann die Arbeit des Vorstands nur intern kritisieren, er ist aber nicht Ansprechpartner der Medien.[347]

  Aufgaben des Aufsichtsrats im Überblick:

- Überwachung der Geschäftsführung
- Bestellung und Abberufung von Vorstandsmitgliedern

---

[344] *Selter*, Die Pflicht von Aufsichtsratsmitgliedern zur eigenständigen Risikoanalyse, NZG 2012, 660 (660).

[345] *Selter*, Die Pflicht von Aufsichtsratsmitgliedern zur eigenständigen Risikoanalyse, NZG 2012, 660 (660 f).

[346] *Selter*, Die Pflicht von Aufsichtsratsmitgliedern zur eigenständigen Risikoanalyse, NZG 2012, 660 (661) mwN.

[347] *Selter*, Die Pflicht von Aufsichtsratsmitgliedern zur eigenständigen Risikoanalyse, NZG 2012, 660 (661).

- Anstellungsverträge (Personalkompetenz)
- Einsicht- und Prüfung der Bücher und Schriften der Gesellschaft
- Erteilung des Prüfungsauftrags an die Abschlussprüfer
- Einberufung der Hauptversammlung (Gesellschaftswohl)
- Teilnahme an der Geschäftführung in dem Aufsichtsrat vorbehaltenen Fällen

B. Einflussmöglichkeiten

1. Überblick

Dem Aufsichtsrat stehen eine Reihe von Maßnahmen zur Verfügung, um die Entscheidun- **153** gen des Vorstands ordnungsgemäß zu überwachen (zB Informationsrechte) und, soweit notwendig, eingreifend tätig zu werden (zB durch Ausübung der Beratungsrechte, Zustimmungsrechte oder Haftungsandrohung).[348] Der Aufsichtsrat ist für die **Bestellung und Abberufung** von Vorstandsmitgliedern sowie zum Abschluss und zur Beendigung der Anstellungsverträge zuständig (Personalkompetenz[349]); er hat das **Einsichts- und Prüfungsrecht** der Bücher und Schriften der Gesellschaft, sowie den **Prüfungsauftrag** an die Abschlussprüfer zu erteilen und die Hauptversammlung einzuberufen, soweit es das Wohl der Gesellschaft erfordert. Weiters ist der Aufsichtsrat in besonderen Fällen berechtigt an der Geschäftsführung teilzunehmen (die Zustimmungskompetenz im Rahmen dieser Teilnahme ist ein Element der begleitenden, nicht bloß nachträglichen Kontrolle).[350] In letzterem Fall ändert sich zwar nichts an der Zuständigkeit des Vorstands hinsichtlich der angeführten Maßnahmen, jedoch wird diese an die Zustimmung des Aufsichtsrates gebunden, und damit die Überwachung sichergestellt. Bei der Beratungspflicht handelt es sich schließlich um ein Element der **präventiven Kontrolle**.[351] Ein **Weisungsrecht** des Aufsichtsrats gegenüber dem Vorstand besteht nicht.[352] Des Weiteren kann der Aufsichtsrat die Geschäftsführung durch die Einführung einer **Geschäftsordnung**, oder durch die Änderung einer bestehenden Geschäftsordnung, beeinflussen.[353] Die Verweigerung der Billigung des Jahres- oder Konzernabschlusses kann (nur) bei Meinungsverschiedenheiten im Zusammenhang mit dem Abschluss erfolgen, nicht jedoch in anderen Fällen.[354]

Der Aufsichtsrat sollte aber bei Einsatz der hier angeführten Mittel für die Beeinflussung **154** der Geschäftsführung des Vorstands stets die **Aufgabenverteilung** zwischen Vorstand und Aufsichtsrat beachten. Insbesondere darf durch die Einflussnahme des Aufsichtsrats nicht der Grundsatz verletzt werden, dass der Vorstand für die Geschäftsführung verantwortlich ist.[355] Ungebührliche Ingebrauchnahme der hier genannten Einflussmöglichkeiten zum Zwecke

---

[348] *Habersack* in Münchener Kommentar zum AktG, § 111 Rn 32.

[349] Vgl § 84 dAktG bzw § 75 öAktG.

[350] Zu den Aufgaben des Aufsichtsrats: *Habersack* in Münchener Kommentar zum AktG, § 111 Rn 2; *Kalss* in *Kalss/Nowotny/Schauer*, Gesellschaftsrecht, Rn 3/510.

[351] *Habersack* in Münchener Kommentar zum AktG, § 111 Rn 12; BGHZ 114, 127 (129 f); *Hüffer*, Kommentar zum AktG, § 111 Rn 5. Siehe auch Ziff 5.1.1 DCGK.

[352] *Habersack* in Münchener Kommentar zum AktG, § 111 Rn 13; *Kalss* in *Kalss/Nowotny/Schauer*, Gesellschaftsrecht, Rn 3/514.

[353] Das öAktG enthält diesbezüglich keine eigenständige Reglung für die Einführung einer Geschäftsordnung, eine solche kann jedoch freilich auch hier eingeführt werden.

[354] Umkehrschluss: *Habersack* in Münchener Kommentar zum AktG, § 111 Rn 33.

[355] *Habersack* in Münchener Kommentar zum AktG, § 111 Rn 12.

der Durchsetzung der Vorstellungen und Wünsche des Aufsichtsrats im Hinblick auf die Geschäftsführung ist nicht gestattet.

155 Im Nachhinein steht dem Aufsichtsrat überdies die Möglichkeit der Geltendmachung von **Schadensersatzansprüchen** zur Verfügung (seine Befugnis hierzu ergibt sich aus § 112 dAktG bzw § 97 öAktG, welcher die Zuständigkeit des Aufsichtsrats – nicht einzelner seiner Mitglieder – für Vertretungshandlungen der Gesellschaft gegenüber dem Vorstand anordnet). Es kann auch die Pflicht zur Geltendmachung von Schadensersatzansprüchen gegen den Vorstand bestehen (vgl Rn 219). Der Gegenvorwurf eines Überwachungsverschuldens auf Seiten des Aufsichtsrates durch den Vorstand ist denkbar.[356]

2. Zugriff auf Information (§ 90 dAktG bzw § 95 öAktG)

156 Für die Ausübung der Überwachungsaufgaben des Aufsichtsrates ist der Zugang zu Information unerlässlich. Dem Aufsichtsrat stehen daher für die Ausübung der Überwachungsaufgaben verschiedene Möglichkeiten zur Verfügung, um an die erforderlichen Informationen zu gelangen. Der Gebrauch und Umfang mancher dem Aufsichtsrat zustehender Informationsmöglichkeiten ist vom Einzelfall abhängig (zB Vorliegen von Verdachtsmomenten). Andere Informationsrechte wiederum sind für den laufenden Gebrauch konzipiert und sind von der konkreten Situation unabhängig (zB laufende Berichterstattung).

157 Zum einen ist der Vorstand gemäß § 90 dAktG bzw § 81 öAktG verpflichtet, **Vorstandsberichte** an den Aufsichtsrat zu erstatten (vgl bereits Rn 99). Von dieser Norm umfasst sind auch einfache Fragen oder Informationswünsche, die formell betrachtet nicht das Ausmaß eines **Berichtsansuchens** (in Österreich: Anforderungsberichts[357]) gemäß § 90 Abs 3 dAktG erreichen. Berichtsansuchen beziehen sich auf Informationen, die auf die Lage der Gesellschaft notwendigerweise „**erheblichen Einfluss**" haben.[358] Im Rahmen der Berichtsverlangen durch den Aufsichtsrat ist auf eine Balance zwischen dem umfassenden Auskunftsrecht, das dem Aufsichtsrat zusteht, und dem missbräuchlichen Gebrauch dieses Rechts, welcher die Arbeit des Vorstands erschwert, zu achten.[359] Die Grenze des Zulässigen wird dort überschritten, wo sich das Einsichts- und Prüfungsrecht des Aufsichtsrats in eine Kontrolle des täglichen Geschäfts des Vorstands verwandelt; es wird stets zumindest ein Anlass für die Ausübung dieses Rechts benötigt.[360] Vergleichbar sieht § 95 Abs 2 öAktG ein Informationsrecht des Aufsichtsrats gegenüber dem Vorstand vor.

 Den Vorstand trifft eine weit gefasste Berichtspflicht; der Aufsichtsrat muss den Umfang darüberhinausgehender Auskunftsverlangen je nach Situation anpassen.

158 Der Aufsichtsrat hat auch die Möglichkeit, **Sachverständige** (zB Rechtsanwälte) oder sonstige Auskunftspersonen – in Einzelangelegenheiten (siehe § 109 Abs 1 S 2 dAktG)[362] – zur

---

[356] *Habersack* in Münchener Kommentar zum AktG, § 111 Rn 34.

[357] *Kalss* in Kalss/Nowotny/Schauer, Gesellschaftsrecht, Rn 3/517.

[358] *Spindler* in Spindler/Stilz, Kommentar zum Aktiengesetz, § 111 Rn 35; *Spindler* in Münchener Kommentar zum AktG, § 90 Rn 33.

[359] Vgl auch *Spindler* in Münchener Kommentar zum AktG, § 90 Rn 33.

[360] *Hambloch-Gesinn/Gesinn* in Hölters, Kommentar zum Aktiengesetz, § 111 Rn 43.

[361] *Spindler* in Münchener Kommentar zum AktG, § 90 Rn 33.

[362] Eine Abwälzung seiner Funktionen darf der Aufsichtsrat durch die Einschaltung eines Sachverständigen nicht vornehmen. Siehe BGH: Zuziehung eines Sachverständigen durch Aufsichtsratsmitglied bei Einsicht in Abschlußprüfungsbericht, NJW 1983, 991 (992).

Beratung heranzuziehen, sowie den Vorstand zur Teilnahme an Sitzungen mit dem Aufsichtsrat zu verpflichten.[363]

Überdies steht dem Aufsichtsrat ein umfassendes **Einsichts- und Prüfungsrecht** zu (§ 111 **159** Abs 2 S 1 und 2 dAktG bzw § 95 Abs 3 öAktG), welches ihm ermöglicht, unabhängige Nachforschungen anzustellen (insbesondere dann, wenn die im Vorstandsbericht enthaltenen Informationen oder Erklärungen nicht ausreichen oder Zweifel an deren Wahrheitsgehalt bestehen). Das Einsichts- und Prüfungsrecht umfasst das Recht, die Bücher, Schriften und Vermögensgegenstände der AG einzusehen (zB Gesellschaftskasse und die Bestände an Wertpapieren und Waren)[364] und – in eingeschränkten Fällen[365] – Angestellte anzuhören.[366] Auch Informationen in digitalem Zustand sind umfasst.[367]

Das Einsichts- und Prüfungsrecht muss durch **Beschluss** des Aufsichtsrats (als Organ) ausge- **160** übt werden.[368] Einzelne Mitglieder wie auch ein Prüfungsausschuss können mit der Ausübung des Prüfungsrechts durch Beschluss beauftragt werden.[369] Die Einführung eines *audit committee* wird im DCGK nahe gelegt (vgl Ziff 5.3.2 DCGK). Die Informationsansprüche beziehen sich zunächst auf den gesamten Vorstand als Organ und nur in Ausnahmefällen (zB Verdacht auf ordnungswidriges Verhalten) auf einzelne Vorstandsmitglieder.

Beim Einsichts- und Prüfungsrecht handelt es sich sowohl um ein Recht, als auch um eine **161** Pflicht. Der Aufsichtsrat soll dieses Recht nur in dem **Ausmaß** in Anspruch nehmen, in welchem es für die Wahrnehmung seiner Überwachungsaufgabe erforderlich ist (Interesse der Gesellschaft ist auch hier maßgebend).[370] Umgekehrt *muss* der Aufsichtsrat seine Einsicht- und Prüfungsrechte jedoch aktiv wahrnehmen, soweit dies für die Ausübung seiner Überwachungsaufgaben **erforderlich** ist.[371] Dabei ist aber Folgendes zu beachten: „Notwendigkeit effizienter Überwachung hat Vorrang vor anderen Belangen wie Wahrung des Vertrauensverhältnisses oder Schonung des Gesellschaftsrufs."[372]

Das Recht und die Pflicht zur Erteilung des **Prüfungsauftrags** für den Jahres- und Kon- **162** zernabschluss an die Abschlussprüfer (§ 111 Abs 2 S 3 dAktG) dient letztendlich ebenso der Information des Aufsichtsrats (hierbei handelt es sich bei genauerer Betrachtung um die verpflichtende Bestellung eines Sachverständigen[373]). Sie bildet überdies eine weitere, gesetzlich normierte Ausnahme der gesetzlichen Vertretung der Gesellschaft durch den Vorstand,[374] welcher im vorliegenden Fall nicht zuständig ist[375] (die Wahl des Abschlussprüfers erfolgt durch die Hauptversammlung).

---

[363] *Habersack* in Münchener Kommentar zum AktG, § 116 Rn 60.

[364] Siehe § 111 Abs 2 dAktG bzw § 95 Abs 3 öAktG.

[365] „Befragung von Mitarbeitern ohne Einschaltung des Vorstands ist nur ausnahmsweise, namentlich bei Verdacht erheblicher Pflichtverletzungen, zulässig", *Hüffer*, Kommentar zum AktG, § 111 Rn 12.

[366] *Habersack* in Münchener Kommentar zum AktG, § 116 Rn 60.

[367] *Hüffer*, Kommentar zum AktG, § 111 Rn 11.

[368] *Habersack* in Münchener Kommentar zum AktG, § 116 Rn 62; *Hüffer*, Kommentar zum AktG, § 111 Rz 11.

[369] *Hüffer*, Kommentar zum AktG, § 111 Rn 12.

[370] *Habersack* in Münchener Kommentar zum AktG, § 116 Rn 61.

[371] *Hüffer*, Kommentar zum AktG, § 111 Rn 11.

[372] *Hüffer*, Kommentar zum AktG, § 111 Rn 11.

[373] Vgl BGH: Zuziehung eines Sachverständigen durch Aufsichtsratmitglied bei Einsicht in Abschlußprüfungsbericht, NJW 1983, 991 (992).

[374] *Hölters*, Kommentar zum Aktiengesetz, § 111 Rn 59; BGHZ 124, 27 (30).

[375] *Habersack* in Münchener Kommentar zum AktG, § 111 Rn 78.

3. Zustimmungsvorbehalte

163 Eine weitere Möglichkeit für den Aufsichtsrat auf den Vorstand Einfluss zu nehmen ist die Einführung von Zustimmungserfordernissen. Hier muss zwischen der Einführung eines nicht anlassbezogenen Zustimmungsvorbehalts und einem ad-hoc Zustimmungsvorbehalt unterschieden werden.

a) Einführung

164 Die Einführung eines nicht anlassbezogenen Zustimmungserfordernisses des Aufsichtsrates für bestimmte Arten von Geschäften ist **zwingend in der Satzung** vorzusehen (§ 111 Abs 4 S 2 dAktG). Für dessen Einführung ist der **Aufsichtsrat** zuständig; er hat durch Beschluss als **Gesamtorgan** zu entscheiden und kann nicht durch einen Ausschuss entscheiden.[376] Denkbar ist aber auch die Einführung eines **ad-hoc** Zustimmungsvorbehalts für ein bestimmtes Einzelgeschäft.[377] Nachdem eine konkrete Umschreibung der „Art von Geschäft" von Unternehmen zu Unternehmen unterschiedlich ausfällt, ist eine konkrete Umschreibung im Gesetz unterblieben. Daher hat der Aufsichtsrat im Rahmen seines **Ermessensspielraums** die grundlegenden Geschäfte unternehmensbezogen zu konkretisieren und in der Satzung aufzulisten.[378] Ist ein Zustimmungserfordernis nicht ausreichend konkret ausgestaltet, ist der Zustimmungsvorbehalt nach hL **nichtig** (festzustellen durch Feststellungsklage gemäß § 256 d-ZPO).[379]

165 Das **öAktG** enthält in § 95 Abs 5 öAktG eine nicht abschließende Liste von zustimmungspflichtigen Geschäften.[380] Das Gesetz sieht auch die Möglichkeit vor, in der Satzung oder durch Beschluss des Aufsichtsrates weitere Maßnahmen an die Zustimmung des Aufsichtsrats zu binden. Eine Verpflichtung zur Einführung von Zustimmungsvorbehalten besteht hier soweit die Überwachung der Gesellschaft dies erfordert.[381]

b) Zustimmungsvorbehaltspflicht und Zustimmungsvorbehaltsfähigkeit

166 Eine **Pflicht** zur Einführung von Zustimmungsvorbehalten besteht (insbes hinsichtlich der Konkretisierung in Ziff 3.3. DCGK) hinsichtlich sämtlicher Geschäfte, die von **grundlegender Bedeutung** für die Gesellschaft sind (damit soll sichergestellt werden, dass die wichtigsten Geschäfte stets von Vorstand und Aufsichtsrat gemeinsam abgeschlossen werden).[382] Darin findet sich gs aber auch die Grenze für die Pflicht zur Einführung von Zustimmungsvorbehalten.[383]

---

[376] *Hüffer*, Kommentar zum AktG, § 111 Rn 17a.

[377] *Habersack* in Münchener Kommentar zum AktG, § 111 Rn 115.

[378] *Hüffer*, Kommentar zum AktG, § 111 Rn 17 mwN; *Lieder*, Zustimmmungsvorbehalte des Aufsichtsrats nach neuer Rechtslage, DB 2004, 2251 (2252 f).

[379] *Fleischer*, Gestaltungsgrenzen für Zustimmungsvorbehalte des Aufsichtsrats nach § 111 Abs 4 S. 2 AktG, BB 2013, 835 (843).

[380] *Kalss* in Kalss/Nowotny/Schauer, Gesellschaftsrecht, Rn 3/519 f; *Kalss* in Münchener Kommentar zum AktG, § 111 Rn 158.

[381] *Kalss* in Kalss/Nowotny/Schauer, Gesellschaftsrecht, Rn 3/519 f.

[382] Die hL in Anlehnung an Begr. RegE TransPuG, BT-Drs. 14/8789, 17: „Entscheidungen oder Maßnahmen, die nach den Planungen oder Erwartungen die Ertragsaussichten der Gesellschaft oder ihre Risikoexposition grundlegend verändern und damit von existentieller Bedeutung für das künftige Schicksal der Gesellschaft sind, müssen vom Votum beider Organe, des Vorstands und des Aufsichtsrats, getragen sein."

[383] *Fleischer*, Gestaltungsgrenzen für Zustimmungsvorbehalte des Aufsichtsrats nach § 111 Abs 4 S. 2 AktG, BB 2013, 835 (843).

Zustimmungsvorbehaltsfähig (ohne Verpflichtung) sind demgegenüber **bedeutsame oder**   167
außergewöhnliche Geschäfte.[384] „Für die Einordnung als bedeutsam oder außergewöhnlich
kommt es auf die Auswirkung des Geschäfts auf die Risikoexposition bzw die Vermögens-,
Finanz- oder Ertragslage der Gesellschaft an. Unabhängig davon sind grundlegende Strate-
gieentscheidungen, Maßnahmen, die für die Stellung des Unternehmens in der Öffentlichkeit
von besonderer Bedeutung sind, und Geschäfte, bei denen Interessenkonflikte von Organmitgliedern drohen, zustimmungsvorbehaltsfähig."[385]

Der Aufsichtsrat muss auch bei Einführung von Zustimmungsvorbehalten stets beachten   168
(insbes bei jenen die nicht verpflichtend sind), dass er dadurch nicht das Geschäftsführungs-
verbot des § 111 Abs 4 S 1 dAktG umgeht.[386] Die Geschäftsführung ist und bleibt Aufgabe
des Vorstands.

Die Satzung kann nicht vorsehen, dass bestimmte Angelegenheiten **überhaupt** in die **Zu-**   169
ständigkeit des Aufsichtsrats fallen (also nicht bloß dessen Zustimmung erfordern) oder, dass
„alle wesentlichen Geschäfte" zustimmungspflichtig sind – hier fehlt es am erforderlichen
Konkretisierungsgrad.[387]

Ein **ad-hoc Zustimmungsvorbehalt** ist verpflichtend durch den Aufsichtsrat einzufüh-   170
ren, wenn sich nur dadurch eine gesetzwidrige Geschäftsführungsmaßnahme des Vorstands
verhindern lässt.[388]

c) Einholung der Zustimmung

In den in der Satzung gelisteten Angelegenheiten hat der Vorstand die Zustimmung des   171
Aufsichtsrats einzuholen (kein Ermessen)[389] – das Geschäftsführungsmonopol des Vorstands
wird in diesen Fälle dahingehend durchbrochen, dass dem Aufsichtsrat ein **Vetorecht** zusteht
(wenn auch kein Initiativ- oder gar Weisungsrecht).[390] Bezweckt wird damit die präventive
Kontrolle des Vorstands durch den Aufsichtsrat in wichtigen Angelegenheiten.[391]

Fällt ein bestimmtes vom Vorstand zu treffendes Geschäft in den Zustimmungsbereich   172
des Aufsichtsrats, hat er dessen Zustimmung nach hM[392] **vorweg** einzuholen (dies ist auch bei
eilbedürftigen Geschäften der Fall). Für diesen Beschluss kann, im Gegensatz zum Beschluss
über die Einführung des Zustimmungskataloges, der **Aufsichtsrat** oder auch ein **Ausschuss**
entscheiden (die Zustimmung des Vorsitzenden genügt nicht).[393] Untersagt der Aufsichtsrat

---

[384] *Fleischer*, Gestaltungsgrenzen für Zustimmungsvorbehalte des Aufsichtsrats nach § 111 Abs 4 S. 2
AktG, BB 2013, 835 (843).

[385] *Fleischer*, Gestaltungsgrenzen für Zustimmungsvorbehalte des Aufsichtsrats nach § 111 Abs 4 S. 2
AktG, BB 2013, 835 (843).

[386] *Grooterhorst*, Pflichten und Haftung des Aufsichtsrats bei zustimmungsbedürftigen Geschäften
des Vorstands, NZG 2011, 921 (922).

[387] *Fleischer*, Gestaltungsgrenzen für Zustimmungsvorbehalte des Aufsichtsrats nach § 111 Abs 4 S. 2
AktG, BB 2013, 835 (842); *Hüffer*, Kommentar zum AktG, § 111 Rn 18; *Grooterhorst*, Pflichten und Haftung des Aufsichtsrats bei zustimmungsbedürftigen Geschäften des Vorstands, NZG 2011, 921 (922).

[388] *Fleischer*, Gestaltungsgrenzen für Zustimmungsvorbehalte des Aufsichtsrats nach § 111 Abs 4 S. 2
AktG, BB 2013, 835 (838).

[389] *Fleischer*, Gestaltungsgrenzen für Zustimmungsvorbehalte des Aufsichtsrats nach § 111 Abs. 4 S. 2
AktG, BB 2013, 835 (837).

[390] *Habersack* in Münchener Kommentar zum AktG, § 111 Rn 100; *Hüffer*, Kommentar zum AktG,
§ 111 Rn 16; *Fonk*, Zustimmungsvorbehalte des AG-Aufsichtsrats, ZGR 2006, 841 (866).

[391] *Hüffer*, Kommentar zum AktG, § 111 Rn 16.

[392] *Habersack* in Münchener Kommentar zum AktG, § 111 Rn 123; *Hüffer*, Kommentar zum AktG,
§ 111 Rn 19.

[393] *Habersack* in Münchener Kommentar zum AktG, § 111 Rn 125.

im Beschluss seine Zustimmung, so hat das Geschäft zu unterbleiben.[394] Der Beschluss ist dem Vorstand mitzuteilen.[395] Soweit der Aufsichtsrat seine Zustimmung **verweigert**, kann der Vorstand die Entscheidung auch der Hauptversammlung vorlegen und die Entscheidung durch einen Hauptversammlungsbeschluss (mit qualifizierter Mehrheit von mindestens drei Vierteln der abgegebenen Stimmen) ersetzen (dieser wirkt haftungsbefreiend für den Vorstand).[396] In der Praxis wird von dieser Möglichkeit selten Gebrauch gemacht.[397]

173 Nimmt der Vorstand das Geschäft **ohne Einholung** der erforderlichen Zustimmung vor, so ist es im Aussenverhältnis aufgrund der Unbeschränkbarkeit der Vertretungsmacht des Vorstands dennoch gültig (keine Außenwirkung des Zustimmungsvorbehalts), im Innenverhältnis ergeben sich jedoch Schadensersatzansprüche der Gesellschaft.[398]

174 Die **Entscheidung** über die Zustimmung oder Verweigerung der Zustimmung ist gs als eine unternehmerische Entscheidung des Aufsichtsrats anzusehen und unterliegt als solche den Regeln (und dem Schutz) der **BJR**[399] (vgl Rn 355). Der Vorstand wird seinerseits durch den Beschluss des Aufsichtsrats nicht von seiner Sorgfaltspflicht befreit. Er darf folglich das Geschäft trotz Zustimmung des Aufsichtsrats dann nicht durchführen, wenn er feststellt, dass das Geschäft den Interessen der AG zuwiderlaufen würde.[400]

> **Zustimmungsvorbehalte**: Der Aufsichtsrat hat **verpflichtend** Zustimmungsvorbehalte für Geschäfte von grundlegender Bedeutung in der Satzung vorzusehen. Eine **Berechtigung** zur Einführung von Zustimmungsvorbehalten besteht für bedeutsame oder außergewöhnliche Geschäfte. Der Aufsichtsrat darf aber das Geschäftsführungsverbot nicht umgehen. **Ad-hoc** Zustimmungsvorbehalte sind einzuführen, wenn nur dadurch gesetzwidriges Vorstandshandeln verhindert werden kann. Der Vorstand hat die Zustimmung vorweg einzuholen.
>
> Um eine **Pflichtverletzung zu vermeiden**, sollte der Aufsichtsrat[401]: 1) angemessene Zustimmungsvorbehalte in die Satzung aufnehmen (und diese regelmäßig auf ihre Aktualität überprüfen), 2) im Rahmen seiner Überwachungspflicht Situationen erkennen, die einen ad-hoc Zustimmungsvorbehalt erforderlich machen, 3) prüfen, ob es sich bei einem bestimmten Vorhaben um eine zustimmungspflichtige Maßnahme handelt (Beurteilung liegt im Ermessen des Aufsichtsrats[402]) und 4) seine Zustimmung nur erteilen, soweit die Maßnahme zustimmungsfähig ist (zB sie nicht rechts- oder satzungswidrig ist; es keine Zweifel an ihrer Wirtschaftlichkeit oder Zweckmäßigkeit gibt).

---

[394] *Hüffer*, Kommentar zum AktG, § 111 Rn 19.

[395] *Habersack* in Münchener Kommentar zum AktG, § 111 Rn 126.

[396] *Hüffer*, Kommentar zum AktG, § 111 Rn 20; *Habersack* in Münchener Kommentar zum AktG, § 111 Rn 130.

[397] *Habersack* in Münchener Kommentar zum AktG, § 111 Rn 130.

[398] *Hüffer*, Kommentar zum AktG, § 111 Rn 19; *Kalss* in *Kalss/Nowotny/Schauer*, Gesellschaftsrecht, Rn 3/521.

[399] Statt Vieler: *Habersack* in Münchener Kommentar zum AktG, § 111 Rn 127. *Hopt* in Großkommentar zum Aktiengesetz, § 93 Rn 667.

[400] *Habersack* in Münchener Kommentar zum AktG, § 111 Rn 128.

[401] Siehe zu folgender Aufzählung im Detail *Grooterhorst*, Pflichten und Haftung des Aufsichtsrats bei zustimmungsbedürftigen Geschäften des Vorstands, NZG 2011, 921 (923).

[402] *Grooterhorst*, Pflichten und Haftung des Aufsichtsrats bei zustimmungsbedürftigen Geschäften des Vorstands, NZG 2011, 921 (923).

4. Personalkompetenz (§ 84 dAktG bzw § 75 öAktG)

Dem Aufsichtsrat (als Gesamtaufsichtsrat[403]) obliegt **zwingend** die ausschließliche Perso- **175** nalkompetenz des Vorstands und damit die **Bestellung** und **Abberufung** der Mitglieder, der Abschluss, die Änderung und die Kündigung des **Anstellungsvertrags** (dabei handelt es sich um einen Dienstvertrag, keinen Arbeitsvertrag[404]) sowie die Ernennung und der Widerruf des Vorstandsvorsitzenden. Diese Zuständigkeit kann nicht durch die Satzung geändert wer-den. Dem Aufsichtsrat steht bei Ausübung seiner Personalkompetenz ein unternehmerisches **Ermessen** zu (vgl. Rn 355).

Die **Vergütung** des Vorstands findet ihre Grundlage nicht im AktG, sondern ist eine **176** vertragliche Angelegenheit, die im Rahmen des Anstellungsvertrags zu regeln ist.[405] Bei Festlegung der **Höhe** der Vergütung müssen durch den Aufsichtsrat die Grenzen des § 87 Abs 1 S 1 dAktG beachtet werden („dass diese in einem angemessenen Verhältnis zu den Aufgaben und Leistungen des Vorstandsmitglieds sowie zur Lage der Gesellschaft stehen und die übliche Vergütung nicht ohne besondere Gründe übersteigen"). Für **börsennotierte** Unternehmen ist die Vergütungsstruktur auf eine „nachhaltige Unternehmensentwicklung" auszurichten (§ 87 Abs 1 S 2 dAktG). Die Auslegung dieses Begriffes ist indes noch in Entwick-lung.[406] Ungeklärt ist, ob neben dem Aufsichtsrat auch der Vorstand für die Angemessenheit seiner Vergütung einzustehen hat.[407] Auch im öAktG ist der Aufsichtsrat für die Festlegung angemessener Vergütung für den Vorstand unter Einhaltung der Verhältnismäßigkeit verant-wortlich (§ 77 f öAktG).[408] Der Aufsichtsrat einer börsennotierten AG hat jährlich der Haupt-versammlung das System der Vergütung der Vorstandsmitglieder vorzulegen (Vorlagepflicht zum „*say on pay*"). Das Vergütungssystem umfasst dabei insbes die Grundsätze zur Aufteilung der Gesamtvergütung in Festgehalt und variable Bestandteile (inkl anreizorientierte Vergü-tungselemente) sowie Bemessungsgrundlage und zu erwartete Auswirkungen auf die nach-haltige Unternehmensentwicklung[409]. Die Hauptversammlung kann über die Billigung dieses Systems beschließen, der Beschluss begründet jedoch weder Rechte noch Pflichten (auch hat er keinen Einfluss auf die Pflichten des Aufsichtsrats nach § 87 dAktG).

Die **Bestellung** sowie auch der Anstellungsvertrag sind auf fünf Jahre begrenzt (ebenso im **177** öAktG); sie kann nur ein Jahr vor Ablauf der bestehenden Bestellung erneut auf fünf Jahre ver-längert werden (diese Beschränkung findet sich im öAktG nicht wieder[410]); der Anstellungs-vertrag kann auch vorsehen, dass er sich bei erneuter Bestellung automatisch verlängert.[411] Das öAktG folgt im Übrigen den gleichen Grundsätzen.[412]

Bei Vorliegen eines **wichtigen Grundes** kann der Aufsichtsrat den Vorstand abberufen **177a** (§ 84 Abs 3 S 1 dAktG bzw § 75 Abs 4 S 1 öAktG); ein solcher wird anzunehmen sein, wenn der Vorstand begründete Einwendungen des Aufsichtsrates gegen die Geschäftsführung nicht beachtet.[413] Auch die in der Praxis häufige einvernehmliche Aufhebung der Bestellung unter

---

[403] *Hüffer,* Kommentar zum AktG, § 84 Rn 5.

[404] *Spindler* in *Spindler/Stilz,* Kommentar zum Aktiengesetz, § 84 Rn 50; *Hüffer,* Kommentar zum AktG, § 84 Rn 5; BGHZ 36, 142.

[405] *Brandes,* Rückzahlung überhöhter Vorstandsgehälter, LSK 2013, 240850.

[406] Siehe etwa *Röttgen/Kluge,* Nachhaltigkeit bei Vorstandsvergütungen, NJW 2013, 900 (900 ff).

[407] Siehe im Detail *Brandes,* Rückzahlung überhöhter Vorstandsgehälter, LSK 2013, 240850.

[408] *Kalss* in *Kalss/Nowotny/Schauer,* Gesellschaftsrecht, Rn 3/288.

[409] *Hüffer,* Kommentar zum AktG, § 120 AktG Rn 20.

[410] *Kalss* in Münchener Kommentar zum AktG, § 84 Rn 237.

[411] *Hüffer,* Kommentar zum AktG, § 84 Rn 5.

[412] *Kalss* in Münchener Kommentar zum AktG, § 84 Rn 237

[413] *Habersack* in Münchener Kommentar zum AktG, § 111 Rn 32.

gleichzeitiger Neubestellung des gleichen Vorstandsmitglieds wird mittlerweile als zulässig erachtet.[414]

5. Erlass einer Geschäftsordnung für den Vorstand (§ 77 Abs 2 S 1 dAktG)

178 Gemäß § 77 dAktG entscheidet der Vorstand über seine eigene **Geschäftsordnung** (Regelungswerk zur Verteilung und Wahrnehmung von Aufgaben innerhalb des Vorstands sowie zur Regelung der Zusammenarbeit mit dem Aufsichtsrat[415]), soweit nicht 1) die Satzung den Erlass einer Geschäftsordnung dem Aufsichtsrat übertragen hat oder 2) der Aufsichtsrat entscheidet, für den Vorstand eine Geschäftsordnung zu erlassen. Damit wird die (zwingende[416]) Primärzuständigkeit für die Feststellung einer Geschäftsordnung durch den Aufsichtsrat festgelegt.[417] Eine bereits bestehende, vom Vorstand erlassene Geschäftsordnung wird durch eine vom Aufsichtsrat erlassene Geschäftsordnung automatisch **außer Kraft** gesetzt.[418] Ab diesem Zeitpunkt kann der Vorstand auch keine Teilgeschäftsordnung mehr erlassen, um ungeregelte Bereiche zu regeln. Dem Aufsichtsrat steht es daher frei, eine **Rahmengeschäftsordnung** zu erlassen (und damit nicht jedes Detail zu regeln) – der Vorstand kann dessen „Lücken" nicht füllen.[419] **Unzulässig** ist allerdings die Einführung einer punktuellen, auf bloß Einzelfragen beschränkte, Geschäftsordnung durch den Aufsichtsrat.[420]

179 Durch eine Geschäftsordnung kann der Aufsichtsrat auf den Aufgabenbereich des Vorstands und seine Abwicklung Einfluss nehmen. Eine Geschäftsordnung ist zwar nicht zwingend erforderlich,[421] jedoch **zweckmäßig** und ratsam (Minimierung des Haftungsrisikos; Erleichterung der Zusammenarbeit).[422]

180 Im **öAktG** findet sich keine gesetzliche Regelung über die Geschäftsordnung; diese folgt aber grundsätzlich ähnlichen Regeln wie im dAktG. Der Aufsichtsrat kann die Aufgaben der Geschäftsführung unter den Vorstandsmitgliedern verteilen; soweit er dieses Recht nicht wahrnimmt, kann der Vorstand seine eigene Aufteilung vornehmen.[423]

---

[414] Siehe im Detail *Bürgers/Theusinger*, Die Zulässigkeit einvernehmlicher Aufhebung der Bestellung eines Vorstandsmitglieds bei gleichzeitiger Neubestellung, NZG 2012, 1218 (2019). Gleichzeitig eine Besprechung von BGH, 17. 7. 2012 – II ZR 55/11, NZG 2012, 1027.

[415] *Fleischer* in *Spindler/Stilz*, Kommentar zum Aktiengesetz, § 77 Rn 60; *Spindler* in Münchener Kommentar zum AktG, § 77 Rn 36.

[416] *Hüffer*, Kommentar zum AktG, § 77 Rn 19; *Weber* in *Hölters*, Kommentar zum Aktiengesetz, § 77 Rn 46.

[417] *Fleischer* in *Spindler/Stilz*, Kommentar zum Aktiengesetz, § 77 Rn 63.

[418] *Weber* in *Hölters*, Kommentar zum Aktiengesetz, § 77 Rn 46; *Spindler* in Münchener Kommentar zum AktG, § 77 Rn 49; *Fleischer* in *Spindler/Stilz*, Kommentar zum Aktiengesetz, § 77 Rn 64; *Hüffer*, Kommentar zum AktG, § 77 Rn 22.

[419] *Fleischer* in *Spindler/Stilz*, Kommentar zum Aktiengesetz, § 77 Rn 65.

[420] *Weber* in *Hölters*, Kommentar zum Aktiengesetz, § 77 Rn 46; *Spindler* in Münchener Kommentar zum AktG, § 77 Rn 49; *Fleischer* in *Spindler/Stilz*, Kommentar zum Aktiengesetz, § 77 Rn 65.

[421] *Spindler* in Münchener Kommentar zum AktG, § 77 Rn 34; *Fleischer* in *Spindler/Stilz*, Kommentar zum Aktiengesetz, § 77 Rn 59.

[422] *Fleischer* in *Spindler/Stilz*, Kommentar zum Aktiengesetz, § 77 Rn 59.

[423] *Winner* in Münchener Kommentar zum AktG, § 77 Rn 82 f; *Kalss* in Münchener Kommentar zum AktG, § 77 Rn 84.

> **Häufige Regeln in Geschäftsordnungen**[424]:
> Regeln über die Geschäftsverteilung (Ressortverteilung); Willensbildung (zB Abweichung vom Grundsatz der Gesamtgeschäftsführung); Informationsverteilung innerhalb des Vorstands und mit dem Aufsichtsrat; Katalog zustimmungspflichtiger Geschäfte (soweit durch den Aufsichtsrat festgelegt); Bestimmungen über den Vorstandsvorsitzenden; Bildung von Ausschüssen.

6. Mitwirkung bei der Festlegung der Konditionen einer Aktienausgabe unter Ausnutzung genehmigten Kapitals (§ 204 Abs 1 S 2 dAktG)

Die Zuständigkeit zur Festlegung des **Inhalts** von Aktienrechten und der **Bedingungen** einer Aktienausgabe liegt beim Vorstand, soweit in der Ermächtigung keine anderwärtigen Bestimmungen enthalten sind (die Hauptversammlung kann diesbezüglich Bestimmungen treffen). Die Entscheidung des Vorstands bedarf der **Zustimmung des Aufsichtsrats** und bildet eine **Wirksamkeitsvoraussetzung**[425] (§ 204 Abs 1 S 2 dAktG; aus dem öAktG geht dies nicht klar hervor[426]). Auch in **Österreich** ist trotz unterschiedlicher gesetzlicher Regelungen die Zustimmung des Aufsichtsrats erforderlich (§ 171 öAktG).[427] **181**

Die generelle Entscheidung, **ob** und in welchem **Umfang** genehmigtes Kapital ausgegeben wird, ist allerdings hiervon zu unterscheiden, da es sich hierbei um eine Maßnahme der Geschäftsführung handelt.[428] Sie selbst unterliegt nicht dem Zustimmungserfordernis des Aufsichtsrats. **182**

Der Aufsichtsrat entscheidet durch **Beschluss** gemäß § 108 Abs 1 dAktG; er kann seine Entscheidung auf einen Ausschuss übertragen. Eine Vorabzustimmung ist unzulässig.[429] Die Zustimmung des Aufsichtsrats ist auch erforderlich soweit der Vorstand aufgrund einer Ermächtigung über den **Bezugsrechtsausschluss** entscheidet.[430] Holt der Vorstand nicht die Zustimmung des Aufsichtsrats ein, so ist der Vorstandsbeschluss zwar im Innenverhältnis ungültig und unwirksam, nach außen hin kommt dem ausgeführten Beschluss jedoch Wirkung zu.[431] **183**

> **Einflussmöglichkeiten des Aufsichtsrats**: Soweit für den Aufsichtsrat Verdachtsmomente bestehen, dass sich der Vorstand unrechtmäßig verhält, so hat er durch die ihm zur Verfügung stehenden Einflussmittel die Rechtmäßigkeit, Ordnungsmäßigkeit, Zweckmäßigkeit und Wirtschaftlichkeit des Vorstandshandelns sicherzustellen (sodass sich ua auch eine etwaige Pflichtverletzung zum Schaden der Gesellschaft nicht verwirklicht). Dem Aufsichtsrat stehen hierfür beispielsweise folgende Instrumente zur Verfügung:
>
> - Informationsrechte (inkl. Fragerechte), um sich einen genauen Überblick über die Situation zu verschaffen
> - Stellungnahmen und Beanstandungen

---

[424] Siehe im Detail *Fleischer* in *Spindler/Stilz*, Kommentar zum Aktiengesetz, § 77 Rn 59 mwN.

[425] *Bayer* in Münchener Kommentar zum AktG, § 204 Rn 25; *Hüffer*, Kommentar zum AktG, § 204 Rn 1.

[426] *Winner* in Münchener Kommentar zum AktG, § 204 Rn 49.

[427] *Winner* in Münchener Kommentar zum AktG, § 204 Rn 55.

[428] *Hüffer*, Kommentar zum AktG, § 84 Rn 2.

[429] *Wamser* in *Spindler/Stilz*, Kommentar zum Aktiengesetz, § 204 Rn 40; *Bayer* in Münchener Kommentar zum AktG, § 204 Rn 24.

[430] *Bayer* in Münchener Kommentar zum AktG, § 204 Rn 23.

[431] *Hüffer*, Kommentar zum AktG, § 84 Rn 8.

- Einführung von zusätzlichen Zustimmungsvorbehalten, um bestimmte Entscheidungen des Vorstands an die Zustimmung des Aufsichtsrats zu binden
- Erlass einer Geschäftsordnung für den Vorstand (auf diesem Weg kann auch einer bereits durch den Vorstand erlassenen Geschäftsordnung derogiert werden)
- Androhung der Kündigung des Vorstands (und des Anstellungsvertrages) bzw tatsächliche Kündigung
- Androhung der Haftungsklage (bzw bei Vollendung des Tatbestandes, die tatsächliche Klageerhebung)

II. Pflichten

184 Die grundlegenden Pflichten des Aufsichtsrats sind wie für den Vorstand die Sorgfaltspflicht, die Treuepflicht sowie gesetzlich geregelte Einzelpflichten.

Für eine graphische Darstellung der Aufsichtsratspflichten siehe Abbildung 8 (Rn 230).

A. Die Sorgfaltspflicht

185 Die Sorgfaltspflicht des Aufsichtsrats richtet sich nach der **sinngemäßen** Anwendung der für den Vorstand geltenden Vorschrift über die Sorgfaltspflicht (§ 116 S 1 iVm § 93 Abs 1 dAktG bzw § 99 iVm § 84 Abs 1 öAktG). Bei sinngemäßer Anwendung sind die **Aufgaben** und der **Nebenamtscharakter** der Aufsichtsratstätigkeit zu berücksichtigen.[432] Die **Doppelfunktion** des Sorgfaltsmaßstabes des § 93 Abs 1 S 1 dAktG bzw § 84 Abs 1 öAktG als objektive Verhaltenspflicht bzw Pflichtenquelle und Verschuldensmaßstab gilt auch für den Aufsichtsrat.

1. Die Sorgfaltspflicht als Pflichtenquelle

186 Gemäß § 93 Abs 1 dAktG bzw § 84 Abs 1 öAktG muss auch der Aufsichtsrat mit der Sorgfalt eines „**ordentlichen und gewissenhaften Geschäftsleiters**" vorgehen.[433] Die Sorgfalt und Pflichten, die sich aus der sinngemäßen Anwendung der Sorgfaltspflicht für den Aufsichtsrat ergeben, unterscheiden sich abhängig von – und *aufgrund der* – unterschiedlichen Aufgaben des Aufsichtsrats von jenen des Vorstands.[434] Die **Hauptpflichten** des Aufsichtsrats, die sich aus der Sorgfaltspflicht ergeben, sind demzufolge die **Überwachung des Vorstands und seine Bestellung**[435] (Sorgfalt eines ordentlichen und gewissenhaften Aufsichtsratsmitglieds[436]). Besondere Pflichten können sich auch dadurch ergeben, dass das Aufsichtsratsmitglied besondere **Funktionen** übernimmt (zB als Aufsichtsratsvorsitzender oder als Teil eines Ausschusses).[437] Weitere Pflichten sind durch Auslegung der Generalklausel zu ermitteln.

---

[432] *Hüffer*, Kommentar zum AktG, § 116 Rn 1; *Kalss* in *Kalss/Nowotny/Schauer*, Gesellschaftsrecht, Rn 3/569.

[433] *Krause*, Strafrechtliche Haftung des Aufsichtsrates, NStZ 2011, 57 (61).

[434] *Spindler* in *Spindler/Stilz*, Kommentar zum Aktiengesetz, § 116 Rn 7.

[435] *Spindler* in *Spindler/Stilz*, Kommentar zum Aktiengesetz, § 116 Rn 7; *Kalss* in Münchener Kommentar zum AktG, § 116 Rn 93 f.

[436] *Kalss* in *Kalss/Nowotny/Schauer*, Gesellschaftsrecht, Rn 3/569.

[437] *Spindler* in *Spindler/Stilz*, Kommentar zum Aktiengesetz, § 116 Rn 7, 14.

Soweit der Aufsichtsrat unternehmerische Entscheidungen zu treffen hat, gilt über § 116 **187**
S 1 dAktG bzw § 99 öAktG die **Business Judgment Rule** auch für ihn[438] (jedoch wird dies
vergleichsweise seltener der Fall sein).

2. Die Sorgfaltspflicht als Verschuldensmaßstab

Soweit es um die Sorgfaltspflicht als Verschuldensmaßstab geht, ist die Leitfigur eines **188**
ordentlichen und gewissenhaften Geschäftsleiters mit jener eines ordentlichen und gewissenhaften Aufsichtsratmitglieds (bzw eines **Überwachers und Beraters**[439]) zu ersetzen.[440]
Die Überwachungsfunktion und Beratungsfunktion[441] treten beim Aufsichtsrat in den
Vordergrund,[442] sodass sich auch die Sorgfaltspflicht entsprechend anpasst. Der dadurch
typisierte Verschuldensmaßstab gilt für alle Aufsichtsratmitglieder **in gleichem Maße;**[443]
umfasst sind auch Arbeitnehmervertreter oder Anteilseigner sowie entsandte oder gerichtlich
bestellte Aufsichtsratmitglieder.[444] Als **Mindeststandard** wird von den Aufsichtsratmitgliedern verlangt, dass sie jene Kenntnisse und Fähigkeiten aufweisen bzw sich aneignen, „die zum
Verständnis oder zur Beurteilung aller normalen Geschäftsvorgänge erforderlich sind".[445] Je
nach Art, Branche und Größe des Unternehmens können sich erhöhte Pflichten ergeben.[446]

Strittig ist die potentielle **Erhöhung der Sorgfaltsanforderungen**, wenn ein Aufsichts- **189**
ratmitglied aufgrund besonderer Kenntnisse und Fähigkeiten („**Spezialkenntnisse**") in den
Aufsichtsrat gewählt wurde.[447] Die hM scheint zu einer solchen Erhöhung zu tendieren[448]
(zu Ö siehe sogleich). Für die Bejahung der erhöhten Sorgfaltsanforderungen aufgrund von
beruflich erworbenen Spezialkenntnissen, und soweit das Spezialgebiet auch betroffen ist,
spricht, dass das Aufsichtsratmitglied gerade *aufgrund* dieser besonderen Kenntnisse in den
Aufsichtsrat gewählt wurde.[449] Auch im Sinne des arbeitsteiligen Zusammenwirkens des

---

[438] *von Falkenhausen,* Die Haftung außerhalb der Business Judgment Rule, NZG 2012, 644 (646);
Oetker, Erfurter Kommentar zum Arbeitsrecht, § 116 Rn 1; *Habersack* in Münchener Kommentar zum
AktG, § 116 Rn 39.

[439] *Habersack* in Münchener Kommentar zum AktG, § 116 Rn 16; *Spindler* in *Spindler/Stilz,* Kommentar
zum Aktiengesetz, § 116 Rn 7; *Kalss* in Münchener Kommentar zum AktG, § 116 Rn 89.

[440] *Hüffer,* Kommentar zum AktG, § 116 Rn 2; *Patzina* in *Patzina/Bank/Schimmer/Simon-Widmann,* Haftung von Unternehmensorganen, § 5 Rn 2; *Oetker,* Erfurter Kommentar zum Arbeitsrecht, § 116 Rn 3.

[441] *Spindler* in *Spindler/Stilz,* Kommentar zum Aktiengesetz, § 116 Rn 7.

[442] *Patzina* in *Patzina/Bank/Schimmer/Simon-Widmann,* Haftung von Unternehmensorganen, § 5 Rn 2;
Hüffer, Kommentar zum AktG, § 116 Rn 2 (unstr); *Kalss* in Münchener Kommentar zum AktG, § 116
Rn 89.

[443] *Hüffer,* Kommentar zum AktG, § 116 Rn 2; *Spindler* in *Spindler/Stilz,* Kommentar zum Aktiengesetz, § 116 Rn 8.

[444] *Habersack* in Münchener Kommentar zum AktG, § 116 Rn 10; *Spindler* in *Spindler/Stilz,* Kommentar
zum Aktiengesetz, § 116 Rn 17; *Spindler* in *Spindler/Stilz,* Kommentar zum Aktiengesetz, § 116 Rn 7;
Kalss in Münchener Kommentar zum AktG, § 116 Rn 87.

[445] *Hüffer,* Kommentar zum AktG, § 116 Rn 2. Ebenso *Oetker,* Erfurter Kommentar zum Arbeitsrecht,
§ 116 Rn 2. Ähnlich auch in Ö: vgl: *Kalss* in *Kalss/Nowotny/Schauer,* Gesellschaftsrecht, Rn 3/473: „um
grundlegende rechtliche und wirtschaftliche Zusammenhänge des konkreten Unternehmens zu erfassen."
Siehe auch *Kalss* in Münchener Kommentar zum AktG, § 95 Rn 49.

[446] *Spindler* in *Spindler/Stilz,* Kommentar zum Aktiengesetz, § 116 Rn 16; *Oetker,* Erfurter Kommentar
zum Arbeitsrecht, § 116 Rn 2; *Kalss* in Münchener Kommentar zum AktG, § 116 Rn 91.

[447] *Habersack* in Münchener Kommentar zum AktG, § 116 Rn 28.

[448] Siehe beispielsweise BGH: Keine Sacheinlagen mit eigenen Aktien der Gesellschaft, NZG 2011,
1271 (1274); *Habersack* in Münchener Kommentar zum AktG, § 116 Rn 28. AA *Hüffer,* Kommentar zum
AktG, § 116 Rn 9. Ebenso in Ö: *Kalss* in Münchener Kommentar zum AktG, § 116 Rn 92.

[449] *Habersack* in Münchener Kommentar zum AktG, § 116 Rn 28.

Aufsichtsrats ist es nur konsequent, die Aufsichtsratmitglieder einem erhöhten Sorgfaltsmaßstab zu unterwerfen, soweit ihr Spezialgebiet betroffen ist.[450] Das macht auch aus Sicht des Zusammenspiels und der wechselseitigen Ergänzung von Kenntnissen und Expertenwissen aller Mitglieder[451] durchaus Sinn. **Privat erworbene Fähigkeiten** gelten aber unter beiden Ansichten nicht als sorgfaltserhöhend.[452] Die Gegenmeinung führt hingegen an, dass bloß die Art der *Aufgaben* (und nicht die Art der *Qualifikationen*) die Anforderungen an den Aufsichtsrat beeinflussen,[453] und somit besondere Fähigkeiten nicht sorgfaltserhöhend wirken. Jedenfalls ist ein Aufsichtsratmitglied aber zur **Anwendung** dieser besonderen Kenntnisse gegenüber der Gesellschaft verpflichtet.[454]

190 Getrennt hiervon zu behandeln sind **Beratungsverträge** des Aufsichtsrats mit der Gesellschaft. Sie betreffen die Erbringung von Leistungen, die über die aufgrund des Aufsichtsratsmandats geschuldeten Leistungen hinausgehen. Zu beachten ist beim Abschluss von Beratungsverträgen, dass gem § 114 dAktG für die Wirksamkeit des Vertrags die Zustimmung des Gesamtaufsichtsrats erforderlich ist. Hier sollten vor Zustimmung keine **Vergütungsleistungen** an das betroffen Aufsichtsratmitglied ausgezahlt werden, da der Vorstand gem § 93 Abs 3 Z 7 dAktG (keine gesonderte Nennung im öAktG) zum Ersatz dieser Zahlungen verpflichtet ist.[455]

191 In **Österreich** wird verlangt, dass sich der Aufsichtsrat auch besondere Spezialkenntnisse aneignet, soweit diese für einen bestimmten Teilbereich seiner Tätigkeit erforderlich sind.[456] Darüber hinaus wird in der Literatur teilweise das Vorliegen von Spezialkenntnissen als eine Voraussetzung für die Bestellung in den Aufsichtsrat angesehen (diese Kenntnisse haben die Zugehörigkeit zum Aufsichtsrat zu „rechtfertigen"); ein sich daraus ergebender gesteigerter Sorgfaltsmaßstab wird ebenso bejaht.[457] Für den Finanzexperten wird der gesteigerte Qualifikationsmaßstab bereits in § 92 Abs 4a öAktG[458] festgelegt.

192 Weist ein Aufsichtsratmitglied die durch den Mindeststandard (bzw durch Spezialkenntnisse zusätzlich) erforderlichen Kenntnisse und Fähigkeiten nicht auf und übernimmt es dennoch das Mandat als Aufsichtsratmitglied, so trifft ihn der Vorwurf des **Übernahmeverschuldens**.[459] Ein Aufsichtsratmitglied kann sich also nach Mandatsübernahme nicht mehr auf die fehlenden Kenntnisse und Fähigkeiten (subjektive Unfähigkeit), welche der Mindeststandard erfordert, berufen.[460] Die übrigen Aufsichtsratmitglieder unterliegen ihrerseits bei der Unterbreitung von Wahlvorschlägen einer **Vorschlagsverantwortung**.[461]

---

[450] *Habersack* in Münchener Kommentar zum AktG, § 116 Rn 28.

[451] *Kalss* in *Kalss/Nowotny/Schauer*, Gesellschaftsrecht, Rn 3/473.

[452] *Spindler* in *Spindler/Stilz*, Kommentar zum Aktiengesetz, § 116 Rn 17.

[453] *Spindler* in *Spindler/Stilz*, Kommentar zum Aktiengesetz, § 116 Rn 17 mwN.

[454] BGH: Keine Sacheinlagen mit eigenen Aktien der Gesellschaft, NZG 2011, 1271 (1274).

[455] BGH, 10.7.2012 – II ZR 48/11 – BGHZ 194, 14, Rn 12.

[456] *Kalss* in Münchener Kommentar zum AktG, § 116 Rn 90.

[457] *Kalss* in *Kalss/Nowotny/Schauer*, Gesellschaftsrecht, Rn 3/474.

[458] *Kalss* in Münchener Kommentar zum AktG, § 116 Rn 92.

[459] *Spindler* in *Spindler/Stilz*, Kommentar zum Aktiengesetz, § 116 Rn 14; *Kalss* in *Kalss/Nowotny/Schauer*, Gesellschaftsrecht, Rn 3/473; *Kalss* in Münchener Kommentar zum AktG, § 95 Rn 49.

[460] *Hölters*, Kommentar zum Aktiengesetz, § 116 Rn 12; *Habersack* in Münchener Kommentar zum AktG, § 116 Rn 22.

[461] *Habersack* in Münchener Kommentar zum AktG, § 116 Rn 22; *Hölters*, Kommentar zum Aktiengesetz, § 116 Rn 12.

> **Mandatsübernahme**: Der Aufsichtsrat sollte vor Mandatsübernahme sorgfältig prüfen, ob seine Kenntnisse und Fähigkeiten den Anforderungen des Mandats im betroffenen Unternehmen entsprechen, um eine Haftung aufgrund Übernahmeverschuldens zu vermeiden.

B. Treuepflicht

Über den Verweis in § 116 auf § 93 dAktG bzw in § 99 auf § 84 Abs 1 öAktG werden nicht **193** nur die Sorgfaltspflicht und Verantwortlichkeit auf den Aufsichtsrat sinngemäß angewendet (und dies obwohl sich § 116 dAktG dem Wortlaut gemäß nur auf eben diese bezieht),[462] sondern gelangen für den Aufsichtsrat auch die **Treuepflicht** und die **Verschwiegenheitspflicht** zur Anwendung.

1. Allgemeine Treuepflicht (Generalklausel)

Wie im Bereich der Sorgfaltspflicht ist auch der Inhalt der Treuepflicht bei sinngemäßer **194** Anwendung über § 116 dAktG bzw § 99 öAktG für den Aufsichtsrat unter Berücksichtigung der **Aufgaben** und dem **Nebenamtscharakter** der Aufsichtsratstätigkeit zu bestimmen.[463] Zu bedenken ist dabei auch, dass Aufsichtsratsmitglieder oftmals zum Erhalt der Geschäftsbeziehungen in den Aufsichtsrat bestellt werden.[464] Häufig bekleidet ein Vorstandsmitglied einer Gesellschaft das Amt des Aufsichtsrats in einem Konkurrenzunternehmen (Ziff 5.4.2 DCGK empfiehlt allerdings, dies bei wesentlichen Wettbewerbern zu unterlassen[465]). Aus diesem Grunde ergeben sich häufig **Interessenkonflikte** – die Treuepflicht verlangt vom Aufsichtsrat, diese Konflikte zu erkennen und sich entsprechend zu verhalten.[466]

> Obwohl die Ernennung zum Aufsichtsrat eines Konkurrenzunternehmens nicht untersagt ist und in der Praxis auch häufig vorkommt, sollte sich das Aufsichtsratsmitglied besonders vor **Interessenkonfliktsituation** hüten und sich bei Vorliegen eines solchen korrekt verhalten. Durch Annahme eines „konfliktfreudigen" Mandats verändert sich die Pflichtensituation des Aufsichtsratsmitglieds nicht, sodass dadurch der Tätigkeitsbereich dieses Aufsichtsratsmitglieds (potentiell dauerhaft) eingeschränkt wird[467]. Die Interessen der Gesellschaft sind uneingeschränkt zu verfolgen.

---

[462] *Habersack* in Münchener Kommentar zum AktG, § 116 Rn 43.

[463] *Habersack* in Münchener Kommentar zum AktG, § 116 Rn 44; *Hüffer*, Kommentar zum AktG, § 116 Rn 4.

[464] *Spindler* in *Spindler/Stilz*, Kommentar zum Aktiengesetz, § 116 Rn 66.

[465] „Dem Aufsichtsrat soll eine nach seiner Einschätzung angemessene Anzahl unabhängiger Mitglieder angehören. Ein Aufsichtsratsmitglied ist im Sinn dieser Empfehlung insbesondere dann nicht als unabhängig anzusehen, wenn es in einer persönlichen oder einer geschäftlichen Beziehung zu der Gesellschaft, deren Organen, einem kontrollierenden Aktionär oder einem mit diesem verbundenen Unternehmen steht, die einen wesentlichen und nicht nur vorübergehenden Interessenkonflikt begründen kann. Dem Aufsichtsrat sollen nicht mehr als zwei ehemalige Mitglieder des Vorstands angehören. Aufsichtsratsmitglieder sollen keine Organfunktion oder Beratungsaufgaben bei wesentlichen Wettbewerbern des Unternehmens ausüben."

[466] *Spindler* in *Spindler/Stilz*, Kommentar zum Aktiengesetz, § 116 Rn 66.

[467] *Spindler* in *Spindler/Stilz*, Kommentar zum Aktiengesetz, § 116 Rn 70 mwN.

195   Das Aufsichtsratsmitglied ist zur uneingeschränkten **Verfolgung des Unternehmensinteresses** in Ausübung seiner Organtätigkeit verpflichtet[468] (vgl Ziff 5.5.1 DCGK). Es hat **bei Ausübung seiner Organtätigkeit** jedenfalls den Vorrang der Interessen der Gesellschaft zu beachten, ihnen den Vorrang gegenüber Eigen- und Fremdinteressen zu geben und damit den Vorteil der Gesellschaft zu wahren und Schaden von ihr abzuwenden[469] (unbedingter Vorrang der Interessen der AG in allen Lebenssituationen kann aufgrund des Nebenamtscharakters der Aufsichtsratstätigkeit jedoch nicht gefordert werden[470]). **Anteilseignervertreter** und **Arbeitnehmervertreter** im Aufsichtsrat haben die Interessen der Gesellschaft und nicht jene der Anteilseigner bzw Arbeitnehmer zu verfolgen[471] (dh sie können diese Interessen nur insofern verfolgen, als diese mit jenen der Gesellschaft übereinstimmen).[472] Gleiches gilt für Vertreter der **öffentlichen Hand**.[473]

196   Die **Business Judgment Rule** (vgl Rn 355) ist im Bereich der Treuepflicht **nicht** anzuwenden.[474] Die Einhaltung der Treuepflicht und die Entscheidungen des Aufsichtsrats sind daher vollinhaltlich vom Gericht überprüfbar.[475]

197   Ergibt sich in Ausübung seiner Organtätigkeit ein **Interessenkonflikt** (zB ein Konflikt zwischen unterschiedlichen Aufsichtsratsmandaten), so hat das Aufsichtsratsmitglied dies den übrigen Mitgliedern des Aufsichtsrats **mitzuteilen** und sich bei entsprechenden Beschlüssen seiner Stimme zu **enthalten** (seine Stimme darf von den übrigen Vorstandsmitgliedern nicht gezählt werden); bei **schweren** Interessenkonflikten wird man das betroffene Aufsichtsratsmitglied von der Teilnahme an der Aufsichtsratssitzung ausschließen müssen (soweit wichtige Gesellschaftsbelange durch die Teilnahme gefährdet würden),[476] bei **unlösbaren Interessenkonflikten** muss er sein Mandat **niederlegen**[477] (gleiches hat wohl auch zu gelten, wenn durch die ständige Präsenz von Interessenkonflikten die Tätigkeit als Aufsichtsratsmitglied praktisch nicht ausgeübt werden kann[478]). Vgl auch die Ausführungen zu Interessenkonflikten ab Rn 452.

198   Aufgrund des Nebenamtscharakters und der Interessenspluralität „braucht das Aufsichtsratsmitglied bei Tätigwerden **außerhalb der Gesellschaftssphäre** die Verfolgung anderweitiger Interessen nicht schon deshalb zu unterlassen, weil diese sich für die Gesellschaft nachteilig auswirken könnten".[479] Auch gilt für den Aufsichtsrat aus diesem Grund kein eigenes **Wettbewerbsverbot**.

---

[468] *Ulmer* NJW 1980, 1603, 1605; *Hüffer*, Kommentar zum AktG, § 116 Rn 5; *Habersack* in Münchener Kommentar zum AktG, § 116 Rn 44; *Kalss* in *Kalss/Nowotny/Schauer*, Gesellschaftsrecht, Rn 3/570.

[469] *Habersack* in Münchener Kommentar zum AktG, § 116 Rn 46.

[470] *Hüffer*, Kommentar zum AktG, § 116 Rn 4; *Habersack* in Münchener Kommentar zum AktG, § 116 Rn 44.

[471] *Habersack* in Münchener Kommentar zum AktG, § 116 Rn 46.

[472] *Spindler* in *Spindler/Stilz*, Kommentar zum Aktiengesetz, § 116 Rn 67.

[473] *Spindler* in *Spindler/Stilz*, Kommentar zum Aktiengesetz, § 116 Rn 73.

[474] *Habersack* in Münchener Kommentar zum AktG, § 116 Rn 43.

[475] *Spindler* in *Spindler/Stilz*, Kommentar zum Aktiengesetz, § 116 Rn 87.

[476] *Hüffer*, Kommentar zum AktG, § 109 Rn 2. Für Ö: *Kalss* in *Kalss/Nowotny/Schauer*, Gesellschaftsrecht, Rn 3/574.

[477] *Spindler* in *Spindler/Stilz*, Kommentar zum Aktiengesetz, § 116 Rn 67 f; BGHZ 36, 296 (306); *Hüffer*, Kommentar zum AktG, § 116 Rn 5. Für Ö: *Kalss* in *Kalss/Nowotny/Schauer*, Gesellschaftsrecht, Rn 3/574.

[478] *Spindler* in *Spindler/Stilz*, Kommentar zum Aktiengesetz, § 116 Rn 70.

[479] *Habersack* in Münchener Kommentar zum AktG, § 116 Rn 44.

> Der Aufsichtsrat hat bei **Ausübung seiner Organtätigkeit** uneingeschränkt die Interessen der Gesellschaft zu verfolgen. **Außerhalb** der Organtätigkeit (dh beispielsweise bei Tätigkeiten für eine andere Gesellschaft, die mit der ersten Gesellschaft nicht in Verbindung steht) darf er andere Interessen verfolgen, auch wenn sie sich eventuell nachteilig auf Erstere auswirken *könnten*.

2. Verschwiegenheitspflicht

a) Interessen der Gesellschaft

Die Verschwiegenheitspflicht ergibt sich aus der Treuepflicht und verpflichtet den Auf- **199** sichtsrat, über jene vertraulichen oder geheimen Informationen Stillschweigen zu bewahren, die ihm durch seine organschaftliche Tätigkeit im Aufsichtsrat bekannt geworden sind. Diese Pflicht wirkt der Gefahr entgegen, dass die durch die **Informationsrechte** des Aufsichtsrats erlangten Informationen unrechtmäßig weitergegeben werden. Auch um die enge Zusammenarbeit zwischen Vorstand und Aufsichtsrat zu gewährleisten, ist eine umfassende und streng ausgestaltete Verschwiegenheitspflicht erforderlich.

Die Verschwiegenheitspflicht ergibt sich aus § 116 S 1 iVm § 93 Abs 1 S 3 dAktG bzw § 99 **200** öAktG iVm § 84 öAktG; die Einführung des § 116 S 2 dAktG hat daran nichts geändert und dient überwiegend der Verdeutlichung. Im Gegensatz zu den bereits im Bereich der Treuepflicht angeführten Grundsätzen gilt die Verschwiegenheitspflicht soweit (und gerade weil) Aufsichtsratsmitglieder **auch außerhalb** der Sphäre der Gesellschaft tätig sind; sie ist daher besonders **streng zu beachten**.[480] Das gesetzliche Verschwiegenheitsgebot für Mitglieder des Aufsichtsrats kann durch Satzung oder Geschäftsordnung **nicht** wirksam **verschärft** werden.[481]

b) Geltungsbereich

Geltung hat das Verbot auch gegenüber **Mitarbeitern**, **Aktionären** (gs auch im Konzern), **201** **Arbeitnehmern**, dem **Betriebsrat**,[482] sonstigen **Dritten**[483] und **Ehren- oder Ersatzmitgliedern**[484] des Aufsichtsrats.

Eine Verschwiegenheitspflicht besteht gs nicht gegenüber anderen Aufsichtsratsmitglie- **202** dern oder dem Vorstand. Unter bestimmten Umständen kann eine Geheimhaltungspflicht aber gegenüber dem Vorstand bestehen, sofern ausnahmsweise ein **Geheimhaltungsinteresse** des Unternehmens besteht (zB Inhalt von Anstellungsverträgen, Geltendmachung von Schadensersatzansprüchen).[485] Sie verliert auch nach Beendigung der Amtszeit ihren verpflich-

---

[480] *Habersack* in Münchener Kommentar zum AktG, § 116 Rn 45; *Spindler* in *Spindler/Stilz*, Kommentar zum Aktiengesetz, § 116 Rn 85.

[481] BGH: Zum Verschwiegenheitsgebot für Aufsichtsratsmitglieder, NJW 1975, 1412; BGH 5.6.1975 – II ZR 156/73 (Düsseldorf).

[482] Speziell zu den Arbeitnehmervertretern, siehe *Lutter*, Information und Vertraulichkeit im Aufsichtsrat, Rn 566. Für Ö: *Kalss* in *Kalss/Nowotny/Schauer*, Gesellschaftsrecht, Rn 3/571.

[483] *Habersack* in Münchener Kommentar zum AktG, § 116 Rn 56; *Spindler* in *Spindler/Stilz*, Kommentar zum Aktiengesetz, § 116 Rn 86. Für Ö: *Kalss* in *Kalss/Nowotny/Schauer*, Gesellschaftsrecht, Rn 3/571.

[484] *Spindler* in *Spindler/Stilz*, Kommentar zum Aktiengesetz, § 116 Rn 86; *Habersack* in Münchener Kommentar zum AktG, § 116 Rn 56.

[485] *Habersack* in Münchener Kommentar zum AktG, § 116 Rn 56; *Spindler* in *Spindler/Stilz*, Kommentar zum Aktiengesetz, § 116 Rn 86.

tenden Charakter nicht und **wirkt fort**[486] – jedoch nur soweit ein Geheimhaltungsinteresse der AG besteht.

203 Die Verschwiegenheitspflicht umfasst neben **Geheimnissen** (Betriebs- und Geschäftsgeheimnisse) der Gesellschaft auch **vertrauliche Angaben** (Tatsachen, die nur einem kleinen Personenkreis bekannt sind; sie sind weder allgemein bekannt noch leicht zugänglich,[487] Gerüchte reichen nicht aus[488]).

204 Hinsichtlich der Verschwiegenheitspflicht von **Geheimnissen** ist anzuführen, dass sie sich wie auch beim Vorstand nach dem *objektiven Interesse* der AG an der Geheimhaltung der Information richtet.[489] Damit bestimmt sich rein **objektiv**, ob es sich bei einer Tatsache um ein Geheimnis der Gesellschaft handelt; nicht gänzlich bedeutungslos ist jedoch die Feststellung durch den Vorstand, ob es sich bei einer Tatsache um ein Geheimnis handelt.[490]

205 Anders als beim Geheimnisbegriff tritt beim Begriff der **vertraulichen Angaben** auch ein *subjektives* Element hinzu (dh die Einschätzung einer Tatsache als „vertrauliche Angabe" durch eine Person erlangt Relevanz); demnach ist eine vertrauliche Angabe „eine Information, die der Mitteilende als geheimhaltungsbedürftig ansieht und bei der bei verständiger wirtschaftlicher Betrachtungsweise davon auszugehen ist, dass eine Offenbarung zu einer Interessenverletzung der Gesellschaft führen könnte".[491]

206 „Vertrauliche Berichte" und „vertrauliche Beratungen" sind ebenfalls im Wortlaut vom Schutz des § 116 S 2 dAktG umfasst.[492] **Berichte** sind „alle schriftlich oder mündlich erteilten Informationen durch den Vorstand und durch Mitarbeiter der Gesellschaft, unabhängig davon, wer sie angefordert hat oder an wen sie im Aufsichtsrat erstattet wurden, einschließlich der Antworten auf Fragen von Aufsichtsratsmitgliedern in einer Sitzung".[493] Die **Beratungen** des Aufsichtsrates fallen auch dann unter den Schutz der Verschwiegenheitspflicht, wenn diese nicht durch den Geheimnisschutz gedeckt sind;[494] auch Beschlüsse sind geschützt. Dazu gehört das gesamte Geschehen im Zusammenhang mit einer Aufsichtsratssitzung (Redebeiträge, vorgelegte Dokumente, Tagesordnung, Sitzungsverlauf, Abstimmungsverhalten, Sitzungsprotokoll).[495] **Abstimmungsergebnisse**, soweit die Beratungsergebnisse selbst nicht von der Geheimhaltungspflicht umfasst sind, sind ebenso von der Verschwiegenheitspflicht umfasst.[496]

207 Die vertrauliche Behandlung **vertraulicher Angaben Dritter** kann auch im Interesse der Gesellschaft liegen, sodass sie von der Verschwiegenheitspflicht umfasst sind.[497]

---

[486] *Spindler* in *Spindler/Stilz*, Kommentar zum Aktiengesetz, § 116 Rn 88; *Gruber/Auer*, Die Verschwiegenheitspflicht der Vorstands- und Aufsichtsratsmitglieder einer nicht börsennotierten AG, GesRZ 2013, 173 (178).

[487] *Lutter*, Information und Vertraulichkeit, WM 2006, Rn 411 ff.

[488] *Habersack* in Münchener Kommentar zum AktG, § 116 Rn 52.

[489] *Spindler* in *Spindler/Stilz*, Kommentar zum Aktiengesetz, § 116 Rn 90; *Habersack* in Münchener Kommentar zum AktG, § 116 Rn 52.

[490] *Spindler* in *Spindler/Stilz*, Kommentar zum Aktiengesetz, § 116 Rn 90.

[491] *Hölters*, Kommentar zum Aktiengesetz, § 116 Rn 137; *Spindler* in *Spindler/Stilz*, Kommentar zum Aktiengesetz, § 116 Rn 92; *Hüffer*, Kommentar zum AktG, § 116 Rn 6a.

[492] *Hüffer*, Kommentar zum AktG, § 116 Rn 6; *Gruber/Auer*, Die Verschwiegenheitspflicht der Vorstands- und Aufsichtsratsmitglieder einer nicht börsennotierten AG, GesRZ 2013, 173 (179).

[493] *Spindler* in *Spindler/Stilz*, Kommentar zum Aktiengesetz, § 116 Rn 93.

[494] *Habersack* in Münchener Kommentar zum AktG, § 116 Rn 54.

[495] Übernommen aus *Spindler* in *Spindler/Stilz*, Kommentar zum Aktiengesetz, § 116 Rn 93.

[496] *Habersack* in Münchener Kommentar zum AktG, § 116 Rn 54.

[497] *Spindler* in *Spindler/Stilz*, Kommentar zum Aktiengesetz, § 116 Rn 92.

Bestehen **Zweifel** darüber, ob Information als geheim oder vertraulich anzusehen ist, so 208
kann der Aufsichtsrat eine Entscheidung des **Gesamtaufsichtsrats** herbeiführen.[498]

Ausnahmen hinsichtlich der Verschwiegenheitpflicht können bestehen, soweit dessen 209
Einhaltung **unzumutbar** ist (zB um sich gegen persönliche Vorwürfe erfolgreich zu Wehr
zu setzen, um eine Abberufung zu vermeiden,[499] zum Zwecke der Verteidigung in einem
Strafverfahren oder zur Begründung einer Anfechtungsklage gegen einen Aufsichtsratsbe-
schluss[500]). Das Aufsichtsratmitglied muss sich jedoch in einer derartig drastischen Konflikt-
situation befinden, dass es ihm unter Abwägung aller Umstände ausnahmsweise gestattet sein
kann, sich über die Verschwiegenheitpflicht hinwegzusetzen.

Weitere **Grenzen** findet das Verschwiegenheitsgebot in öffentlich-rechtlichen Normen. 210
Kursbeeinflussende Tatsachen sind für börsennotierte Unternehmen beispielsweise nach § 15
Abs 1 WpHG bzw § 48 d Abs 1 BörseG durch Organmitglieder zu veröffentlichen.[501] Ähn-
liche Pflichten können sich auch aus Strafnormen ergeben. Die Verschwiegenheitpflichten
von Aufsichtsratmitgliedern, die auf Vorschlag einer Gebietskörperschaft gewählt oder von
einer solchen in den Aufsichtsrat entsandt worden sind, werden durch § 394 dAkt aufgelockert.

Der **Vorstand** ist grundsätzlich das für die **Offenlegung** von Informationen zuständige 211
Organ[502] (der Aufsichtsrat kann diese gs auch mangels Weisungsrechts nicht gegenüber dem
Vorstand erzwingen[503]); dem Aufsichtsrat steht hier nur eine eingeschränkte funktionale
Zuständigkeit zu.[504] Die Alleinzuständigkeit des Vorstands für die Weitergabe von Informati-
onen gilt freilich nur hinsichtlich Informationen, die nicht von *seiner* Verschwiegenheitpflicht
umfasst sind.[505]

c) Rechtsfolgen

Bei **Verletzung** der Verschwiegenheitpflicht kann das betroffene Aufsichtsratmitglied 212
schadenersatzrechtlich in Anspruch genommen werden. Auch kommt bei der Verschwiegenheitpflicht dem Aufsichtsrat die Business Judgment Rule nicht zugute.[506] Die Verletzung
der Verschwiegenheitpflicht ist auch **strafrechtlich** (mit bis zu einem Jahr Freiheitsstrafe)
sanktioniert.[507] Bei § 404 dAktG handelt es sich jedoch um ein Antragsdelikt – der Vorstand
wird idR nur selten Anträge wegen Verletzungen durch den Aufsichtsrat stellen.[508] Schließlich
kann das Aufsichtsratmitglied selbst bei Verneinung eines wirtschaftlichen Schadens wegen

---

[498] *Spindler* in *Spindler/Stilz*, Kommentar zum Aktiengesetz, § 116 Rn 87.

[499] *Habersack* in Münchener Kommentar zum AktG, § 116 Rn 59; *Spindler* in *Spindler/Stilz*, Kommentar
zum Aktiengesetz, § 116 Rn 96.

[500] *Habersack* in Münchener Kommentar zum AktG, § 116 Rn 59.

[501] *Bank* in *Patzina/Bank/Schimmer/Simon-Widmann*, Haftung von Unternehmensorganen, § 6 Rn 347.;
Für Ö: *Kalss/Oppitz/Zollner*, Kapitalmarktrecht, § 14 Rn 30; *Kalss* in Münchener Kommentar zum AktG,
§ 116 Rn 97; *Kalss* in *Kalss/Nowotny/Schauer*, Gesellschaftsrecht, Rn 3/572.

[502] *Lutter*, Information und Vertraulichkeit, WM 2006, 562 (591); *Linker/Zinger*, Rechte und Pflichten
der Organe einer Aktiengesellschaft bei der Weitergabe vertraulicher Unternehmensinformationen,
NZG 2002, 497 (502); *Habersack* in Münchener Kommentar zum AktG, § 116 Rn 62; *Spindler* in *Spindler/
Stilz*, Kommentar zum Aktiengesetz, § 116 Rn 82.

[503] *Linker/Zinger*, Rechte und Pflichten der Organe einer Aktiengesellschaft bei der Weitergabe vertraulicher Unternehmensinformationen, NZG 2002, 497 (502)

[504] *Habersack* in Münchener Kommentar zum AktG, § 116 Rn 62.

[505] *Habersack* in Münchener Kommentar zum AktG, § 116 Rn 63.

[506] *Habersack* in Münchener Kommentar zum AktG, § 116 Rn 43.

[507] Siehe § 404 dAktG.

[508] *Spindler* in *Spindler/Stilz*, Kommentar zum Aktiengesetz, § 116 Rn 99.

eines wichtigen Grundes **abberufen** werden.[509] In **Österreich** unterliegt die Verletzung der Verschwiegenheitspflicht keiner speziellen aktienrechtlichen Strafandrohung (die allgemeinen Haftungsregeln wegen Pflichtverletzung sind freilich anwendbar); bei vorsätzlicher Verwertung von Informationen zur Verschaffung eines Wettbewerbsvorteils ist § 11 UWG von Relevanz.[510] Die schlichte **Weitergabe** von Informationen ist in Österreich aber nicht allgemein strafrechtlich sanktioniert, sondern nur die Auskundschaftung von Geschäfts- und Betriebsgeheimnissen.[511]

C. Gesetzliche Einzelpflichten

213   Den Aufsichtsrat treffen zur Erfüllung seiner Überwachungsaufgabe zahlreiche Pflichten, die sich im AktG verstreut finden. Im Folgenden sollen einige wichtige hervorgehoben werden.

1. Pflicht zur Einberufung der Hauptversammlung (§ 111 Abs 3 S 1 dAktG bzw § 95 Abs 4 öAktG)

214   Soweit es das **Wohl der Gesellschaft** verlangt, ist der Aufsichtsrat zur Einberufung der Hauptversammlung berechtigt und verpflichtet.[512] Eine Einberufung ist nur dann erforderlich, wenn ansonsten die Interessen der Gesellschaft beeinträchtigt oder zumindest gefährdet würden.[513] Die Angelegenheit muss überdies in die **Zuständigkeit** der Hauptversammlung fallen (dies ist bei Fragen der Geschäftsführung grundsätzlich zu verneinen, es sei denn, der Vorstand ist dazu verpflichtet, den Beschluss der Hauptversammlung einzuholen[514]). Diese Pflicht ist besonders in jenen Fällen von Bedeutung, in denen der Vorstand trotz seiner Pflicht, die Hauptversammlung einzuberufen (siehe bereits Rn 119), dieser nicht nachkommt.[515]

215   Für den Beschluss über die Einberufung ist die **einfache Mehrheit** des Aufsichtsrats als **Organ** notwendig (§ 111 Abs 3 S 2 dAktG bzw § 95 Abs 4 öAktG)[516]; ein Ausschuss des Aufsichtsrats kann nicht entscheiden (§ 107 Abs 3 dAktG)[517].

216   Ist eine Einberufung der Hauptversammlung erforderlich und kommt der Aufsichtsrat seiner Pflicht nicht nach, so handelt er **pflichtwidrig**; er kann sich im Haftungsprozess diesbezüglich nicht auf die dem Vorstand seinerseits auferlegte Verpflichtung zur Einberufung der Hauptversammlung berufen. Beruft der Aufsichtsrat die Hauptversammlung ein, obwohl diese für die Angelegenheit nicht zuständig ist oder das Wohl der Gesellschaft dies nicht verlangt, so können dem Aufsichtsrat die Kosten der Einberufung nach §§ 116 iVm 93 dAktG auferlegt werden, soweit der Aufsichtsrat bei seiner Entscheidung über die Einberufung pflichtwidrig und schuldhaft die Voraussetzungen des § 111 Abs 3 dAktG verkannt hat.

---

[509] *Habersack* in Münchener Kommentar zum AktG, § 116 Rn 49. In Ö: *Kalss* in Münchener Kommentar zum AktG, § 116 Rn 99.

[510] *Kalss* in Münchener Kommentar zum AktG, § 116 Rn 98.

[511] *Kalss* in Münchener Kommentar zum AktG, § 116 Rn 98.

[512] *Hüffer*, Kommentar zum AktG, § 111 Rn 13; *Habersack* in Münchener Kommentar zum AktG, § 111 Rn 89. Für Ö: *Kalss* in Kalss/Nowotny/Schauer, Gesellschaftsrecht, Rn 3/519.

[513] *Habersack* in Münchener Kommentar zum AktG, § 111 Rn 91.

[514] *Hüffer*, Kommentar zum AktG, § 111 Rn 14.

[515] *Habersack* in Münchener Kommentar zum AktG, § 111 Rn 89.

[516] *Kalss* in Münchener Kommentar zum AktG, § 111 Rn 157; *Kalss* in Kalss/Nowotny/Schauer, Gesellschaftsrecht, Rn 3/519.

[517] *Hüffer*, Kommentar zum AktG, § 111 Rn 15.

2. Pflicht der Vertretung der Gesellschaft gegenüber Vorstandsmitgliedern (§ 112 dAktG bzw § 97 öAktG)

Die Gesellschaft wird gegenüber dem Vorstand durch den Aufsichtsrat vertreten. Dadurch **217** wird das Vertretungsmonopol des Vorstands durchbrochen und das Hintanhalten von **Interessenkonflikten** bei Entscheidungen, die den Vorstand involvieren, bezweckt.[518] Die Norm ist zwingend, allerdings nicht abschließend – der Aufsichtsrat kann in bestimmten Fällen auch gegenüber Dritten zur Vertretung befugt sein.[519] Die ausschließliche Vertretungsmacht des Aufsichtsrats besteht für alles **Rechtsgeschäfte** mit Vorstandsmitgliedern und **Rechtsstreitigkeiten** aller Art (siehe hierzu sogleich).

Der Beschluss über die **aktive** Vertretung des Aufsichtsrats hat durch **einfache Mehrheit** **218** zu erfolgen (Willensbildung); die Mitteilung des Beschlusses (welche für die Entfaltung von Rechtswirkungen des Beschlusses relevant ist) kann schließlich durch ein einzelnes Aufsichtsratsmitglied erfolgen.[520] **Passive** Vetretungshandlungen (dh Entgegennahme von Willenserklärungen) ist (durch das MoMiG klargestellt) auch gegenüber einzelnen Aufsichtsratsmitgliedern möglich und ausreichend.[521]

3. Geltendmachung von Schadenersatzansprüchen gegen den Vorstand

Die gerichtliche und außergerichtliche **Vertretung** der Gesellschaft gegenüber dem Vor- **219** stand obliegt dem Aufsichtsrat (nicht aber den einzelnen Mitgliedern des Aufsichtsrats[522]) (§ 93 dAktG). In der Praxis leidet die Geltendmachung von Schadensersatzansprüchen durch den Aufsichtsrat gegen den Vorstand häufig daran, dass dem Vorwurf einer Pflichtverletzung an den Vorstand oftmals ein entsprechendes **Überwachungsverschulden** des Aufsichtsrats anhaftet.[523]

Um dennoch die Geltendmachung von Schadensersatzansprüchen sicherzustellen, ist der **220** Aufsichtsrat daher dazu verpflichtet, das Bestehen von Schadensersatzansprüchen gegen den Vorstand **eigenverantwortlich zu prüfen**. Dem Aufsichtsrat selbst steht nach der Rspr **kein** unternehmerischer Ermessensspielraum bei der Prüfung des Bestehens von Schadensersatzansprüchen sowie der Beurteilung der Erfolgsaussichten zu; seine Entscheidung ist durch das Gericht vollinhaltlich überprüfbar.[524] Eine **Pflicht zur Klageerhebung** besteht also grundsätzlich, soweit eine Pflichtverletzung des Vorstands vorliegt, und zwar auch dann, wenn die Hauptversammlung mittels Beschluss entschieden hat, dass es Ansprüche gegen den Vorstand nicht geltend machen will (der Aufsichtsrat ist gs weiterhin dazu verpflichtet, Ansprüche gegen den Vorstand geltend zu machen)[525]. Nicht immer wird eine Pflichtverletzung des Vorstands jedoch mit ausreichender Eindeutigkeit durch den Aufsichtsrat im Vorfeld feststellbar sein. Um eine schadensersatzrechtliche Inanspruchnahme wegen Fehlentscheidung zu vermeiden, sollte der Aufsichtsrat hier besonders sorgfältig vorgehen. Der Aufsichtsrat kann in dieser

---

[518] *Hopt* in Großkommentar zum Aktiengesetz, § 112 Rn 4 ff; *Habersack* in Münchener Kommentar zum AktG, § 112 Rn 1; *Hüffer*, Kommentar zum AktG, § 112 Rn 1. Für Ö: *Kalss* in *Kalss/Nowotny/Schauer*, Gesellschaftsrecht, Rn 3/528.

[519] *Hüffer*, Kommentar zum AktG, § 112 Rn 1.

[520] *Hüffer*, Kommentar zum AktG, § 112 Rn 4; *Habersack* in Münchener Kommentar zum AktG, § 112 Rn 20.

[521] Siehe § 112 S 2 dAktG.

[522] *Habersack* in Münchener Kommentar zum AktG, § 111 Rn 34.

[523] *Habersack* in Münchener Kommentar zum AktG, § 111 Rn 34.

[524] *Habersack* in Münchener Kommentar zum AktG, § 111 Rn 36.

[525] *Habersack* in Münchener Kommentar zum AktG, § 116 Rn 71.

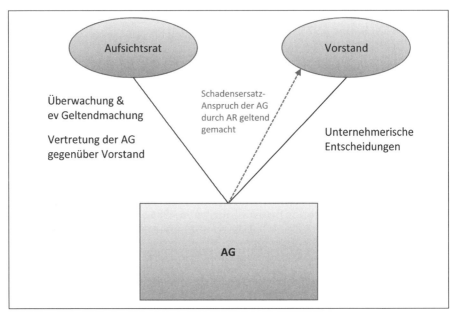

Abbildung 7: Überwachung von Schadensersatzansprüchen gegenüber Vorstand

Situation allerdings dadurch ein wenig Mut fassen, dass es bei Fehleinschätzung der Rechtslage uU an Verschulden mangelt. Die **Ungewissheit** über den Erfolg der Klage genügt hingegen nicht als Grund für die Ablehnung einer Inanspruchnahme des Vorstands. Vorsicht ist auch bei Verzicht und Vergleich (vgl. Rn 331) geboten – hier sollte der Aufsichtsrat den Anschein vermeiden, durch den Verzicht oder Vergleich seine eigene Haftung vermeiden zu wollen.[526]

221   Auch hat der Aufsichtsrat bei anhängigen Verfahren zwischen Gesellschaft und klagenden Dritten darauf zu achten, dass in einem anschließenden **Regressprozess** gegen den Vorstand, die Gesellschaft nicht aufgrund des Verfahrensausgangs mit dem Dritten verkürzt wird.[527] Eine Möglichkeit um sicherzustellen, dass der Vorstand das Urteil aus dem Verfahren zwischen Gesellschaft und dem Dritten gegen sich gelten lassen muss, ist es dem Vorstand den Streit zu verkünden (dies hemmt auch die Verjährung des Regressanspruchs).[528] Alternativ könnte eine Vereinbarung mit dem Vorstand getroffen werden, worin dieser sich dazu verpflichtet, das Urteil aus dem Verfahren mit dem Dritten nicht in Frage zu stellen[529] (solche Vereinbarungen könnten aber mit der für den Vorstand abgeschlossenen D&O-Versicherung in Konflikt stehen, siehe Rn 613).

222   Stets sollte hier berücksichtigt werden, dass dem Vorstand für die Leitung der Geschäfte der Aktiengesellschaft ein weiter **Handlungsspielraum** zugebilligt werden muss, ohne den unternehmerisches Handeln schlechterdings nicht denkbar ist (vgl Rn 355).

223   Für **Österreich** liegt die Kompetenz zur Geltendmachung von Schadensersatzansprüchen gs bei der Hauptversammlung. Der Aufsichtsrat ist zur Klageerhebung verpflichtet, soweit ein Hauptversammlungsbeschluss vorliegt.[530] Der Aufsichtsrat ist aber auch bei Ablehnung

---

[526] *Mertens/Cahn*, in Kölner Kommentar zum AktG, § 93 Rn 163.
[527] *Schwab*, Vorstandsregress und Streitverkündung, NZG 2013, 521 (527).
[528] *Schwab*, Vorstandsregress und Streitverkündung, NZG 2013, 521 (527).
[529] *Schwab*, Vorstandsregress und Streitverkündung, NZG 2013, 521 (527).
[530] *Kalss* in *Kalss/Nowotny/Schauer*, Gesellschaftsrecht, Rn 3/531.

der Geltendmachung durch die Hauptversammlung berechtigt Klage zu erheben, „wenn die Unterlassung der Klagsführung sorgfaltswidrig wäre, dadurch ein Schaden zu entstehen droht (Verjährung, Verlust von Beweismitteln) und der Aufsichtsrat befürchtet, von Gläubigern der Gesellschaft in Anspruch genommen zu werden".[531]

> ➡️ **Schadensersatzansprüche gegen den Vorstand**: Aufsichtsratmitglieder sollten sich vor schadensersatzrechtlicher Inanspruchnahme des Vorstands neben den unternehmensinternen Konsequenzen (schwierige Zusammenarbeit) auch über ihre eigene Haftungssituation im Klaren sein – der Gegenvorwurf eines Überwachungsverschuldens auf Seiten des Aufsichtsrats liegt nahe. Die Pflicht zur Geltendmachung von Schadensersatzansprüchen gegen den Vorstand sollte aber in diesem Rahmen sehr ernst genommen werden.

4. Pflicht zur Prüfung von Jahresabschluss, Lagebericht und Gewinnverwendungsvorschlag (§ 171 dAktG bzw § 96 öAktG) und Feststellung (§ 172 dAktG bzw § 96 Abs 4 öAktG)

Der Aufsichtsrat ist zur Prüfung des Jahresabschlusses (Einzel- und Konzernabschluss), des **224** Lageberichts und des Gewinnverwendungsvorschlags verpflichtet. Dies dient der Überwachung der Geschäftsführung. Die Prüfung des Jahresabschlusses ist aber auch unverzichtbare Voraussetzung für dessen Billigung, eine weitere Aufgabe des Aufsichtsrats.

Bei der Prüfung hat der Aufsichtsrat vorranging zu kontrollieren, dass die Rechnungsle- **225** gung des Vorstands **rechtmäßig** (Berichte entsprechen den einschlägigen Rechtsvorschriften), **ordnungsmäßig** und **zweckmäßig** (wirtschaftlich sinnvoll) ist.[532]

Trotz Erteilung eines positiven Bestätigungsvermerks durch den Abschlussprüfer ist der **226** Aufsichtsrat zur selbständigen **Prüfung des Abschlussberichts** verpflichtet; seine Prüfung weicht allerdings qualitativ von jener des Abschlussprüfers ab, da es nicht notwendig ist, dass er sich die Sachkunde des Abschlussprüfers aneignet.[533] Durch den Aufsichtsrat erfolgt daher keine zweite Abschlussprüfung.[534] Stattdessen hat er seine Prüfung nach allgemeinen Grundsätzen auszurichten: Plausibilität,[535] Verständlichkeit und das „Urteil des Abschlussprüfers an der eigenen Lebens- und Geschäftserfahrung zu messen" bzw auch die eigenen besonderen Kenntnisse und Fähigkeiten einzubeziehen.[536]

Die entsprechende Regel hinsichtlich des **Abhängigkeitsberichts** findet sich in § 314 **227** dAktG, wonach der Vorstand zu Vorlage des Abhängigkeitsberichts an den Aufsichtsrat verpflichtet ist. Der Aufsichtsrat ist in der Folge dazu verpflichtet diesen Bericht auf Vollständigkeit und Richtigkeit zu prüfen.[537]

---

[531] *Kalss* in *Kalss/Nowotny/Schauer*, Gesellschaftsrecht, Rn 3/531.
[532] *Hüffer*, Kommentar zum AktG, § 171 Rn 3; *Hölters*, Kommentar zum Aktiengesetz, § 171 Rn 6 ff. Für Ö: Prüfung auf Rechtmassigkeit, Wirtschaftlichkeit und Zweckmäßigkeit, siehe *Kalss* in *Kalss/ Nowotny/Schauer*, Gesellschaftsrecht, Rn 3/527.
[533] *Hüffer*, Kommentar zum AktG, § 171 Rn 5, 9.
[534] *E. Vetter* in *Henssler/Strohn*, Gesellschaftsrecht, § 171 Rn 3.
[535] *Waclawik* in *Hölters*, Kommentar zum Aktiengesetz, § 171 Rn 12.
[536] *Hüffer*, Kommentar zum AktG, § 171 Rn 9 f.
[537] *Hölters*, Kommentar zum Aktiengesetz, § 314 Rn 3.

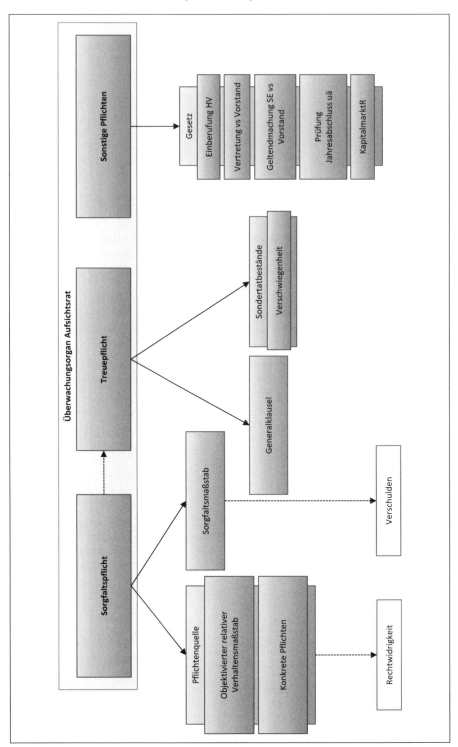

Abbildung 8: Übersicht Aufsichtsratspflichten

Die **Feststellungserklärung** ist ein **korporationsrechtliches Rechtsgeschäft eigener** 228
Art[538] (durch das die zuständigen Organe erklären, dass „der Jahresabschluss in der festgestellten Form die vom Gesetz geforderte und gesellschaftsrechtlich maßgebende Rechnungslegung ist"[539]) und erfolgt gs auf Grundlage eines **Billigungsbeschlusses** durch den Gesamtaufsichtsrat (Delegation auf einen Ausschuss ist nicht möglich), es sei denn, die Feststellung wurde der Hauptversammlung vorbehalten. Die Feststellung des Jahresabschlusses (mit allen seinen Teilen[540]) fällt in die Zuständigkeit des Vorstands und des Aufsichtsrats (idR, soweit der Aufsichtsrat den ihm vorgelegten Jahresabschluss feststellen will und dies auch tut). Subsidiär ist die **Hauptversammlung** zuständig, soweit (1) Vorstand und Aufsichtsrat den Jahresbeschluss billigen, aber beschließen die Feststellung der Hauptversammlung zu überlassen, (2) der Aufsichtsrat dessen Billigung verweigert, oder (3) der Aufsichtsrat seine Berichtspflicht trotz Setzung einer Nachfrist nicht erfüllt (dies kommt einer Nichtbilligung gleich).[541] Die Feststellungskompetenz kann in der Satzung nicht abgeändert werden.[542]

5. Entsprechenserklärung (§ 161 dAktG bzw 243 b UGB)

Zur Pflicht des Vorstands und des Aufsichtsrats zur Abgabe einer Entsprechenserklärung 229
betreffend DCGK bzw ÖCGK, vgl Rn 109.

6. Kapitalmarktrechtliche Pflichten

Gemäß § 13 WpHG ist der Erwerb oder die Veräußerung von Insiderpapieren (Wertpapiere 230
unter Verwendung von Insiderinformation[543]) für eigene oder fremde Rechnung verboten. § 14 WpHG untersagt die Weitergabe oder Zugänglichmachung von Insiderinformationen, sowie die Empfehlung oder Verleitung zum Erwerb/Veräußerung von Insiderpapieren. Gemäß § 15 a WpHG sind die Mitglieder des Aufsichtsrats dazu verpflichtet, die von ihnen vorgenommenen Wertpapiergeschäfte, die sich auf die AG beziehen, der AG und der BaFin zu melden.

---

[538] BGHZ 124, 111 (116); *Hüffer*, Kommentar zum AktG, § 172 Rn 3; *Hennrichs/Pöschke* in Münchener Kommentar zum AktG, § 172 Rn 10; *Euler* in *Spindler/Stilz*, Kommentar zum Aktiengesetz, § 172 Rn 5; *E. Vetter* in *Henssler/Strohn*, Gesellschaftsrecht, § 172 Rn 3.

[539] *Hennrichs/Pöschke* in Münchener Kommentar zum AktG, § 172 Rn 10.

[540] *Hennrichs/Pöschke* in Münchener Kommentar zum AktG, § 172 Rn 10.

[541] *Hüffer*, Kommentar zum AktG, § 172 Rn 1; *Euler* in *Spindler/Stilz*, Kommentar zum Aktiengesetz, § 172 Rn 12; *E. Vetter* in *Henssler/Strohn*, Gesellschaftsrecht, § 172 Rn 13.

[542] *Euler* in *Spindler/Stilz*, Kommentar zum Aktiengesetz, § 172 Rn 5.

[543] Zur Behandlung von „Insiderinformation" in zeitlich gestreckten Sachverhalten, siehe *Bingel*, Die „Insiderinformation" in zeitlich gestreckten Sachverhalten und die Folgen der jüngsten EuGH-Rechtsprechung für M&A-Transaktionen, AG 2012, 685 (685 ff).

§ 4 Haftung

Organmitglieder haften nicht *per se* für alle Schäden, die ihre Handlungen und Entscheidun- **231** gen verursachen. Eine solche sog Erfolgshaftung („Haftung aufgrund bloßen Eintritts eines Schadens, ohne Rücksicht auf dessen schuldhafte und rechtswidrige Verursachung") wird im Aktienrecht entschieden abgelehnt. Bei der Organhaftung handelt es sich vielmehr um eine **Verschuldenshaftung**. Neben Schaden, Kausalität und Rechtswidrigkeit muss daher auch Verschulden des Organs gegeben sein. Das Haftungsrecht greift folglich nur in jenen Fällen, in denen das Organmitglied pflichtwidrig einen Schaden verursacht hat.[544] Im Folgenden soll auf die einzelnen Haftungsvoraussetzungen eingegangen werden; sind diese erfüllt, haftet das Organ. Eine besondere Bedeutung kommt in diesem Zusammenhang den **Beweislastregeln** zu (vgl 347).

Ganz allgemein wird im Haftungsrecht zwischen Innen- und Außenhaftung differenziert. **232** Bei der Innenhaftung handelt es sich um die persönliche Haftung eines Organs gegenüber der Gesellschaft aus der Verletzung von Pflichten, die dem Organ gegenüber der Gesellschaft auferlegt wurden (Vorstandspflichten, vgl Rn 9; Aufsichtsratspflichten, vgl Rn 142). Die Außenhaftung betrifft die Haftung des Organmitglieds gegenüber außenstehenden Personen, den Gesellschaftern (Aktionären), Gläubigern und sonstigen Dritten.

Für den **Aufsichtsrat** gelten durch sinngemäße Anwendung der Regeln des Vorstands **233** dieselben Haftungsregeln wie für den Vorstand (gemäß § 116 iVm § 93 dAktG bzw § 99 iVm § 84 Abs 1 öAktG), sodass hier kaum Unterschiede bestehen. Im Folgenden wird vorwiegend auf die Haftung des Vorstands eingegangen. Dort wo relevante Unterschiede bestehen, wird dies entsprechend angemerkt.

I. Voraussetzungen der Vorstands- und Aufsichtsratshaftung

Der Vorstand haftet gesamtschuldnerisch und unbegrenzt[545] für jenen Schaden, den er **234** rechtswidrig und schuldhaft verursacht hat. Daraus ergeben sich die gs Voraussetzungen für die Haftung:

- **Schaden**
- **Rechtswidrigkeit (Pflichtverletzung)**
- **Kausalität und Adäquanz**
- **Verschulden**

---

[544] Vgl auch *Horn*, Die Haftung des Vorstands der AG nach § 93 AktG und die Pflichten des Aufsichtsrats, ZIP 1997, 1129 (1131).
[545] *Hoffmann*, Existenzvernichtende Haftung von Vorständen und Aufsichtsräten?, NJW 2012, 1393 (1393).

A. Schaden

235   Ein Kläger (Gesellschaft oder Dritter) kann vom Vorstand oder Aufsichtsrat nur Schadensersatz fordern, wenn ihm ein Schaden entstanden ist. Ein pflichtwidrig handelndes Organmitglied haftet demnach nicht, wenn der Schaden durch ein anderes Organmitglied verhindert wurde.

1. Differenzmethode

236   Grundsätzlich ist ein Schaden jener Nachteil, der jemandem an Vermögen, Rechten oder seiner Person zugefügt worden ist. Im Aktienrecht greift man für die **Berechnung des Schadens** auf spezifischere Methoden zurück – hier wird grundsätzlich auf **negative Veränderungen im Gesellschaftsvermögen**, die durch das schädigende Ereignis ausgelöst wurden, abgestellt (sog „Differenzhypothese" oder „**Gesamtvermögensbetrachtung**").[546] Der Schaden wird demgemäß subjektiv-konkret berechnet, dh anhand des Vergleichs zwischen „hypothetische[m] Vermögen der Gesellschaft ohne Schädigung und dem tatsächlich bestehenden Vermögen".[547] Die Vermögensentwicklung der Aktionäre bleibt dabei außer Betracht.[548] Vom Schadensbegriff umfasst wird nicht nur der eingetretene Vermögensverlust selbst, sondern stets auch der **entgangene Gewinn**, der nach den regelmäßigen Umständen zu erwarten gewesen wäre (§ 252 BGB[549] bzw § 1293 S 2 ABGB[550]) sowie „die mit der Schädigung adäquat kausal in Zusammenhang stehenden weiteren Vermögenseinbußen oder Aufwendungen".[551]

2. Vorteilsausgleich

237   Bei der Differenzhypothese werden dem Organmitglied etwaige Vorteile bzw Gewinne, die der Gesellschaft durch die Pflichtverletzung des Organmitglieds entstanden sind, angerechnet. Dieser sog. **Vorteilsausgleich** zugunsten des Organmitglieds findet idR bereits aufgrund der Gesamtvermögensbetrachtung statt.

238   Hinsichtlich der Verletzung **organschaftlicher Pflichten**, so beispielsweise der Sorgfaltspflicht, wird daher gs ein Vorteilsausgleich zu Gunsten des Vorstandsmitglieds **bejaht**[552] (folgend der Gesamtvermögensbetrachtung); die Beweislast für allfällige, bei der Gesellschaft

---

[546] *Fleischer* in *Spindler/Stilz*, Kommentar zum Aktiengesetz, § 93 Rn 211; *Kalss* in *Kalss/Nowotny/Schauer*, Gesellschaftsrecht, Rn 3/412; *Adensamer/Eckert in Kalss*, Vorstandshaftung in 15 europäischen Ländern, 170. Siehe auch OLG Hamburg, 18. 9. 2009, 11 U 183/07, BeckRS 2009, 29278.

[547] *Adensamer/Eckert in Kalss*, Vorstandshaftung in 15 europäischen Ländern, 170 mwN; vgl auch *Kiethe*, Falsche Erklärung nach § 161 AktG – Haftungsverschärfung für Vorstand und Aufsichtsrat? NZG 2003, 559 (564).

[548] *Fleischer* in *Spindler/Stilz*, Kommentar zum Aktiengesetz, § 93 Rn 214; *Spindler* in Münchener Kommentar zum AktG, § 93 Rn 154.

[549] OLG Düsseldorf, AG 1997, 231 (237 f); *Spindler* in Münchener Kommentar zum AktG, § 93 Rn 154; *Fleischer* in *Spindler/Stilz*, Kommentar zum Aktiengesetz, § 93 Rn 213.

[550] *Strasser* in *Jabornegg/Strasser*, Kommentar zum Aktiengesetz, §§ 77–84 Rn 99; *Adensamer/Eckert in Kalss*, Vorstandshaftung in 15 europäischen Ländern, 170; sa *Pelzer* in *Semler/Pelzer*, Arbeitshandbuch für Vorstandsmitglieder, § 9 Rn 193.

[551] *Hoffmann*, Existenzvernichtende Haftung von Vorständen und Aufsichtsräten?, NJW 2012, 1393 (1393).

[552] *Fleischer*, „Nützliche" Pflichtverletzungen von Vorstandsmitgliedern, ZIP 2005, 141 (151); *Hüffer*, Kommentar zum AktG, § 93 Rn 22; *Hopt* in Großkommentar zum Aktiengesetz, § 93 Rn 235.

eingetretene Vorteile, trägt das Vorstandsmitglied. Abweichungen von der allgemeinen Berechnungsmethode nach der Gesamtvermögensbetrachtung erfolgen ua durch **Wertberichtigungen**.[553] Nach der Rspr des BGH sind dem Organmitglied bei der Schadensberechnung jene Vorteile anzurechnen, die mit dem Schadensereignis in adäquat-kausalem Zusammenhang stehen, deren Anrechnung (zugunsten des Organs) mit dem Zweck des Ersatzanspruchs übereinstimmen und deren Anrechnung überdies das Organmitglied nicht unangemessen entlasten.[554]

Vorteile sind aber nur soweit anzurechnen, als sie sich tatsächlich **beziffern lassen**; zu erwartende Vorteile können erst angerechnet werden, wenn sie tatsächlich eingetreten sind.[555] Weiters ist bei der Schadensberechnung zu berücksichtigen, dass ein Schaden auch dann vorliegen kann, wenn sich Vor- und Nachteil für sich genommen (dh isoliert betrachtet) gegenseitig ausgleichen, aber der eigentliche Schaden woanders liegt (zB Veräußerung eines Patents zum Marktpreis, welches für den Betrieb des Unternehmens erforderlich ist).[556] **239**

3. Verhinderter Vorteilsausgleich

a) Allgemeines

Ein Vorteilsausgleich ist zu Gunsten des Vorstands in Deutschland dann zu versagen **240** („verhinderter Vorteilsausgleich" bzw „verhinderte Vorteilsanrechnung"), wenn der Wegfall oder die Kürzung der Ersatzpflicht (bei wertender Gesamtbetrachtung, die sich insbesondere am Zweck des Haftungstatbestands orientiert) **nicht hinnehmbar** erscheint[557] (beispielsweise beim Erhalt von Schmiergeldzahlungen).[558] In Österreich wird eine verhinderte Vorteilsanrechnung beispielsweise angenommen, wenn der Vorteil in einer bloßen Schadensverlagerung auf einen Dritten liegt (zB kommt dem Vorstand ein Gläubigerverzicht im Ausgleichsverfahren nicht zugute).[559] Teilweise wird ein verhinderter Vorteilsausgleich auch ausdrücklich im **Gesetz** vorgesehen, sodass zB die Leistung eines Dritten nicht dem Schädiger, sondern dem Geschädigten zugute kommt. Der Schadensersatzanspruch geht in diesen Fällen in Form einer Legalzession auf den Dritten über (zB § 332 öASVG, § 67 VersVG).[560] Eine analoge Anwendung dieser Bestimmungen kommt in nicht ausdrücklich geregelten Fällen in Betracht.[561]

---

[553] *Werner,* Die zivilrechtliche Haftung des Vorstands einer AG für gegen die Gesellschaft verhängte Geldbußen gegenüber der Gesellschaft, CCZ 2010, 143 (145).

[554] *Werner,* Die zivilrechtliche Haftung des Vorstands einer AG für gegen die Gesellschaft verhängte Geldbußen gegenüber der Gesellschaft, CCZ 2010, 143 (145); BGH, 17.5.1984 – VII ZR 169782, BGHZ 91, 206 (209).

[555] *Fleischer,* Kompetenzüberschreitungen von Geschäftsleitern im Personen- und Kapitalgesellschaftsrecht – Schaden – rechtmäßiges Alternativverhalten – Vorteilsausgleichung, DStR 2009, 1204 (1206).

[556] *Fleischer,* Kompetenzüberschreitungen von Geschäftsleitern im Personen- und Kapitalgesellschaftsrecht – Schaden – rechtmäßiges Alternativverhalten – Vorteilsausgleichung, DStR 2009, 1204 (1206).

[557] *Hüffer,* Kommentar zum AktG, § 93 Rn 15a mwN.

[558] *Fleischer* in *Spindler/Stilz,* Kommentar zum Aktiengesetz, § 93 Rn 211; *Hüffer,* Kommentar zum AktG, § 93 Rn 15a.

[559] *Adensamer/Eckert* in *Kalss,* Vorstandshaftung in 15 europäischen Ländern, 170.

[560] Vgl ganz allgemein zur Problematik des Vorteilsausgleichs *Perner/Spitzer/Kodek,* Bürgerliches Recht, 275 f.

[561] *Perner/Spitzer/Kodek,* Bürgerliches Recht, 276.

b) Fälle des Abs 3

241 Das Schadenserfordernis gilt auch für die in § 93 **Abs 3** dAktG bzw § 84 Abs 3 öAktG aufgezählten Fälle (zB Einlagenrückgewähr, Erwerb eigener Aktien, Verteilung von Gesellschaftsvermögen), jedoch ergeben sich Unterschiede in der Beweislastverteilung[562] (vgl Rn 347) und der Schadensberechnung. Hier gibt es einen eigenständigen Schadensbegriff, der von den allgemeinen Regeln des BGB und ABGB abweicht. Bei den in Abs 3 aufgelisteten Verstößen wird **vermutet**, dass ein Schaden in Höhe der **abgeflossenen oder vorenthaltenen Mittel** entstanden ist[563] (dh, dass der Schaden bereits *durch Abfluss* von Mitteln oder ihrer Vorenthaltung entstanden ist).[564] Eine Gesamtvermögensbetrachtung findet nicht statt. Ein Rückforderungsanspruch reicht nicht für die Bejahung des Vorteilsausgleichs aus (selbst bei Gesamtvermögensbetrachtung); vielmehr wird gefordert, dass die Gesellschaft den betreffenden Betrag **tatsächlich** zurückerhalten hat;[565] die Gesellschaft muss sich aber jene Beträge anrechnen lassen, „die ihr unmittelbar im Zusammenhang mit dem organschaftlichen Fehlverhalten zugeflossen sind".[566] Es sollte daher versucht werden, solche Beträge im Falle eines Verstoßes zurückzuerhalten.[567] Jedenfalls trifft aber das Vorstandsmitglied im Haftungsprozess in den in Abs 3 genannten Fällen auch die Beweispflicht, dass der Gesellschaft kein Schaden entstanden ist und ein solcher auch endgültig nicht mehr entstehen kann[568] (idR trägt der Kläger die Beweislast hinsichtlich des Schadenseintritts).

c) Fallgruppen

242 Bei Überschreitung gesellschaftsinterner Kompetenzen durch die Vornahme von **Spekulationsgeschäften** (*Klöckner*-Fall[569]) muss sich die Gesellschaft den dadurch entstandenen Vorteil anrechnen lassen.[570]

243 Bei **dauerhafter Überschreitung des Unternehmensgegenstands** (zB bei Erwerb eines branchenfremden Unternehmens) ist im Einzelfall wohl darauf abzustellen, ob der von der Gesellschaft erhaltene „aufgedrängte Vorteil" auch sinnvoll nutzbar ist.[571]

244 Im Rahmen der Schadensberechnung iZm der Verletzung der **externen Legalitätspflicht** (und insbes einer **nützlichen Pflichtverletzung**) kann es unter Ausschluss der Gesamtvermögensbetrachtung zu einem verhinderten Vorteilsausgleich kommen (vgl im Detail Rn 518).

---

[562] *Spindler* in Münchener Kommentar zum AktG, § 93 Rn 167; *Adensamer/Eckert in Kalss,* Vorstandshaftung in 15 europäischen Ländern, 170.

[563] *Fleischer*, Kompetenzüberschreitungen von Geschäftsleitern im Personen- und Kapitalgesellschaftsrecht – Schaden – rechtmäßiges Alternativverhalten – Vorteilsausgleichung, DStR 2009, 1204 (1206); *Fleischer*, Handbuch des Vorstandsrechts, § 11 Rn 76; *Fleischer* in *Spindler/Stilz*, Kommentar zum Aktiengesetz, § 93 Rn 258.

[564] *Hüffer*, Kommentar zum AktG, § 93 Rn 22; *Hopt* in Großkommentar zum Aktiengesetz, § 93 Rn 235.

[565] *Hopt* in Großkommentar zum Aktiengesetz, § 93 Rn 235.

[566] *Fleischer*, „Nützliche" Pflichtverletzungen von Vorstandsmitgliedern, ZIP 2005, 141 (151).

[567] AA offenbar für Österreich *Adensamer/Eckert in Kalss*, Vorstandshaftung in 15 europäischen Ländern, 170. hier genügt bei Einlagenrückgewähr für die Verneinung eines Schadens das bloße Vorliegen eines Rückforderungsanspruchs.

[568] *Fleischer*, Kompetenzüberschreitungen von Geschäftsleitern im Personen- und Kapitalgesellschaftsrecht – Schaden – rechtmäßiges Alternativverhalten – Vorteilsausgleichung, DStR 2009, 1204 (1206).

[569] Siehe BGHZ 119, 305 (332).

[570] *Fleischer*, „Nützliche" Pflichtverletzungen von Vorstandsmitgliedern, ZIP 2005, 141 (151).

[571] *Fleischer*, Kompetenzüberschreitungen von Geschäftsleitern im Personen- und Kapitalgesellschaftsrecht – Schaden – rechtmäßiges Alternativverhalten – Vorteilsausgleichung, DStR 2009, 1204 (1206); *Fleischer*, „Nützliche" Pflichtverletzungen von Vorstandsmitgliedern, ZIP 2005, 141 (151).

➡️ **Schadensberechung**: Es ist generell an der subjektiv-konkreten Berechnung des Schadens durch die Differenzmethode bzw Gesamtvermögensbetrachtung festzuhalten („automatische" Vorteilsanrechnung). Im Einzelfall kann die Vorteilsanrechnung verhindert werden, soweit diese als nicht hinnehmbar erscheint. Ein Vorteilsausgleich zulasten des Vorstands wird jedenfalls in den in § 93 Abs 3 dAktG bzw § 84 Abs 3 öAktG aufgelisteten Tatbeständen verhindert und ist auch bei der Verletzung der externen Legalitätspflicht im öffentlichen Interesse möglich (rechtsunsicherer Graubereich).

B. Rechtswidrigkeit (Pflichtverletzung)

Ein weiteres Erfordernis für die Organhaftung ist, dass dem Organ ein Verstoß gegen seine 245 Pflichten zu Lasten gelegt werden kann.[572] Die Rechtswidrigkeit kann sich aus der Verletzung sämtlicher dem Organmitglied auferlegter **Pflichten** ergeben. Auf Rechtswidrigkeitsebene kommt es folglich auf eine Pflichtverletzung an.

Bei der Beurteilung der Rechtswidrigkeit ist zusätzlich jener Haftungsfreiraum zu beach- 246 ten, der dem Vorstandsmitglied innerhalb des ihm zwingend zuerkannten **unternehmerischen Ermessensspielraums** zusteht (vgl Rn 355). Die bei unternehmerischen Entscheidungen zur Anwendung gelangende **BJR** sieht vor, dass ein Vorstandsmitglied pflichtgemäß (und damit nicht rechtswidrig) handelt, soweit es bei Treffen der unternehmerischen Entscheidung vernünftigerweise und in gutem Glauben davon ausgehen durfte (*ex ante*), auf Grundlage sorgfältig ermittelter Information und unter Abwesenheit sachfremder Einflüsse und Interessenkonflikte im Wohle des Unternehmens zu handeln. Nur jene Handlungen, die vom unternehmerischen Ermessen nicht gedeckt werden, können im Rahmen der gerichtlichen Überprüfung zur Haftung führen. Zu beachten ist, dass § 93 Abs 2 dAktG bzw § 84 Abs 2 öAktG nicht durch Vereinbarung (zB Satzung, Vertrag) modifiziert werden kann.[573] Auch für den **Aufsichtsrat** ist ein etwaiger Ermessensspielraum iSd BJR zu beachten. Da der unternehmerische Ermessensspielraum (und der damit einhergehende Haftungsfreiraum) jedoch nur auf unternehmerische Entscheidungen Anwendung findet, ist er vorrangig für den Vorstand von Bedeutung. Der Schutz der BJR entfällt für den Aufsichtsrat auch häufig aufgrund des Vorliegens eines Interessenkonflikts. Im Einzelnen wird auf die BJR-Kriterien verwiesen (siehe Rn 397).

Im Bereich der Rechtswidrigkeitsprüfung ist zwischen der **Innen- und Außenhaftung** 247 des Vorstands bzw des Aufsichtsrats zu unterscheiden (vgl Abbildung 9). Die Innenhaftung ist die Haftung des Organs gegenüber der Gesellschaft aus der Verletzung von dem Organ gegenüber der Gesellschaft auferlegten Pflichten. Die Außenhaftung betrifft die Haftung des Organs gegenüber Aktionären, Gläubigern und sonstigen gesellschaftsfremden Dritten. Im Folgenden wird die Rechtswidrigkeit für Vorstand und Aufsichtsrat jeweils im Innen- und Außenverhältnis gesondert behandelt.

Organschaftliche Pflichtverletzungen führen gemäß dem Grundsatz der Haftungskon- 248 zentration[574] idR nur zu einer Haftung der Organmitglieder **gegenüber der Gesellschaft** (**Innenhaftung**). Solche Ansprüche stützen sich auf § 93 Abs 2 S 1 dAktG bzw § 84 Abs 2 S 1

---

[572] *Fleischer* in *Spindler/Stilz*, Kommentar zum Aktiengesetz, § 93 Rn 200; *Kalss* in *Kalss/Nowotny/Schauer*, Gesellschaftsrecht, Rn 3/414.

[573] *M. Roth*, Unternehmerisches Ermessen und Haftung des Vorstands, 135; *Hopt* in Großkommentar zum Aktiengesetz, § 93 Rn 23.

[574] *Fleischer*, Handbuch des Vorstandsrechts, § 11 Rn 1.

öAktG. Im Innenhaftungsprozess versucht die AG einen ihr durch pflichtwidriges Handeln des Organs entstandenen Schaden wieder in das Gesellschaftsvermögen einzubringen. Generell ist diese Art der Geltendmachung von Haftungsansprüchen gegen Organmitglieder zu bevorzugen, da so die Ersatzzahlungen des Organmitglieds **allen Aktionären und Gläubigern in gleicher Weise zugute** kommen.[575] Dadurch, dass der Schaden im Gesellschaftsvermögen ausgeglichen wird, erhalten nicht nur jene Aktionäre, die Klage erhoben haben, einen Ausgleich.

249   Bei der **Außenhaftung** hingegen, geht es um die Haftung des Organmitglieds gegenüber **Gesellschaftern, Gläubigern** und sonstigen **Dritten**. Eine Haftung von Organmitgliedern im Außenverhältnis (dh außerhalb des Verhältnisses Organ – Gesellschaft) kommt nur unter besonderen Umständen in Frage; sie lässt sich nicht auf § 93 dAktG bzw § 84 öAktG stützen. Vielmehr bedarf es einer besonderen **Anspruchsgrundlage**.[576] Im Bereich der Außenhaftung gibt es eine Vielzahl von möglichen Anspruchsgrundlagen verschiedener Provenienz[577] – hier sollen überblicksmäßig einige der relevanten Normen behandelt werden. Eine abschließende Darstellung ist im vorliegenden Handbuch aufgrund des Umfangs nicht möglich. Insbesondere im Hinblick auf eine steigende Bereitschaft der Aktionäre, Organmitglieder zur Verantwortung zu ziehen (*shareholder activism*), sowie die erleichterte Durchsetzung derartiger Ansprüche durch die Einführung spezieller Normen ua auch im Aktienrecht, ist jedoch aller Wahrscheinlichkeit nach mit einem Anstieg der Bedeutung der Außenhaftung zu rechnen.[578]

250   Grundsätzlich gelten für die Außenhaftung die gleichen Grundsätze wie für die Innenhaftung; eine Besonderheit ergibt sich jedoch hinsichtlich des **Rechtswidrigkeitszusammenhangs**. Die verletzte Norm muss hier gerade den Schutz des Geschädigten bezweckt haben (**persönlicher Schutzbereich der Norm**).[579] Damit ist klar, dass nicht jeder durch ein Organ-

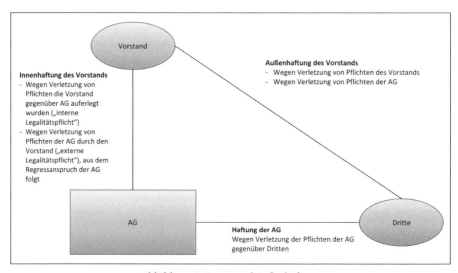

Abbildung 9: Innen- und Außenhaftung

---

[575] *Fleischer*, Handbuch des Vorstandsrechts, § 11 Rn 1.

[576] *Fleischer* in *Spindler/Stilz*, Kommentar zum Aktiengesetz, § 93 Rn 308.

[577] *Pelzer* in *Semler/Pelzer*, Arbeitshandbuch für Vorstandsmitglieder, § 9 Rn 172.

[578] *Pelzer* in *Semler/Pelzer*, Arbeitshandbuch für Vorstandsmitglieder, § 9 Rn 215.

[579] *Adensamer/Eckert* in *Kalss,* Vorstandshaftung in 15 europäischen Ländern, 220.

mitglied rechtswidrig verursachte Schaden zu dessen Haftung im Außenverhältnis führt. Die Anforderungen an den persönlichen Schutzbereich der Norm haben zur Konsequenz, dass bloß mittelbar Geschädigte keine direkten Ansprüche gegen das Organmitglied stellen können.

Nicht im Wege der Außenhaftung ersetzbar ist der sog Doppel- oder **Reflexschaden**, eine **251** Besonderheit des Kapitalgesellschaftsrechts.[580] Es handelt sich dabei um einen Schaden, den die Gesellschafter der AG reflexartig erleiden, wenn das Organmitglied durch Verletzung seiner Pflichten das Gesellschaftsvermögen vermindert und damit auch ihre Beteiligung oder ihr Forderungsrecht wertmäßig beeinträchtigt (der Schaden des Aktionärs besteht in der Wertminderung seiner Aktien; dieser Schaden ist gleichzeitig auch ein Schaden der Gesellschaft).[581] Obwohl (oder gerade weil) also Gesellschaft und Aktionär gleichzeitig einen Schaden erleiden, ist ein derartiger Schaden für den geschädigten **Aktionär nicht unmittelbar ersatzfähig.** Der Aktionär kann diesen mittelbaren Schaden zwar **geltend** machen, Ersatzleistungen können allerdings **nur an die Gesellschaft** selbst erfolgen[582] (in der D&O-Vertragspraxis wird der Reflexschaden – sicherheitshalber – routinemäßig auch im Versicherungsvertrag ausgeschlossen, siehe Rn 624). Dieses Verständnis ergibt sich aus drei Gründen: Erstens werden die Interessen der Gesellschafter und Gläubiger durch Ersatzleistungen in das Gesellschaftsvermögen gewahrt, so dass sie nicht selbst auf den Ersatz aus der Außenhaftung angewiesen sind. Zweitens würde die unmittelbare Inanspruchnahme des schädigenden Organmitglieds sein Haftungspotenzial schmälern und damit auch den Rückforderungsanspruch der Gesellschaft selbst einschränken. Dies wäre mit den zwingenden Regelungen der Kapitalerhaltung nicht vereinbar.[583] Und drittens würde dadurch auch die Verselbstständigung des Verbandes vernachlässigt und die Existenz der Sonderbestimmungen über „die Geltendmachung der Ersatzansprüche der Gesellschaft durch die Gesellschafter (Beteiligungsquote, Weisung, Verzicht, Aktienbesitz etc.) und die Gläubiger aushebeln".[584] Die Interessen der Gesellschafter und Gläubiger werden bereits durch Ersatzleistungen in das Gesellschaftsvermögen gewahrt, so dass ihre Interessen nicht in den schadensersatzrechtlichen Schutzbereich fallen.[585] Folglich hat der Aktionär keinen Schadensersatzanspruch mehr, soweit der Schaden der Gesellschaft durch das Organmitglied bereits ausgeglichen wurde.[586] Aber auch davor steht dem Einzelaktionär ein Klagerecht nur auf Leistung an die Gesellschaft zu.[587]

1. Pflichtverletzung des Vorstands

a) Innenhaftung des Vorstands (Pflichten gegenüber der Gesellschaft)

Die Innenhaftung ist die Haftung des Vorstands gegenüber der Gesellschaft. „Eine Haftung **252** des Vorstands gegenüber der Gesellschaft kann sich aus der Verletzung von Pflichten ergeben,

---

[580] *Fleischer* in *Spindler/Stilz*, Kommentar zum Aktiengesetz § 93 Rn 323; *Göschke,* Drastische Verschärfung der Vorstandshaftung in Sicht, ecolex 2004, 617 (618).

[581] *Hölters* in *Hölters*, Kommentar zum Aktiengesetz, § 93 Rn 358; *Adensamer/Eckert* in *Kalss,* Vorstandshaftung in 15 europäischen Ländern, 221; *Fleischer* in *Spindler/Stilz*, Kommentar zum Aktiengesetz, § 93 Rn 323.

[582] *Fleischer* in *Spindler/Stilz*, Kommentar zum Aktiengesetz, § 93 Rn 323; *Hölters* in *Hölters*, Kommentar zum Aktiengesetz, § 93 Rn 358.

[583] *Hölters* in *Hölters*, Kommentar zum Aktiengesetz, § 93 Rn 358.

[584] *Adensamer/Eckert* in *Kalss,* Vorstandshaftung in 15 europäischen Ländern, 221.

[585] *Adensamer/Eckert* in *Kalss,* Vorstandshaftung in 15 europäischen Ländern, 220 f.

[586] *Spindler* in Münchener Kommentar zum AktG, § 93 Rn 282; *Hölters* in *Hölters*, Kommentar zum Aktiengesetz, § 93 Rn 358.

[587] *Spindler* in Münchener Kommentar zum AktG, § 93 Rn 283 mwN.

die dem Vorstandsmitglied **gegenüber der Gesellschaft** auferlegt sind, dh deren Schutzzweck der Schutz des Gesellschaftsvermögens ist"[588].

253 Die Pflichten des Vorstands gegenüber der Gesellschaft sind, wie bereits ausführlich ab Rn 9 dargestellt, in die Gruppe der Sorgfaltspflicht (als Pflichtenquelle), der Treuepflicht sowie der sonstigen Pflichten (aus Gesetz, Satzung und verbindlichen Organbeschlüssen), einzuordnen. Auch die Verletzung des Anstellungsvertrags kann zur Innenhaftung führen.[589] Dabei ist stets der dem Vorstand zugestandene unternehmerische Ermessensspielraum zu beachten (vgl Rn 355; zu den BJR-Kriterien siehe Rn 388).

254 Die zentrale – nicht jedoch die einzige – Anspruchsgrundlage im Innenverhältnis (Vorstand-Gesellschaft) ist **§ 93 dAktG** bzw **§ 84 öAktG.**[590] Beide Normen ordnen die umfassende Haftung der Vorstandsmitglieder als Gemeinschuldner für die Verletzung der ihnen auferlegten Pflichten an. Trotz seiner systematischen Stellung unmittelbar nach der Sorgfaltspflicht (Abs 1) bildet Abs 2 eine Anspruchsgrundlage für die Verletzung **sämtlicher Pflichten des Vorstands gegenüber der Gesellschaft** und nicht nur für Verletzungen der Sorgfaltspflicht. Schutzzweck dieser Normen ist das **Gesellschaftsvermögen.**[591] Der Regelung kommt dabei **zwingender** Charakter zu; sie kann nicht durch Satzung oder Anstellungsvertrag abgeändert werden.[592] Diese Vorschriften umfassen nicht die Außenhaftung, sodass Aktionäre und Gläubiger der AG keine Schadenersatzansprüche aus ihnen herleiten können[593] (mit Ausnahme von Abs 5; siehe unten).

> **Anspruchsgrundlage**: § 93 dAktG bzw § 84 öAktG dient der Gesellschaft als zentrale Anspruchsgrundlage für die Geltendmachung von Ansprüchen aus der Verletzung sämtlicher dem Vorstand gegenüber der Gesellschaft auferlegten Pflichten (und ist nicht bloß auf die Sorgfaltspflicht beschränkt).

255 Das AktG sieht in Abs 3 besondere Haftungstatbestände vor,[594] die das Vorliegen eines Schadens bereits indizieren (vgl Rn 241). Überdies enthält es Regelungen über die **Beweislast** (Rn 347) und über den Entfall der Haftung bei **Genehmigung** durch die Hauptversammlung (eine solche wirkt jedoch für den Aufsichtsrat gs nicht haftungsbefreiend[595]), jedoch mit ausdrücklicher Anordnung, dass die Haftung nicht bereits dadurch entfällt, dass eine Billigung durch den Aufsichtsrat stattgefunden hat. Zudem finden sich dort Bestimmungen über **Verzicht** und **Vergleich** (Rn 331) und **Verjährung** (Rn 343). Abs 5 sieht in besonderen Fällen die Möglichkeit der Geltendmachung von Ersatzansprüchen durch **Gläubiger** der Gesellschaft vor, soweit sie von der Gesellschaft keine Befriedigung erlangen können[596] (D: Rn 278; Ö: Rn 290).

---

[588] *Adensamer/Eckert* in *Kalss,* Vorstandshaftung in 15 europäischen Ländern, 169. Vgl auch *Kalss* in *Kalss/Nowotny/Schauer,* Gesellschaftsrecht, Rn 3/408; *Hüffer, Kommentar zum AktG,* § 93 Rn 1.

[589] *Hopt* in Großkommentar zum Aktiengesetz, § 93 Rn 227; *Fleischer* in *Spindler/Stilz,* Kommentar zum Aktiengesetz, § 93 Rn 201; *Hüffer,* Kommentar zum AktG, § 93 Rn 13.

[590] *Dauner-Lieb* in *Henssler/Strohn,* Gesellschaftsrecht, § 93 Rn 26; *Adensamer/Eckert in Kalss,* Vorstandshaftung in 15 europäischen Ländern, 169.

[591] *Spindler* in Münchener Kommentar zum AktG, § 93 Rn 1; *Nowotny* in *Doralt/Nowotny/Kalss,* Kommentar zum Aktiengesetz, § 84 Rn 2.

[592] Vgl OGH 16.7.2002, 4 Ob 163/02b; *Pelzer* in *Semler/Pelzer,* Arbeitshandbuch für Vorstandsmitglieder, § 9 Rn 171; *S. H. Schneider,* Haftungsmilderung bei fehlerhafter Unternehmensleitung? FS Werner (1984) 803; *Hopt* in Großkommentar zum Aktiengesetz, § 93 Rn 23.

[593] *Dauner-Lieb* in *Henssler/Strohn,* Gesellschaftsrecht, § 93 Rn 26.

[594] Siehe § 93 Abs 3 dAktG bzw § 84 Abs 3 öAktG.

[595] *Habersack* in Münchener Kommentar zum AktG, § 116 Rn 71.

[596] *Hüffer,* Kommentar zum AktG, § 93 Rn 33.

b) Außenhaftung des Vorstands (Pflichten gegenüber Aktionären, Gläubigern und sonstigen Dritten)

Ein Schadensersatzanspruch Dritter gegen das Vorstandsmitglied wegen Schäden aus der **256** Verletzung der ihm auferlegten Verhaltenspflichten ist nur möglich, soweit der **Schutzzweck** der verletzten Norm auch **Schäden Dritter verhindern will und ein solcher Schaden eingetreten ist.**[597] Eine Ableitung von Ansprüchen aus § 93 Abs 1 und 2 dAktG bzw § 84 Abs 1 und 2 öAktG ist für Aktionäre und sonstige Dritte nicht möglich – ihnen kommt kein Schutzgesetzcharakter zu.[598]

Die Normen, auf die sich eine eventuelle Außenhaftung stützen kann, sind anders als bei der **257** Innenhaftung nicht im AktG konzentriert, sondern in der ganzen Rechtsordnung **verstreut.** Aufgrund der Vielzahl der potenziell für die Außenhaftung in Frage kommenden Normen wird im Folgenden eine Trennung zwischen deutschem und österreichischem Recht vorgenommen und können nur einige, nicht jedoch alle, relevanten Normen behandelt werden. Anzumerken ist, dass eine einzige Pflichtverletzung zur Haftung des Vorstands gegenüber mehreren Anspruchsberechtigten führen kann.[599]

(1) Deutsches Recht

Grundsätzlich finden sich in den folgenden Gesetzen potenzielle Anspruchsgrundlagen für **258** die Außenhaftung: BGB, Verkaufsprospektgesetz (VerkProspG), Wertpapierhandelsgesetz (WpHG), Abgabenordnung (AO) bzw einem Schutzgesetz iVm § 823 Abs 2 BGB.

Eine unmittelbare Inanspruchnahme des Vorstands durch **Aktionäre** ist gs nicht vorge- **259** sehen. „Diese können nur nach Maßgabe des § 147 durch Hauptversammlungsbeschluss die Geltendmachung durch den Aufsichtsrat bzw. einen besonderen Vertreter (§ 147 Abs. 2) erzwingen oder nach Durchführung des Klagezulassungsverfahrens (§ 148) im eigenen Namen **den Anspruch der Gesellschaft** einklagen.“[600] In Sonderfällen sind direkte Ansprüche der Aktionäre gegen den Vorstand aber möglich.

(a) Außenhaftung gegenüber Vertragspartnern der AG (§ 280 Abs 1 iVm § 311 Abs 3 BGB)

Gegenüber Vertragspartnern kommt im Außenverhältnis eine Haftung nach § 280 Abs 1 **260** iVm § 311 Abs 3 BGB in Betracht. Demnach haftet ein Vorstandsmitglied gegenüber einem Vertragspartner, soweit das Vorstandsmitglied an einem Vertrag ein **wirtschaftliches Eigeninteresse** aufweist, und zwar in einem solchen Ausmaß, dass das Vorstandsmitglied gleichsam in **eigener Sache** tätig wird,[601] es also als eigentlicher wirtschaftlicher Interessenträger anzusehen ist. Nicht ausreichend ist die gesellschaftsrechtliche Beteiligung des Vorstands an der AG (aufgrund der Durchbrechung des Trennungsprinzips)[602] sowie die Begebung von Sicherheiten für Verbindlichkeiten der Gesellschaft.[603]

Eine Haftung kann auch aus der Verletzung eines durch den Vorstand in Anspruch genom- **261** menen besonderen **persönlichen Vertrauens** beim Zustandekommen des Vertrages (*culpa in contrahendo*) entspringen (§ 311 Abs 3 BGB). Dabei müssen die Erklärungen des Vorstands, die das Vertrauen des Vertragspartners auslösen, einer Garantiezusage nahe kommen.[604] Der

---

[597] *Adensamer/Eckert* in *Kalss,* Vorstandshaftung in 15 europäischen Ländern, 221.

[598] *Hüffer,* Kommentar zum AktG, § 93 Rn 19.

[599] *Spindler* in Münchener Kommentar zum AktG, § 93 Rn 265.

[600] *Spindler* in Münchener Kommentar zum AktG, § 93 Rn 266.

[601] *Fleischer* in *Spindler/Stilz,* Kommentar zum Aktiengesetz, § 93 Rn 311.

[602] BGHZ 126, 181 (183 f); *Fleischer,* Handbuch des Vorstandsrechts, § 13 Rn 3.

[603] BGHZ 126, 181 (184 ff).

[604] BGHZ 126, 181 (181 f).

Vorstand muss überdies seine persönlichen Qualitäten in die Verhandlungen einbringen – seine Stellung als Vorstand reicht für das besondere Vertrauen nicht aus.[605]

(b) Außenhaftung wegen Verletzung eines absolut geschützten Rechtsgutes (§ 823 Abs 1 BGB)

262 § 823 Abs 1 BGB: „Wer vorsätzlich oder fahrlässig das Leben, den Körper, die Gesundheit, die Freiheit, das Eigentum oder ein sonstiges Recht eines anderen widerrechtlich verletzt, ist dem anderen zum Ersatz des daraus entstehenden Schadens verpflichtet."

263 Erfüllt ein Vorstandsmitglied die Tatbestandsmerkmale des § 823 Abs 1 BGB und entsteht dem Dritten dadurch ein Schaden, so haftet das Vorstandsmitglied diesem gegenüber **unmittelbar** für diesen Schaden.[606] Auch die Haftung als Mittäter, Anstifter oder Gehilfe für derartige Verletzungen ist möglich.

264 Das **Mitgliedschaftsrecht** des Aktionärs wird als absolut geschütztes Rechtsgut iSd § 823 Abs 1 BGB verstanden (das Vermögen selbst ist kein geschütztes Rechtsgut).[607] Dieses wird beispielsweise verletzt, wenn es durch einen Dritten ganz oder teilweise entzogen wird. Die Abgrenzung kann jedoch im Einzelfall schwierig sein[608] (der Reflexschaden ist nicht ersatzfähig). Umfasst ist aber nur die Verletzung mitgliedschaftlicher Rechte, also zB des Stimmrechts, Teilnahmerechts, Gewinnbezugsrechts, oder bei Missachtung der Gleichbehandlungspflicht der Aktionäre (nicht aber bei Missachtung der Hauptversammlungszuständigkeit).[609] Vgl auch Rn 299.

265 Uneinigkeit besteht hinsichtlich der **mittelbaren** Verletzung des § 823 Abs 1 BGB durch den Vorstand. Im „*Baustoff*"-Urteil" hat der BGH ausgeführt, dass die die *Gesellschaft* treffenden, zum Schutz absoluter Rechtsgüter (Leben, Körper, Gesundheit, Freiheit, Eigentum) aufgestellten Pflichten, auch auf den Geschäftsleiter in seiner „Garantenstellung aus den ihm übertragenen organisatorischen Aufgaben" Anwendung finden – und damit bei deren Verletzung auch der Vorstand deliktisch haftet.[610] In der genannten Entscheidung hat der BGH angeführt, dass Geschäftsführer einer GmbH für fahrlässig unterlasse **organisatorische Vorkehrungen** zur Haftung herangezogen werden sollen, soweit die Unterlassung für die Verletzung absoluter Rechte ursächlich war (hier: Eigentum).[611] In der Literatur wurde diese Entscheidung insb deshalb kritisiert, da sich verbandsinterne Organisationspflichten nur in besonderen Fällen nach Außen projizieren ließen[612] (dh die Unterlassung der Organisationspflichten zu einem Haftungsanspruch eines gesellschaftsfremden Dritten führen kann) – dadurch ergäbe sich eine Durchbrechung der Haftungskonzentration (die im Regelfall in der Gesellschaft zusammentrifft).

(c) Außenhaftung wegen Schutzgesetzverletzung (§ 823 Abs 2 BGB iVm Schutzgesetz)

266 Eine Haftung des Vorstands im Außenverhältnis kann sich auch aus der Verletzung eines **Schutzgesetzes** ergeben. Bei Schutzgesetzen handelt es sich um Rechtsnormen, die den Schutz eines bestimmten Rechtsguts bezwecken. Soweit der Vorstand durch sein Handeln das durch die Schutznorm geschützte Rechtsgut schuldhaft verletzt, und der **Geschädigte in den persönlichen Schutzbereich der Norm fällt**, kann er gegen den Vorstand hieraus Schadenser-

---

[605] *Fleischer*, Handbuch des Vorstandsrechts, § 13 Rn 4.
[606] *Fleischer* in *Spindler/Stilz*, Kommentar zum Aktiengesetz, § 93 Rn 313 mwN.
[607] *Spindler* in Münchener Kommentar zum AktG, § 93 Rn 267.
[608] *Spindler* in Münchener Kommentar zum AktG, § 93 Rn 267.
[609] Vgl im Detail *Spindler* in Münchener Kommentar zum AktG, § 93 Rn 269.
[610] BGHZ 109, 297 (298); siehe auch *Fleischer* in *Spindler/Stilz*, Kommentar zum Aktiengesetz, § 93 Rn 314.
[611] *Hüffer*, Kommentar zum AktG, § 93 Rn 20a.
[612] Statt Vieler: *Fleischer* in *Spindler/Stilz*, Kommentar zum Aktiengesetz, § 93 Rn 314ff.

satzansprüche geltend machen. In Frage kommen hier beispielsweise kapitalmarktrechtliche und umweltrechtliche Vorschriften. Einige weitere Beispiele werden im Folgenden behandelt.

Der Schutz **Dritter** ist beispielsweise durch **§ 399 dAktG** bezweckt. Diese Norm trachtet **267** danach, die **Korrektheit** (insbesondere Vollständigkeit und Richtigkeit) des **Handelsregisters** sicherzustellen und das Vertrauen auf ebendieses zu schützen.[613] Sie soll sicherstellen, dass die an der Gesellschaft interessierte Öffentlichkeit auf die Angaben über die Gesellschaft vertrauen kann, um sich ein zutreffendes Bild über die wirtschaftliche Lage der Gesellschaft machen zu können.[614] Tatsächliches Vertrauen auf die im Handelsregister enthaltenen Informationen ist erforderlich.[615]

Auch **§ 400 dAktG** gilt als Schutzgesetz zugunsten Dritter.[616] Es soll die Wahrhaftigkeit **268** von Angaben sowie die **Richtigkeit** und **Vollständigkeit** jeweils bestimmter **Aussagen** dieser Personen gewährleisten.[617] „Dies dient der internen Überwachung der Geschäftsführung, der Kontrolle der Ertrags- und Vermögenslage und damit insgesamt der Transparenz der Unternehmensvorgänge im gesetzlich vorgesehenen Rahmen, was letztlich aufgrund der beschränkten (zivilrechtlichen) Haftung der Gesellschaft notwendig ist".[618] Das Vertrauen gilt als das hier geschützte Rechtsgut; die Norm stellt damit auch die Funktionsfähigkeit der Kapitalmärkte sicher.

Gleiches gilt für die in **§ 15a Abs 1 S 1 d-InsO** enthaltene **Insolvenzantragspflicht**, die nach **269** Rspr[619] und hM bereits vor ihrer Überarbeitung dem Schutz von **Alt- und Neugläubigern**[620] gedient hat.[621] Dies soll sich auch nach Verlagerung der Insolvenzantragspflicht in die d-InsO nicht geändert haben.[622] Schäden der Aktionäre sind vom Schutzzweck der Norm hingegen nicht umfasst.[623]

Auch **§ 266a d-StGB** (Vorenthalten und Veruntreuen von Arbeitsentgelt) kommt nach **270** Rspr und hL Schutzgesetzcharakter zu;[624] ebenso die Regelung betreffend des Betriebs von Bankgeschäften ohne Erlaubnis (**§§ 32, 54 KWG iVm § 14 Abs 1 d-StGB**).[625]

Eine Haftung des Vorstands kann sich auch aus § 823 Abs 2 BGB iVm **§ 264a d-StGB** (bzw **271** § 826 BGB) ergeben, soweit ein **Emissionsprospekt** überholte Angaben enthält (Umsatzentwicklung drastisch anders als erwartet) und der Vorstand pflichtwidrig die Informationen im Prospekt nicht richtig stellt.[626]

Abgelehnt hat die Rspr[627] hingegen die Schutzgesetzeigenschaft des **§ 130 OWiG** bei **272** vorsätzlicher oder fahrlässiger Unterlassung von **Aufsichtsmaßnahmen** beim Betrieb eines Unternehmens. Grund hierfür ist, dass die bereits angesprochene Aufsichtspflicht der Vor-

---

[613] *Hefendehl* in *Spindler/Stilz*, Kommentar zum Aktiengesetz, § 399 Rn 1 und 4.

[614] OLG Koblenz, NJW 1988, 3275 (3277 f); *Hefendehl* in *Spindler/Stilz*, Kommentar zum Aktiengesetz, § 399 Rn 1.

[615] *Hefendehl*, Kollektive Rechtsgüter im Strafrecht, 124 (255 ff).

[616] BGHZ 149, 10 (20 f).

[617] *Hefendehl* in *Spindler/Stilz*, Kommentar zum Aktiengesetz, § 400 Rn 1.

[618] *Hefendehl* in *Spindler/Stilz*, Kommentar zum Aktiengesetz, § 400 Rn 1 mwN.

[619] BGHZ 29, 100 (103).

[620] Altgläubiger haben bloß Anspruch auf Ersatz des Quotenschadens; Neugläubiger genießen jedoch vollen Vermögensschutz.

[621] *Fleischer* in *Spindler/Stilz*, Kommentar zum Aktiengesetz, § 92 Rn 73. Zweifelnd: *Hüffer*, Kommentar zum AktG, § 92 Rn 16.

[622] *Hüffer*, Kommentar zum AktG, § 92 Rn 16.

[623] *Fleischer* in *Spindler/Stilz*, Kommentar zum Aktiengesetz, § 92 Rn 73; *Hüffer*, Kommentar zum AktG, § 92 Rn 16;

[624] *Hüffer*, Kommentar zum AktG, § 93 Rn 20a.

[625] *Fleischer* in *Spindler/Stilz*, Kommentar zum Aktiengesetz, § 93 Rn 319.

[626] OLG München, Urteil vom 09. Februar 2011 – 15 U 3789/10 –, juris.

[627] BGHZ 125, 366 (376 f); vgl auch OLG Koblenz, 5.10.2004 – 5 U 875/04 –, juris Rn 28.

standsmitglieder gs nur gegenüber der Gesellschaft gilt,[628] und dessen Ausweitung auf das Außenverhältnis das Trennungsprinzip durchbrechen würde. „Schutzgut dieser Vorschrift ist in erster Linie das Interesse der Allgemeinheit an der Schaffung und Aufrechterhaltung einer innerbetrieblichen Organisationsform."[629]

273   Die **Buchführungs-** und **Bilanzierungsvorschriften** stellen nach überwiegender Ansicht in Lehre und Rspr[630] *keine* Schutzgesetze dar. Demgegenüber haften Vorstandsmitglieder für unrichtige Angaben oder verschleierte Darstellungen der Verhältnisse der Gesellschaft in der Eröffnungsbilanz, im Jahresabschluss und dem Lagebericht gem **§ 331 HGB** iVm § 823 Abs 2 BGB – hier wird der Schutzgesetzcharakter zu Gunsten potenzieller **Anleger** anerkannt.[631]

274   In diesem Bereich der Haftung stellt sich jedoch im Hinblick auf die bereits angesprochene Problematik der **mittelbaren** Haftung aus § 823 BGB zu Abgrenzungszwecken die Frage, ob die jeweilige Norm von jedermann zu beachten ist oder diese das Vorstandsmitglied gerade **in seiner Eigenschaft als Organwalter** verpflichtet. Von Bedeutung ist diese Unterscheidung, da eine Außenhaftung des Vorstands für von der Gesellschaft begangene Normverletzungen (mittelbare Haftung aufgrund der Garantenstellung aus den ihm übertragenen Aufgaben) einen **gesteigerten Begründungsbedarf** auslöst, da es ansonsten auch hier zu Reibungen mit dem Prinzip der **Haftungskonzentration** kommt.[632]

(d) Außenhaftung wegen vorsätzlicher sittenwidriger Schädigung (§ 826 BGB)

275   Eine deliktische Außenhaftung aus § 826 BGB kann sich bei **vorsätzlicher** Schadenszufügung, die gegen die **guten Sitten** verstößt, ergeben. Die Besonderheit dieser Haftungsgrundlage ergibt sich aus dem Erfordernis eines Verstoßes gegen die guten Sitten.

276   Eine Außenhaftung kommt demnach beispielsweise bei **fehlerhaften ad-hoc Mitteilungen** (§ 15 WpHG) im Kapitalmarkt in Frage. Demnach haftet ein Vorstandsmitglied im Außenverhältnis, wenn durch eine grob unrichtige ad-hoc-Mitteilung der Sekundärmarkt vorsätzlich beeinflusst wurde.[633] Eine Haftung nach § 826 BGB ist jedenfalls dann anzunehmen, wenn das Vorstandsmitglied wissentliche Falschmitteilungen unter Förderung eigener Interessen (zB Aktienbeteiligungen) tätigt.[634] In der Lehre wird in einem derartigen Fall die Sittenwidrigkeit auch ohne Förderung eigener Interessen bejaht; die Sittenwidrigkeit ist bei unterlassener Pflichtmitteilung hingegen umstritten, es sei denn, es tritt hier eine verwerfliche Motivation hinzu (zB persönliche Bereicherung).[635] Die Darlegungs- und Beweislast trägt der einzelne **Aktionär**, der durch die falschen Informationen sittenwidrig geschädigt wurde;[636] der Nachweis, dass die unrichtige ad-hoc-Mitteilung für die Kaufentscheidung kausal war, wird dem Kläger jedoch nicht immer leicht fallen.[637]

---

[628] *Fleischer* in *Spindler/Stilz*, Kommentar zum Aktiengesetz, § 93 Rn 320; *Spindler* in *Fleischer*, Handbuch des Vorstandsrechts § 13 Rn 42.

[629] BGHZ 125, 366 (37 f).

[630] LG Bonn AG 2001, 494 (495 f).

[631] *Hölters* in *Hölters*, Kommentar zum Aktiengesetz, § 161 Rn 52; LG Bonn, AG 2001, 484 (486); *Fleischer* in *Spindler/Stilz*, Kommentar zum Aktiengesetz, § 91 Rn 24.

[632] *Fleischer* in *Spindler/Stilz*, Kommentar zum Aktiengesetz, § 93 Rn 318 mwN.

[633] BGHZ 160, 134 (157 f).

[634] *Fleischer* in *Spindler/Stilz*, Kommentar zum Aktiengesetz, § 93 Rn 322.

[635] *Fleischer*, Handbuch des Vorstandsrechts § 14 Rn 31 mwN.

[636] *Fleischer* in *Spindler/Stilz*, Kommentar zum Aktiengesetz, § 93 Rn 322.

[637] *Hölters* in *Hölters*, Kommentar zum Aktiengesetz, § 93 Rn 376.

Eine Außenhaftung des Vorstands nach § 826 BGB ist auch in der **Unternehmenskrise** unter **277** bestimmten Umständen möglich – so beispielsweise in den folgenden Fällen:[638]

- Sittenwidrige Schädigung in der Unternehmenskrise, soweit die Gesellschaftsgläubiger über die schlechten **Vermögensverhältnisse** der Gesellschaft und ihre Geschäftsorganisation **nicht informiert** werden. Ist dem Vorstand beispielsweise bewusst, dass die Gesellschaft zur Erfüllung vertraglicher Pflichten nicht in der Lage ist, so hat er diesen Umstand dem Vertragspartner offen zu legen, der andernfalls in Unkenntnis der Vermögenslage aufgrund der Fortführung von Verträgen einen Schaden erleiden kann (**Offenbarungspflicht**).[639]
- **Verschleppung des Insolvenzantrags**, wenn die Schädigung der Gesellschaftsgläubiger **billigend** in Kauf genommen wird (zB zum eigenen Vorteil des Vorstands). Scheint die Krise überwindbar und gibt es keinen Anlass den Erfolg von Sanierungsversuchen zu bezweifeln, so liegt kein Vorsatz im Sinne des § 826 BGB vor.[640]
- Verletzung von **Organisations- und Kontrollpflichten** bei krasser Missachtung grundlegender Vorsichtsmaßnahmen.

(e) Gläubigeransprüche nach Abs 5

Gesellschaftsgläubiger können sich gs mit ihren Schadensersatzansprüchen nach § 93 dAktG **278** nur an die Gesellschaft wenden, nicht aber Organmitglieder unmittelbar in Anspruch nehmen.[641] Eine Möglichkeit den Vorstand betreffend eines Ersatzanspruchs der Gesellschaft **unmittelbar** und in **eigenem Namen** in Anspruch zu nehmen stellt § 93 Abs 5 dAktG zur Verfügung.[642] Dies soll den bisher schwierigen Weg der Anspruchsdurchsetzung für Gläubiger erleichtern.[643] Es handelt sich aber um kein Schutzgesetz zugunsten der Gläubiger.[644] Unklar ist ob es sich um eine Prozessstandschaft handelt, oder ob der Gläubiger einen eigenen Anspruch verfolgt.[645] Wesentlich ist aber, dass der Gläubiger Leistung an sich selbst verlangen kann, der Vorstand aber dennoch schuldbefreiend an die AG leisten kann.[646]

Voraussetzung für die Anspruchserhebung ist, dass der Gläubiger von der Gesellschaft **279** **keine Befriedigung** erlangen konnte (hier genügt, dass die AG nicht zahlen konnte[647]) und die Vorstandsmitglieder die Sorgfalt eines ordentlichen und gewissenhaften Geschäftsleiters **gröblich verletzt** haben. Bei Pflichtverletzungen die Abs 3 betreffen genügt leichte Fahrlässigkeit. Die Ersatzpflicht wird den Gläubigern gegenüber weder durch einen Verzicht oder Vergleich der Gesellschaft noch dadurch aufgehoben, dass die Handlung auf einem Beschluss der Hauptversammlung beruht.

(f) Vertragliche Ansprüche

Eine vertragliche Haftung im Außenverhältnis kann sich für ein Vorstandsmitglied aus **280** der Verletzung von Garantieversprechen, Bürgschaft und Schuldbeitritt ergeben.[648] In diesen Fällen verpflichtet sich das Vorstandsmitglied selbst und nicht bloß die AG. „Ein Anspruch aus einer positiven Vertragsverletzung des Anstellungsvertrages gem. §§ 241 Abs 2, 280 Abs 1

---

[638] Siehe *Fleischer* in *Spindler/Stilz*, Kommentar zum Aktiengesetz, § 93 Rn 321.
[639] *Hölters* in *Hölters*, Kommentar zum Aktiengesetz, § 93 Rn 374.
[640] *Hölters* in *Hölters*, Kommentar zum Aktiengesetz, § 93 Rn 374.
[641] *Spindler* in Münchener Kommentar zum AktG, § 93 Rn 234.
[642] *Spindler* in Münchener Kommentar zum AktG, § 93 Rn 234.
[643] *Hüffer*, Kommentar zum AktG, § 93 Rn 31.
[644] *Spindler* in Münchener Kommentar zum AktG, § 93 Rn 273.
[645] *Hüffer*, Kommentar zum AktG, § 93 Rn 31.
[646] *Hüffer*, Kommentar zum AktG, § 93 Rn 32, 34.
[647] *Hüffer*, Kommentar zum AktG, § 93 Rn 32.
[648] *Fleischer* in *Spindler/Stilz*, Kommentar zum Aktiengesetz, § 93 Rn 309 mwN.

BGB auf Grund einer schuldhaften Pflichtverletzung eines Vorstandsmitglieds gegenüber der Gesellschaft scheidet in der Regel aus, da dieser kein Vertrag mit Schutzwirkung zugunsten Dritter ist.“[649]

(2) Österreichisches Recht

281 Auch im österreichischen Recht kommt eine Außenhaftung bei Verletzung von **Schutzgesetzen**, die dem Schutz von Gesellschaftern, Gläubigern oder sonstigen Dritten dienen, sowie bei Verletzung von **Deliktsnormen** und **besonderen Haftungstatbeständen** in Betracht. Für Gesellschafter besteht auch hier ev die Möglichkeit, sich auf den **deliktischen Schutz der Mitgliedschaft** zu stützen.[650] Denkbar ist auch eine Außenhaftung aus der schadensersatzrechtlichen Verantwortlichkeit aus einem **Vertrag** mit Schutzwirkung zu Gunsten Dritter sowie besonderer Sorgfaltspflichten im Zwischenverhältnis zwischen Vertrag und Delikt;[651] ansonsten besteht eine Haftung nur aufgrund **spezialgesetzlicher Regelungen.**[652] Nicht als Schutzgesetz zugunsten Dritter anzusehen ist § 84 Abs 2 öAktG[653] (sie ist die zentrale Haftungsnorm der Innenhaftung).

282 Damit der Verstoß gegen ein **Schutzgesetz** als Anspruchsgrundlage für geschädigte Aktionäre, Gläubiger oder sonstige Dritte fungieren kann, muss der **Schutzzweck** dieser Norm auch den Schutz eben dieser **Personengruppen** umfassen.[654] Neben dem Erfordernis, dass der Geschädigte zum Kreis der durch die Norm geschützten Personen gehört, muss auch das geschädigte **Rechtsgut** und die **Art der Entstehung** des Schadens durch die Vorschrift geschützt sein.[655]

283 Als Schutzgesetz (iSd § 1311 ABGB – der zentralen zivilrechtlichen Schadensersatznorm) fungiert beispielsweise § 255 öAktG.[656] Dabei handelt es sich um einen strafrechtlich relevanten Tatbestand.[657] Ein Vorstandsmitglied haftet demnach, wenn es „**vorsätzlich die unrichtige Wiedergabe**, Verschleierung oder das Verschweigen von Verhältnissen der Gesellschaft oder mit ihr verbundener Unternehmen oder erheblicher **Umstände in öffentlichen Darstellungen**, Berichten und sonstigen Unterlagen" herbeiführt.[658] Bedingter Vorsatz genügt hier (dh der Vorstand hält die Tatbestandsverwirklichung ernsthaft für möglich und findet sich damit ab).[659]

284 § 69 KO ist ein Beispiel für ein Schutzgesetz zu Gunsten der Gläubiger, das die Außenhaftung des Vorstands bei **Konkursverschleppung** vorsieht[660]; ebenso § 159 StGB (**grob fahrlässige Beeinträchtigung von Gläubigerinteressen**).[661]

---

[649] *Spindler* in Münchener Kommentar zum AktG, § 93 Rn 264.

[650] *Adensamer/Eckert* in *Kalss,* Vorstandshaftung in 15 europäischen Ländern, 222.

[651] Vgl beispielsweise die Haftung aus *culpa in contrahendo*; *Pelzer* in *Semler/Pelzer*, Arbeitshandbuch für Vorstandsmitglieder, § 9 Rn 225.

[652] *Adensamer/Eckert* in *Kalss,* Vorstandshaftung in 15 europäischen Ländern, 242.

[653] *Strasser* in *Jabornegg/Strasser*, Kommentar zum Aktiengesetz, §§77–84 Rn 101; *Kalss* in Münchener Kommentar zum AktG, § 93 Rn 326; *Kalss* in *Kalss/Nowotny/Schauer*, Gesellschaftsrecht, Rn 3/439.

[654] *Kalss* in *Kalss/Nowotny/Schauer*, Gesellschaftsrecht, Rn 3/439; *Kalss* in Münchener Kommentar zum AktG, § 93 Rn 227; *Fleischer*, Handbuch des Vorstandsrechts, 412.

[655] *Fleischer*, Handbuch des Vorstandsrechts, 412; *Koziol*, Haftpflichtrecht, 248; BGHZ 19, 114 (126).

[656] *Jabornegg/Geist* in *Jabornegg/Strasser*, Kommentar zum Aktiengesetz, § 255 Rn 4.

[657] *Kalss* in *Kalss/Nowotny/Schauer*, Gesellschaftsrecht, Rn 3/442.

[658] *Kalss* in Münchener Kommentar zum AktG, § 93 Rn 227.

[659] *Schrank/Reyländer*, Wann haftet der Vorstand direkt gegenüber Aktionären und Gesellschaftsgläubigern?, CFOaktuell 2011, 230 (230).

[660] Vgl ausführlich *Adensamer/Eckert* in *Kalss,* Vorstandshaftung in 15 europäischen Ländern, 249 ff.

[661] Vgl ausführlich *Adensamer/Eckert* in *Kalss,* Vorstandshaftung in 15 europäischen Ländern, 257 ff.

Als Anspruchsgrundlage für Dritte, nämlich dem **Fiskus**, kann § 9 iVm § 80 BAO fungie- 285 ren. Diese Bestimmungen sehen eine subsidiäre Haftung des Vorstandsmitglieds für **Abgabenschulden** vor; eine Parallelregelung für Beitragsschulden zur **Sozialversicherung** findet sich in § 67 Abs 10 ASVG und für vorsätzliche Finanzvergehen in § 11 BAO.

Für vorsätzliche **sittenwidrige Schädigungen** sieht § 1295 Abs 2 ABGB eine Anspruchs- 286 grundlage vor.

Unter Umständen kann auch eine Außenhaftung wegen Verletzung **vorvertraglicher Auf-** 287 **klärungspflichten** entstehen. Wie in Deutschland wird dies in jenen Fällen bejaht, in denen das Vorstandsmitglied ein erhebliches wirtschaftliches **Eigeninteresse** an einem Rechtsgeschäft hatte, oder das persönliche **Vertrauen** des Vertragspartners in die Person des Vorstands in besonderem Ausmaß für ein Rechtsgeschäft ausschlaggebend war.

Nach **§ 22 URG** haften Vorstandsmitglieder zur ungeteilten Hand gegenüber der Gesell- 288 schaft bis zu einem Betrag von € 100.000 für die durch die **Konkursmasse nicht gedeckten Verbindlichkeiten**, wenn über das Vermögen der Gesellschaft der Konkurs bzw der Anschlusskonkurs eröffnet wird, und sie innerhalb der letzten zwei Jahre vor dem Konkurs- oder Ausgleichsantrag einen **Jahresabschluss** nicht oder nicht rechtzeitig aufgestellt, oder eine Prüfung durch einen **Abschlussprüfer** nicht unverzüglich beauftragt haben. Die Haftung nach § 22 URG greift auch, soweit trotz Vorliegen eines Berichts des Abschlussprüfers über die Voraussetzungen eines Reorganisationsverfahrens ein solches nicht unverzüglich beantragt oder nicht gehörig fortgesetzt wurde.[662]

Wie bereits an anderer Stelle angemerkt, kommt auch eine **strafrechtliche Verantwortlich-** 289 **keit** der Organmitglieder in Betracht. Möglich sind hier beispielsweise die Verantwortlichkeit nach § 156 StGB (**betrügerische Krida**); § 153 StGB (**Untreue**); § 158 StGB (**Begünstigung eines Gläubigers**); § 159 StGB (**grob fahrlässige Beeinträchtigung von Gläubigerinteressen**); § 160 StGB (**Umtriebe** während einer Aufsicht eines Ausgleichsverfahrens oder eines Konkursverfahrens); § 162 StGB (**Vollstreckungsvereitelung**) sowie die strafrechtlichen Spezialtatbestände des § 114 ASVG (Strafbestimmung über die **mangelnde Abführung von Sozialversicherungsbeiträgen**); § 48a BörseG (Verpflichtung, **Insider-Informationen** unverzüglich der Öffentlichkeit bekannt zu geben); § 15 KMG (Abgabe eines öffentlichen Angebots von Wertpapieren/Veranlagungen **ohne Prospekt**); § 11 UWG (Verwertung von Geschäfts- oder **Betriebsgeheimnissen**).[663]

Wie bereits erwähnt, steht **Gläubigern** – mit Ausnahme der hier behandelten Außenhaf- 290 tung – grundsätzlich nur der schadensersatzrechtliche Zugriff auf die Gesellschaft, nicht aber auf die Organmitglieder selbst, zur Verfügung. Eine weitere Ausnahme hiervon bildet § 84 Abs 5 öAktG,[664] der es Gläubigern der Gesellschaft ermöglicht, ihren Ersatzanspruch gegen die AG **im eigenen Namen** geltend zu machen, soweit sie von der Gesellschaft keine Befriedigung erlangen können. Eine Einschränkung erfährt diese Möglichkeit dadurch, dass sie nur im Falle einer gröblichen Verletzung der Sorgfaltspflicht des Vorstandsmitglieds geltend gemacht werden kann; nur in Fällen der Verletzung der in § 84 Abs 3 öAktG aufgezählten Tatbestände genügt leichte Fahrlässigkeit.[665]

Zudem kommt eine Außenhaftung bei Verstößen gegen spezialgesetzliche Bestimmungen 291 des **Kapitalmarktrechts**, des **Wettbewerbsrechts**, des Immaterialgüterrechts, des **Umwelt-**

---

[662] *Kalss* in *Kalss/Nowotny/Schauer*, Gesellschaftsrecht, Rn 3/435.
[663] *Kalss* in *Kalss/Nowotny/Schauer*, Gesellschaftsrecht, Rn 3/445 f.
[664] Für D siehe § 93 Abs 5 dAktG.
[665] *Strasser* in *Jabornegg/Strasser*, Kommentar zum Aktiengesetz, § 84 Rn 98; vgl auch OGH 31.10.1973, 1 Ob 179/73, SZ 46/113.

rechts und des **Produkthaftungsrechts** infrage. Es bestehen unzählige weitere Anspruchs-grundlagen.

292　Auch im Bereich der Außenhaftung kann das Privatvermögen des Vorstandsmitglieds durch den Abschluss einer **D&O-Versicherung** vor dem Zugriff von Gesellschaftern, Gläubigern der AG und sonstigen Dritten geschützt werden (vgl im Detail Rn 534).

2. Pflichtverletzung des Aufsichtsrats

a) Innenhaftung des Aufsichtsrats (Pflichten gegenüber der Gesellschaft)

293　Für den Aufsichtsrat gelten andere Pflichten als für den Vorstand (vgl bereits Rn 142). Die Verletzung dieser Pflichten bildet in weiterer Folge die Grundlage der Haftung des Aufsichts-rats gegenüber der Gesellschaft im Rahmen der Innenhaftung. Die zentrale Anspruchsnorm für die Verantwortlichkeit des Aufsichtsrats ist § 116 dAktG bzw § 99 öAktG. Sie ordnet die **sinngemäße Anwendung** von § 93 dAktG bzw § 84 öAktG für die Aufsichtsratsmitglieder an. Bei der sinngemäßen Anwendung ist auf die Besonderheiten der Tätigkeit der Aufsichts-ratsmitglieder Rücksicht zu nehmen. Es bestehen aufgrund der Rolle des Aufsichtsrats als **Überwachungs- und Beratungsorgan** andere Pflichten als bei direkter bzw unmittelbarer Anwendung für den Vorstand.[666] Dazu gehören in ihrer spezifischen Ausformung die Sorg-faltspflicht, die Treuepflicht, sowie gesetzlich geregelte Einzelpflichten. Auch kommt dem Aufsichtsrat bei unternehmerischen Entscheidungen durch die sinngemäße Anwendung die **Business Judgment Rule** zugute.[667]

294　Mangels eines **Anstellungsvertrags** kommen vertragliche Ansprüche aus diesem gegen den Aufsichtsrat nicht in Betracht[668] (möglich sind diese jedoch etwa aus einem ev abgeschlossenen Beratungsvertrag). Demgegenüber kommen als alternative Anspruchsgrundlagen nach § 117 Abs 2 dAktG bzw § 100 öAktG die **Mithaftung bei schädigender Einflussnahme** (gegenüber Gesellschaft und/oder Aktionären), sowie Vorschriften im **Konzernverhältnis** (inkl bei Ab-hängigkeit) in Frage (zB §§ 310, 318, 323 Abs 1 S 2 dAktG).[669]

295　Eine Haftung des Aufsichtsrats gegenüber der Gesellschaft kann sich auch aus der **Delikts-haftung** ergeben, beispielsweise aus vorsätzlicher sittenwidriger Schädigung oder Verletzung eines Schutzgesetzes zugunsten der Gesellschaft.[670]

> **Beispiele** für die Verletzung von Überwachungspflichten des Aufsichtsrats:[671] 1) Verzögerung bei Stellung des Insolvenzantrags, 2) Untätigkeit bei leichtfertigen Maßnahmen des Vorstands, 3) Zustimmung zu Rechtsgeschäften ohne Informationsbe-schaffung (und einhergehender Risikobewertung) und 4) Veranlassung bzw Unterstützung von gesellschaftsschädlichen Maßnahmen des Vorstands.

---

[666] *Hüffer*, Kommentar zum AktG, § 116 Rn 1; *Habersack* in Münchener Kommentar zum AktG, § 116 Rn 2.

[667] *von Falkenhausen*, Die Haftung außerhalb der Business Judgment Rule, NZG 2012, 644 (646); *Habersack* in Münchener Kommentar zum AktG, § 116 Rn 3.

[668] *Habersack* in Münchener Kommentar zum AktG, § 116 Rn 75.

[669] *Habersack* in Münchener Kommentar zum AktG, § 116 Rn 75.

[670] *Habersack* in Münchener Kommentar zum AktG, § 116 Rn 75 mwN.

[671] Siehe im Detail *Szalai//Marz*, Die Haftung des Aufsichtsrats – Überlegungen zur kollegialorgan-schaftlichen Haftung de lege lata und de lege feranda, DStR 2010, 809 (810).

b) Außenhaftung des Aufsichtsrats (Pflichten gegenüber Aktionären, Gläubigern und sonstigen Dritten)

Aufgrund der überwiegend nach **Innen** gerichteten Funktion des Aufsichtsrats ist die   **296**
Außenhaftung des Aufsichtsrats weitaus weniger brisant als jene des Vorstands.[672] Die Verletzung einer Pflicht durch ein Aufsichtsratsmitglied kann aber grundsätzlich nicht nur zur Haftung gegenüber der Gesellschaft, sondern in weiterer Folge auch gegenüber Aktionären und sonstigen Dritten führen.[673] Im Folgenden werden bloß die aufsichtsratsspezifischen Haftungstatbestände behandelt.

(1) Deutsches Recht[674]

Die zentrale Haftungsnorm des § 116 dAktG entfaltet (wie auch § 93 dAktG für den Vor-   **297**
stand) auch für den Aufsichtsrat oder sonstige Dritte keinen Schutzgesetzcharakter zugunsten der Aktionäre oder Dritter und kann daher für potentielle Kläger im Außenverhältnis *nicht* als Anspruchsgrundlage herangezogen werden. Die Sorgfalts- und Treuepflicht des § 116 dAktG verpflichtet eben nur gegenüber der Gesellschaft,[675] ein Aktionär oder gesellschaftsfremder Dritter kann seine Klage nicht auf dessen Verletzung stützen. § 148 dAktG sieht ein **Klagezulassungsverfahren** vor, welchem zufolge Aktionäre und sonstige Dritte Ansprüche der Gesellschaft aus §§ 116 iVm 93 dAktG geltend machen können.

(a) Außenhaftung wegen schädigender Einflussnahme (§ 117 dAktG)

Gemäß § 117 dAktG wird ersatzpflichtig, wer für sich oder einen anderen **gesellschafts-**   **298**
fremde Vorteile erlangen möchte und hierfür **vorsätzlich** unter Ausnutzung seines Einflusses auf die Gesellschaft ein Mitglied des Vorstands oder des Aufsichtsrats dazu bestimmt, zum Schaden der Gesellschaft oder ihrer Aktionäre zu handeln. Unter dieser Norm können auch Aufsichtsratsmitglieder in Anspruch genommen werden, soweit der Eigenschaden des Aktionärs über den reinen Reflexschaden hinausgeht.[676] Die Art und Weise, auf die Einfluss genommen wird, ist umfassend zu verstehen[677].

(b) Außenhaftung wegen vorsätzlicher sittenwidriger Schädigung (§ 823 Abs 1 BGB)

Die **Mitgliedschaft in der AG** (als Aktionär) stellt ein anerkanntes **Schutzgut** des § 823   **299**
Abs 1 BGB dar; Ansprüche der Aktionäre kommen aus dieser Sicht ua dann in Frage, wenn deren gesetzliche Rechte oder Kompetenzen missachtet werden[678] (vgl im Detail bereits Rn 264). Dies ist beispielsweise dann der Fall, wenn Vorstand und Aufsichtsrat zusammenwirken, um die Aktionäre um ihre mitgliedschaftlichen Rechte zu bringen bzw bei einem rechtswidrigen **Ausschluss des Bezugsrechts** nach § 194 Abs 1 S 2 dAktG.[679] Auch die Missachtung von Mitentscheidungsbefugnissen im Rahmen einer Umstrukturierung kann hier genannt werden (unter Zustimmung des Aufsichtsrats bzw unterlassener Verhinderung).[680] Nach § 1004 BGB sind in diesem Zusammenhang auch Beseitigungs- und Unterlassungsansprüche möglich.[681]

---

[672] *Habersack* in Münchener Kommentar zum AktG, § 116 Rn 76.

[673] *Habersack* in Münchener Kommentar zum AktG, § 116 Rn 76.

[674] Die Gliederung des folgenden Kapitels orientiert sich vorwiegend an jener von *Ritter* in *Schüppen/
Schaub*, Münchener Anwaltshandbuch Aktienrecht, § 24 Rn 133 ff.

[675] *Habersack* in Münchener Kommentar zum AktG, § 116 Rn 77.

[676] *Habersack* in Münchener Kommentar zum AktG, § 116 Rn 77; *Ritter* in *Schüppen/Schaub*, Münchener
Anwaltshandbuch Aktienrecht, § 24 Rn 133.

[677] *Ritter* in *Schüppen/Schaub*, Münchener Anwaltshandbuch Aktienrecht, § 24 Rn 133.

[678] *Ritter* in *Schüppen/Schaub*, Münchener Anwaltshandbuch Aktienrecht, § 24 Rn 123.

[679] *Habersack* in Münchener Kommentar zum AktG, § 116 Rn 78.

[680] *Ritter* in *Schüppen/Schaub*, Münchener Anwaltshandbuch Aktienrecht, § 24 Rn 123.

[681] Siehe im Detail *Habersack* in Münchener Kommentar zum AktG, § 116 Rn 79.

(c) Außenhaftung wegen Schutzgesetzverletzung (§ 823 Abs 2 BGB, § 826 BGB)

300   Eine Haftung aus der Verletzung eines **Schutzgesetzes** (nach §§ 823 Abs 2, 826 BGB) kommt generell auch für Aufsichtsratmitglieder in Frage – und zwar bei Verletzung eines Schutzgesetzes zugunsten Dritter durch den Aufsichtsrat selbst oder im Zusammenwirken mit dem Vorstand (§ 823 Abs 2 BGB) oder bei Schädigung eines Dritten auf **vorsätzliche und sittenwidrige** Weise (§ 826 BGB).[682] Im Außenverhältnis haben diese Anspruchsgrundlagen jedoch keine allzu große praktische Bedeutung, da der Aufsichtsrat im Außenverhältnis gs nicht für die AG tätig wird.[683]

301   Bei vorsätzlicher und sittenwidriger Verletzung der Pflichten des Vorstands unter § 826 BGB kommen **drei Fallgruppen** in Frage: 1) Verletzung der Überwachungspflicht bei strafbarem Handeln des Vorstands, 2) Unterstützung von Kapitalerhöhungen und 3) pflichtwidrige Zustimmung zu Vorstandshandlungen:

1)   **Überwachungspflicht:** der Aufsichtsrat hat die Pflicht, **Rechtsverstöße** des Vorstands aktiv durch Einsatz aller ihm zur Verfügung stehenden Mittel zu verhindern[684] (vgl im Detail Rn 145). **Billigt** der Aufsichtsrat eine vom Vorstand angekündigte strafbare Handlung, so ist dies als Beihilfe für die Tat anzusehen, da der Aufsichtsrat als Kontrollorgan der AG dem Vorstand damit signalisiert, dass er von den ihm zur Abwehr des strafbaren Verhaltens zustehenden Werkzeugen nicht Gebrauch machen wird.[685]

2)   **Kapitalerhöhungen:** der Aufsichtsrat haftet im Zusammenhang mit Kapitalerhöhungen soweit er strafbares oder sittenwidriges Verhalten des Vorstands **veranlasst** oder aktiv **unterstützt**. Gemäß § 202 Abs 3 S 2 dAktG ist für eine Kapitalerhöhung die Zustimmung des Aufsichtsrats erforderlich (die Anmeldung zum Handelsregister ist durch den Aufsichtsrats-Vorsitzenden vorzunehmen).[686] Durch diese Vorschrift wird eine Kapitalerhöhung an die Zusammenarbeit mit dem Aufsichtsrat gekoppelt – dieser ist verantwortlich, wenn er sich trotz Verdachtsmomenten nicht die nötige Klarheit verschafft.[687]

3)   **Pflichtwidrige Zustimmung:** soweit dem Aufsichtsrat in der Satzung ein Zustimmungsvorbehalt nach § 111 Abs 4 dAktG zusteht, hat er diese Kontrolle pflichtgemäß durchzuführen. Soweit er pflichtwidrig seine Zustimmung erteilt, kann er hierfür haften.[688]

302   Nach § 161 dAktG haben Vorstand und Aufsichtsrat einer AG jährlich zu erklären (Rn 109), dass den Empfehlungen des DCGK entsprochen wurde (sog „**Entsprechenserklärung**") oder welchen Empfehlungen nicht entsprochen wurde und aus welchem Grund (kein Schutzgesetz iSd § 823 Abs 2 BGB[689]). Es besteht auch eine Aktualisierungspflicht von Entsprechenserklärung (Teil der *Compliance*-Organisation).[690] Wurde eine fehlerhafte Entsprechenserklärungen abgegeben (bzw wurde diese nicht ernsthaft abgegeben bzw wurde sie schuldhaft nicht befolgt[691]), so können Vorstand und Aufsichtsrat hierfür bei **vorsätzlicher Schädigung** nach § 826 BGB haften, soweit zwischen fehlerhafter Entsprechenserklärung und dem Vermögensschaden des Aktionärs Kausalität besteht.[692] Ein im Zusammenhang mit einer fehlerhaften

---

[682] *Habersack* in Münchener Kommentar zum AktG, § 116 Rn 79.

[683] *Habersack* in Münchener Kommentar zum AktG, § 116 Rn 79.

[684] *Ritter* in *Schüppen/Schaub*, Münchener Anwaltshandbuch Aktienrecht, § 24 Rn 124 ff.

[685] *Ritter* in *Schüppen/Schaub*, Münchener Anwaltshandbuch Aktienrecht, § 24 Rn 125 f.

[686] *Ritter* in *Schüppen/Schaub*, Münchener Anwaltshandbuch Aktienrecht, § 24 Rn 129.

[687] *Ritter* in *Schüppen/Schaub*, Münchener Anwaltshandbuch Aktienrecht, § 24 Rn 130.

[688] *Ritter* in *Schüppen/Schaub*, Münchener Anwaltshandbuch Aktienrecht, § 24 Rn 131.

[689] *Hüffer*, Kommentar zum AktG, § 161 Rn 28 f.

[690] *Ritter* in *Schüppen/Schaub*, Münchener Anwaltshandbuch Aktienrecht, § 24 Rn 136.

[691] *Ritter* in *Schüppen/Schaub*, Münchener Anwaltshandbuch Aktienrecht, § 24 Rn 135.

[692] *Hüffer*, Kommentar zum AktG, § 161 Rn 29.

Entsprechenserklärung gefasster Entlastungsbeschluss kann angefochten werden, soweit die Organmitglieder die Unrichtigkeit kannten oder kennen mussten.[693]

Gemäß § 27 WpÜG hat der Aufsichtsrat einer Zielgesellschaft eine begründete Stellung- **303** nahme bei Erhalt eines **Übernahmeangebotes** abzugeben (siehe bereits Rn 125). Die Stellungnahme soll es den Aktionären ermöglichen, das Angebot zu bewerten.[694] Für eine fehlerhafte (dh unrichtige oder unvollständige) Stellungnahme gegenüber den Wertpapierinhabern kann sich eine Haftung aus § 117 Abs 1 S 2 dAktG (bei Vorsatz) bzw § 826 BGB (bei sittenwidrig vorsätzlicher Schädigung) im Außenverhältnis ergeben.[695]

Gemäß § 92 Abs 2 dAktG und § 15a InsO hat der Vorstand, soweit die AG zahlungsunfähig **304** oder überschuldet ist, **keine Zahlungen** mehr zu leisten und die **Insolvenz anzumelden** (Insolvenzantragspflicht). Tut er dies nicht, haftet er wegen **Insolvenzverschleppung** (vgl bereits Rn 119). Aber auch der Aufsichtsrat kann bei Verletzung seiner Informations-, Beratungs- und Überwachungspflichten im Zusammenhang mit der Insolvenz eines Unternehmens haftbar gemacht werden.[696] Er hat im Rahmen der ihm zustehenden Instrumente (inkl Abberufung) sicherzustellen, dass der Vorstand seinen **Pflichten nachkommt**. Sollte der Aufsichtsrat feststellen, dass die Gesellschaft insolvenzreif ist, „hat er darauf hinzuwirken, dass der Vorstand rechtzeitig einen Insolvenzantrag stellt und keine Zahlungen leistet, die mit der Sorgfalt eines ordentlichen und gewissenhaften Geschäftsleiters nicht vereinbar sind".[697] In der Praxis spielt die Mitwirkung an der Insolvenzverschleppung durch Unterlassung eine bedeutende Rolle und sollte vom Aufsichtsrat sehr ernst genommen werden (§§ 823 Abs 2, 830 BGB iVm § 92 Abs 2 dAktG).

(d) Sonstige Anspruchsgrundlagen

Der Aufsichtsrat kann auch unter dem Tatbestand der **vorsätzlichen Anstiftung** oder **305** **Beihilfe** zu Gesetzesverletzungen des Vorstands im Rahmen der Produkthaftung, der Umwelthaftung, des Wettbewerbsrechts oder aufgrund der Verletzung von steuerlichen oder sozialversicherungsrechtlichen Pflichten des Vorstands zur Haftung herangezogen werden.[698]

(2) Österreichisches Recht

Die Haftung des Aufsichtsrats im Aussenverhältnis beschränkt sich auch in Österreich auf **306** den Ausnahmefall.[699] Eine Außenhaftung kann sich etwa aus einer **Schutzgesetzverletzung** iVm § 255 öAktG ergeben (diese Norm schließt auch den Aufsichtsrat in ihren Adressatenkreis ein und verbietet, bei gerichtlicher Strafandrohung, die vorsätzliche unrichtige Wiedergabe, Verschleierung und das Verschweigen von Verhältnissen der Gesellschaft oder mit ihr verbundener Unternehmen oder erheblicher Umstände in öffentlichen Darstellungen, Berichten und sonstigen Unterlagen[700]); die zivilrechtliche **Prospekthaftung** kann bei börsennotierten Gesellschaften schlagend werden.[701] Die Haftung aus der Verletzung sonstiger **Publizitäts-pflichten** kann jedoch gs nur soweit für Aufsichtsratsmitglieder zur Anwendung gelangen, als sie „eigene wirtschaftliche Interessen verfolgen oder [ein] hohes persönliches Vertrauen

---

[693] BGH, Nichtigkeit der Entlastungsbeschlüsse betreffend Vorstand und Aufsichtsrat – Kirch/Deutsche Bank, NJW 2009, 2207.

[694] *Wackerbarth* in Münchener Kommentar zum AktG, § 27 Rn 2.

[695] *Wackerbarth* in Münchener Kommentar zum AktG, § 27 Rn 16b.

[696] *Ritter* in *Schüppen/Schaub*, Münchener Anwaltshandbuch Aktienrecht, § 24 Rn 143.

[697] *Ritter* in *Schüppen/Schaub*, Münchener Anwaltshandbuch Aktienrecht, § 24 Rn 143.

[698] *Ritter* in *Schüppen/Schaub*, Münchener Anwaltshandbuch Aktienrecht, § 24 Rn 145.

[699] *Kalss* in *Kalss/Nowotny/Schauer*, Gesellschaftsrecht, Rn 3/578.

[700] *Kalss* in Münchener Kommentar zum AktG, § 116 Rn 103.

[701] *Kalss* in *Kalss/Nowotny/Schauer*, Gesellschaftsrecht, Rn 3/578; *Kalss* in Münchener Kommentar zum AktG, § 116 Rn 104.

in Anspruch nehmen"[702] (zB bei Verkaufsangeboten oder übernahmerechtlichen Kaufangeboten[703]).

> **Anspruchsgrundlagen:**
>
> **Innenhaftung**: Betrifft Haftung des Vorstands/Aufsichtsrats gegenüber der AG. Zentrale Haftungsnorm für Schadenersatzansprüche der Gesellschaft gegen den Vorstand im Bereich der Innenhaftung ist § 93 dAktG bzw § 84 öAktG. Vereinzelte weitere Haftungsgrundlagen. Für den Aufsichtsrat gilt § 116 dAktG bzw § 99 öAktG.
>
> **Außenhaftung**: Betrifft Haftung des Vorstands/Aufsichtsrats gegenüber Aktionären, Gläubigern und sonstigen Dritten. Haftung nur eingeschränkt möglich; spezielle Haftungsgrundlagen erforderlich (es gibt keine § 93 dAktG bzw § 84 öAktG vergleichbare zentrale Haftungsnorm). Außenhaftung des Aufsichtsrats eher selten und idR an jene des Vorstands gekoppelt.

C. Kausalität und Adäquanz

307   Der Schaden muss entsprechend den allgemeinen zivilrechtlichen Bestimmungen sowie auch gemäß dem Wortlaut des § 93 Abs 2 dAktG bzw § 84 Abs 2 öAktG gerade durch die pflichtwidrige Handlung des Organmitglieds verursacht worden sein (**Kausalität**).[704] Das Verhalten des Organmitglieds muss die notwendige Bedingung für den Eintritt des Schadens gewesen sein (*conditio sine qua non*). Eine Unterlassung ist kausal, wenn der Schaden durch ein aktives Tun, zu dem das Organmitglied verpflichtet war, zu verhindern gewesen wäre.

308   Nach der **Adäquanztheorie**[705] ist die Haftung auf jene Folgen begrenzt, deren Eintritt nach dem gewöhnlichen Lauf der Dinge erwartet werden konnte. Nicht umfasst sind völlig untypische und unvorhersehbare Schäden.

309   Dem Organmitglied steht grundsätzlich der Einwand des **rechtmäßigen Alternativverhaltens** offen[706] um die Ersatzpflicht abzuwehren. Bei **inhaltlich fehlerhaften Entscheidungen** kann das Organmitglied beweisen, dass der Schaden auch dann eingetreten wäre, wenn es rechtmäßig (dh pflichtgemäß) gehandelt hätte.[707] Anders verhält es sich aber bei der Verletzung von **Formalvorschriften** – hier steht dem Vorstand die Berufung auf rechtmäßiges Alternativverhalten gs nicht zu (zB Missachtung der Zuständigkeitsordnung[708]

---

[702] *Kalss* in *Kalss/Nowotny/Schauer*, Gesellschaftsrecht, Rn 3/578.

[703] *Kalss* in Münchener Kommentar zum AktG, § 116 Rn 104.

[704] *Hopt* in Großkommentar zum Aktiengesetz, § 93 Rn 266; *Schlosser*, Die Organhaftung der Vorstandsmitglieder der Aktiengesellschaft, 110; vgl *Kalss* in *Kalss/Nowotny/Schauer*, Gesellschaftsrecht, Rn 3/413.

[705] *Hopt* in Großkommentar zum Aktiengesetz, § 93 Rn 266; *Fleischer* in *Spindler/Stilz*, Kommentar zum Aktiengesetz, § 93 Rn 215; *Mertens/Cahn*, in Kölner Kommentar zum AktG, § 93 Rn 55.

[706] *Fleischer*, Kompetenzüberschreitungen von Geschäftsleitern im Personen- und Kapitalgesellschaftsrecht – Schaden – rechtmäßiges Alternativverhalten – Vorteilsausgleichung, DStR 2009, 1204 (1208 f); *Fleischer* in *Spindler/Stilz*, Kommentar zum Aktiengesetz, § 93 Rn 216.

[707] BGHZ 152, 280 (284 f). Für den AR: *Habersack* in Münchener Kommentar zum AktG, § 116 Rn 69.

[708] ZB fehlende Zustimmung des Aufsichtsrats bei zustimmungspflichtigen Geschäften. Siehe auch BGH, 25.2.1991, NJW 1991, 1681 (1682).

oder der Verfassung).[709] Einer neueren Entscheidung zufolge scheint ein Verstoß gegen die innergesellschaftliche Kompetenzordnung aber selbst noch nicht die Schadensersatzpflicht auszulösen; vielmehr ließ das Gericht auch hier den Beweis zu, dass der Kompetenzverstoß für den Schadenseintritt nicht kausal war.[710] Dieses aufgeweichte Verständnis ist durchaus zu begrüßen. Der Vorstand hat ohnedies im Rahmen seiner **Beweislast** nachzuweisen, dass der Schaden auch ohne gesellschaftsinterner Kompetenzüberschreitung eingetreten wäre – ein Nachweis der nicht immer einfach fällt.[711] Die Nichtbeachtung von Entscheidungsspielräumen anderer Gesellschaftsorgane (zB der Hauptversammlung oder des Aufsichtsrats) könnte dann dem Test des rechtmäßigen Alternativverhaltens standhalten, wenn der Vorstand nachweisen kann, dass das übergangene Organ der betreffenden Maßnahme zugestimmt hätte (auch hier handelt es sich um keinen einfachen Beweis).[712] Bei Verfahrensfehlern ist entscheidend, „wie das Gesellschaftsorgan bei pflichtgemäßem Verhalten des in Anspruch genommenen Organmitglieds tatsächlich entschieden hätte".[713]

Interessante Fragen ergeben sich in diesem Zusammenhang bei **Kollektiventscheidungen**. **310** Hier kann die Berufung des Organmitglieds darauf, dass die übrigen Organmitglieder auch gegen seinen Willen ein Vorhaben durchgesetzt hätten, **nicht** als haftungsbefreiend geltend gemacht werden,[714] ausgesprochener Widerstand hingegen ev schon.[715] Manche fordern, dass das überstimmte Organmitglied **alle möglichen und zumutbaren Schritte** unternehmen muss, um rechtswidriges Verhalten zu vermeiden (zB sich mit dem Problem an den Aufsichtsrat wenden, sodass dieser gegebenenfalls das Vorstandsmitglied aus wichtigem Grund abberufen kann um die problematische Entscheidung abzuwenden[716]); Stimmenthaltung oder Abwesenheit genügen dieser Ansicht nach gs nicht.[717] Jedenfalls sollte das Organmitglied seinen Widerspruch zu Protokoll geben.[718] Nicht zumutbar und damit auch nicht erforderlich ist die **Niederlegung** des eignen Mandats, da dadurch die Ausführung des Beschlusses auch nicht verhindert werden kann; ebenso wenig ist der Vorstand generell verpflichtet, die Behörden zu verständigen.[719] Diskutiert wird schließlich auch die Verpflichtung überstimmter Organmitglieder, die Ausführung des Beschlusses zu verhindern – eine solche wird gs bei gesetz- und satzungswidrigen Beschlüssen angenommen.[720]

---

[709] *Schlosser*, Die Organhaftung der Vorstandsmitglieder der Aktiengesellschaft, 110; *Hüffer*, Kommentar zum AktG, § 93 Rn 15a; *Mertens/Cahn*, in Kölner Kommentar zum AktG, § 93 Rn 55.

[710] *Fleischer*, Kompetenzüberschreitungen von Geschäftsleitern im Personen- und Kapitalgesellschaftsrecht – Schaden – rechtmäßiges Alternativverhalten – Vorteilsausgleichung, DStR 2009, 1204 (1208).

[711] *Fleischer*, Kompetenzüberschreitungen von Geschäftsleitern im Personen- und Kapitalgesellschaftsrecht – Schaden – rechtmäßiges Alternativverhalten – Vorteilsausgleichung, DStR 2009, 1204 (1208).

[712] *Fleischer*, Kompetenzüberschreitungen von Geschäftsleitern im Personen- und Kapitalgesellschaftsrecht – Schaden – rechtmäßiges Alternativverhalten – Vorteilsausgleichung, DStR 2009, 1204 (1209).

[713] *M. Roth*, Unternehmerisches Ermessen und Haftung des Vorstands, 137.

[714] *Spindler* in Münchener Kommentar zum AktG, § 93 Rn 149; *Schlosser*, Die Organhaftung der Vorstandsmitglieder der Aktiengesellschaft, 110. Ebenso für die Überstimmung im AR: *Habersack* in Münchener Kommentar zum AktG, § 116 Rn 69.

[715] *Fleischer*, Handbuch des Vorstandsrechts, § 11 Rn 41. Vgl auch OLG Hamm, 10. 5 1995, 8 U 59/94, AG 1995, 512 (514) = ZIP 1995, 1263 (1267).

[716] *Spindler* in Münchener Kommentar zum AktG, § 93 Rn 150.

[717] *Kalss* in *Kalss/Nowotny/Schauer*, Gesellschaftsrecht, Rn 3/415; für den AR: *Szalai//Marz*, Die Haftung des Aufsichtsrats – Überlegungen zur kollegialorganschaftlichen Haftung de lege lata und de lege feranda, DStR 2010, 809 (810).

[718] *Fleischer*, Handbuch des Vorstandsrechts, § 11 Rn 41.

[719] *Hopt* in Großkommentar zum Aktiengesetz, § 93 Rn 53 f; *Spindler* in Münchener Kommentar zum AktG, § 93 Rn 150. AA *Fleischer,* Zum Grundsatz der Gesamtverantwortung im Aktienrecht, NZG 2003, 449 (457).

[720] *Fleischer*, Handbuch des Vorstandsrechts, § 11 Rn 43.

311   In Fällen, in denen es auch bei rechtmäßigem Alternativverhalten zu einem Schaden gekommen wäre, es aber durch die rechtswidrige Handlung zu einer **Schadenserhöhung** gekommen ist, haftet das Vorstandsmitglied für diese Schadenserhöhung.[721]

312   Auch bei der Frage des **Vorteilsausgleichs** (vgl Rn 237) ist die Kausalität zu berücksichtigen. Ein Vorteilsausgleich ist dann nicht möglich, wenn der für die Gesellschaft entstandene Vorteil nicht der schädigenden Handlung des Organmitglieds zugeordnet werden kann.[722]

D. Verschulden

1. Allgemeine Regel

313   Die Haftung eines Organmitglieds verlangt überdies Verschulden, also die **subjektive Vorwerfbarkeit** des rechtswidrigen Verhaltens (dh das Vorstandsmitglied hat seine Pflichten vorsätzlich oder fahrlässig verletzt).[723] Obwohl eine Unterscheidung in vorsätzlich und fahrlässig gs nicht vorgenommen wird, ist sie dennoch in bestimmten Bereichen, beispielsweise bei der D&O-Versicherung relevant.[724] Wichtig ist, dass Organmitglieder nur für eigenes Verschulden haften (siehe hierzu die Ausführungen bei Rn 323).

314   Die Überprüfung der Verletzung der **Sorgfaltspflicht** erfolgt gs bereits auf Rechtswidrigkeitsebene – und zwar anhand des **objektivierten** Sorgfaltsmaßstabs des § 93 dAktG bzw § 84 öAktG (vgl Rn 32); für den Aufsichtsrat gilt dieser Maßstab über § 116 Abs 1 dAktG bzw § 99 Abs 1 öAktG sinngemäß (vgl Rn 185). Demnach muss der Vorstand die Sorgfalt eines ordentlichen und gewissenhaften Geschäftsleiters einhalten (für Aufsichtsratsmitglieder wird dieser Maßstab analog, unter Berücksichtigung ihrer Rolle als Überwachungsorgan, angewendet). Wer den objektiv festgelegten – wenn auch an den tatsächlichen Verhältnissen des Unternehmens und der Organfunktion (va Leitungsorgan oder Überwachungsorgan) individualisierten – Sorgfaltsmaßstab nicht einhält, der handelt **pflichtwidrig und schuldhaft** (siehe zur Behandlung der Rechtswidrigkeit Rn 245). „Für die normalerweise zu verlangenden Fähigkeiten eines solchen Geschäftsleiters muss das Vorstandsmitglied einstehen. Hat ein Vorstandsmitglied seine Pflichten objektiv verletzt […], so wird es ihm gewöhnlich auch subjektiv zumutbar gewesen sein, sich wie ein ordentlicher und gewissenhafter Geschäftsleiter zu verhalten."[725] Da der Sinn dieser Objektivierung des Sorgfaltsmaßstabs gerade darin liegt, dass sich das Organmitglied nicht auf seine **fehlenden Kenntnisse und Fähigkeiten** berufen kann[726] (Vorwurf des Übernahmeverschuldens[727]), sondern einen ganz bestimmten Sorgfaltsstandard aufbringen muss, **indiziert** die Verletzung des Sorgfaltsmaßstabs gleichzeitig ein Verschulden des Organmitglieds. Mit der Verletzung der objektiven Sorgfaltspflicht liegt daher idR sowohl Rechtswidrigkeit, als auch Verschulden vor, weil das Organ die Kenntnisse haben muss, die für diese Funktion konkret erforderlich sind.

---

[721] *Perner/Spitzer/Kodek*, Bürgerliches Recht, 276.

[722] *M. Roth*, Unternehmerisches Ermessen und Haftung des Vorstands, 137.

[723] *Spindler* in Münchener Kommentar zum AktG, § 93 Rn 158.

[724] *Hoffmann*, Existenzvernichtende Haftung von Vorständen und Aufsichtsräten?, NJW 2012, 1393 (1395).

[725] *Spindler* in Münchener Kommentar zum AktG, § 93 Rn 159.

[726] *Habersack* in Münchener Kommentar zum AktG, § 116 Rn 70; OGH 26.2.2002, 1 Ob 144/01k = ecolex 2003/22 = GeS 2002, 26 = GesRZ 2002, 26 = RdW 2002/350 = SZ 2002/26 = wbl 2002/227.

[727] *Semler* in *Semler/v. Schenck*, Arbeitshandbuch für Aufsichtsratsmitglieder, § 1 Rn 266.

Das Organmitglied handelt daher gs immer subjektiv vorwerfbar (verschuldet), wenn **315**
es rechtswidrig gehandelt hat, es sei denn es liegt ein **Entschuldigungsgrund**, wie beispielsweise Deliktsunfähigkeit[728] oder entschuldigender Notstand, vor.[729] Die Rolle von
subjektiven Elementen wird auf Ausnahmefälle reduziert. Der Verschuldensprüfung kommt
daher im Innenhaftungsprozess „in der Praxis nur geringe Bedeutung zu, da sich kaum Situationen finden lassen, in denen zwar eine objektive, aber keine subjektive Pflichtwidrigkeit
vorliegt."[730]

Organmitglieder erfüllen **eigene Pflichten**[731] und haften nur für **eigenes** Verschulden; die **316**
Tatbeiträge anderer Organmitglieder werden ihnen nicht zugerechnet.[732]

Die Rolle der Verschuldensebene ist aber nicht völlig auf das Vorliegen von Entschul- **317**
digungsgründen reduziert. Handelt es sich um die Verletzung einer **spezialgesetzlichen**
Regelung (zur Pflichtengruppe der sonstigen Pflichten, siehe bereits Rn 87), so ergibt sich
die Rechtswidrigkeit aus der Verletzung dieser Regelung – die Sorgfaltspflicht ist für die
Beurteilung des Verschuldens relevant.[733] Zur Prüfung der Sorgfaltspflicht im Rahmen der
Legalitätspflicht, siehe sogleich.

Dogmatisch betrachtet wird aber auf die Verschuldensprüfung nicht verzichtet, auch wenn **318**
dieser Eindruck dadurch vermittelt werden mag, dass bei der Verschuldensprüfung lediglich
auf die bereits erfolgte Prüfung der Rechtswidrigkeit verwiesen wird. Der Verzicht auf die
Verschuldensprüfung würde zu einer **Erfolgshaftung** führen, gegen die sich Gesetzgebung
und Rspr mehrfach entschieden ausgesprochen haben.[734] Unerwünscht ist eine solche Erfolgshaftung nicht zuletzt wegen einer dadurch hervorgerufenen Verlagerung des unternehmerischen Risikos der Gesellschaft auf die Organmitglieder.[735]

---

[728] *Koziol*, Haftpflichtrecht, Rn 5/44; *Adensamer/Eckert* in *Kalss*, Vorstandshaftung in 15 europäischen
Ländern, 192; *Kalss* in *Kalss/Nowotny/Schauer*, Gesellschaftsrecht, Rn 3/416.
[729] *Adensamer/Eckert* in *Kalss*, Vorstandshaftung in 15 europäischen Ländern, 192.
[730] *Spindler* in Münchener Kommentar zum AktG, § 93 Rn 158. Ebenso *Hölters*, Kommentar zum
Aktiengesetz, § 93 Rn 248; *Fleischer* in *Spindler/Stilz*, Kommentar zum Aktiengesetz, § 93 Rn 193.
[731] *Spindler* in Münchener Kommentar zum AktG, § 93 Rn 161.
[732] *Habersack* in Münchener Kommentar zum AktG, § 116 Rn 70; *Spindler* in Münchener Kommentar
zum AktG, § 93 Rn 161.
[733] *M. Roth*, Unternehmerisches Ermessen und Haftung des Vorstands, 39.
[734] *Spindler* in Münchener Kommentar zum AktG, § 93 Rn 5; OGH 24.6.1998, 3 Ob 34/97i, ecolex
1998, 776 (Anm. *Reich-Rohrwig*); *U. Torggler*, Von Schnellschüssen, nützlichen Gesetzesverletzungen und
spendablen Aktiengesellschaften, wbl 2009, 168 (168); *Arnold/Rechberger*, Neues vom Haften, Anfechten
und Hinterlegen, GeS 2005, 184 (184); *BegrRefE UMAG*, 17 (abzurufen unter <www.bmj.bund.de/media/
archive/701.pdf>); *Fleischer*, Die Business Judgment Rule, ZIP 2004, 685 (686); *Spindler* in Münchener
Kommentar zum AktG, § 93 Rn 8.
[735] *Adensamer/Eckert* in *Kalss*, Vorstandshaftung in 15 europäischen Ländern, 110.

2. Ausnahme: Objektive Pflichtverletzung ohne subjektive Pflichtverletzung

319   Eine objektive Pflichtverletzung ohne subjektive Pflichtverletzung ist gs die Ausnahme.[736] Eine solche ist beispielsweise dort denkbar, wo Legalitätspflicht und Überwachungspflicht im Rahmen der *Compliance*-Organisation zusammentreffen. Verletzt der Vorstand seine externe Legalitätspflicht (dh Verletzung einer klaren gesetzlichen Pflicht der Gesellschaft), so handelt es sich dabei gs per se um eine Pflichtverletzung des Vorstands (kein Ermessen im Rahmen der externen Legalitätspflicht). Eine gesonderte Prüfung der Sorgfaltspflicht ist auch in diesem Fall auf Verschuldensebene geboten.

320   Ordnet das Vorstandsmitglied eine Gesetzesverletzung der Gesellschaft **ausdrücklich** an, so ergeben sich auf Verschuldensebene gs keine Schwierigkeiten, da Vorsatz gegeben ist (zB Anordnung des Vorstands, umweltrechtliche Vorschriften zu missachten).

321   In der Literatur selten angesprochen wird demgegenüber der **unbeabsichtigte Verstoß** gegen gesetzliche Normen. Aus der Überwachungspflicht ist der Vorstand verpflichtet, für die Einrichtung eines effektiven Kontrollsystems zu sorgen, um Gesetzesverstöße durch die Gesellschaft und dessen Mitarbeiter hintanzuhalten. Für ein großes Unternehmen sind Gesetzesverstöße idR trotz tw immensem Aufwand nicht gänzlich zu vermeiden. Hier kommen sowohl eine Verletzung der externen Legalitätspflicht als auch eine Verletzung der Überwachungspflicht zusammen. Hinsichtlich der **Überwachungspflicht** steht dem Vorstand ein unternehmerischer Ermessensspielraum zu (zB Umsetzung einer effektiven *Compliance*-Organisation[737]). Soweit der Vorstand seine Sorgfaltspflicht (bzw die BJR) im Rahmen der Überwachungspflicht eingehalten hat und es dennoch zu einer Gesetzverletzung kommt, so entfällt die Haftung bereits auf Rechtswidrigkeitsebene (der Vorstand hat die objektive Sorgfalt eingehalten) bzw kann zwar eine Pflichtverletzung auf Rechtswidrigkeitsebene vorliegen, die Haftung jedoch dennoch mangels Verschulden auf Verschuldensebene entfallen.[738] Zu gleichem Ergebnis sollte man bei der Haftungsprüfung bei der Verletzung der externen **Legalitätspflicht** gelangen, da hier der Vorstand zwar objektiv rechtswidrig gehandelt hat (die externe Legalitätspflicht wurde objektiv betrachtet verletzt, da ein Gesetz verletzt wurde – jede Gesetzesverletzung ist hier per se eine Pflichtverletzung), aber auf Verschuldensebene ist vorzubringen, dass der Vorstand sorgfältig gehandelt hat.

II. Haftung

322   Im Ergebnis ist die Haftung zu bejahen, wenn das Organmitglied einen Schaden durch rechtswidriges und schuldhaftes Verhalten adäquat verursacht hat. Die Haftung wird im Gerichtsverfahren durch Urteil festgestellt.

---

[736] *Spindler* in Münchener Kommentar zum AktG, § 93 Rn 158; *Hölters*, Kommentar zum Aktiengesetz, § 93 Rn 248; *Fleischer* in *Spindler/Stilz*, Kommentar zum Aktiengesetz, § 93 Rn 193.
[737] Vgl auch Rn 45.
[738] Siehe auch *Ringleb* in *Ringleb* in *Ringleb/Kremer/Lutter/v. Werder*, DCGK-Kommentar, Rn 594.

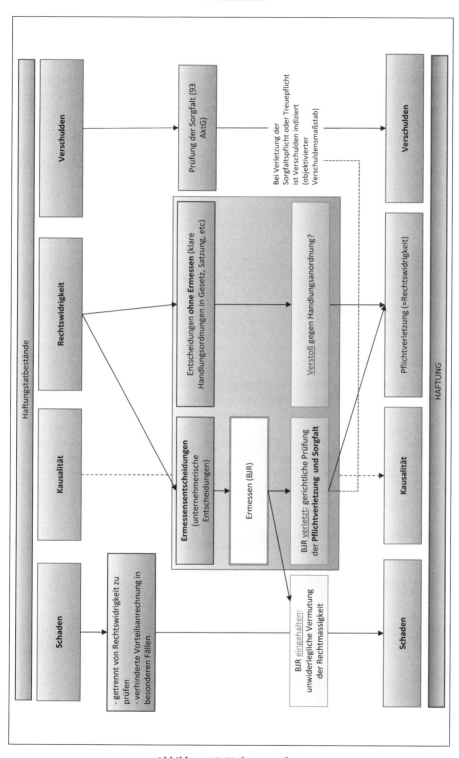

Abbildung 10: Haftungsprüfung

A. Gesamtschuldner und Ressortverteilung

323 Haben Vorstandsmitglieder ihre Pflichten verletzt, und liegen auch die übrigen Voraussetzungen der Haftung vor, so haften die betroffenen Vorstandsmitglieder der Gesellschaft gegenüber für den dadurch entstandenen Schaden als **Gesamtschuldner** (gleiches gilt auch für den Aufsichtsrat[739]); die pflichtwidrig handelnden Organmitglieder haften demnach für den auf ihrer Pflichtverletzung beruhenden **Schaden**, ohne Rücksicht auf Art und Schwere ihres Mitverschuldens[740] (§ 426 BGB). „Das gilt auch, wenn die einen eine konkrete Pflichtverletzung begangen, die anderen nur die ihnen als Vorstands- oder Aufsichtsratsmitgliedern obliegenden Kontrollpflichten verletzt haben".[741] Organmitglieder haften überdies bloß für **eigenes Verschulden** – eine Zurechnung von Tatbeiträgen anderer Organmitglieder findet keinesfalls statt (diese kann aber im Rahmen eines Gesamtschuldnerregresses Bedeutung erlangen)[742]. Die Ersatzpflicht setzt stets eine Pflichtverletzung und Verschulden des einzelnen Mitglieds voraus; Organmitglieder, die ihre Pflichten nicht verletzt haben, haften demnach nicht[743]. Eine Haftung des Kollegialorgans besteht nicht. Ebenso wenig ist eine Abstufung der Ersatzpflicht nach Verschuldensgrad vorgesehen.

324 Intern kann eine solche Abstufung aber im **Regressprozess** zwischen den Vorstandsmitgliedern bzw den Aufsichtsratsmitgliedern[744] erfolgen, soweit Unterschiede im Grad der Verursachung und des Verschuldens bestehen (§ 254 BGB)[745] (auch für den Aufsichtsrat[746]). Auch zwischen Vorstand und Aufsichtsrat kann sich nach diesen Regeln eine unterschiedliche Heranziehung ergeben (die Aufsichtsratsmitglieder haben den Schaden idR nur nicht verhindert).[747] Die gleichen Beweislastregeln wie im Haftungsprozess sind aber auch im Regressprozess anzuwenden.[748]

325 Soweit eine **Ressortverteilung** vereinbart wurde, wirkt sich diese auch auf die Gesamtverantwortlichkeit der Vorstandsmitglieder aus – sie hebt die Pflichtenbindung unzuständiger Vorstandsmitglieder aber nicht auf.[749] Es bleibt gs bei der Gesamtverantwortung, jedoch trägt jedes Vorstandsmitglied die primäre Verantwortung für den ihm zugeteilten Ressortbereich (**Ressortverantwortung**)[750]. Hinsichtlich der übrigen Ressorts besteht eine abgeänderte Sorgfaltspflicht – sie wandelt sich von der unmittelbaren Geschäftsführungspflicht zu einer allgemeinen Beaufsichtigungspflicht der Ressorts in der Verantwortung eines anderen Vorstands-

---

[739] *Habersack* in Münchener Kommentar zum AktG, § 116 Rn 73.

[740] OLG Düsseldorf, AG 1997, 231 (237); *Spindler* in Münchener Kommentar zum AktG, § 93 Rn 127; *Hölters*, Kommentar zum Aktiengesetz, § 93 Rn 247; *Kalss* in *Kalss/Nowotny/Schauer*, Gesellschaftsrecht, Rn 3/425.

[741] *Mertens/Cahn*, in Kölner Kommentar zum AktG, § 93 Rn 50.

[742] *Habersack* in Münchener Kommentar zum AktG, § 116 Rn 70.

[743] *Habersack* in Münchener Kommentar zum AktG, § 93 Rn 127; *Habersack* in Münchener Kommentar zum AktG, § 116 Rn 70.

[744] *Habersack* in Münchener Kommentar zum AktG, § 116 Rn 73.

[745] *Hölters*, Kommentar zum Aktiengesetz, § 93 Rn 247; *Mertens/Cahn*, in Kölner Kommentar zum AktG, § 93 Rn 50; *Habersack* in Münchener Kommentar zum AktG, § 93 Rn 127.

[746] *Habersack* in Münchener Kommentar zum AktG, § 116 Rn 73; BGHZ 17, 214 (222).

[747] *Habersack* in Münchener Kommentar zum AktG, § 116 Rn 73.

[748] *Mertens/Cahn*, in Kölner Kommentar zum AktG, § 93 Rn 50.

[749] *Hüffer*, Kommentar zum AktG, § 93 Rn 13a. So auch für den AR: *Hüffer*, Kommentar zum AktG, § 116 Rn 9.

[750] *Spindler* in Münchener Kommentar zum AktG, § 93 Rn 131; *Kalss* in *Kalss/Nowotny/Schauer*, Gesellschaftsrecht, Rn 3/425; *Feltl* in *Ratka/Rauter*, Handbuch Geschäftsführerhaftung, 9/117.

mitglieds (**Überwachungs- bzw Aufsichtspflicht** der unzuständigen Vorstandsmitglieder).[751] Der Umfang der Überwachungspflicht ist vom Einzelfall abhängig.[752] Eine Pflicht zum Einschreiten besteht aber jedenfalls dann, wenn sich für das nicht zuständige Vorstandsmitglied Anhaltspunkte ergeben, dass das zuständige Vorstandsmitglied seinen Pflichten nicht nachkommt.[753] „Fehlen solche Anhaltspunkte und besteht auch kein vergleichbarer Sachverhalt, so ist der Beweis fehlender Pflichtwidrigkeit unterbliebenen Einschreitens erbracht",[754] und das unzuständige Vorstandsmitglied ist damit von der Haftung befreit – es hat seine Überwachungspflicht nicht verletzt.

> **Haftung und Ressortverteilung**: Eine schriftlich fixierte und auf Satzung, Gesellschafterbeschluss oder Geschäftsordnung beruhende und dokumentierte Geschäftsverteilung ist erforderlich, um klar darlegen zu können, welches Vorstandsmitglied die unmittelbare Verantwortung für welches Ressort zu welcher Zeit hatte. Überdies müssen die Vorstandsmitglieder bei der Aufgabenverteilung darauf achten, dass das jeweilig zuständige Vorstandsmitglied die hierfür erforderlichen persönlichen und fachlichen Kenntnisse aufbringt, um die ihm übertragenen Aufgaben zu erfüllen. Zu beachten ist, dass ein Vorstandsmitglied auch für Pflichtverletzungen in anderen Ressorts haftet, wenn es seiner Überwachungspflicht nicht nachgekommen ist.

B. Mithaftung

Gemäß § 117 dAktG bzw § 100 öAktG wird ersatzpflichtig, wer für sich oder einen Anderen **gesellschaftsfremde Vorteile** erlangen möchte und hierfür vorsätzlich, unter Ausnutzung seines Einflusses auf die Gesellschaft, ein Mitglied des Vorstands oder des Aufsichtsrats dazu bestimmt, zum Schaden der Gesellschaft oder ihrer Aktionäre zu handeln. Die Norm **bezweckt** die Integrität des Verwaltungshandelns, Schutz des Gesellschaftsvermögens und Schutz der Aktionäre (soweit ein Ausgleich des Schadens nicht über das Gesellschaftsvermögen möglich ist).[755] Als **Täter** kommen sowohl natürliche als auch juristische Personen des privaten und öffentlichen Rechts in Betracht, die Einfluss auf die Gesellschaft haben.[756] Auch kommen Vorstands- und Aufsichtsratmitglieder gegenüber anderen Vorstands- und Aufsichtsratmitgliedern als Täter in Betracht.[757] Es handelt sich um eine Haftung als **Gesamtschuldner** mit dem Einflussnehmer.[758] **Anspruchsberechtigt** sind neben der AG auch geschädigte Aktionäre, letztere jedoch nur für Schäden, die über den Reflexschaden hinausgehen.[759] **Geltend gemacht** werden die Ansprüche gegen den Vorstand vom Aufsichtsrat, gegen den Aufsichtsrat vom Vorstand.

326

---

[751] *Spindler* in Münchener Kommentar zum AktG, § 93 Rn 132; *Fleischer* in *Spindler/Stilz*, Kommentar zum Aktiengesetz, § 77 Rn 48.

[752] *Hüffer*, Kommentar zum AktG, § 93 Rn 13a; *Hölters*, Kommentar zum Aktiengesetz, § 93 Rn 236.

[753] *Hüffer*, Kommentar zum AktG, § 93 Rn 13a.

[754] *Hüffer*, Kommentar zum AktG, § 93 Rn 13a.

[755] *Hüffer*, Kommentar zum AktG, § 117 Rn 1.

[756] *Spindler* in Münchener Kommentar zum AktG, § 117 Rn 10.

[757] *Bank* in *Patzina/Bank/Schimmer/Simon-Widmann*, Haftung von Unternehmensorganen, § 6 Rn 304.

[758] *Hüffer*, Kommentar zum AktG, § 117 Rn 10; *Kalss* in *Kalss/Nowotny/Schauer*, Gesellschaftsrecht, Rn 3/436.

[759] *Hüffer*, Kommentar zum AktG, § 117 Rn 9.

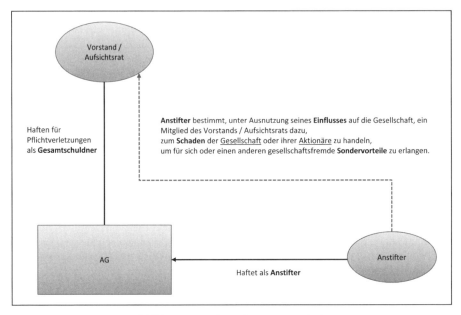

Abbildung 11: Haftung der Organmitglieder

C. Begrenzung der Innenhaftung?

327   Das Organhaftungsrecht des AktG sieht keine Begrenzung des Schadensersatzes vor, der von den Organen der AG bei positiv festgestellter Pflichtverletzung zu leisten ist. Die Grundsätze über die Haftungsmilderung aus dem Arbeitsrecht gelangen nicht zur Anwendung.[760] Auch wird keine Rücksicht auf den Grad des Verschuldens genommen.

328   So wird auch eine **vertragliche Begrenzung** der Innenhaftung, beispielsweise in der Satzung (etwa auf reine Vorsatzfälle), in der Lehre als unzulässig angesehen (jedoch überwiegend auf historische Rspr gestützt).[761] Im Hinblick auf jüngere „potenziell existenzvernichtende" Haftungsklagen im Milliardenbereich, und unter Berücksichtigung des in Deutschland zwingenden D&O-Selbstbehalts, sollte eine solche Haftungsminderung jedenfalls für Fälle der leichten Fahrlässigkeit angedacht werden.[762] Die Satzungsstrenge scheint dem nicht zwingend im Wege zu stehen.[763]

329   Auch aus **Billigkeitsgesichtspunkten** und zur Gewährleistung unternehmerisch geprägter Unternehmensführung wäre eine Begrenzung auf eine angemessene Ersatzpflicht zu begrüßen, zumindest soweit (a) dem Vorstand eine Pflichtverletzung nicht positiv nachgewiesen werden kann (aber aufgrund der Beweislastregel eine Pflichtverletzung angenommen wird), (b) die Versicherung nicht den gesamten Schaden übernimmt (Selbstbehalt bzw zu niedrige Deckungssumme) und (c) der durch den Vorstand zu ersetzende Schaden außerhalb jeder

---

[760] *Mertens/Cahn*, in Kölner Kommentar zum AktG, § 93 Rn 37.

[761] *Hoffmann*, Existenzvernichtende Haftung von Vorständen und Aufsichtsräten?, NJW 2012, 1393 (1395).

[762] *Hoffmann*, Existenzvernichtende Haftung von Vorständen und Aufsichtsräten?, NJW 2012, 1393 (1398).

[763] Siehe hierzu im Detail *Hoffmann*, Existenzvernichtende Haftung von Vorständen und Aufsichtsräten?, NJW 2012, 1393 (1395).

Proportion zum Einkommen des Vorstandsmitglieds steht und dessen Existenz nachhaltig bedroht.[764]

Bedenkt man, dass in einer jüngeren Klage rund €3,5 Mrd an Schadensersatz geltend ge- **330** macht wurden, scheint eine angemessene Minderung im Falle einer Verurteilung überlegenswert. Allein der verpflichtende Selbstbehalt der D&O-Versicherung würde hier jedenfalls die gesetzliche Grenze erreichen.[765]

III. Prozessrechtliche Bestimmungen

A. Verzicht und Vergleich

Das dAktG und öAktG sehen Regelungen betreffend Verzicht und Vergleich über Haf- **331** tungsansprüche der Gesellschaft gegenüber dem Vorstandsmitglied vor.

Gemäß § 93 Abs 4 S 2 und 3 dAktG bzw § 84 Abs 4 S 2 und 3 öAktG kann die Gesellschaft **332** erst nach Ablauf von **drei Jahren** (in Österreich nach fünf Jahren) ab Entstehung des Anspruchs auf Ersatzansprüche verzichten oder sich darüber vergleichen (sog Sperrfrist). Davon sind nicht nur materiell-rechtliche Verzichte und Vergleiche umfasst, sondern auch alle Maßnahmen gerichtlicher und außergerichtlicher Art, denen die gleiche Wirkung zukommt.[766] Diese Frist ist eine Sperrfrist, innerhalb welcher die Gesellschaft keine Verzichts- oder Vergleichserklärungen abgeben kann. Rechtsgeschäfte oder Rechtshandlungen, die vor Ablauf der festgelegten Frist vorgenommen werden, bleiben **ungültig**.[767] In Deutschland wird eine teleologische Reduktion der Sperrfrist gs abgelehnt; die Abschaffung der Sperrfrist wird vielfach gefordert, da sie auch sinnvollen Absprachen zwischen Gesellschaft und Vorstand im Wege steht.[768] Zulässig ist die Zession von Ersatzansprüchen, soweit dadurch das Verzichts- oder Vergleichsverbot nicht umgangen wird.[769]

Zweck dieser objektiven Frist ist die Vermeidung des voreiligen Anspruchsverzichts.[770] **333** Es soll sichergestellt werden, dass Vorstand und Aufsichtsrat nicht jeweils wechselseitig als Vertreter der Gesellschaft auf ihre Ansprüche verzichten.[771]

---

[764] *Mertens/Cahn*, in Kölner Kommentar zum AktG, § 93 Rn 38.

[765] Dieser könnte durch eine Selbstbehalts-Zusatzversicherung gedeckt sein.

[766] *Hüffer*, Kommentar zum AktG, § 93 Rn 28; *Strasser* in *Jabornegg/Strasser*, Kommentar zum Aktiengesetz, §§ 77–84 Rn 112; *Schlosser*, Die Organhaftung der Vorstandsmitglieder der Aktiengesellschaft, 120 f.

[767] *Hüffer*, Kommentar zum AktG, § 93 Rn 28.

[768] *Hüffer*, Kommentar zum AktG, § 93 Rn 29.

[769] *Hopt* in Großkommentar zum Aktiengesetz, § 93 Rn 377; *Mertens/Cahn*, in Kölner Kommentar zum AktG, § 93 Rn 172; *Schlosser*, Die Organhaftung der Vorstandsmitglieder der Aktiengesellschaft, 121.

[770] *Schlosser*, Die Organhaftung der Vorstandsmitglieder der Aktiengesellschaft, 122 mwN.

[771] *Pelzer* in *Semler/Pelzer*, Arbeitshandbuch für Vorstandsmitglieder, § 9 Rn 208; *Hüffer*, Kommentar zum AktG, § 93 Rn 29.

334 Gemäß Abs 4 müssen zwei **Voraussetzungen** für die Gültigkeit eines Verzichts oder Vergleichs gegeben sein; bis dahin sind sie schwebend unwirksam.[772]

- **Zustimmung der Hauptversammlung** (es genügt einfache Mehrheit[773]).
- **Kein Widerspruch** einer qualifizierten Minderheit von 10% (in Österreich 20%) des vorhandenen (nicht des vertretenen[774]) Grundkapitals. Negatives Stimmverhalten wird bei der Abstimmung über die Erteilung der Zustimmung jedoch nicht als Widerspruch gewertet; für einen Widerspruch ist vielmehr ein besonderer Verfahrensgang erforderlich.[775]

335 **Zuständig** für die Verhandlung eines Verzichts oder Vergleichs für Ansprüche gegen den Vorstand ist der Aufsichtsrat; für Ansprüche gegen den Aufsichtsrat ist der Vorstand zuständig.[776] Ein wirksamer Verzicht oder Vergleich, steht einem **Klagezulassungsverfahren**[777] entgegen; ein Zulassungsantrag ist dann unzulässig.[778] Ein bereits anhängiges Verfahren ist zu beenden.[779]

336 Obwohl umstritten, sollte dem für die Verhandlung des Verzichts bzw Vergleichs zuständigen Organ ein weiter **unternehmerischer Ermessensspielraum** iSd BJR zukommen (schließlich ist auch die Zustimmung der Hauptversammlung einzuholen).[780]

337 An dieser Stelle sei auf die Bedeutung eines Vergleichs der Gesellschaft mit einem Dritten hingewiesen, da hier stets auch die Folgen für die Organmitglieder mitzuberücksichtigen sind. Die Haftung der Gesellschaft im **Außenverhältnis** wird oft auch die Bejahung einer Pflichtverletzung des Vorstands im Innenverhältnis zur Folge haben, soweit die Gesellschaft durch den Vorstand vertreten wurde[781] – mit der Konsequenz, dass der Vorstand für den im Außenverhältnis angefallenen Ersatz verantwortlich gemacht werden könnte. Ein durch die Gesellschaft abgeschlossener Vergleich hat hier besondere Bedeutung, sodass bei Vergleichsverhandlungen stets darauf geachtet werden sollte, inwiefern dieser auch über die Schuld bzw Pflichtverletzung des Vorstands eine Absprache trifft. Hier wäre denkbar, dass der Vorstand nach den individuellen Umständen anders als die Gesellschaft zu behandeln ist.[782]

---

[772] *Kalss* in *Kalss/Nowotny/Schauer*, Gesellschaftsrecht, Rn 3/420.

[773] *Spindler* in Münchener Kommentar zum AktG, § 93 Rn 222; *Fleischer* in *Spindler/Stilz*, Kommentar zum Aktiengesetz, § 93 Rn 236.

[774] *Hüffer*, Kommentar zum AktG, § 93 Rn 29.

[775] *Strasser* in *Jabornegg/Strasser*, Kommentar zum Aktiengesetz, §§ 77-84 Rn 113; *Kalss* in *Kalss/Nowotny/Schauer*, Gesellschaftsrecht, Rn 3/420.

[776] *Dietz-Vellmer*, Organhaftungsansprüche in der Aktiengesellschaft: Anforderungen an Verzicht oder Vergleich durch die Gesellschaft, NZG 2011, 248 (254).

[777] Siehe § 148 dAktG.

[778] *Hüffer*, Kommentar zum AktG, § 93 Rn 29.

[779] *Dietz-Vellmer*, Organhaftungsansprüche in der Aktiengesellschaft: Anforderungen an Verzicht oder Vergleich durch die Gesellschaft, NZG 2011, 248 (254).

[780] *Dietz-Vellmer*, Organhaftungsansprüche in der Aktiengesellschaft: Anforderungen an Verzicht oder Vergleich durch die Gesellschaft, NZG 2011, 248 (254).

[781] *Hoffmann*, Existenzvernichtende Haftung von Vorständen und Aufsichtsräten?, NJW 2012, 1393 (1394).

[782] *Hoffmann*, Existenzvernichtende Haftung von Vorständen und Aufsichtsräten?, NJW 2012, 1393 (1394).

B. Entlastung bei Handlungsanordnung durch Hauptversammlung

Vorstandsmitglieder haften gem § 93 Abs 4 S 1 dAktG der Gesellschaft gegenüber nicht, **338** wenn ihre Handlungen auf einem **gesetzmäßigen Beschluss** der Hauptversammlung beruhen (und dieser Beschluss für das Vorstandsmitglied bindend ist und dieses nicht bloß ermächtigt).[783] Damit wird für den deutschen Rechtraum die Durchführung von Hauptversammlungsbeschlüssen ausdrücklich für **haftungsfrei** erklärt, soweit der Vorstand den Beschluss, etwa gemäß § 83 Abs 2 dAktG, auszuführen hat.

In **Österreich** existiert eine vergleichbare Verpflichtung zur Ausführung von Hauptver- **339** sammlungsbeschlüssen nicht – diese Verpflichtung ergibt sich vielmehr als **Annexzuständigkeit** zur jeweiligen Hauptversammlungskompetenz.[784] Die Ausführung selbst ist ebenso nach § 84 Abs 4 öAktG ausdrücklich von der Haftung freigestellt.

Erforderlich ist die Entlastung, da in Fällen einer Entscheidungsanordnung durch die **340** Hauptversammlung dem Vorstandsmitglied kein unternehmerischer Ermessensspielraum zukommt, sondern dieser schlicht die Handlungsanordnung umzusetzen hat. Folglich liegt die Entscheidung bei der Hauptversammlung; das Vorstandsmitglied handelt lediglich als Umsetzungs- oder Vollstreckungsorgan (auch bezeichnet als **Folgepflicht**[785]).

Das Vorstandsmitglied hat allerdings darauf zu achten, dass es die Hauptversammlung bei **341** der Vorbereitung auf ihre Entscheidung entsprechend **informiert** und nicht durch selektive Informationsüberlassung auf die Entscheidung unzulässigen Einfluss nimmt.[786] In einem solchen Fall entlastet der Beschluss der Hauptversammlung gs nicht (es sei denn, die Hauptversammlung hätte die Nachteiligkeit des Beschlusses bzw den Mangel an Informationen erkennen können – der Schadensersatzanspruch der Gesellschaft ist dann analog zu § 254 BGB zu mindern[787]).

Das Vorstandsmitglied kann sich keinesfalls auf gem § 241 dAktG bzw § 199 öAktG **342** **nichtige** Hauptversammlungsbeschlüsse berufen;[788] von ihrer ursprünglichen Nichtigkeit **geheilte** Beschlüsse sind demgegenüber verpflichtend durchzuführen.[789] **Anfechtbare** Beschlüsse werden gesetzmäßig, wenn sie wegen Fristablaufs nicht mehr anfechtbar sind und sind daher in weiterer Folge **durchzuführen**.[790] Anfechtbare Beschlüsse müssen nicht immer angefochten werden.[791] Ändert sich nach der Beschlussfassung der Hauptversammlung die Lage „wesentlich", so ist der Vorstand nicht mehr zur Ausführung des Hauptversammlungsbeschlusses verpflichtet.

---

[783] *Mertens/Cahn*, Kölner Kommentar zum AktG, § 93 Rn 148.

[784] *Feltl* in *Ratka/Rauter*, Handbuch Geschäftsführerhaftung, 9/227 f.

[785] *Mertens/Cahn*, in Kölner Kommentar zum AktG, § 93 Rn 149. Ähnliches hat wohl auch in Österreich gem § 1304 ABGB zu gelten.

[786] *Hopt* in Großkommentar zum Aktiengesetz, § 93 Rn 325; *Kalss* in *Kalss/Nowotny/Schauer*, Gesellschaftsrecht, Rn 3/418.

[787] *Hopt* in Großkommentar zum Aktiengesetz, § 93 Rn 325.

[788] *Hopt* in Großkommentar zum Aktiengesetz, § 93 Rn 317 ff; *Kalss* in *Kalss/Nowotny/Schauer*, Gesellschaftsrecht, Rn 3/418.

[789] *Hopt* in Großkommentar zum Aktiengesetz, § 93 Rn 317 ff.

[790] *Hüffer*, Kommentar zum AktG, § 93 Rn 25; *Feltl* in *Ratka/Rauter*, Handbuch Geschäftsführerhaftung, 9/419. .

[791] *Hopt* in Großkommentar zum Aktiengesetz, § 93 Rn 317 ff.

C. Verjährung

343   Ansprüche aus § 93 dAktG bzw § 84 öAktG verjähren in **fünf Jahren**; soweit das Unternehmen zum Zeitpunkt der Pflichtverletzung börsennotiert ist in **zehn Jahren** (§ 93 Abs 6 dAktG). Fristbeginn ist gem § 200 BGB der Zeitpunkt der Entstehung des Anspruchs (**objektive Frist**),[792] auf die Kenntnis des Anspruchs kommt es nicht an. Umfasst von der Verjährung sind alle Ansprüche der Gesellschaft gegen den Vorstand aus § 93 Abs 1 bis Abs 5 dAktG (inkl Ansprüche von Gesellschaftsgläubigern[793]) sowie auch vertragliche Ansprüche aus dem Anstellungsvertrag.[794] Für den Aufsichtsrat gilt diese Regelung über § 116 S 1 dAktG.[795] Auf den Verschuldensgrad kommt es für die Verjährung nicht an.[796] Für konkurrierende **deliktische** Ansprüche können andere (meist kürzere) Verjährungsfristen zur Anwendung gelangen, meist handelt es sich hierbei jedoch um Fristen mit *subjektivem* Fristbeginn (dh ab Kenntnis oder Kennenmüssen gem § 199 BGB).

344   Für **Österreich** gilt gem § 84 Abs 6 öAktG eine Verjährungsfrist von **fünf Jahren** – eine längere Frist bei börsennotierten Unternehmen ist nicht vorgesehen. Hierbei handelt es sich um eine **subjektive** Frist, die erst zu laufen beginnt, „wenn der Gesellschaft der Schädiger und der von ihm verursachte Schaden dem Grunde bzw. der Höhe nach bekannt sind."[797] Die objektive Verjährungsfrist beträgt 40 Jahre (§ 1472 ABGB).

D. Geltendmachung

345   Für die Geltendmachung von Ansprüchen der Gesellschaft aus **Pflichtverletzungen des Vorstands** ist der **Aufsichtsrat** zuständig (inkl gegen bereits ausgeschiedene Vorstandsmitglieder[798]). Umfasst sind hiervon auch Handlungen, um die Geltendmachung von Ansprüchen vorzubereiten.[799]

346   Für die Geltendmachung von Ansprüchen der Gesellschaft aus **Pflichtverletzungen des Aufsichtsrats** ist gs der Vorstand zuständig. Auf Beschluss der Hauptversammlung hat der Aufsichtsrat die Ersatzansprüche durchzusetzen (§ 147 dAktG).[800] Aktionäre selbst können nur unter den eingeschränkten Voraussetzungen des § 148 dAktG Klage erheben.

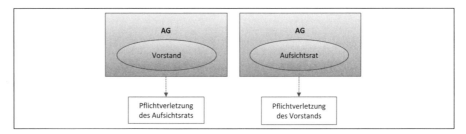

Abbildung 12: Zuständige Organe für Geltendmachung von Haftungsansprüchen

---

[792] *Hüffer*, Kommentar zum AktG, § 93 Rn 37.
[793] *Hüffer*, Kommentar zum AktG, § 93 Rn 36.
[794] *Spindler* in Münchener Kommentar zum AktG, § 93 Rn 253.
[795] *Hüffer*, Kommentar zum AktG, § 93 Rn 36.
[796] *Spindler* in Münchener Kommentar zum AktG, § 93 Rn 253.
[797] *Kalss* in Münchener Kommentar zum AktG, § 93 Rn 325.
[798] *Hölters* in *Hölters*, Kommentar zum Aktiengesetz, § 93 Rn 291.
[799] *Hölters* in *Hölters*, Kommentar zum Aktiengesetz, § 93 Rn 291.
[800] *Habersack* in Münchener Kommentar zum AktG, § 116 Rn 72.

E. Beweislastverteilung

Den Regeln über die Verteilung der Beweislast kommt im Haftungsprozess eine große 347 Bedeutung zu. Vielfach hängt der Ausgang eines Haftungsverfahrens davon ab, wer für den Beweis eines Haftungselementes beweispflichtig ist. Gelingt ein Beweis nicht, so trifft den Beweispflichtigen der Nachteil aus dessen Nichterbringung.

Hinsichtlich der Beweislastverteilung ergeben sich im Gegensatz zu den allgemeinen Haf- 348 tungsnormen einige **Abweichungen**, die jenen der vertraglichen Haftung nahe kommen. Der Grund für diese Abweichungen ist idR das Informationsdefizit der Gesellschaft (vertreten durch den Aufsichtsrat) gegenüber dem Vorstand und die damit einhergehende Schwierigkeit, das Fehlverhalten des Vorstands nachzuweisen.[801] Für **Mitglieder des Aufsichtsrats** gelten im Übrigen die gleichen Vorschriften wie für den Vorstand.[802]

Der **Kläger** hat den Eintritt und die Höhe des **Schadens** und die **Kausalität** zu beweisen.[803] 349 Mit anderen Worten muss der Kläger beweisen, dass der AG ein Schaden entstanden ist (inkl ziffernmäßige Höhe des Schadens) und, dass dieser Schaden durch die Handlung des Organmitglieds (Tun oder Unterlassen) in einem ursächlichen Zusammenhang steht.[804]

Überdies hat der Kläger möglichst umfassend alle Umstände und **Tatsachen**[805] vorzu- 350 tragen, von denen auf die **Pflichtwidrigkeit** und damit auf das rechtswidrige Verhalten des Organmitglieds **geschlossen** werden kann.[806] Dies gilt unabhängig davon, ob die Pflichtwidrigkeit in einem aktiven Tun oder einem Unterlassen besteht.[807]

Oft wird im Zusammenhang mit den Beweislastregeln irreführenderweise von einer 351 Verschuldensvermutung der Vorstandsmitglieder gesprochen.[808] Vielmehr handelt es sich jedoch um eine **Beweislastumkehr**, welche sich unmittelbar aus § 93 Abs 2 S 2 dAktG[809] bzw § 84 Abs 2 S 2 öAktG ergibt,[810] und generell für die Rechtswidrigkeit und das Verschulden gilt. Demzufolge hat nicht der Anspruchsteller (idR die Gesellschaft) das Verschulden und die Rechtswidrigkeit des Organmitglieds zu beweisen, sondern hat das Organmitglied die

---

[801] *Spindler* in Münchener Kommentar zum AktG, § 93 Rn 162; *Patzina* in *Patzina/Bank/Schimmer/Simon-Widmann*, Haftung von Unternehmensorganen, § 5 Rn 1.

[802] *Patzina* in *Patzina/Bank/Schimmer/Simon-Widmann*, Haftung von Unternehmensorganen, § 5 Rn 2.

[803] *Hüffer*, Kommentar zum AktG, § 93 Rn 16.

[804] *Hüffer*, Kommentar zum AktG, § 93 Rn 16.

[805] Gemeint ist damit meist das *Verhalten*, das den Anschein der Rechtswidrigkeit ausgelöst hat.

[806] *Dauner-Lieb* in *Henssler/Strohn*, Gesellschaftsrecht, § 93 Rn 36; OGH 24.6.1998, 3 Ob 34/97i = ecolex 1998, 774 (Anm. *Reich-Rohrwig*) = GBU 1998/10/04 = RdW 1998, 671 = SZ 71/108; OGH 26.2.2002, 1 Ob 144/01k, GesRZ 2002, 86 (90); OGH 22.5.2003, 8 Ob 262/02s = ecolex 2003/313 = GeS 2003, 441 = RdW 2003/377 = ZIK 2003/293; *Arnold/Rechberger*, Neues vom Haften, Anfechten und Hinterlegen, GeS 2005, 184 (185); *Nowotny* in *Doralt/Nowotny/Kalss*, Kommentar zum Aktiengesetz, § 84 Rn 27; *Pelzer* in *Semler/Pelzer*, Arbeitshandbuch für Vorstandsmitglieder, § 9 Rn 190.

[807] *Hopt* in Großkommentar zum Aktiengesetz, § 93 Rn 283; *Spindler* in Münchener Kommentar zum AktG, § 93 Rn 167; *Kalss* in *Kalss/Nowotny/Schauer*, Gesellschaftsrecht, Rn 3/410.

[808] *Dauner-Lieb* in *Henssler/Strohn*, Gesellschaftsrecht, § 93 Rn 36; *Spindler* in Münchener Kommentar zum AktG, § 93 Rn 163; OGH 10.1.1978, 3 Ob 536/77 = GesRZ 1978, 36 = HS 11.291 = HS 11.302 = HS 11.305; *Kalss* in Münchener Kommentar zum AktG, § 93 Rn 321; *Kalss* in *Kalss/Nowotny/Schauer*, Gesellschaftsrecht, Rn 3/410; *Duursma/Duursma-Kepplinger/M. Roth*, Handbuch zum Gesellschaftsrecht, Rn 3943; *Schlosser*, Die Organhaftung der Vorstandsmitglieder der Aktiengesellschaft, 114; *Hueck/Windbichler*, Gesellschaftsrecht, § 27 Rn 35.

[809] „Ist streitig, ob sie die Sorgfalt eines ordentlichen und gewissenhaften Geschäftsleiters angewandt haben, so trifft sie die Beweislast."

[810] „Sie können sich von der Schadenersatzpflicht durch den Gegenbeweis befreien, daß sie die Sorgfalt eines ordentlichen und gewissenhaften Geschäftsleiters angewendet haben."

Einhaltung seines unternehmerischen Ermessensspielraums (BJR) und damit sein pflichtge-mäßes Handeln nachzuweisen.[811] Im Falle eines Verstoßes gegen einen in § 93 **Abs 3** dAktG bzw § 84 Abs 3 öAktG aufgezählten Tatbestand trifft das Vorstandsmitglied überdies die Behauptungs- und Beweislast für den fehlenden **Schaden**.[812] Die Beweislastumkehr bleibt freilich auch in jenen Fällen unberührt, in denen der Gesellschaft durch die Pflichtverletzung ein Vorteil entstanden ist (Rn 240). Das Organ hat auch hier zu beweisen, dass kein Schaden eingetreten ist.

352   Die Beweislastumkehr zulasten des Vorstands hinsichtlich der Rechtswidrigkeit tritt je-doch **nur dann** ein, wenn die von der Gesellschaft dargelegten Umstände und Tatsachen den **Schluss zulassen**, dass das Organmitglied rechtswidrig gehandelt hat[813] („möglicherweise" pflichtwidriges Verhalten[814]). Kann die Gesellschaft derartige Tatsachen nicht vorweisen, tritt eine Vermutung hinsichtlich der Rechtswidrigkeit nicht ein und muss sich das Organmitglied von dieser nicht freibeweisen. Eine **Ausnahme** wird für jenen Fall überlegt, in dem den Ver-tretern der AG im Haftungsprozess gegen das Vorstandsmitglied die notwendige Sachnähe und der Kenntnisstand fehlen.[815] In diesem Fall sollte man von einer Beweislastumkehr hin-sichtlich der Rechtswidrigkeit zulasten des Vorstandsmitglieds auch dann ausgehen, wenn relevante Tatsachen hierfür nicht vorgebracht wurden (und auch nicht vorgebracht werden konnten).[816]

353   Im Ergebnis sollen die Beweisregeln sicherstellen, dass weder dem beklagten Vorstand noch der klagenden Gesellschaft ungebührliche Beweislasten auferlegt werden.[817] Damit wird sichergestellt, „dass das Organmitglied sich nicht bezüglich jeder nur erdenklichen Möglichkeit pflichtwidrigen Handelns zu entlasten hat",[818] vielmehr soll durch die besondere Verteilung der Beweislast im Organhaftungsprozess sichergestellt werden, dass der Prozess auf konkrete Möglichkeiten der Pflichtverletzung fokussiert wird.[819] Laut *Paefgen* dürfe hier streng genommen nicht mehr von einer Beweislastumkehr gesprochen werden; er schlägt vor, diesen Vorgang als *„initial burden"* der Klägerseite zu bezeichnen; den Organmitgliedern komme damit nur eine sekundäre Darlegungs- und Beweislast zu.[820]

354   Um sich von der Ersatzpflicht freizubeweisen hat das **Organmitglied** darzulegen, dass es die **Sorgfalt eines ordentlichen und gewissenhaften Geschäftsleiters** eingehalten hat[821] – es geht um die Entlastung hinsichtlich der **objektiven** Pflichtwidrigkeit (dh Fehlen der

---

[811] *Patzina* in *Patzina/Bank/Schimmer/Simon-Widmann*, Haftung von Unternehmensorganen, § 5 Rn 1; *BegrRefE UMAG*, 19 (abzurufen unter <www.bmj.bund.de/media/archive/701.pdf>).

[812] *Spindler* in Münchener Kommentar zum AktG, § 93 Rn 167; *Adensamer/Eckert in Kalss*, Vorstands-haftung in 15 europäischen Ländern, 170; OGH 2.1.1979, 5 Ob 699/78 = GesRZ 1979, 122 = HS 11.307.

[813] *Loritz/Wagner*, Haftung von Vorständen und Aufsichtsräten, DStR 2012, 2189 (2190); *Paefgen*, Die Darlegungs- und Beweislast bei der Business Judgment Rule, NZG 2009, 891 (893).

[814] Ebenso für die Genossenschaft: BGH WM 2007, 344 ff.

[815] *Hüffer*, Kommentar zum AktG, § 93 Rn 17.

[816] *Hüffer*, Kommentar zum AktG, § 93 Rn 17.

[817] *Arnold/Rechberger*, Neues vom Haften, Anfechten und Hinterlegen, GeS 2005, 184 (185); *Kalss* in Münchener Kommentar zum AktG, § 93 Rn 321.

[818] *Paefgen*, Die Darlegungs- und Beweislast bei der Business Judgment Rule, NZG 2009, 891 (893).

[819] *Paefgen*, Die Darlegungs- und Beweislast bei der Business Judgment Rule, NZG 2009, 891 (893).

[820] *Paefgen*, Die Darlegungs- und Beweislast bei der Business Judgment Rule, NZG 2009, 891 (894).

[821] *Spindler* in Münchener Kommentar zum AktG, § 93 Rn 167; OGH 2.1.1979, 5 Ob 699/78 = GesRZ 1979, 122 = HS 11.307; OGH 3.7.1975 ,2 Ob 356/74 = GesRZ 1976, 26 = HS 9593 = HS 9597= HS 9599 = HS 9600 = HS 9601 = HS 9602 = ÖJZ 1976/66 (EvBl) = SZ 48/79.

Rechtswidrigkeit) und der **subjektiven** Pflichtwidrigkeit[822] (dh Fehlen der Schuld).[823] Mit anderen Worten muss das Organmitglied beweisen, dass es nicht pflichtwidrig und/oder nicht schuldhaft gehandelt hat[824] (es ist soweit unstrittig, dass sich § 93 Abs 2 S 2 dAktG bzw § 84 Abs 2 S 2 öAktG auf die Beweislast für fehlendes Verschulden und fehlende Pflichtwidrigkeit bezieht[825]). Auch steht dem beklagten Vorstandsmitglied der Beweis offen, dass der Schaden auch eingetreten wäre, wenn das Vorstandsmitglied wie ein ordentlicher und gewissenhafter Geschäftsleiter vorgegangen wäre (sog Einwand des rechtmäßigen Alternativverhaltens")[826] (vgl Rn 309).

> **Gesellschaft** muss Schaden, Höhe des Schadens und Verursachung des Schadens durch Handlung (Tun oder Unterlassen) des Vorstands beweisen. Ebenso sind Umstände und Tatsachen vorzuweisen, die auf Rechtswidrigkeit des Verhaltens schließen lassen, um Beweislastumkehr hinsichtlich Verschuldens und Rechtswidrigkeit zulasten des Vorstands eintreten zu lassen.
>
> **Vorstandsmitglied** kann sich dadurch freibeweisen, dass es bei seiner Entscheidung die Sorgfalt eines ordentlichen und gewissenhaften Geschäftsleiters angewendet hat (dh nicht objektiv oder subjektiv pflichtwidrig gehandelt hat). Beweis der Elemente der BJR bei Sorgfaltspflichtverletzung ausreichend. Einwand des rechtmäßigen Alternativverhaltens ebenfalls möglich. In Fällen des Abs 3 muss Vorstand auch beweisen, dass kein Schaden vorliegt.
>
> Für den **Aufsichtsrat** gelten dieselben Regeln; zu beachten sind unterschiedliche Pflichten sowie entsprechende Anpassung der Sorgfaltspflicht.

---

[822] *Lutter,* Business Judgment Rule in Deutschland und Österreich, GesRZ 2007, 79 (86); OGH 26.2.2002, 1 Ob 144/01k, GesRZ 2002, 86; *Kiethe,* Falsche Erklärung nach § 161 AktG – Haftungsverschärfung für Vorstand und Aufsichtsrat? NZG 2003, 559 (563).

[823] *Hüffer,* Kommentar zum AktG, § 93 Rn 16; *Spindler* in Münchener Kommentar zum AktG, § 93 Rn 163; OGH 3.7.1975 ,2 Ob 356/74 = GesRZ 1976, 26 = HS 9593 = HS 9597= HS 9599 = HS 9600 = HS 9601 = HS 9602 = ÖJZ 1976/66 (EvBl) = SZ 48/79.

[824] *Hüffer,* Kommentar zum AktG, § 93 Rn 16.

[825] *Hüffer,* Kommentar zum AktG, § 93 Rn 16; *Spindler* in Münchener Kommentar zum AktG, § 93 Rn 163.

[826] *Spindler* in Münchener Kommentar zum AktG, § 93 Rn 167; *Hüffer,* Kommentar zum AktG, § 93 Rn 16; OGH 26.2.2002, 1 Ob 144/01k, GesRZ 2002, 86.

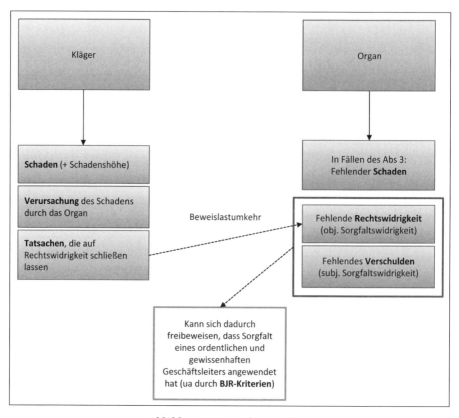

Abbildung 13: Beweislastverteilung

§ 5 Unternehmerisches Ermessen und die Business Judgment Rule

I. Grundlagen

A. Allgemeines

Aufgabe des Managements einer AG ist es, Geschäftschancen zu entdecken und diese **355** unter Nutzung der limitierten Ressourcen des Unternehmens für dieses nutzbar zu machen. Das die Entscheidung umgebende, allgegenwärtige Risiko muss dabei kontrolliert in Kauf genommen werden. Dies ist die Essenz wirtschaftlicher und damit auch unternehmerischer Tätigkeit.

In einer AG fallen im Regelfall Eigentum (Aktionäre) und Leitung (Management) ausein- **356** ander. Da der Eigentümer nicht selbst handelt, sondern durch das Management handeln lässt, entsteht ein Risiko des Missbrauchs. Dem versuchen die Regeln des Innenhaftungsrechts entgegen zu wirken.

Dabei ergibt sich aber ein ganz grundlegendes Spannungsverhältnis zwischen der Effekti- **357** vität unternehmerischen Handelns (im Interesse des Unternehmens) und der Einschränkung dieses unternehmerischen Handelns durch die Haftungsnormen. Auch wenn diese Regeln ua dem Interesse der Aktionäre und des Unternehmens dienen, so ist bei Verfehlen der richtigen **Balance** aufgrund einer Über- oder Unterreglementierung des unternehmerischen Handelns beträchtlicher wirtschaftlicher Schaden nicht auszuschließen. Einerseits können diese Normen nämlich übertriebene Risikofreude, andererseits aber auch übertriebene Risikoscheue fördern; beides ist problematisch.[827]

Erreicht wird diese Balance durch einen Raum der **Handlungsfreiheit** und Selbstverant- **358** wortung, andererseits aber auch durch eine klare Bindung an die Sorgfaltspflicht.[828] Für ein funktionierendes Unternehmensumfeld sind aber neben einem effektiven Haftungsrecht stets auch präventive **Kontrollmechanismen** erforderlich[829] (so etwa Transparenz, Frühwarnsysteme und Entscheidungen von außenstehenden, unabhängigen Kontrollinstanzen).

Der **übertriebenen Risikofreude** eines Organs wirken die Normen des Haftungsrechts **359** entgegen. Verletzt ein Vorstandsmitglied im Umsetzungsdrang seiner Riskofreude seine Sorgfaltspflicht gegenüber der Gesellschaft, so haftet es für den dadurch verursachten Schaden.

Obwohl spektakuläre Unternehmenszusammenbrüche zeigen, dass Haftungsnormen nicht **360** immer dazu geeignet sind, kriminelle Energie effektiv zu unterbinden, bilden sie dennoch unter den verfügbaren Mechanismen die wohl effektivste Möglichkeit zur **Verhaltenssteue-**

---

[827] *Fleischer,* Die „Business Judgment Rule": Vom Richterrecht zur Kodifizierung, ZIP 2004, 685 (685).

[828] *Horn*, Die Haftung des Vorstands der AG nach § 93 AktG und die Pflichten des Aufsichtsrats, ZIP 1997, 1129 (1129).

[829] *Eckert/Gassauer-Fleissner*, Überwachungspflichten des Aufsichtsrats im Konzern, GeS 2004, 416 (416).

rung. Dem Haftungsrecht liegt aber neben dem Gedanken der Verhaltenssteuerung auch der Gedanke der **Prävention** und des **Schadensausgleichs** (zum Schutz des Gesellschaftsvermögens) zu Grunde.[830]

361   Auf der anderen Seite stellt **übertriebene Risikoscheue** den weitaus schwieriger zu steuernden Bereich dar – hier können Haftungsnormen nur eingeschränkt wirksam werden, da sie überwiegend auf aktives Tun ausgerichtet sind.[831]

362   Die Furcht vor Haftungsverfahren aus fehlerhaften Entscheidungen kann zu – aus ökonomischer Sicht – ineffizientem und[832] risikoscheuem Verhalten der Organmitglieder führen; aus Furcht können Organmitglieder dazu angehalten sein, lieber den sicheren Weg als den nach sorgfältiger Abwägung besten Weg zu gehen: „Die Sorge vor persönlicher Haftung kann […] den Unternehmensleiter auch zu einem übertriebenen defensiven Verhalten veranlassen, das zum Schaden der Gesellschaft und der Gläubiger der Gesellschaft dazu führt, dass risikobehaftete Geschäftschancen nicht wahrgenommen werden".[833]

363   Das **unternehmerische Risiko** wird jedoch vom Unternehmen selbst und nicht vom Vorstand getragen. Der Vorstand soll durch unternehmerisches Handeln das unternehmerische Risiko, welches der unternehmerischen Tätigkeit immanent ist, einstufen und für sie nutzbar machen. Er haftet aber keinesfalls für jede sich nachträglich als Fehlentscheidung erweisende Entscheidung.

364   Um unter streng ausgestalteten Haftungsnormen effektives unternehmerisches Handeln, dh auch unternehmerische Initiative, zu gewährleisten und zu fördern, ist es notwendig, den handelnden Organen einen klar definierten **Spielraum** zu gewähren, in dem sie Entscheidungen frei treffen können, ohne dabei einem Haftungsrisiko ausgesetzt zu sein. Genau diesen Zweck erfüllt der durch die Rspr (und in Deutschland auch durch Gesetz) festgesetzte **unternehmerische Ermessensspielraum**. Ohne einen solchen Freiraum ist unternehmerisches Handeln schlichtweg undenkbar,[834] da es auch bei noch so sorgfältiger Vorgehensweise zu einer Fehlbeurteilung und somit zu einer Fehlentscheidung mit verheerenden Konsequenzen für das Unternehmen kommen kann. Leitungsentscheidungen erfordern überdies einen Freiraum, in dem der Vorstand die ihm großteils vom Gesetz nur vage vorgegebenen Pflichten auf das Unternehmenswohl ausrichten und abstimmen und zwischen verschiedenen Handlungsalternativen jene wählen kann, die für das Unternehmen am vorteilhaftesten erscheinen.[835] Vom Ermessen mit umfasst ist auch das bewusste Eingehen von Risiko.[836] Im Ergebnis wird also zwischen bloßen Fehlentscheidungen und haftungsbegründenden Pflichtverletzungen

---

[830] *Hüffer, Kommentar zum AktG*, § 93 Rn 1; *Eckert/Grechenig/Stremitzer* in *Kalss*, Vorstandshaftung in 15 europäischen Ländern, 100; <www.mpipriv.de/ww/de/pub/forschung/forschungsarbeit/deutsches_privat__und_wirtscha/gesellschafts__und_kapitalmark/gro_kommentar_aktiengesetz/kommentierung_des_rechts_der_v.cfm>.

[831] Zur Anerkennung einer Unterlassung als unternehmerische – und damit als vom unternehmerischen Ermessensspielraum gedeckte – Entscheidung siehe Rn 406.

[832] Vgl *Langenbucher*, Vorstandshandeln und Kontrolle – zu einigen Neuerungen durch das UMAG, DStR 2005, 2083 (2084).

[833] BGH ZIP 1997, 1027 (1029).

[834] BGHZ 135, 244 (253 f); *Hopt* in Großkommentar zum Aktiengesetz, § 93 Rn 81; *S. H. Schneider*, „Unternehmerische Entscheidungen" als Anwendungsvoraussetzung für die Business Judgment Rule, DB 2005, 707; *Kindler*, Unternehmerisches Ermessen und Pflichtbindung, ZHR 162 (1998), 101 (105).

[835] *Kindler*, Unternehmerisches Ermessen und Pflichtbindung, ZHR 162 (1998), 101 (105).

[836] BGHZ 135, 244 (253 f); *Schlosser*, Die Organhaftung der Vorstandsmitglieder der Aktiengesellschaft, 55; *Henze*, Entscheidungen und Kompetenzen der Organe in der AG: Vorgaben der höchstrichterlichen Rechtsprechung, BB 2001, 53 (57).

unterschieden.[837] **Fehlbeurteilungen** und Fehleinschätzungen sowie **Irrtum** führen nicht zur Haftung des betroffenen Organs; die Freiheit zu Wagnis und Risiko schließt das Recht auf Irrtum mit ein.[838] So lassen sich zwar häufig nachträglich betrachtet Verluste auf Entscheidungen eines Organs zurückführen, so beispielsweise auf „fehlerhafte Investitions-, Organisations-, Produkt- oder Marktpolitik, mit ungeschickten Lieferbindungen und zu teuren Einkäufen, mangelnder Rationalisierung",[839] doch hat auch in diesen Fällen eine gerichtliche Nachprüfung zu unterbleiben, soweit das Ermessen nicht überschritten wurde. Dieser Bereich liegt „weit vor der Ebene, wo sich Recht und Gericht einmischen können".[840] Werden also die Regeln über das unternehmerische Ermessen eingehalten, liegt unabhängig vom Ausgang und etwaigen Konsequenzen der Entscheidung kein Pflichtenverstoß vor und können daher auch keine Schadensersatzansprüche gegen das Organ geltend gemacht werden.

Aufgrund der überwiegenden Bedeutung des unternehmerischen Ermessens im Bereich **365** der Tätigkeit des Vorstands wird im vorliegenden Kapitel hauptsächlich auf diesen Bezug genommen. Der BGH hat jedoch bereits in der ARAG/Garmenbeck-Entscheidung betont, dass neben dem unternehmerischen Ermessen des Vorstands **auch ein Ermessen für den Aufsichtsrat** besteht, jedoch nur soweit „wie das Gesetz auch ihm unternehmerische Aufgaben überträgt, wie zB bei der Bestellung und Abberufung von Vorstandsmitgliedern oder im Rahmen des § 111 Abs 4 Satz 2 AktG, dh überhaupt überall dort, wo er die unternehmerische Tätigkeit des Vorstands im Sinne einer präventiven Kontrolle begleitend mitgestaltet."[841] Soweit daher ein Aufsichtsratsmitglied unternehmerische Entscheidungen zu treffen hat, sind dieselben Kriterien wie hinsichtlich des Vorstands analog heranzuziehen.

> Die Haftungsregeln kollidieren oftmals mit dem Interesse des Unternehmens an effektivem unternehmerischen Handeln durch den Vorstand (und den Aufsichtsrat) und unterbinden dieses. Soweit die Organmitglieder unternehmerisch tätig werden (oftmals handeln sie nur ausführend), steht ihnen in Ausübung ihrer Rechte und Pflichten ein **unternehmerischer Ermessensspielraum** zu, der es ihnen ermöglicht, unternehmerisch tätig zu werden, ohne um die Haftung aufgrund negativer Konsequenzen ihrer (Fehl-) Entscheidungen Sorge tragen zu müssen.

---

[837] *U. Torggler*, Von Schnellschüssen, nützlichen Gesetzesverletzungen und spendablen Aktiengesellschaften, wbl 2009, 168 (169). Vgl aber beispielsweise *Horn*, der die Unterscheidung zwischen haftungsbegründenden und haftungsfreien Pflichtverletzungen vornimmt, *Horn*, Die Haftung des Vorstands der AG nach § 93 AktG und die Pflichten des Aufsichtsrats, ZIP 1997, 1129 (1131 f).

[838] *Henze*, Entscheidungen und Kompetenzen der Organe in der AG: Vorgaben der höchstrichterlichen Rechtsprechung, BB 2001, 53 (57). Ähnlich: *Hüffer*, Kommentar zum AktG, § 93 Rn 4b.

[839] *Horn*, Die Haftung des Vorstands der AG nach § 93 AktG und die Pflichten des Aufsichtsrats, ZIP 1997, 1129 (1131).

[840] *Lutter*, Zum unternehmerischen Ermessen des Aufsichtsrats, ZIP 1995, 441 (441).

[841] BGHZ 135, 244 (254 f). Vgl *Habersack* in Münchener Kommentar zum AktG, § 116 Rn 39.

B. Erfolgshaftung?

366   Eine Erfolgshaftung des Vorstands, also die Haftung für den Eintritt eines rechtswidrigen Erfolges, die kein Verschulden voraussetzt, wird in Lehre,[842] Gesetzgebung[843] und Rspr im Rahmen der Organhaftung **abgelehnt**. Auch in Österreich wird diese Rechtsansicht vertreten.[844] Ziel ist es, die rechtlichen Verhältnisse zu gewährleisten, unter denen wirtschaftlich sinnvolle unternehmerische Entscheidungen getroffen werden können. Die Präsenz unternehmerischen Risikos kann auch unter den besten Voraussetzungen zu negativen Konsequenzen führen („**Fehlentscheidung**") und damit jedenfalls nicht ausgeschlossen werden. Die Gefahr, dass die Entscheidung schädliche Folgen nach sich zieht (und somit *ex post* als Fehlentscheidung einzustufen ist), besteht daher weiterhin. Vor derartigen Fehlentscheidungen schützt das Haftungsrecht bewusst nicht.

367   Unstrittig ist, dass das Unternehmen und nicht die Mitglieder der Unternehmensleitung Träger des **unternehmerischen Risikos** ist.[845] Müsste der Vorstand die negativen Folgen der von ihm getroffenen unternehmerischen Entscheidungen tragen, inkl dem Risiko für Fehlentscheidungen, wäre dies eine unzulässige Übertragung des unternehmerischen Risikos von der Gesellschaft auf den Vorstand.[846] Solange der Vorstand innerhalb seines unternehmerischen Ermessensspielraums Entscheidungen trifft, sind negative Folgen einer Entscheidung deshalb der Risikosphäre des Unternehmens zuzuordnen. Dies muss umso mehr gelten, da auch der Vorteil erfolgreicher Entscheidungen unmittelbar dem Unternehmen und nicht den Organmitgliedern zugute kommt und daher auch der Nachteil vom Unternehmen getragen werden sollte, soweit das Organ im Rahmen der vorgegeben Grenzen des unternehmerischen Ermessens gehandelt hat.

368   Bei der Vorstands- und Aufsichtsratshaftung handelt es sich daher richtigerweise um eine Haftung für sorgfaltswidriges Verhalten.[847] Die Prüfung der Sorgfaltswidrigkeit hat sich dabei wie bereits dargestellt an der Sicht *ex ante* zu orientieren. Da „jeder Unternehmensleiter, mag er auch noch so verantwortungsbewusst handeln",[848] dem Risiko der Fehleinschätzungen und Fehlbeurteilungen ausgesetzt ist, muss dieses Risiko als auch das bewusste Eingehen geschäftlicher Risiken gedeckt sein und darf nicht zur Verantwortlichkeit des handelnden Vorstandsmitglieds führen.[849]

---

[842] *Fleischer*, Die Business Judgment Rule, ZIP 2004, 685 (686); *Spindler* in Münchener Kommentar zum AktG, § 93 Rn 8; *U. Torggler*, Von Schnellschüssen, nützlichen Gesetzesverletzungen und spendablen Aktiengesellschaften, wbl 2009, 168 (168).

[843] *BegrRefE UMAG*, 16.

[844] OGH 24.6.1998, 3 Ob 34/97i, ecolex 1998, 776 (Anm. *Reich-Rohrwig*). So ist die Festlegung einer Erfolgshaftung auch in der Satzung nicht möglich: *Strasser* in *Jabornegg/Strasser*, Kommentar zum Aktiengesetz, §§ 77–84 Rn 99; *Arnold/Rechberger*, Neues vom Haften, Anfechten und Hinterlegen, GeS 2005, 184 (184).

[845] *Lutter*, Business Judgment Rule in Deutschland und Österreich, GesRZ 2007, 79 (79); *Adensamer/Eckert* in *Kalss*, Vorstandshaftung in 15 europäischen Ländern, 175 ff; OGH 24.6.1998, 3 Ob 34/97i, ecolex 1998, 774 (Anm. *Reich-Rohrwig*); OGH 26.2.2002, 1 Ob 144/01k, GesRZ 2002, 86 (86); *U. Torggler*, Business Judgment Rule und unternehmerische Ermessensentscheidungen, ZfRV 2002, 133 (139); *Strasser* in *Jabornegg/Strasser*, Kommentar zum Aktiengesetz, §§ 95–97 Rn 10; § 93 Rn 302; *F. Schneider*, Die zivilrechtliche Verantwortlichkeit der Organe einer Aktiengesellschaft, ÖJZ 1986, 129 (130).

[846] *Arnold/Rechberger*, Neues vom Haften, Anfechten und Hinterlegen, GeS 2005, 184 (184).

[847] *Hopt* in Großkommentar zum Aktiengesetz, § 93 Rn 81, 83; *Adensamer/Eckert* in *Kalss*, Vorstandshaftung in 15 europäischen Ländern, 173; *Goette*, Handbuch Corporate Governance, 749, 751 f; *Fleischer*, Handbuch des Vorstandsrechts, 255.

[848] BGHZ 135, 244 (253 f).

[849] BGHZ 135, 244 (253 f).

C. Wirtschaftspolitische Verhaltenssteuerung

In den letzten Jahren haben sich eine Steigerung der Anspruchsmentalität und ein Anstieg **369** von Haftungsprozessen bemerkbar gemacht. Auch sind die im Wege von Schadensersatzklagen geltend gemachten Ansprüche teilweise in schlicht unbezahlbare Höhen gestiegen (beispielsweise die Klage gegen den Ex-Vorstandsvorsitzenden der Deutsche Bank AG in Höhe von etwa € 3,5 Mrd sowie die Klage iZm der Porsche-Übernahme in Höhe von etwa € 1,8 Mrd).[850]

In Deutschland wurde jedoch aus allgemeiner Sicht nicht auf eine Verschärfung des Haf- **370** tungsrechts sondern auf die **„Ermunterung durch Haftungsfreiheit** gesetzt".[851] Durch das UMAG (Gesetz zur Unternehmensintegrität und Modernisierung des Anfechtungsrechts[852]) wurde in § 93 Abs 1 S 2 dAktG ausdrücklich der – zuvor in Deutschland sowie in Österreich durch Lehre und Rspr entwickelte – unternehmerische Ermessensspielraum festgelegt. Dieser „schafft einen Betätigungsraum, in welchem Vorstandsmitglieder bei der Wahrung ihrer Leitungsfunktionen die Unsicherheiten einer nachträglichen gerichtlichen Kontrolle nur in stark reduziertem Maße in ihre Kalkulation mit einbeziehen müssen".[853]

Für die Einführung eines unternehmerischen Ermessensspielraums wird in Deutschland ins **371** Treffen geführt, dass übertrieben **risikoscheues Verhalten** (*„risk-averse"*) der Vorstandsmitglieder den Interessen der Gesellschaft sowie den Interessen der Aktionäre zuwiderlaufe und sich auch volkswirtschaftlich negativ auswirke. Zudem werde dadurch der Tatsache Rechnung getragen, dass unternehmerische Entscheidungen stets unter Zeitdruck und Unsicherheit über zukünftige Entwicklungen gefällt werden.

Durch den unternehmerischen Ermessensspielraum werde auch die Gefahr gemindert, dass **372** Gerichte „in Kenntnis der später eingetretenen Tatsachen" überzogene Anforderungen an die organschaftliche Sorgfaltspflicht stellen.[854] (Zum sog *hindsight bias*, siehe sogleich.)

Die deutsche und die österreichische Rechtsordnung haben sich in diesem Gebiet über ei- **373** nen langen Zeitraum **parallel** entwickelt. Die Einführung einer ausdrücklichen gesetzlichen Regelung des Ermessensspielraums in die deutsche, nicht jedoch in die österreichische Rechtsordnung, veränderte an der tatsächlichen Rechtslage wenig; schließlich waren ein unternehmerischer Ermessensspielraum sowohl in D als auch in Ö durch die Rspr längst anerkannt.

D. Die Business Judgment Rule *(„safe harbor")*

Die Business Judgment Rule (BJR) ist eine dem US-amerikanischen Rechtsraum ent- **374** sprungene Regel, die den unternehmerischen Handlungsspielraum der Organmitglieder in ein solides Konzept gießt. Soweit sich ein handelndes Organmitglied innerhalb der durch die BJR vorgegebenen Kriterien bewegt, kann seine Entscheidung nicht gerichtlich nachgeprüft und nicht mit der des Gerichts ersetzt werden. In Deutschland wurde die BJR bereits 2005 ausdrücklich in das Gesetz übernommen (vgl § 93 Abs 1 S 2 dAktG). Für Österreich steht eine

---

[850] *Hoffmann*, Existenzvernichtende Haftung von Vorständen und Aufsichtsräten?, NJW 2012, 1393 (1393).

[851] *Langenbucher*, Vorstandshandeln und Kontrolle: zu einigen Neuerungen durch das UMAG, GesRZ 2005, 3 (5).

[852] dBGBl I 60/2005, 2802.

[853] *Langenbucher*, Vorstandshandeln und Kontrolle: zu einigen Neuerungen durch das UMAG, GesRZ 2005, 3 (5) mwN.

[854] *Fleischer*, Handbuch des Vorstandsrechts, 255.

gesetzliche Regelung des Ermessensspielraums nicht in Aussicht, eine solche wäre jedoch zu begrüßen.

375   Handelt das Vorstandsmitglied im Rahmen der Kriterien der BJR, so hat einerseits der Aufsichtsrat eine gerichtliche Geltendmachung von Schadensersatzansprüchen, sowie andererseits das Gericht eine inhaltliche Überprüfung, zu unterlassen.[855] Innerhalb des Ermessensspielraums darf es zu keiner Nachprüfung der Zweckmäßigkeit der unternehmerischen Entscheidung selbst kommen.[856] Die unternehmerische Entscheidung (mit unternehmerischem Ermessen) soll nicht durch eine gerichtliche Entscheidung (mit richterlichem Ermessen) ersetzt werden.[857] Zunächst werden also durch das Gericht die Kriterien der BJR geprüft. Bei Vorliegen der Tatbestandsmerkmale der BJR scheidet dann jede weitere gerichtliche Prüfung der Entscheidung aus.[858] Die Haftung entfällt bei Einhaltung der BJR bereits aufgrund der **fehlenden Pflichtwidrigkeit.**[859]

376   Erforderlich ist der Überprüfungsschutz nicht nur aufgrund unternehmerischer, sondern auch aufgrund psychologischer Erwägungen. Empirische Untersuchungen haben ergeben, dass der Menschen bei nachträglicher Beurteilung eines Sachverhalts dazu neigt, die Vorhersehbarkeit eines Schadens und dessen Verhinderbarkeit zu überschätzen (*„hindsight bias"*).[860] Selbst geschulte Richter neigen bei nachträglicher Überprüfung des schadensverursachenden Verhaltens aus einer Sicht *ex ante* dazu, die Situation zum Zeitpunkt der Entscheidung derart zu bewerten, dass die **schädlichen Folgen der Entscheidung vorhersehbar waren**, und damit die „richtige" Entscheidung eine andere gewesen wäre.[861] Die *ex ante* Wahrscheinlichkeit des Fehlschlags der Entscheidung wird in Kenntnis des negativen Ausgangs überschätzt.[862] Dadurch werden aus *ex ante*-Sicht völlig unwahrscheinliche Geschehensabläufe aus *ex post*-Sicht als durchaus **wahrscheinlich angesehen**, so dass die überprüfenden Personen in der überwiegenden Zahl der Fälle zu der Auffassung gelangen, dass der Geschehensablauf, der zum Schaden geführt hat, vorhersehbar war und daher auch **vermieden** hätte werden können. Es wird damit vom Misserfolg der Entscheidung auf ein früheres Fehlverhalten geschlossen[863], was für

---

[855] *Arnold/Rechberger*, Neues vom Haften, Anfechten und Hinterlegen, GeS 2005, 184 (184).

[856] *Adensamer/Eckert* in *Kalss*, Vorstandshaftung in 15 europäischen Ländern, 176; 3 Ob 34/97i SZ 71/108 = GesRZ 1998, 208 = ecolex 1998, 774 (Anm. *Reich-Rohrwig*) = RdW 1998, 671 = RWZ 1999, 37 = WBl 1999, 37; 1 Ob 179/73; vgl auch *Schlosser*, Die Organhaftung der Vorstandsmitglieder der Aktiengesellschaft, 21, 28.

[857] *Thümmel*, Persönliche Haftung von Managern und Aufsichtsräten, Rn 169 ff; *Thümmel*, Aufsichtsratshaftung vor neuen Herausforderungen – Überwachungsfehler, unternehmerische Fehlentscheidungen, Organisationsmängel und andere Risikofelder, AG 2004, 83 (87).

[858] *Hüffer*, Kommentar zum AktG, § 93 Rn 4d; *S. H. Schneider*, „Unternehmerische Entscheidungen" als Anwendungsvoraussetzung für die Business Judgment Rule, DB 2005, 707 (712).

[859] *Hüffer*, Kommentar zum AktG, § 93 Rn 4c; *Arnold/Rechberger*, Neues vom Haften, Anfechten und Hinterlegen, GeS 2005, 184 (184).

[860] *S.H. Schneider*, „Unternehmerische Entscheidungen" als Anwendungsvoraussetzung für die Business Judgment Rule, DB 2005, 707 (708) mwN.

[861] Zur Gefahr der nachträglichen Fehlbeurteilung siehe Rn 411.

[862] *Spindler* in Münchener Kommentar zum AktG, § 76 Rn 29; *Fleischer*, Die „Business Judgment Rule" im Spiegel von Rechtsvergleichung und Rechtsökonomie, FS Wiedemann (2002) 827 (832);. *Fleischer*, Behavioral Law and Economics im Gesellschafts- und Kapitalmarktrecht, FS Immenga (2004) 575 (580); *Rachlinski*, A Positive Psychological Theory of Judging in Hindsight, The University of Chicago Law Review Nr. 65 (1998), 571 f.; *Adensamer/Eckert* in *Kalss*, Vorstandshaftung in 15 europäischen Ländern, 173. Vgl auch *Hueck/Windbichler*, Gesellschaftsrecht, § 27 Rn 33, der die Bezeichnung *ex post bias* verwendet.

[863] *Fleischer*, Die „Business Judgment Rule" im Spiegel von Rechtsvergleichung und Rechtsökonomie, FS Wiedemann (2002) 827 (832); *Fleischer*, Behavioral Law and Economics im Gesellschafts- und Kapitalmarktrecht, FS Immenga (2004) 575 (580); *Rachlinski*, A Positive Psychological Theory of Judging in Hindsight, The University of Chicago Law Review Nr. 65 (1998), 571 f; *Spindler* in Münchener

die handelnden Organe ein großes Problem darstellt. Denn diese unbewusste Fehleinschätzung macht auch vor ausgebildeten Richtern nicht Halt: es besteht die Gefahr, dass der Richter die unternehmerische Handlung viel eher als Pflichtverstoß einstuft, wenn er bereits Wissen um den Schaden und den Geschehensablauf hat,[864] sodass es im Ergebnis zu überzogenen Anforderungen an die organschaftliche Sorgfaltspflicht kommt.[865] Es wird angenommen, dass sich dieser *hindsight bias*[866] durch das Schutzkonstrukt des unternehmerischen Ermessens vermeiden lässt und somit das Haftungsrisiko der Geschäftsleiter kanalisiert.[867]

Bei **Verletzung** der BJR liegt jedoch nicht automatisch eine Pflichtverletzung vor. Viel- **377** mehr muss diese Pflichtverletzung erst im Rahmen eines gerichtlichen **Verfahrens** festgestellt werden. Insofern fungiert also die BJR als eine **unwiderlegliche Rechtsvermutung**[868]: soweit die Kriterien der BJR durch das Vorstandsmitglied eingehalten wurden, liegt eine Pflichtverletzung *nicht* vor. Wurden die Kriterien der BJR nicht eingehalten, bedeutet dies jedoch keineswegs, dass der Vorstand per se haftet[869] – eine Pflichtverletzung *kann* vorliegen, dies muss jedoch nicht der Fall sein. Auch müssen im Rahmen des Haftungsverfahrens die übrigen Haftungsvoraussetzungen auf ihr Vorliegen geprüft werden.

 Business Judgment Rule – bei Einhaltung besteht unwiderlegliche Vermutung, dass keine Pflichtverletzung begangen wurde.
Voraussetzungen:
1) unternehmerische Entscheidung
2) Entscheidung auf Grundlage angemessener Information
3) Entscheidung frei von Sonderinteressen
4) Entscheidung zum Wohle der Gesellschaft
5) vernünftigerweise „annehmen dürfen"

E. Kein Ermessen bei ausdrücklichen Pflichten

Da dem Vorstand die Aufgaben im Rahmen der Leitungspflicht nicht ausdrücklich vorge- **378** schrieben werden, sondern diese vielmehr vom Vorstand selbst zu ermitteln sind, ergibt sich das – soeben erörterte – Erfordernis eines Ermessensspielraums. Gleichzeitig bedeutet das aber auch, dass in Fällen, in denen das Gesetz **ausdrückliche Pflichten** vorsieht, ein unternehmerischer Ermessensspielraum dem Vorstand nicht zusteht. Konkrete Handlungsanweisungen, die sich aus dem **AktG, der Satzung oder sonstigen verbindlichen Organbeschlüssen** (zB

Kommentar zum AktG, § 76 Rn 29; *Fleischer*, Haftung des herrschenden Unternehmens im faktischen Konzern und unternehmerisches Ermessen (§§ 317 II, 93 AktG) – Das UMTS-Urteil des BGH, NZG 2008, 371 (372).

[864] *S.H. Schneider*, „Unternehmerische Entscheidungen" als Anwendungsvoraussetzung für die Business Judgment Rule, DB 2005, 707 (708).

[865] *Fleischer*, Behavioral Law and Economics im Gesellschafts- und Kapitalmarktrecht, FS Immenga (2004) 575 (579 f).

[866] *Fleischer*, Handbuch des Vorstandsrechts, 255; *Schäfer*, Die Binnenhaftung von Vorstand und Aufsichtsrat nach der Renovierung durch das UMAG, ZIP 2005, 1253 (1253 f); *Fleischer*, Haftung des herrschenden Unternehmens im faktischen Konzern und unternehmerisches Ermessen (§§ 317 II, 93 AktG) – Das UMTS-Urteil des BGH, NZG 2008, 371 (372).

[867] *Fleischer*, Die Business Judgment Rule, ZIP 2004, 685 (686).

[868] *Hüffer*, Kommentar zum AktG, § 93 Rn 4d.

[869] *Spindler* in Münchener Kommentar zum AktG, § 93 Rn 39.

Hauptversammlungsbeschlüssen) ergeben,[870] sind daher in der Weise zu erfüllen, wie das jeweilige Instrument es vorsieht. Ein unternehmerischer Ermessensspielraum steht hier dem Organ nur ausnahmsweise zu. Entscheidungen die **gesetz- oder satzungswidrig** sind bzw. die organschaftliche **Treuebindung** missachten sind ebenso nicht durch die BJR geschützt.[871]

379   Auch ist zu beachten, dass dem Vorstandsmitglied bei der Einhaltung von Pflichten, die sich aus der **externen** Legalitätspflicht ergeben (gemeint sind gesetzliche und vertragliche Pflichten der Gesellschaft – zu deren Einhaltung ist der Vorstand verpflichtet) und einer klaren Rechtslage entspringen, kein unternehmerischer Ermessensspielraum besteht. Die Verletzung der externen Legalitätspflicht (Rn 472) stellt daher gs eine Pflichtverletzung dar.

F. Abgrenzung

380   Der unternehmerische Ermessensspielraum ist von anderen, ihm sehr ähnlichen Freiräumen abzugrenzen. Der Schutz der BJR findet auch auf diese abzugrenzenden Bereiche keine Anwendung.

1. Beurteilungsspielraum

381   Wie an anderer Stelle ausgeführt (Rn 406), kommt es für die Gewährung eines unternehmerischen Ermessensspielraums darauf an, dass das Vorstandsmitglied zwischen mehreren *Handlungs*alternativen im Rahmen einer unternehmerischen Entscheidung wählen kann, um die Möglichkeit zu haben, sich für eine davon zu entscheiden. Ein Beurteilungsspielraum ist demgegenüber ein dem Ermessensspielraum nachgebildeter Freiraum, außerhalb des Kontexts unternehmerischer Entscheidungen.

382   Dem Vorstand steht ein solcher Beurteilungsspielraum beispielsweise bei der **Auslegung unbestimmter Rechts- oder Gesetzesbegriffe** zu[872] (zB bei der Ermittlung, was unter den Begriffen „wichtiger Grund", „angemessene Gewinnerziehlung", „im Unternehmensinteresse" oder „angemessene Information"[873] zu verstehen ist). Ein Ermessensspielraum kommt dem Vorstandsmitglied bei der Auslegung unbestimmter Rechtsbegriffe nicht zu.[874] Bei der Entscheidung über das Verständnis eines unbestimmten Rechtsbegriffes gibt es lediglich mehrere *Auslegungs*möglichkeiten. Ob die Informationsgrundlage des Vorstands angemessen für seine Entscheidung ist, lässt sich objektiv beurteilen (muss aus Sicht eines ordentlichen Geschäftsleiters vertretbar sein); der Beurteilungsspielraum ist daher **gerichtlich überprüfbar**.[875] Der Vorstand muss entscheiden, ob er den Begriff auf die eine oder auf die andere Art *auslegt*. Dabei geht es aber nicht um die **Entscheidung** selbst; „er darf nicht so oder so entscheiden".[876] Das bedeutet, dass hier nicht die Möglichkeit besteht, die Auslegung zu unterlassen – sich also einerseits zwischen der Auslegung und andererseits der Unterlassung der Auslegung zu entscheiden (kein Ermessen). Vielmehr ist er dazu **verpflichtet**, verschiedene Auslegungsmöglichkeiten zu ermitteln und schließlich eine davon zu wählen. Erst also wenn

---

[870] Vgl *Hüffer*, Kommentar zum AktG, § 93 Rn 4 f; *Spindler* in Münchener Kommentar zum AktG, § 93 Rn 44; sa Pflichtengruppe der sonstigen Pflichten in Rn 87.

[871] *Hüffer*, Kommentar zum AktG, § 93 Rn 4 f.

[872] Vgl *Dreher*, Das Ermessen des Aufsichtsrats, ZHR 158 (1994), 614 (622); *Semler*, Entscheidung und Ermessen im Aktienrecht, FS Ulmer, 627 (633).

[873] *Ziemons* in Ziemons/Jaeger, Online-Kommentar GmbHG, § 43 Rn 109a.

[874] *Semler* in Semler/Peltzer, Handbuch für Vorstandsmitglieder, § 1 Rn 132.

[875] *Ziemons* in Ziemons/Jaeger, Online-Kommentar GmbHG, § 43 Rn 109 mwN.

[876] *Semler* in Semler/Peltzer, Handbuch für Vorstandsmitglieder, § 1 Rn 132.

die verschiedenen Auslegungsmöglichkeiten sorgfältig ermittelt wurden, kommt nunmehr dem Vorstandsmitglied nach den Regeln des unternehmerischen Ermessens die Möglichkeit zu, sich für die Anwendung der einen oder anderen Auslegungsvariante zu entscheiden. Das Vorstandsmitglied kann daher im Rahmen seines unternehmerischen Ermessens entscheiden, ob es sich für eine etwas riskantere Auslegungsvariante mit großem potenziellem Nutzen für die Gesellschaft oder aber für eine etwas sicherere Variante mit weniger Nutzen für die Gesellschaft entscheidet.

> Das Vorstandsmitglied hat in bestimmten Angelegenheiten die keine unternehmerische Entscheidungen darstellen einen **Beurteilungsspielraum**, dh einen Freiraum, zB unbestimmte Rechtsbegriffe auszulegen, ohne aber vor der inhaltlichen Überprüfung geschützt zu werden. Durch die Auslegung schafft sich der Vorstand verschiedene Entscheidungsmöglichkeiten – die Auswahl der einen oder anderen Variante unterliegt dann seinem Ermessen (und dem Schutz der BJR) und kann nicht gerichtlich überprüft werden.

2. Abwägungsbereiche

Seit der ARAG/Garmenbeck-Entscheidung des BGH (siehe sogleich) steht fest, dass die **383** zuständigen Organe **zur Geltendmachung von Schadensersatzansprüchen** gegen ein pflichtwidrig handelndes Vorstandsmitglied verpflichtet sind. Hierbei kommt dem Aufsichtsrat überwiegender Auffassung nach kein unternehmerischer Ermessensspielraum zu; er hat Schadensersatzansprüche gegen den Vorstand geltend zu machen.[877] Dem Aufsichtsrat kann ansonsten wegen einer Pflichtverletzung des Vorstands ein Überwachungsfehler vorgeworfen werden.

Anerkannt ist demgegenüber aber ein sog Abwägungsbereich. Das zuständige Organ hat **384** die Möglichkeit die **Vor- und Nachteile** einer gerichtlichen Geltendmachung abzuwägen,[878] um sich gegen eine gerichtliche Geltendmachung zu entscheiden, soweit die zu erwartenden Schäden die Vorteile einer Geltendmachung **überwiegen**. Die negativen Umstände müssen allerdings die **Gesellschaft** betreffen und nicht die Person des Schadensersatzpflichtigen: Mitleid, langjährige Verdienste oder die finanzielle Situation des Belangten rechtfertigen gs keinen Verzicht auf die Geltendmachung von Schadensersatzansprüchen. Diskutiert wird aber zumindest die Möglichkeit der Unterlassung der Geltendmachung, soweit der Schaden für das betroffene Organ völlig **außer Verhältnis** zum Schadensausgleichspotential der Gesellschaft steht[879] (vgl auch Rn 327). Insofern könnte man auch von einem wertend eingeschränkten Ermessen sprechen. Ergibt die Abwägung, dass die Gefahr einer Schädigung der Gesellschaft überwiegt, so darf eine Geltendmachung durch den Aufsichtsrat nicht erfolgen.[880] Im Ergebnis sollte dem Aufsichtsrat aber bei seiner Entscheidung der Schutz der BJR zugute kommen.[881]

---

[877] *Jäger/Trölitzsch*, Unternehmerisches Ermessen des Aufsichtsrats bei der Geltendmachung von Schadensersatzansprüchen gegenüber Vorstandsmitgliedern, ZIP 1995, 1157 (1159); BGHZ 135, 244 (254); *Semler*, Entscheidung und Ermessen im Aktienrecht, FS Ulmer, 627 (636).

[878] *Kindler*, Unternehmerisches Ermessen und Pflichtenbindung, ZHR 162 (1998), 101 (109).

[879] Vgl *Henze*, Prüfungs- und Kontrollaufgaben in der Aktiengesellschaft, NJW 1998, 3309 (3311).

[880] *Semler*, Entscheidung und Ermessen im Aktienrecht, FS Ulmer, 627 (636).

[881] *Mertens/Cahn,* Kölner Kommentar zum Aktiengesetz, § 93 Rn 20.

3. Ausdrückliche Handlungsanordnungen

385   Ein unternehmerischer Ermessensspielraum steht dem Vorstandsmitglied auch dann nicht zu, wenn das Gesetz oder sonstige für ihn verbindliche Rechtsvorschriften eine **konkrete Handlungspflicht** vorsehen (vgl gesetzliche Einzelpflichten des Vorstands: Rn 387; des Aufsichtsrats: Rn 213). Als Beispiele können hier die Anmeldungspflicht zum Firmenbuch, die Berichts- und Auskunftspflichten gegenüber dem Aufsichtsrat sowie die Pflicht zur Einrichtung eines Rechnungswesens genannt werden. Dabei geht es durchwegs um Pflichten, bei denen sich das Vorstandsmitglied nicht zwischen Einhaltung und Nicht-Einhaltung entscheiden kann. Ein Ermessensspielraum kann allerdings bei der **Ausgestaltung** und Ausführung der Pflicht bestehen.

386   Konkrete Handlungsanweisungen können sich aus **der Satzung oder verbindlichen Organbeschlüssen** (zB Hauptversammlungsbeschlüssen) ergeben.[882] Entscheidungen, die gesetz- oder satzungswidrig sind bzw die organschaftliche Treuebindung missachten, sind ebenso nicht durch die BJR geschützt.[883]

4. Klare Gesetzeslage iRd externen Legalitätspflicht

387   Kein unternehmerischer Ermessensspielraum steht dem Vorstand bei der Entscheidung über die Einhaltung gesetzlicher Vorschriften zu – davon umfasst sind auch Rechtsvorschriften, die die **Gesellschaft** selbst verpflichten (**externe Legalitätspflicht**, siehe Rn 477). Die Nichteinhaltung solcher Gesetzespflichten stellt idR per se eine Pflichtverletzung dar. Ein Ermessensspielraum wird aber im Rahmen der externen Legalitätspflicht in Fällen **unklarer** Gesetzeslage (Rn 503) und bei Einhaltung **vertraglicher** Verpflichtungen der Gesellschaft (Rn 508) anerkannt.

II. Voraussetzungen für das rechtmäßige Ausüben unternehmerischen Ermessens („BJR-Kriterien")

A. Allgemeines

388   Im Folgenden wird auf die einzelnen Kriterien der ordnungsgemäßen Ausübung des unternehmerischen Ermessens eingegangen (sog BJR-Kriterien). Bewegt sich das Vorstandsmitglied bei seiner Entscheidung innerhalb des unternehmerischen Ermessensspielraums, der durch die BJR-Kriterien abgegrenzt wird, so ist – unabhängig von den Folgen seiner Entscheidung – eine Haftung für den entstandenen Schaden ausgeschlossen.[884]

389   Man spricht hier von einem *safe harbor*, bei dem es sich aus dogmatischer Sicht um einen **Tatbestandsausschlussgrund** handelt.[885] Der Ermessensspielraum legt im Vorhinein fest,

---

[882] Vgl *Hüffer*, Kommentar zum AktG, § 93 Rn 4 f; *Spindler* in Münchener Kommentar zum AktG, § 93 Rn 44; sa Pflichtengruppe der sonstigen Pflichten in Rn 87.

[883] *Hüffer*, Kommentar zum AktG, § 93 Rn 4 f.

[884] Vgl *Fleischer*, Gesetz und Vertrag als alternative Problemlösungsmodelle im Gesellschaftsrecht, ZHR 168 (2004), 673 (700 f).

[885] *Fleischer*, Handbuch des Vorstandsrechts, § 7 Rn 51; *Hüffer*, Kommentar zum AktG, § 93 Rn 4c.

„unter welchen Voraussetzungen auf keinen Fall eine Pflichtverletzung vorliegt".[886] Werden die BJR-Kriterien eingehalten, ist das Organhandeln **sorgfaltsgemäß** und daher **nicht pflichtwidrig**.[887] Auch ist eine **Abberufung** des betroffenen Organmitglieds aus wichtigem Grund nicht möglich, wenn die BJR-Kriterien eingehalten wurden.[888] Werden sie aber nicht eingehalten, so kann es zu einer inhaltlichen Prüfung der Entscheidung kommen, und soweit die Schadensersatzvoraussetzungen (vgl Rn 234) bejaht werden, kann das Organmitglied für die Folgen seiner Entscheidung zur Verantwortung gezogen werden. Die Nichteinhaltung der BJR-Kriterien ist aber nicht mit einer Pflichtverletzung gleichzustellen. Vielmehr ist diese dann im Rahmen des Gerichtsverfahrens festzustellen.[889]

Die Kriterien, die bei der ordnungsgemäßen Ausübung des unternehmerischen Ermessens **390** einzuhalten sind, stützen sich auf die deutsche Rspr und ihre gesetzliche Verankerung. In Österreich haben sich diese Kriterien parallel entwickelt. Aus diesen Grundlagen lässt sich ein allgemeines System ableiten.

1. Die Business Judgment Rule in den USA

Die Umschreibung des *American Law Institute* (ALI) der BJR sieht vor, dass ein Geschäfts- **391** führungsmitglied seine Sorgfaltspflichten erfüllt, wenn es (1) bei einer durch aktives Handeln gefällten unternehmerischen Entscheidung, (2) keinem Interessenkonflikt im Hinblick auf die zu entscheidende Angelegenheit unterliegt, (3) die Entscheidung auf der Grundlage zur Verfügung stehender Informationen trifft, die nach pflichtgemäßem Ermessen für die zu treffende Entscheidung unter den gegebenen Umständen ausreichend sind, und (4) die Entscheidung nach pflichtgemäßem Ermessen dem Wohl der Gesellschaft dient.[890]

Von einer pauschalen Übernahme der BJR ins deutsche und österreichische Recht wurde **392** freilich aufgrund der Unterschiede zum anglo-amerikanischen Recht Abstand genommen, doch galt die US-Regel als Vorbild für die Ausgestaltung des deutschen und österreichischen Konzepts.

2. Unternehmerisches Ermessen in Deutschland und Österreich: ARAG/ Garmenbeck und Kodifizierung im UMAG

Bevor man sich in Deutschland für die Übernahme einiger der Kriterien der BJR aus dem **393** US-amerikanischen Rechtsraum entschied, wurde überlegt, dass vor Prüfung einer möglichen Sorgfaltspflichtverletzung zu evaluieren sei, ob ein bestimmtes Verhalten des Organs in der konkreten Situation **vertretbar** war. Eine Haftung sollte demnach überhaupt erst in Frage kommen, soweit das Verhalten außerhalb dieses vertretbaren Bereichs lag.

---

[886] *Fleischer*, Handbuch des Vorstandsrechts, 257; *Fleischer* in *Spindler/Stilz*, Kommentar zum Aktiengesetz, § 93 Rn 65; *Fleischer*, Die „Business Judgment Rule": Vom Richterrecht zur Kodifizierung, ZIP 2004, 685 (688 f); *Schäfer*, Die Binnenhaftung von Vorstand und Aufsichtsrat nach der Renovierung durch das UMAG, ZIP 2005, 1253 (1255).

[887] *Fleischer* in *Spindler/Stilz*, Kommentar zum Aktiengesetz, § 93 Rn 60.

[888] *Hüffer*, Kommentar zum AktG, § 93 Rn 4c.

[889] *Fleischer* in *Spindler/Stilz*, Kommentar zum Aktiengesetz, § 93 Rn 65.

[890] *American Law Institute*, Principles of Corporate Governance, § 4.01(c): A director or officer who makes a business judgment in good faith fulfills the duty under this Section if the director or officer: (1) is not interested […] in the subject of the business judgment; (2) is informed with respect to the subject of the business judgment to the extent the director or officer reasonably believes to be appropriate under the circumstances; and (3) rationally believes that the business judgment is in the best interest of the corporation".

394 Mit dem Urteil des BGH vom 21. April 1997 in der Rechtssache **ARAG/Garmenbeck** wurde erstmals ein unüberprüfbarer unternehmerischer Handlungsspielraum des Vorstands ausdrücklich durch die Rspr anerkannt. Eine Möglichkeit der gerichtlichen Überprüfung einer unternehmerischen Entscheidung räumt der **BGH** in seiner Entscheidung nur dann ein, „wenn die Grenzen, in denen sich ein von Verantwortungsbewusstsein getragenes, ausschließlich am **Unternehmenswohl** orientiertes, auf **sorgfältige Ermittlung der Entscheidungsgrundlagen** beruhendes unternehmerisches Handeln bewegen muss, **deutlich überschritten** sind, die Bereitschaft, unternehmerische Risiken einzugehen, in unverantwortlicher Weise überspannt worden ist oder das Verhalten des Vorstandes aus anderen Gründen als pflichtwidrig gelten muss".[891]

395 Durch das UMAG fand die BJR schließlich Eingang in das dAktG. Dabei wurde § 93 Abs 1 S 2 dAktG folgender Satz angefügt: „Eine Pflichtverletzung liegt nicht vor, wenn das Vorstandsmitglied bei einer unternehmerischen Entscheidung vernünftigerweise annehmen durfte, auf der Grundlage angemessener Information zum Wohle der Gesellschaft zu handeln". Laut dem Referentenentwurf des UMAG setzt diese Einschränkung fünf Merkmale voraus: „Unternehmerische Entscheidung, Gutgläubigkeit, Handeln ohne Sonderinteressen und sachfremder Einflüsse, Handeln zum Wohle der Gesellschaft und Handeln auf der Grundlage angemessener Information".[892] Die deutsche Literatur beruft sich trotz ausdrücklicher Verankerung im Gesetz auch gerne auf die im BGH-Urteil vorzufindenden Kriterien. Die Regelung des § 93 Abs 1 S 2 dAktG fasst sich zwar ein wenig kürzer, sollte aber keinesfalls den Inhalt der BGH-Rechtsprechung (insbes die ARAG/Garmenbeck-Entscheidung) abändern,[893] gewisse nuancierte Änderungen werden hingegen in der Lehre durchaus angenommen.

396 Die soeben erwähnten Kriterien haben auch in **Österreich** breite Zustimmung gefunden. So heißt es hier etwa, dass das Vorstandsmitglied im Rahmen seines unternehmerischen Ermessens dann sorgfältig handelt, wenn es den Sachverhalt *ex ante* sorgfältig beurteilt,[894] die Entscheidung „von ausreichender Information und im Interesse der Gesellschaft getragen ist, die Grenzen des Beurteilungsmaßstabes nicht eklatant überschritten werden (dh keine unverantwortliche Übernahme eines unternehmerischen Risikos), kein Interessenkonflikt besteht und wenn das Handeln nicht auf sonstigem pflichtwidrigem Verhalten beruht".[895]

B. Die Voraussetzungen im Einzelnen

1. Vorliegen einer unternehmerischen Entscheidung

397 Ein Vorstandsmitglied verfügt nur dann über einen unternehmerischen Ermessensspielraum (und den Schutz der BJR), wenn es um eine unternehmerische Entscheidung geht.[896] Gleichbedeutend werden hierfür auch die Begriffe „unternehmerische Tätigkeit", „unternehmerisches Handeln" sowie „Geschäftsentscheidungen" verwendet. Das Erfordernis einer „unternehmerischen Entscheidung" gilt sowohl für Entscheidungen des Vorstands als auch für jene des **Auf-**

---

[891] Vgl BGHZ 135, 244 (253 f).

[892] *BegrRefE UMAG*, 16 (abzurufen unter <http://www.gesmat.bundesgerichtshof.de/gesetzesmaterialien/15_wp/umag/refe.pdf>).

[893] Vgl *Ulmer*, Haftungsfreistellung bis zur Grenze grober Fahrlässigkeit bei unternehmerischen Fehlentscheidungen von Vorstand und Aufsichtsrat? DB 2004, 859 (859).

[894] OGH 26.2.2002, 1 Ob 144/01k, GesRZ 2002, 86 (86).

[895] *Kalss* in *Kalss/Nowotny/Schauer*, Gesellschaftsrecht, Rn 3/337.

[896] *Hüffer* in *Bayer/Habersack,* Aktienrecht im Wandel, 378.

sichtsrats.[897] Der Anwendungsbereich der BJR für Aufsichtsratsmitglieder ist aber insofern schmäler, als diese in einem geringeren Ausmaß unternehmerische Entscheidungen treffen.

Generell bereitet die Einordung einer Entscheidung als „unternehmerisch" keine Schwie- **398** rigkeiten. Aus Gründen der Rechtssicherheit ist eine genaue Bestimmung dieses **Begriffs** anhand von eindeutigen Kriterien erwünscht, zugleich aufgrund der Unbestimmtheit des Begriffes jedoch nicht immer einfach möglich. Im Folgenden soll ein Überblick über die häufigsten in der Lehre aufgestellten Erkennungsmerkmale einer unternehmerischen Entscheidung gegeben werden.

Ganz allgemein ist festzuhalten, dass eine unternehmerische Entscheidung nur von einem **399** Organ im Rahmen der rechtmäßigen Ausübung seiner **Organtätigkeit** getroffen werden kann. Demnach kann sich ein Organ hinsichtlich gesetzes- oder satzungswidriger Entscheidungen nicht auf den Schutz der BJR stützen.[898]

a) Negativdefinition (Kein Gesetzesvollzug)

Eine unternehmerische Entscheidung liegt dann nicht vor, wenn das handelnde Organ **400** bloß bestehende Gesetze vollzieht.[899] Anders formuliert, gibt es dort keine unternehmerische Entscheidung, wo das *Handeln* des Organs durch **Gesetz, Satzung, Anstellungsvertrag, Geschäftsordnung oder verbindliche Anordnung** *präzise* vorgeschrieben ist (und insofern keinen Raum für Entscheidungen lässt).[900] Beispiele sind **Gesellschafts-** und **Kapitalmarktinformationspflichten** sowie bestimmte **Treuepflichten**, die eine spezifische Entscheidung (bzw Handlung) des Vorstandsmitglieds gebieten.[901] Mangels eines Handlungs- oder Entscheidungsfreiraums liegt keine unternehmerische Entscheidung vor. Positiv formuliert, handelt es sich um eine unternehmerische Entscheidung, wenn dem Vorstandsmitglied das Verhalten durch die Rechtsordnung nicht strikt vorgegeben ist (sog rechtlich gebundene Entscheidung[902]).[903]

Die Frage nach dem Vorliegen einer unternehmerischen Entscheidung stellt sich auch bei **401** der Wahrnehmung **aktienrechtlicher Organisations-, Planungs- und Überwachungsaufgaben**. Da es sich bei diesen Aufgaben zwar an sich um ausdrückliche Pflichten handelt, die Art und Weise der **Umsetzung** dieser Aufgaben aber nicht vorgegeben ist,[904] muss dem Vorstand richtigerweise bei der Ausführung dieser Aufgaben ein Ermessensspielraum zugestanden werden (soweit das Gesetz keine spezifischen Handlungsanordnungen auch für die Umsetzung vorsieht). So besteht beispielsweise bei der Einberufung der Hauptversammlung oder bei der Erstellung eines Jahresabschlusses kein Ermessensspielraum – die konkrete Ausgestaltung der Hauptversammlung selbst liegt jedoch – soweit keine konkreten Regelungen bestehen – im Ermessen des Vorstands. Unter Hinweis auf die Pflicht zur Einrichtung eines **Rechnungswesens**[905] wird zT argumentiert, dass ein unternehmerischer Ermessensspielraum wegen Vorliegens einer Organisationspflicht nicht gegeben ist.[906] Entsprechend den obigen

---

[897] *Hüffer*, Kommentar zum AktG, § 116 Rn 8.

[898] *Hüffer*, Kommentar zum AktG, § 93 Rn 4 f.

[899] *S. H. Schneider*, „Unternehmerische Entscheidungen" als Anwendungsvoraussetzung für die Business Judgment Rule, DB 2005, 707 (708).

[900] *Fleischer* in *Spindler/Stilz*, Kommentar zum Aktiengesetz, § 93 Rn 4f.

[901] *Fleischer*, Handbuch des Vorstandsrechts, 258.

[902] *Fleischer* in *Spindler/Stilz*, Kommentar zum Aktiengesetz, § 93 Rn 67.

[903] *S. H. Schneider*, „Unternehmerische Entscheidungen" als Anwendungsvoraussetzung für die Business Judgment Rule, DB 2005, 707 (708). Ebenso: *Hüffer*, Kommentar zum AktG, § 93 Rn 4 f.

[904] *Fleischer*, Handbuch des Vorstandsrechts, 258.

[905] Siehe § 91 dAktG bzw § 82 öAktG.

[906] Vgl die Ausführungen hierzu in *Adensamer/Eckert* in *Kalss*, Vorstandshaftung in 15 europäischen Ländern, 178 f.

Ausführungen kann aber auch bei Organisationspflichten ein unternehmerischer Ermessensspielraum anzunehmen sein.

b) Entscheidung mit Risiko

402   Nach anderer Ansicht liegt eine unternehmerische Entscheidung vor, wenn ihr eine **Risikokomponente** bzw zukunftsbezogene Prognosen[907] anhaften. „Unternehmerische Entscheidungen sind dadurch gekennzeichnet, dass sie Chancen und Risiken begründen oder bewusst in Kauf nehmen. Eine Entscheidung, die kein Risiko beinhaltet, ist keine unternehmerische Entscheidung".[908]

c) Vorausschauend gestalterische Tätigkeit

403   Andere Autoren nehmen die Abgrenzung derart vor, dass eine unternehmerische Entscheidung bei „vorausschauend gestalterischer Tätigkeit" anzunehmen ist.[909] Dabei bleibt jedoch der Begriff der „vorausschauend gestalterischen Tätigkeit" unbestimmt.

d) Hohe Bedeutung für die Vermögens- oder Ertragslage oder die Gesamtentwicklung des Unternehmens

404   Bei der Umschreibung einer „unternehmerischen Entscheidung" kann auch auf das **betriebswirtschaftliche** Schrifttum zurückgegriffen werden: „bewusste Auswahl einer unternehmerischen Handlungsmöglichkeit von besonderer wirtschaftlicher Tragweite aus mehreren Handlungsalternativen wobei die erforderliche wirtschaftliche Bedeutung dann anzunehmen sei, wenn die so getroffene Entscheidung entweder nach ihrem **Umfang** oder **Risiko** von hoher Bedeutung für die Vermögens- oder Ertragslage des Unternehmens ist oder aufgrund ihrer andauernden Wirkung das Unternehmen oder einen Teil desselben vorträgt, dass durch diese Ausrichtung die künftige **Entwicklung** des Unternehmens in seiner Gesamtheit **vorgezeichnet** wird".[910]

405   Diese Definition setzt verschiedene Handlungsalternativen für das Vorstandsmitglied voraus (siehe sogleich) und stellt auf eine hohe wirtschaftliche Bedeutung der Entscheidung ab. Kritisch sei angemerkt, dass das Vorliegen einer unternehmerischen Entscheidung nicht von der Größe und Bedeutung des zugrundeliegenden Geschäfts abhängig gemacht werden sollte.[911] Auch aus dieser Sicht „unwesentliche" Entscheidungen sollten von der BJR erfasst sein.

e) Handlungsalternativen – Unterlassung als unternehmerische Entscheidung

406   Das Vorliegen einer unternehmerischen Entscheidung setzt auch voraus, dass das Vorstandsmitglied zwischen mehreren Handlungsalternativen wählen kann. Viele Lehrmeinungen sprechen hier tatsächlich nur von *Handlungs*alternativen. Richtigerweise müssen aber auch Unterlassungen umfasst sein, da Organe auch zwischen einem aktiven Tun und einem **Unterlassen** zu entscheiden haben.[912] Umgekehrt ist aber nicht jede Unterlassung eine un-

---

[907] *Spindler* in Münchener Kommentar zum AktG, § 93 Rn 40.

[908] *Semler*, Entscheidung und Ermessen im Aktienrecht, FS Ulmer, 627 (627 f). Siehe auch *Fleischer* in *Spindler/Stilz*, Kommentar zum Aktiengesetz, § 93 Rn 68, der von „Handeln unter Unsicherheit" spricht.

[909] *Kindler,* Unternehmerisches Ermessen und Pflichtenbindung, ZHR 162 (1998), 101 (110 f).

[910] *Mutter,* Unternehmerische Entscheidungen und Haftung des Aufsichtsrats der Aktiengesellschaft, 6 (23); *Heermann,* Wie weit reicht die Pflicht des Aufsichtsrats zur Geltendmachung von Schadensersatzansprüchen gegen Mitglieder des Vorstands? AG 1998, 201 (203).

[911] Vgl auch *Lutter,* Business Judgment Rule in Deutschland und Österreich, GesRZ 2007, 79 (82).

[912] *Hüffer* in *Bayer/Habersack,* Aktienrecht im Wandel, 378; *Dauner-Lieb* in *Henssler/Strohn,* Gesellschaftsrecht, § 93 Rn 20; *M. Roth*, Unternehmerisches Ermessen und Haftung des Vorstands, 78.

ternehmerische Entscheidung. Vielmehr kann nur das **bewusste Nichthandeln** als unternehmerische Entscheidung gewertet werden.[913] „Demgegenüber ist das bloße Unterlassen ohne Wissen um die Möglichkeit einer bestimmten (aktiven) Handlung keine Entscheidung".[914] Der unternehmerische Ermessensspielraum kommt folglich in jenen Fällen nicht zum Tragen, in denen dem Vorstandsmitglied beispielsweise eine Geschäftschance erst gar nicht bekannt ist und es daher eine Entscheidung – die auf Unterlassung der Wahrnehmung der Geschäftschance gerichtet war – erst gar nicht treffen konnte. Aus dieser Sicht wird auch die Bedeutung eines weiteren Elements der BJR klar – der **Informationsbeschaffungspflicht** (vgl Rn 411). Erst wenn das Organmitglied über bestehende Geschäftschancen ausreichend informiert ist, kann es aktiv eine Entscheidung über deren Wahrnehmung oder Unterlassung treffen. Damit geht auch die Pflicht des Vorstands bei der Leitung der Gesellschaft einher, ständig Handlungsalternativen festzustellen und anstehende Entscheidungen zu treffen.[915] Insofern liegen zwar nur eine *Handlungs*alternative (aktives Tun), aber zwei *Entscheidungs*alternativen (aktives Tun, bewusstes Unterlassen) vor.

Eine Handlungsalternative liegt nicht vor, wenn diese **tatsächlich unmöglich** ist.[916] Fraglich ist die Behandlung von Handlungsalternativen, die tatsächlich möglich, **rechtlich aber nicht erlaubt** sind (dh diese gegen ein gesetzliches Gebot oder Verbot bzw gegen die Satzung verstoßen[917]). „Rechtswidrigkeit bedeutet in diesem Fall der **Verstoß gegen Rechtsnormen**, mit Ausnahme der organschaftlichen Sorgfaltspflichten".[918] Richtigerweise liegt in einem solchen Fall keine unternehmerische Entscheidung vor. Es geht vielmehr um „die bewusste Auswahl eines Organs der Gesellschaft aus mehreren tatsächlich möglichen und rechtlich zulässigen Verhaltensalternativen".[919] **Beispiele** für rechtlich nicht zulässige Handlungsalternativen sind der Abschluss einer Kartellabsprache oder die Anordnung eines Verstoßes gegen umweltrechtliche Vorschriften. Bei derartigen Fällen handelt es sich nicht um eine unternehmerische Entscheidung, so dass dem Organmitglied kein unternehmerischer Ermessensspielraum zukommt. Schließlich soll es – auch bei wirtschaftlicher Betrachtungsweise – nicht „in der Entscheidungsfreiheit der Gesellschaft und ihrer Organe liegen [kann], ob sie wertorientierte Rechtsnormen beachten oder nicht".[920]

407

Vertragliche Verpflichtungen sind nach hL jedoch anders zu behandeln (Rn 508). Die Lehre anerkennt hier ausdrücklich die Möglichkeit, dass der Vorstand zugunsten der Gesellschaft eine Vertragsverletzung anordnen kann. Eine rechtswidrige Handlungsalternative liegt daher nicht vor, so dass auch eine Anordnung zur Verletzung vertraglicher Pflichten als unternehmerische Entscheidung angesehen werden kann. Diese Ansicht wird

408

---

[913] *Hüffer* in *Bayer/Habersack*, Aktienrecht im Wandel, 378; *Hüffer*, Kommentar zum AktG, § 93 Rn 4 f; *S. H. Schneider*, „Unternehmerische Entscheidungen" als Anwendungsvoraussetzung für die Business Judgment Rule, DB 2005, 707 (709). Offenbar nicht differenziert betrachtet dies *Semler*, Entscheidung und Ermessen im Aktienrecht, FS Ulmer, 627 (627).

[914] *S. H. Schneider*, „Unternehmerische Entscheidungen" als Anwendungsvoraussetzung für die Business Judgment Rule, DB 2005, 707 (709).

[915] *Semler* in *Semler/Peltzer*, Handbuch für Vorstandsmitglieder, § 1 Rn 124.

[916] Vgl BGHZ 135, 244 (254) „die Frage eines Handlungsermessens kann sich nur dort stellen, wo eine Entscheidung zwischen verschiedenen Handlungsmöglichkeiten *zu treffen ist*" (Hervorhebung durch Autor); damit verweist der BGH auf die tatsächliche Möglichkeit einer Handlungsmöglichkeit.

[917] *Dauner-Lieb* in *Henssler/Strohn*, Gesellschaftsrecht, § 93 Rn 20; *Hüffer*, Kommentar zum AktG, § 93 Rn 4f.

[918] *S. H. Schneider*, „Unternehmerische Entscheidungen" als Anwendungsvoraussetzung für die Business Judgment Rule, DB 2005, 707 (710).

[919] *S. H. Schneider*, „Unternehmerische Entscheidungen" als Anwendungsvoraussetzung für die Business Judgment Rule, DB 2005, 707 (711).

[920] *S. H. Schneider*, „Unternehmerische Entscheidungen" als Anwendungsvoraussetzung für die Business Judgment Rule, DB 2005, 707 (710).

von der Lehre auch für Fälle **unklarer oder umstrittener gesetzlicher Rechtslage** geteilt (siehe Rn 502).

f) Gefahr der nachträglichen Fehlbeurteilung

409   Ein weiterer Ansatzpunkt beleuchtet zunächst die dem unternehmerischen Ermessensspielraum zu Grunde liegende Problematik, dass **Gerichte dazu neigen, Entscheidungssituationen nachträglich fehlzubewerten** (siehe bereits Rn 376).[921] Manchen Autoren zufolge soll das Handeln eines Organmitglieds immer dann in den Genuss einer Haftungsfreistellung gelangen, wenn es Gefahr läuft, Opfer dieser psychologisch bedingten Fehlinterpretation zu werden.[922] In solchen Fällen kommt die vom unternehmerischen Ermessensspielraum bezweckte **Schutzfunktion** zur Anwendung. Eine Entscheidung ist demnach als „unternehmerisch" einzustufen, wenn „zum *ex ante* Zeitpunkt der Entscheidung Informationen über den weiteren Geschehensablauf nicht zur Verfügung stehen, die *ex post* bekannt sein werden [...] wobei zum Zeitpunkt der Entscheidungsfindung wegen unvorhersehbarer Sachverhaltsentwicklung noch nicht absehbar ist, welche der zur Verfügung stehenden Alternativen sich als die im Nachhinein für das Unternehmen wirtschaftlich vorteilhafteste herausstellen wird und deshalb die Gefahr besteht, dass die getroffene Wahl im Nachhinein von Dritten als von Anfang an erkennbar falsch angesehen wird".[923]

g) Ergebnis

410   Sämtliche hier angeführten Kriterien sind klassische Merkmale einer unternehmerischen Entscheidung. Sie alle umschreiben Situationen, in denen das entscheidende Organ in den Genuss eines „Rechts auf Irrtum"[924] gelangen sollte. Gerichte sollten nicht starr auf das eine oder andere Kriterium abstellen, sondern eine Kombination dieser Merkmale heranziehen.

> ➡ Das Vorliegen einer **unternehmerischen Entscheidung** ist dann zu bejahen, wenn es sich um eine Entscheidung handelt, bei der es keine Anordnung gibt, die dem Vorstand eine ganz bestimmte Handlung vorschreibt (und damit für eine Entscheidung zwischen verschiedenen Handlungsalternativen kein Raum ist), der Entscheidung ein Risiko zugrundeliegt und eine Gefahr der nachträglichen Fehlbeurteilung durch das Gericht besteht.

2. Sorgfältige Ermittlung der Entscheidungsgrundlage

a) Bedeutung

411   Hat ein Organ eine unternehmerische Entscheidung zu treffen, so hat es zunächst sorgfältig eine Entscheidungsgrundlage zu ermitteln, aufgrund derer es anschließend seine Entscheidung treffen kann. Auf der einen Seite soll diese Pflicht sicherstellen, dass sich das Organ vor seiner Entscheidung ausreichend informiert und daher auch in der Lage ist, eine im Unternehmenswohl liegende Entscheidung zu treffen. Auf der anderen Seite bedeutet die Fokussierung des

---

[921] *S. H. Schneider,* „Unternehmerische Entscheidungen" als Anwendungsvoraussetzung für die Business Judgment Rule, DB 2005, 707 ff.

[922] *S. H. Schneider,* „Unternehmerische Entscheidungen" als Anwendungsvoraussetzung für die Business Judgment Rule, DB 2005, 707 (711).

[923] *S. H. Schneider,* „Unternehmerische Entscheidungen" als Anwendungsvoraussetzung für die Business Judgment Rule, DB 2005, 707 (711).

[924] *Spindler* in Münchener Kommentar zum AktG, § 93 Rn 41.

unternehmerischen Ermessens auf die Ermittlung einer Entscheidungsgrundlage auch, dass es **nicht** auf die **falsche Einschätzung** der Folgen der durch das Vorstandsmitglied getroffenen Entscheidung ankommt. Eine Pflichtverletzung des Vorstandsmitglieds wegen **Fehleinschätzung** der **vorhandenen** Informationen ist nicht möglich[925] soweit die BJR-Kriterien eingehalten wurden; die **unrichtige Beurteilung** der zum Zeitpunkt der Entscheidung vorliegenden Informationen ist nicht per se ein Sorgfaltspflichtverstoß,[926] genausowenig wie das bewusste Eingehen von Risiko.[927] Diese Erkenntnis beruht darauf, dass selbst sorgfältiges Vorgehen nicht vor Fehlschlägen schützen kann.[928] Wenn aber die falsche *Beurteilung* vorhandener Informationen nicht sorgfaltswidrig ist, so muss man an anderer Stelle ansetzen: bei der *Beschaffung* der Informationen.

Ziel ist es, durch die Informationseinholung Erkenntnisse zu gewinnen, die das der Ent- **412** scheidung immanente **Risiko überschaubar machen**.[929] Dem liegt der Gedanke zu Grunde, dass das Organ durch entsprechende Informationen das Risiko besser einschätzen kann, und auch wenn eine „richtige" Entscheidung nicht garantiert werden kann, diese unter informierten Umständen wahrscheinlicher ist als in jenem Fall, in dem das Organ keine Informationen einholt. Zu beachten ist, dass auch eine streng ausgestaltete Informationsbeschaffungspflicht nicht zwingend zum gewünschten Ergebnis, dh zu einer richtigen unternehmerischen Entscheidung, führen muss. Vielmehr hängt es auch weiterhin davon ab, wie entscheidungsfreudig bzw -fähig das Organmitglied ist. Denn auch die strenge Ausgestaltung der Informationsbeschaffungspflicht kann nicht sicherstellen, dass sich das Organmitglied auch tatsächlich mit den beschafften Informationen auseinandersetzt und auf dessen Grundlage eine zum Erfolg führende Entscheidung trifft. Außerdem beruhen unternehmerische Entscheidungen vielfach auf „Instinkt, Erfahrung, Phantasie und Gespür für künftige Entwicklungen und einem Gefühl für die Märkte und die Reaktion der Abnehmer und Konkurrenten".[930] Unternehmerische Erwägungen – seien es nun Instinkte, ein unternehmerisches Gespür oder sonstige Reaktionen – können durch vollständige **objektive Information** nicht ersetzt werden.

> ➡ Die **Fehleinschätzung** bzw Fehlbeurteilung von beschaffter Information durch das Organ ist keine Pflichtverletzung – die Einschätzung selbst wird von der Rechtsordnung geschützt. Eine Pflichtverletzung kann das Organ in diesem Zusammenhang nur bei fehlerhafter **Beschaffung** der der Entscheidung zugrundeliegenden Information begehen.

b) Umfang der Informationsbeschaffungspflicht

Eine präzise Bestimmung des Umfangs der Informationsbeschaffungspflicht lässt sich nur **413** schwer vornehmen. Dieser richtet sich nach den Umständen zum Zeitpunkt der Entscheidung (zB Bedeutung und Risiko der Entscheidung). Eine strenge Lehransicht verlangt **vollständige Information**; die hM hingegen gibt sich richtigerweise mit **zweckbezogener** und **angemes-**

---

[925] *Lutter,* Business Judgment Rule in Deutschland und Österreich, GesRZ 2007, 79 (83); BGHZ 135, 244 (253 f).

[926] *Adensamer/Eckert* in *Kalss,* Vorstandshaftung in 15 europäischen Ländern, 178.

[927] BGHZ 135, 244 (253 f); *Schlosser,* Die Organhaftung der Vorstandsmitglieder der Aktiengesellschaft, 55; *Henze,* Entscheidungen und Kompetenzen der Organe in der AG: Vorgaben der höchstrichterlichen Rechtsprechung, BB 2001, 53 (57).

[928] *Hommelhoff,* Konzernleitungspflichten: Zentrale Aspekte eines Konzernverfassungsrechts, 174.

[929] *M. Roth,* Unternehmerisches Ermessen und Haftung des Vorstands, 84 f.

[930] *BegrRefE* UMAG, 17 (abzurufen unter <http://www.gesmat.bundesgerichtshof.de/gesetzesmaterialien/15_wp/umag/refe.pdf>).

sener Information zufrieden. Ziel ist es in jedem Fall, dass das entscheidende Organmitglied über genügend Information für die Fällung einer soliden Entscheidung verfügt.

(1) Vollständige Informationsbeschaffung

414   Manche Autoren und ältere Lehrmeinungen verlangen die **vollständige Ausschöpfung aller verfügbaren Informationsquellen** durch den Vorstand.[931] So heißt es an verschiedenen Stellen in der Literatur, es käme auf die „Sammlung aller verfügbaren Informationen" an; an anderer (mittlerweile überarbeiteter Stelle) fand sich die Anordnung, das handelnde Organ müsse auf Grundlage „sämtlicher erreichbarer Informationen" urteilen bzw „alle ihm zur Verfügung stehenden Erkenntnisquellen aus[zu]schöpfen",[932] an wiederum anderer Stelle hieß es, die „Entscheidungsgrundlagen [sind] vollständig und richtig zusammen[zu]stellen sowie korrekt aus[zu]werten".[933] Aus betriebswirtschaftlicher Sicht ist eine vollständige Informationseinholung praktisch nicht umsetzbar sowie auch nicht erforderlich.

(2) Angemessene bzw sorgfältige Informationsbeschaffung

415   Der BGH hat sich in der **ARAG/Garmenbeck**-Entscheidung ausdrücklich gegen eine Beschaffungspflicht sämtlicher zur Verfügung stehender Informationen ausgesprochen.[934] Dort heißt es: „Abgestellt wird daher auf die vom Vorstand ohne grobe Fahrlässigkeit als **angemessen erachtete** Information, auf deren Basis und nach deren freier Würdigung er dann eine unternehmerische Entscheidung fällt".[935] Der Referentenentwurf zum UMAG teilt das Verständnis des BGH.

416   Verlangt wird demzufolge die Einholung **angemessener Information**.[936] Von einer Pflichtverletzung wird nur dann gesprochen, wenn das Organ die vorgegebenen Grenzen, darunter eben auch die Verpflichtung zur „sorgfältige[n] Ermittlung der Entscheidungsgrundlagen", deutlich überschritten hat. Eine solche Überschreitung des unternehmerischen Ermessensspielraums ist dann anzunehmen, „wenn der Entscheidungsprozess so **unverantwortlich** abgelaufen ist, dass der Vorstand nicht darauf vertrauen konnte, die unternehmerische Entscheidung auf einer angemessenen Grundlage zu treffen".[937] Die Informationsauswahl darf allerdings aus Sicht eines ordentlichen und gewissenhaften Geschäftsleiters nicht **unvertretbar** erscheinen.[938]

---

[931] <blog.beck.de/2008/09/18/hohe-anforderungen-an-die-haftungsprivilegierung-eines-geschafts-fuhrers-im-rahmen-der-business-judgment-rule>; *Lutter* in *Ringleb/Kremer/Lutter/v. Werder*, Deutscher Corporate Governance Kodex³ (2008) Rn 475 (alte Auflage); BGH AG 1985, 165 (165 ff); *Hopt* in Großkommentar zum Aktiengesetz, § 93 Rn 84; *Bastuck*, Enthaftung des Managements (1986) 69; *Kindler*, Unternehmerisches Ermessen und Pflichtenbindung, ZHR 162 (1998), 101 (106); vgl auch *Semler*, Leitung und Überwachung der Aktiengesellschaft, Rn 77 ff.

[932] *Mertens* in Kölner Kommentar zum Aktiengesetz² (1999) § 93 Rn 29 (alte Auflage) unter Berufung auf BGH AG 1985, 165 (165 ff); *Hopt* in Großkommentar zum Aktiengesetz, § 93 Rn 84; *Bastuck*, Enthaftung des Managements (1986) 69.

[933] *Kindler*, Unternehmerisches Ermessen und Pflichtenbindung, ZHR 162 (1998), 101 (106); vgl auch *Semler*, Leitung und Überwachung der Aktiengesellschaft, Rn 77 ff.

[934] BGHZ 135, 244 (253 f).

[935] *BegrRefE UMAG*, 18.

[936] *Mertens* in *Mertens/Cahn*, Kölner Kommentar zum Aktiengesetz, § 93 Rn 32; *Lutter* in *Ringleb/Kremer/Lutter/v. Werder*, DCGK-Kommentar, Rn 482; *Redeke,* Zu den Voraussetzungen unternehmerischer Ermessensentscheidungen, NZG 2009, 496 (496 f) mwN; *BegrRefE UMAG*, 18; *Lutter,* Business Judgment Rule in Deutschland und Österreich, GesRZ 2007, 79 (83); BGHZ 135, 244 (253); *Adensamer/Eckert* in *Kalss*, Vorstandshaftung in 15 europäischen Ländern, 178 f; *Hüffer* in *Bayer/Habersack,* Aktienrecht im Wandel, 378; *Sieg/Zeidler* in *Hauschka*, Corporate Compliance, Handbuch der Haftungsvermeidung im Unternehmen, 49.

[937] *M. Roth*, Unternehmerisches Ermessen und Haftung des Vorstands, 86.

[938] *Mertens* in *Mertens/Cahn,* Kölner Kommentar zum Aktiengesetz, § 93 Rn 34.

Auch bei der **Beschaffung der Information** kommt dem Organ ein **Ermessensspielraum** **417** zu.[939] Der notwendige Aufwand zur Informationsbeschaffung bemisst sich je nach **Bedeutung** und **Risiko** der Entscheidung,[940] sowie dem Grad der **Dringlichkeit** der Entscheidung.[941] Das Kriterium der angemessenen Informationsbeschaffung ist daher auf den Einzelfall bezogen und folglich **flexibel**. Beachtet man den **Zeitdruck**, unter dem Entscheidungen gefällt werden müssen und, dass keine Information allumfassend sein kann, so können sich Organmitglieder im Wesentlichen auf die betriebswirtschaftlichen Parameter wie Rentabilität, Risikobewertung, Investitionsvolumen und Finanzierung beschränken.[942] Dieser Ansatz wird den Besonderheiten der unternehmerischen Geschäftsführung eher gerecht als die Pflicht zur vollständigen Informationsbeschaffung und ist daher zu begrüßen.

c) Objektivierte subjektive Betrachtungsweise

Eine Besonderheit bezüglich der Informationsbeschaffungspflicht ist die Sichtweise für **418** die Beurteilung der Frage, ob ausreichend Information eingeholt wurde. Eine rein **objektive** Betrachtungsweise würde dazu führen, dass das Vorstandsmitglied dazu verpflichtet wäre, jene Informationen einzuholen, die **tatsächlich** für die Entscheidung erforderlich sind, andernfalls es pflichtwidrig handelt. Eine **subjektive** Betrachtungsweise würde demgegenüber darauf abstellen, ob das Vorstandsmitglied angenommen hat, dass die eingeholte Information für eine sorgfältige Entscheidung genügen würde.[943]

Richtigerweise sollte es auf eine **objektivierte subjektive Betrachtungsweise** ankommen, **419** bei der es zwar auf den Blickwinkel des handelnden Organs ankommt,[944] aber die Informationsauswahl des Organs auch aus Sicht *ex ante* bei gerichtlicher Überprüfung **vertretbar** erscheint.[945] Diese Ansicht lässt sich in einer Auslegungsvariante auch auf den Gesetzestext in § 93 Abs 1 dAktG stützen: „Eine Pflichtverletzung liegt nicht vor, wenn das Vorstandsmitglied bei einer unternehmerischen Entscheidung **vernünftigerweise annehmen durfte**, auf der Grundlage angemessener Information zum Wohle der Gesellschaft zu handeln".

d) Präzisierung des Umfangs an den Umständen des Einzelfalls

Wie bereits angedeutet, richtet sich der Umfang der erforderlichen Information nach **420** den **Umständen** des Einzelfalls. Das Vorstandsmitglied hat bei seiner Entscheidung all jene Umstände zu berücksichtigen, die das Umfeld der Entscheidung ausmachen. Folglich ist eine **situationsentsprechende Informationsgrundlage** erforderlich.[946] Das Vorstandsmitglied kann innerhalb der Grenzen, die durch die Umstände vorgegeben werden, den Informationsbedarf selbst abwägen.[947]

---

[939] *Mertens* in *Mertens/Cahn,* Kölner Kommentar zum Aktiengesetz, § 93 Rn 34.

[940] Ebenso *Sieg/Zeidler* in *Hauschka,* Corporate Compliance, Handbuch der Haftungsvermeidung im Unternehmen, 49, die aber mE zu Unrecht die Angemessenheit der beschafften Informationen neben den Umständen der Entscheidung auch von den Fähigkeiten des entscheidenden Organmitglieds abhängig macht.

[941] *Hopt* in Großkommentar zum Aktiengesetz, § 93 Rn 84 mwN.

[942] *Lutter,* Business Judgment Rule in Deutschland und Österreich, GesRZ 2007, 79 (83) mwN.

[943] *Lutter,* Bankenkrise und Organhaftung, ZIP 2009, 197 (200).

[944] Vgl *Hüffer*, der vom Überwiegen der objektiven Elemente spricht, siehe *Hüffer,* Kommentar zum AktG, § 93 Rn 4g.

[945] *Mertens/Cahn,* Kölner Kommentar zum Aktiengesetz, § 93 Rn 34.

[946] *Thümmel*, Organhaftung dem Referentenentwurf des Gesetzes zur Unternehmensintegrität und Modernisierung des Anfechtungsrechts (UMAG) – Neue Risiken für Manager? DB 2004, 471 (472).

[947] Vgl hierzu auch *Fleischer*, Handbuch des Vorstandsrechts, 261.

421   Das Vorstandsmitglied kann sein Ermessen im Rahmen der Informationsbeschaffung nicht völlig frei ausüben, sondern hat den Umfang der Informationseinholung von (1) entscheidungsbezogenen und (2) unternehmensbezogenen Umständen abhängig zu machen, um dem Erfordernis nach angemessener Information gerecht zu werden.

422   Zu den *entscheidungsbezogenen* Umständen gehören insbesondere:

- der zeitliche **Vorlauf** zur Entscheidung,[948]
- **Art** und **Bedeutung** der Entscheidung,[949]
- der **Zeitdruck**,[950]
- tatsächliche und rechtliche **Möglichkeiten des Informationszugangs**,[951]
- das mit der Entscheidung verbundene **Risiko**,[952] und
- das Verhältnis der **Kosten** der Informationsbeschaffung zum erwarteten **Nutzen** der zusätzlichen Information.[953]

423   Zu den *unternehmensbezogenen* Umständen gehören insbesondere die potenziellen Auswirkungen der Entscheidung auf das **Unternehmenswohl**. Dabei hat das Vorstandsmitglied insbesondere folgende Kriterien zu berücksichtigen:

- **Art**, **Größe** und **Geschäft** seines Unternehmens,[954]
- **betriebswirtschaftliche** Gesichtspunkte,[955]
- die **Dringlichkeit** der Entscheidung; und
- anerkannte betriebswirtschaftliche **Verhaltensmaßstäbe**.[956]

424   Informationen sind sowohl im unternehmensinternen, als auch im externen Bereich einzuholen.[957] Auch eine **Kosten-Nutzen Rechnung** ist im Hinblick auf die soeben genannten Beispiele zulässig (bei welcher nicht nur die finanziellen Kosten, sondern auch der zeitliche Kostenfaktor miteinbezogen werden sollten).[958]

e) Ermessensspielraum bei der Informationsbeschaffung

425   Um auch in diesem Bereich dem Zweck des unternehmerischen Ermessensspielraums gerecht zu werden sollte dem Vorstandsmitglied richtigerweise ein solcher auch bei der Entscheidung über den **Umfang** der Informationsbeschaffung zugestanden werden. Denn auch

---

[948] *Fleischer*, Handbuch des Vorstandsrechts, 260.

[949] *Lutter*, Business Judgment Rule in Deutschland und Österreich, GesRZ 2007, 79 (83).

[950] *BegrRefE UMAG*, 18; *Ulmer*, Haftungsfreistellung bis zur Grenze grober Fahrlässigkeit bei unternehmerischen Fehlentscheidungen von Vorstand und Aufsichtsrat? DB 2004, 859 (860); *Mertens/Cahn*, Kölner Kommentar zum Aktiengesetz, § 93 Rn 34.

[951] *Fleischer*, Handbuch des Vorstandsrechts, 260; *Ulmer*, Haftungsfreistellung bis zur Grenze grober Fahrlässigkeit bei unternehmerischen Fehlentscheidungen von Vorstand und Aufsichtsrat? DB 2004, 859 (860).

[952] *Lutter*, Business Judgment Rule in Deutschland und Österreich, GesRZ 2007, 79 (83).

[953] *Ulmer*, Haftungsfreistellung bis zur Grenze grober Fahrlässigkeit bei unternehmerischen Fehlentscheidungen von Vorstand und Aufsichtsrat? DB 2004, 859 (860); *Fleischer*, Handbuch des Vorstandsrechts, 260; *Fleischer*, Die „Business Judgment Rule": Vom Richterrecht zur Kodifizierung, ZIP 2004, 685 (691).

[954] *Paefgen*, Unternehmerische Entscheidungen und Rechtsbindung der Organe in der AG, 225.

[955] *BegrRefE UMAG*, 18.

[956] *BegrRefE UMAG*, 18.

[957] *Hueck/Windbichler*, Gesellschaftsrecht, § 27 Rn 34.

[958] *Spindler* in Münchener Kommentar zum AktG, § 93 Rn 47; *Mutter*, Unternehmerische Entscheidungen und Haftung des Aufsichtsrats der Aktiengesellschaft, 6 (9). Zur Bedeutung der Zeit als Kostenfaktor siehe auch *Mölders* in *Simen/Streier/Hüsken*, Wegweiser der Wissenschaft, 73 (74).

hier ergibt sich eine Situation, die der eigentlichen unternehmerischen Entscheidung vergleichbar ist. Das Vorstandsmitglied hat das Informationsvolumen gegen Zeitdruck, Kosten uä abzuwägen. Auch die Entscheidung über das Ausmaß der zu beschaffenden Informationen ist daher mit einem gewissen Ermessen des Vorstands verbunden. Das Organmitglied muss sich daher zunächst einen Überblick über die ihm zur Verfügung stehenden Informationsquellen verschaffen, bevor es entscheiden kann, welche Informationen es für seine Entscheidung benötigt und welche nicht.

Eine Unterteilung des Informationsbeschaffungsprozesses scheint daher zweckmäßig, und **426** zwar in die Phase der eigentlichen **Informationsbeschaffung**, in der das Vorstandsmitglied zunächst sorgfältig Information einholt, und die Phase der **Auswahl und Gewichtung**, in der es dann entscheidet, welche Information es seiner Entscheidung zugrunde legen wird. Hierbei muss das Vorstandsmitglied alle ermittelten Informationen überschlagsmäßig durcharbeiten, sichten und schließlich aus dem Informationspool jene Informationen herausgreifen, die es für die Entscheidungsfindung tatsächlich heranziehen wird. Die Phase der Informationsbeschaffung sowie jene der Auswahl und Gewichtung werden dabei unter dem Begriff der Ermittlungsphase zusammengefasst. Sobald diese Ermittlungsphase abgeschlossen ist, kann sich das Vorstandsmitglied in der **Beurteilungsphase** der Beurteilung der erlangten Informationen widmen und in der Folge seine Entscheidung treffen (vgl Abbildung 14).

(1) Ermittlungsphase

Die Ermittlungsphase hat den Zweck, dem Vorstandsmitglied die **Informationsgrundlage 427** zu verschaffen, die es für eine sorgfältige Entscheidung benötigt. Grundsätzlich ist davon auszugehen, dass je mehr Informationen dem Vorstandsmitglied bei der Entscheidungsfällung zur Verfügung stehen, desto mehr Informationen kann es bei seiner Entscheidung berücksichtigen.

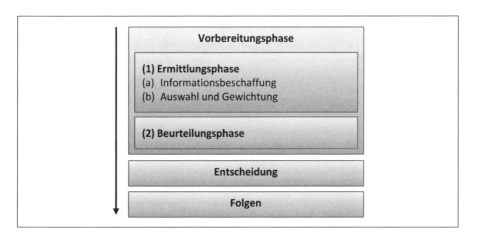

Abbildung 14: Phasen der Entscheidungsfindung

Daraus ergibt sich, dass die bloße **formelle Absicherung** der Entscheidungsgrundlage **428** durch ein **Sachverständigengutachten** nicht ausreichend ist.[959] Das routinemäßige Einholen sachverständigen Rates ist „weder erforderlich, noch ausreichend".[960] Im Zusammenhang

---

[959] *Fleischer*, Handbuch des Vorstandsrechts, 261; *Sieg/Zeidler* in *Hauschka*, Corporate Compliance, Handbuch der Haftungsvermeidung im Unternehmen, 49.
[960] *Mertens/Cahn*, Kölner Kommentar zum Aktiengesetz, § 93 Rn 35.

mit Rechtsfragen (im Rahmen der Legalitätspflicht) hat der BGH[961] allerdings unlängst festgestellt, dass das Organ **Rechtsrat** einholen muss, wenn ihm selbst die Sachkunde fehlt (auf diesen kann sich das Organ aber nicht blind verlassen).[962]

429 Nach Einholung muss das Vorstandsmitglied die Information sichten, überblicksmäßig durcharbeiten, gewichten und schließlich wichtige Information von unwichtiger Information trennen (**Auswahl und Gewichtung**). Auch bei diesem Vorgang des Extrahierens hat das Vorstandsmitglied einen unternehmerischen Ermessensspielraum. Es hat einen Freiraum, den „Informationsbedarf abzuwägen und sich selbst eine Annahme dazu zu bilden".[963] Ziel dieser Teilphase ist es, aus dem Informationspool jene Informationen zu ermitteln, die nach Ansicht des Vorstandsmitglieds **für die Entscheidung von Bedeutung sind**.

(2) Beurteilungsphase (Informationsverarbeitung)

430 Hat das Vorstandsmitglied die für die Entscheidung als erforderlich empfundene Information ausgesondert und aufgenommen, kann es sich seiner Hauptaufgabe widmen, nämlich der Beurteilung bzw Verarbeitung dieser Informationen. Hier kommt das Vorstandsmitglied seiner eigentlichen Aufgabe nach: es bewertet das immanente unternehmerische Risiko und versucht es durch seine Entscheidung zu vermeiden oder für die Gesellschaft zu nutzen. Auf Grundlage der eingeholten Information sind verschiedene Entscheidungsalternativen (mit ihren Auswirkungen) zu ermitteln.[964] Mit der vollständigen Beurteilung der vorliegenden Informationen fällt das Vorstandsmitglied seine **Entscheidung** und beendet damit die Beurteilungsphase.

 Beispiele unvertretbarer Informationsbeschaffung

- Bankvorstand entscheidet über Kreditvergabe, ohne ausreichende Ermittlung der **Kreditwürdigkeit**[965]
- Einkauf von Wertpapieren, ohne dass das Unternehmen in der Lage ist, die damit verbundenen **Risiken** abzuschätzen[966]
- Nichteinholung von **Rechtsrat** im Zusammenhang mit (komplexen) Rechtsfragen, wenn dem Organ der eigene Sachverstand fehlt bzw es sich blind auf eingeholten Rat verlässt[967]
- Entscheidung auf Grundlage von Umsatzprognosen[968], soweit diese **nicht branchenüblichen** Techniken entsprechend erstellt wurden[969]

---

[961] BGH, 20.9.2011 – II. ZR 234/09, BB 2011, 2960.

[962] *Gärtner*, BB-Rechtsprechungsreport zur Organhaftung 2010/2011, BB 2012, 1745 (1746).

[963] *BegrRefE UMAG*, 18.

[964] *Mertens/Cahn*, Kölner Kommentar zum Aktiengesetz, § 93 Rn 35.

[965] *Mertens/Cahn*, Kölner Kommentar zum Aktiengesetz, § 93 Rn 34 mwN.

[966] *Mertens/Cahn*, Kölner Kommentar zum Aktiengesetz, § 93 Rn 34 mwN.

[967] *Gärtner*, BB-Rechtsprechungsreport zur Organhaftung 2010/2011, BB 2012, 1745 (1746); BGH 20.9.2011 – II ZR 234/09, BB 2011, 2960.

[968] BGH, 22.2.2011 – II ZR 146/09.

[969] *Gärtner*, BB-Rechtsprechungsreport zur Organhaftung 2010/2011, BB 2012, 1745 (1746); BGH, 22.2.2011 – II ZR 146/09. Auch wurde in dieser Entscheidung festgelegt, dass das überprüfende Gericht zur Überprüfung der Prognosen einen Sachverständigen heranziehen muss, wenn dem Gericht selbst das Wissen hierzu fehlt. Siehe auch *Fest*, Darlegungs- und Beweislast bei Prognoseentscheidungen im Rahmen der Business Judgment Rule, NZG 2011, 540 (540–542).

3. Handeln zum Wohle der Gesellschaft

Weitere Voraussetzung für das rechtmäßige Ausüben des unternehmerischen Ermessens- **431** spielraums ist, dass das handelnde Vorstandsmitglied **annehmen durfte, „zum Wohle der Gesellschaft" zu handeln.**[970] Bei diesem Begriff handelt es sich um einen unbestimmten Rechtsbegriff, bei dessen Auslegung dem Vorstand ein Beurteilungsspielraum zusteht;[971] der Begriff ist generell weit gefasst zu verstehen.[972]

a) Verfolgung des Unternehmenswohls

Das Unternehmenswohl wird allgemein dann verfolgt, wenn der langfristige **Bestand** **432** **des Unternehmens** gesichert bzw der **Unternehmenswert nachhaltig gesteigert** wird (siehe auch Ziff 4.1.1. DCGK).[973] Dies ist insbesondere dann der Fall, wenn die Entscheidung der langfristigen „Ertragsstärkung und Wettbewerbsfähigkeit des Unternehmens und seiner Produkte und Dienstleistungen dient",[974] einschließlich der Tochtergesellschaften und des Gesamtkonzerns.[975] Es kommt demnach insbesondere auf die Vermögens-, Finanz- und Ertragslage des Unternehmens an.

Im Einzelnen ist das Unternehmensinteresse dann gewahrt, wenn die **Wettbewerbsfä-** **433** **higkeit** des Unternehmens und seiner Produkte und Dienstleistungen verbessert werden,[976] wenn der dauerhafte **Bestand bzw Rentabilität** des Unternehmens sichergestellt wird[977] (eine Pflicht zur Gewinnmaximierung besteht nicht[978]); wenn es zu einer Steigerung des **Unternehmensmarktwerts** kommt,[979] wenn die Erzielung des bestmöglichen **Betriebsergebnisses** angestrebt wird; und wenn auf die langfristige **Unternehmensentwicklung** (dauerhafter und rentabler Betrieb[980]) Bedacht genommen wird. Eine hohe Dividendenausschüttung auf kurze Sicht liegt jedoch nicht notwendigerweise im Unternehmensinteresse[981] (zur Abgrenzung zwischen *shareholder value* und *stakeholder value* siehe sogleich Rn 438). Es kann demnach auch der Verzicht auf **kurzfristigen Gewinn** bzw die Übernahme von Kosten und Aufwendungen im Unternehmensinteresse liegen, wenn dies im Interesse langfristiger Perspektiven und künftiger Geschäftschancen erfolgt. Auch wird das Eingehen übergroßer **Risiken** nicht mit dem Unternehmenswohl vereinbar sein, sollte dies nicht gerade der Zweck der Gesellschaft sein (zB Handel mit riskanten Finanzprodukten); jedenfalls darf die **Existenz** der Gesellschaft durch das Vorstandshandeln nicht bedroht werden.

---

[970] Eine Unterscheidung zwischen Gesellschaftsinteressen und Unternehmensinteressen ist nicht zielführend, da sich die Interessen der Gesellschaft, als Trägerin des Unternehmens, mit den Interessen des Unternehmens decken. Präzise muss aber vom Unternehmenswohl oder Unternehmensinteresse die Rede sein – die Leitungspflicht der Vorstandsmitglieder ist auf das Unternehmenswohl ausgerichtet.

[971] *Spindler* in Münchener Kommentar zum AktG, § 93 Rn 46; *Semler*, Entscheidung und Ermessen im Aktienrecht, FS Ulmer, 627 (633).

[972] *Fleischer* in *Spindler/Stilz*, Kommentar zum Aktiengesetz, § 93 Rn 70.

[973] *Ringleb* in *Ringleb/Kremer/Lutter/v. Werder*, DCGK-Kommentar, Rn 568.

[974] *Fleischer* in *Spindler/Stilz*, Kommentar zum Aktiengesetz, § 93 Rn 71; *Spindler* in Münchener Kommentar zum AktG, § 93 Rn 45.

[975] *Spindler* in Münchener Kommentar zum AktG, § 93 Rn 45.

[976] *Fleischer*, Handbuch des Vorstandsrechts, 259; in diesem Sinne auch *BegrRefE UMAG*, 17.

[977] *Hüffer, Kommentar zum AktG*, § 76 Rn 13; *Spindler* in Münchener Kommentar zum AktG, § 76 Rn 74; *Strasser* in *Jabornegg/Strasser*, Kommentar zum Aktiengesetz, § 70 Rn 24.

[978] *Spindler* in Münchener Kommentar zum AktG, § 76 Rn 75.

[979] *Zöllner*, Aktionär und Eigentum, GesRZ Sonderheft Societas Europaea 2004, 5 (10).

[980] Auch: „Angemessene Gewinnerzielung".

[981] *Kalss* in Münchener Kommentar zum AktG, § 73 Rn 115 mwN.

434 Die Verpflichtung zur Erzielung **angemessener Gewinne** (auch: „Bestanderhaltung") ergibt sich überdies aus dem in der Satzung festgelegten Unternehmensgegenstand, sowie aus der Pflicht zur Einrichtung eines **Überwachungssystems** für bestandsgefährdende Risiken[982] (vgl Rn 45). Dabei kommt es nicht nur darauf an, dass die Gesamtheit des Unternehmens auf die Erzielung angemessener Gewinne ausgerichtet ist, sondern vielmehr, dass auch bei einer Betrachtung der einzelnen vorgenommenen Geschäfte ein Gewinn angestrebt wird. Dabei sind aber freilich auch Aufwendungen zulässig, die nicht unmittelbar der Gewinnerzielung dienen, wobei die wirtschaftliche Leistungsfähigkeit der Gesellschaft beachtet werden muss.[983]

435 Gleichzeitig wird das Unternehmenswohl durch den Unternehmensgegenstand präzisiert. Das Vorstandsmitglied hat nämlich das Unternehmenswohl im Rahmen des bindenden **Unternehmensgegenstands** zu verfolgen. Zwar folgen weder das deutsche noch das österreichische Recht der *ultra-vires*-Lehre[984] (und hat daher der Unternehmensgegenstand keine beschränkende Wirkung auf die Vertretungsmacht des Vorstands), doch können sich beim Überschreiten des Unternehmensgegenstands im Innenverhältnis Ersatzansprüche ergeben. Als Korrelat der eigenverantwortlichen Leitung der Gesellschaft ist „dem Vorstand die Erfüllung des Unternehmenszwecks durch Verfolgung des satzungsmäßigen Unternehmensgegenstands aufgetragen".[985] Ausschlaggebend ist aber nicht der in der Satzung festgelegte Unternehmensgegenstand, zumal dieser in der Praxis meist sehr weit gefasst ist, sondern der *tatsächlich* verfolgte Unternehmensgegenstand, der allerdings innerhalb des in der Satzung vorgegebenen Gegenstands liegen muss.[986]

b) Berücksichtigung weiterer Interessen

436 Bei der Leitung des Unternehmens ist der Vorstand zur Verfolgung bzw Berücksichtigung unterschiedlicher **Interessen** verpflichtet.[987] Neben der Verfolgung des Unternehmenswohls ist er auch zur Berücksichtigung der Interessen der **Aktionäre**, der **Arbeitnehmer** und der **Öffentlichkeit** verpflichtet. Das dAktG listet diese Interessen zwar nicht gesondert auf,[988] sie sind jedoch ebenso wie in Österreich zu verfolgen.[989] Zwischen diesen Interessen besteht **keine Vorrangregelung**; auch wird ein Vorrang der Aktionärsinteressen abgelehnt (*shareholder value*-Ansatz).[990] Vielmehr hat sich der Vorstand im Rahmen der Verfolgung des Unternehmenswohls um den **Ausgleich** zwischen diesen Interessen zu bemühen.[991] Obwohl die Natur des Unternehmensintereses im Einzelnen umstritten ist,[992] steht jedoch fest, dass es gegenüber den zu berücksichtigenden Interessen **absoluten und unmittelbaren Vorrang** genießt[993] und daher der maßgebende Parameter[994] ist. Werden daher bei einer Entschei-

---

[982] *Spindler* in Münchener Kommentar zum AktG, § 76 Rn 74.

[983] *Semler* in *Semler/Peltzer*, Arbeitshandbuch für Vorstandsmitglieder, § 1 Rn 111; *Hüffer, Kommentar zum AktG,* § 76 Rn 13.

[984] *Hüffer,* Kommentar zum AktG, § 82 Rn 1; *Kalss* in *Kalss/Nowotny/Schauer*, Gesellschaftsrecht, Rn 3/378; *Kalss* in Münchener Kommentar zum AktG, § 82 Rn 68.

[985] *Nowotny* in *Doralt/Nowotny/Kalss*, Kommentar zum Aktiengesetz, § 70 Rn 11.

[986] *Nowotny* in *Doralt/Nowotny/Kalss*, Kommentar zum Aktiengesetz, § 70 Rn 11.

[987] *Hüffer,* Kommentar zum AktG, § 76 Rn 12.

[988] Vgl § 76 Abs 1 dAktG und § 70 Abs 1 öAktG.

[989] *Spindler* in Münchener Kommentar zum AktG, § 93 Rn 21 und § 76 Rn 64 ff.

[990] *Hüffer,* Kommentar zum AktG, § 76 Rn 12; *Spindler* in Münchener Kommentar zum AktG, § 76 Rn 69. Zuletzt auch in OLG Frankfurt, 17.8.2011 – 13 U 100/10, juris Rn 23.

[991] *Hopt* in Großkommentar zum Aktiengesetz, § 93 Rn 87; *Spindler* in Münchener Kommentar zum AktG, § 93 Rn 46.

[992] Statt Vieler: *Spindler* in Münchener Kommentar zum AktG, § 76 Rn 69 ff.

[993] *Kalss* in *Kalss/Nowotny/Schauer*, Gesellschaftsrecht, Rn 3/392.

[994] *Kalss* in Münchener Kommentar zum AktG, § 76 Rn 115.

dung vorrangig die wohlverstandenen Interessen der Gesellschaft verfolgt, und kommen die Interessen der Aktionäre dadurch kürzer (zB weil ein Vertrag nicht mit dem Mehrheitsaktionär, sondern mit einem Dritten geschlossen wurde), so liegt damit noch keine Pflichtverletzung vor.[995]

Anzumerken ist auch, dass die Präsenz dieser unterschiedlichen Interessen keinen Interessenkonflikt darstellt und daher der unternehmerische Ermessensspielraum nicht schon deshalb entfällt.[996] **437**

c) Shareholder Value?

Vielfach in der Literatur diskutiert und zu Zeiten der Rückbesinnung auf verantwortungsvolles unternehmerisches Handeln an Bedeutung gewinnend ist die Frage, ob sich das Vorstandsmitglied an einem *shareholder value-* oder einem *stakeholder value*-Ansatz zu orientieren hat. **438**

Unter „*shareholder*" sind die Aktionäre, unter „*stakeholder*" sonstige Interessengruppen zu verstehen. Zu Letzteren zählen „aktuelle und potenzielle Aktionäre, Gläubiger, Arbeitnehmer, Kunden und Lieferanten".[997] In Deutschland und Österreich hat man sich im AktG für die Verfolgung des gesonderten Unternehmenswohls entschieden – mit Elementen sowohl aus dem *shareholder-* als auch dem *stakeholder*-Ansatz. **439**

Eine *shareholder value*-orientierte Unternehmenspolitik zielt gs auf die Maximierung des Unternehmenswertes (Wert des Eigenkapitals) ab,[998] indem letztlich den Interessen der einzelnen Aktionäre Vorrang vor den Interessen anderer Interessenträger (zB Arbeitnehmern, Mitarbeitern, Gläubigern) gegeben wird. Eine etwas weiter gefasste Ansicht spricht bei einer *shareholder value*-Orientierung den Aktionären als Eigentümer auch umfassende **Mitbestimmungsrechte** zu.[999] Der *shareholder value*-Ansatz wurde in das deutsche[1000] und österreichische Recht jedoch im Gegensatz zu den USA nicht ausdrücklich übernommen. Vielmehr wird hier angenommen, dass sich aus der Pflicht zur dauerhaften Rentabilität keine zwingende Ausrichtung am *shareholder value* ableiten lässt.[1001] Sieht man jedoch in der Orientierung am *shareholder value* nicht sogleich auch eine Orientierung an der kurzfristigen Gewinnmaximierung, so werden sich in der Praxis kaum Unterschiede zur Orientierung am Unternehmenswohl ergeben.[1002] **440**

Eine Orientierung zu Gunsten der Aktionäre ließe sich gs dadurch rechtfertigen, dass diese gegenüber anderen Interessengruppen ein ungleich **größeres Risiko** übernehmen.[1003] Überdies kann argumentiert werden, dass die Interessen der übrigen Anspruchsgruppen bereits durch umfassende Schutzvorschriften geschützt sind; so beispielsweise durch arbeits- und sozialrechtliche Bestimmungen und Kapitalaufbringungs- und Kapitalerhaltungsvorschriften. Für Anteilseigner besteht kein derartiger Schutz, so dass eine *shareholder value*-Orientierung eine der wenigen Stützen darstellen würde. Da das *shareholder value*-Konzept auf vertraute und exakte Rechenmethoden aus dem Bereich der Investitionstheorie abstellt, stellt es zudem auch **441**

---

[995] OLG Frankfurt, 17.8.2011 – 13 U 100/10 Rn 27; *Gärtner* BB-Rechtsprechungsreport zur Organhaftung 2010/2011, BB 2012, 1745 (1747).

[996] *Spindler* in Münchener Kommentar zum AktG, § 93 Rn 46.

[997] *Carl* in *Spahlinger/Wegen*, Internationales Gesellschaftsrecht, Rn 1498.

[998] *Fleischer*, Handbuch des Vorstandsrechts, 14.

[999] *Doralt*, Shareholder und Stakeholder Value, ÖBA 2000, 639 (639).

[1000] OLG Frankfurt, 17.8.2011 – 13 U 100/10, juris Rn 23; *Gärtner* BB-Rechtsprechungsreport zur Organhaftung 2010/2011, BB 2012, 1745 (1747).

[1001] *Spindler* in Münchener Kommentar zum AktG, § 76 Rn 76.

[1002] *Spindler* in Münchener Kommentar zum AktG, § 76 Rn 79.

[1003] *Fleischer*, Handbuch des Vorstandsrechts, 14 f.

den wesentlich griffigeren Maßstab dar.[1004] Vielfach wird dem *shareholder value*-Ansatz jedoch **Kurzfristigkeit** vorgeworfen[1005] – der kurzfristige Anstieg des Aktienkurses von börsennotierten Unternehmen wird oft langfristiger Unternehmensplanung vorgezogen. Demnach orientieren sich Vorstandsmitglieder, so die Kritiker, zu sehr an kurzfristig gewinnbringenden Resultaten, um die Quartalsberichte entsprechend positiv ausfallen zu lassen. Langfristige Zielsetzungen werden dabei oft in den Hintergrund gedrängt, da sie auf Quartalsberichte nur gemindert Einfluss nehmen.[1006]

442   Eine *stakeholder value*-Orientierung bezeichnet hingegen eine „in der Management-Theorie entwickelte Führungstechnik, nach der ein Unternehmen durch verschiedene Anspruchsgruppen konstituiert wird: Eigenkapitalgeber, Fremdkapitalgeber, Arbeitnehmer, Management, Kunden, Lieferanten und die allgemeine Öffentlichkeit".[1007] Aber auch dieses Modell wird kritisiert, da es keine klare Zielfunktion aufweist[1008] und so zu einer Rechtfertigungsformel für ein nahezu beliebiges Vorstandshandeln herangezogen werden kann.[1009]

443   Im **Ergebnis** sollte man sich bei diesen Überlegungen stets auf die im AktG vorzufindenden **Wertungen** besinnen: Gemäß AktG ist vorrangig das Unternehmenswohl zu verfolgen, andere Interessen sind zu berücksichtigen. Eine Vorstandsausrichtung, die andere als Unternehmensinteressen vorrangig verfolgt, ist demnach abzulehnen. Versteht man aber unter dem Unternehmensinteresse die gebündelten Interessen der Aktionäre,[1010] ohne dabei die Unternehmensleitung den *Einzelinteressen* der Aktionäre (insbesondere etwa an kurzfristigen Gewinnen) als solche auszurichten, ist ein „moderater" *shareholder value*-Ansatz durchaus zulässig. Wie gemilderte Ansichten dieser Doktrin bestätigen, muss die Ausrichtung am Unternehmenswert nicht notwendigerweise kurzfristig orientiert sein)[1011] und war laut *Jack Welch* auch ursprünglich gar nicht so gedacht.[1012] Demnach kann es sehr wohl der *shareholder value*-Maximierung entsprechen, langfristige Unternehmensplanung zu betreiben. Jedenfalls abzulehnen ist nach hier vertretener Ansicht hingegen ein sich vom Unternehmenswohl verselbstständigendes Interesse der Aktionäre und eine kurzfristige, auf Quartalsberichte beschränkte Unternehmensplanung.

d) Gemeinwohl und öffentliche Interessen?

444   Das Gemeinwohl ist eine das „allgemeine Wohl betreffende, politisch-soziologische Bezeichnung für das Gemein- oder Gesamtinteresse einer Gesellschaft, das oft als Gegensatz zum Individual- oder Gruppeninteresse gesetzt wird".[1013] Dabei ist das zentrale Problem einer Definition des Gemeinwohls, dass „idR übersehen [wird], dass in pluralistischen, offenen Gesellschaften die konkrete inhaltliche Bestimmung des Gemeinwohls immer von

---

[1004] *Spindler* in Münchener Kommentar zum AktG, § 76 Rn 76.

[1005] *Ringleb* in Ringleb/Kremer/Lutter/v. Werder, DCGK-Kommentar, Rn 568.

[1006] Jack Welch, der ehemalige CEO von General Electric (GE), sagte 2009: „On the face of it, shareholder value is the dumbest idea in the world […] The idea that shareholder value is a strategy is insane", siehe *Guerrera*, Obsession with shareholder value was a 'dumb idea' says Welch, Financial Times, Print-Ausgabe vom 13.3.2009.

[1007] *Fleischer*, Handbuch des Vorstandsrechts, 14.

[1008] *Kuhner,* Unternehmensinteresse vs Shareholder Value als Leitmaxime kapitalmarktorientierter Aktiengesellschaften, ZGR 2004, 244 (254).

[1009] *Fleischer*, Handbuch des Vorstandsrechts, 14 f.

[1010] So beispielsweise *Kalss* in Kalss/Nowotny/Schauer, Gesellschaftsrecht, Rn 3/326.

[1011] *Spindler* in Münchener Kommentar zum AktG, § 76 Rn 79

[1012] *Guerrera*, Obsession with shareholder value was a 'dumb idea' says *Welch*, Financial Times, Print-Ausgabe vom 13.3.2009: "Mr Welch last week said he never meant to suggest that boosting the share price should be the main goal of executives".

[1013] *Schubert/Klein*, „Gemeinwohl", Das Politiklexikon.

den Interessen und Zielen derjenigen abhängig ist, die sich auf das Gemeinwohl berufen und das Gemeinwohl bestimmen (wollen) und/oder derjenigen, denen die Verwirklichung des Gemeinwohls nutzt".[1014] Mit dem im Gesetz häufig genannten Begriff des öffentlichen Interesses ist der Begriff des „Gemeinwohls" gleichzusetzen.[1015] Es wird davon ausgegangen, dass Unternehmen einen wichtigen Faktor einer Volkswirtschaft darstellen und durch ihre positiven Ergebnisse damit wesentlich zum Wohlstand der Gesamtgesellschaft beitragen.[1016] Gemeint ist damit vor allem das *volkswirtschaftliche Interesse*.[1017]

Interessant ist die Frage, inwiefern der Vorstand dazu **berechtigt** und/oder **verpflichtet** ist, **445** die Interessen der Allgemeinheit bzw der **Öffentlichkeit** zu verfolgen. Der Vorstand kann im Rahmen der Leitungspflicht bei der Abwägung unterschiedlicher Interessen auch die Interessen der Allgemeinheit verfolgen; es kommt dabei auch dann zu **keiner Schadensersatzverpflichtung** gegenüber der Gesellschaft, wenn dadurch Vermögensinteressen der Gesellschaft beeinträchtig werden.[1018] Freilich ist diese Auffassung nicht unumstritten.[1019]

Eine **Berechtigung** zur Verfolgung von Interessen der Allgemeinheit wird beispielsweise **446** für Spenden zu **wissenschaftlichen und kulturellen Zwecken**, Spenden zu Gunsten von Opfern von Naturkatastrophen sowie auch **Parteispenden** angenommen.[1020] Auch ist es zulässig, dass sich der Vorstand zulasten kurzfristiger Gewinne für die Aufwendung **sozialer Kosten** entscheidet. Hierunter fallen beispielsweise Ausgaben für Umweltschutz, Sponsoring, Unterstützung politischer Parteien und sonstige Spenden. Dies ist allerdings nur soweit zulässig, als diese freiwilligen Mehraufwendungen der Leistungsfähigkeit sowie der sozialen und gesamtwirtschaftlichen Rolle des Unternehmens entsprechen.[1021]

Manche Autoren sind der Ansicht, dass die Verfolgung öffentlicher Interessen einer **447** **Interessenabwägung** unterliegt. Es findet sich dabei der Hinweis, dass die Verpflichtung zur Berücksichtigung des öffentlichen Wohls in keinem Fall die bestmögliche Verfolgung des Unternehmenswohls überwiegen kann.[1022] Es müssen dabei der Nutzen und potentielle Nachteile sowohl für das Gemeinwohl als auch für das Unternehmenswohl im Rahmen einer Interessenabwägung gegenüber gestellt werden (Prüfung der Pflichtwidrigkeit unter Heranziehung der Kriterien des unternehmerischen Ermessensspielraums aus Sicht *ex ante*). Damit liegt die rechtliche Relevanz „des Gebots sozialer Verantwortung [liegt] demnach im Bereich eigener Verantwortung. Jede andere Regelung würde den Vorstand zu einem Organ machen, dessen Grundaufgabe es nicht mehr wäre, ein Unternehmen mit autonomer Zielsetzung zu leiten, sondern öffentliche Interessen durchzusetzen".[1023]

[1014] *Schubert/Klein*, „Gemeinwohl", Das Politiklexikon.

[1015] *Strasser* in *Jabornegg/Strasser*, Kommentar zum Aktiengesetz, § 70 Rn 27; *Raisch,* Zum Begriff und zur Bedeutung des Unternehmensinteresses als Verhaltensmaxime von Vorstands- und Aufsichtsratsmitgliedern, FS Hefermehl, 347 (351 ff).

[1016] *Nowotny* in *Doralt/Nowotny/Kalss*, Kommentar zum Aktiengesetz, § 70 Rn 14.

[1017] *Strasser* in *Jabornegg/Strasser*, Kommentar zum Aktiengesetz, § 70 Rn 27.

[1018] *Spindler* in Münchener Kommentar zum AktG, § 76 Rn 86.

[1019] *Rittner*, zur Verantwortung des Vorstandes nach § 76 Abs 1 AktG 1965, FS Gessler, 139 ff; dieser hinterfragt, ob der Vorstand beispielsweise Spenden und Preiserhöhungen zu Gunsten der Allgemeinheit unterlassen muss und ob die Rettung eines gesamtwirtschaftlich bedeutenden Unternehmens zum Nutzen der Allgemeinheit vorgenommen werden darf.

[1020] *Spindler* in Münchener Kommentar zum AktG, § 76 Rn 86 f.

[1021] *Hüffer*, Kommentar zum AktG, § 76 Rn 14 mwN.

[1022] *Kalss* in Münchener Kommentar zum AktG, § 76 Rn 118.

[1023] *Spindler* in Münchener Kommentar zum AktG, § 76 Rn 82.

448   Die übrigen Interessen sollten sich im Ergebnis mit dem Unternehmensinteresse decken, sodass beispielsweise auf lange Sicht die gemeinschaftlichen Interessen der Aktionäre mit dem erwerbswirtschaftlichen Interesse der Gesellschaft übereinstimmen.[1024]

> Die ausschließliche Verfolgung öffentlicher Interessen ist als unzulässig anzusehen, wenn dabei nicht zusätzlich auch die Interessen der am Unternehmen Beteiligten gewahrt würden.[1025] Der Vorstand handelt daher pflichtwidrig, wenn die „Belastung der AG durch soziale Kosten mit Unternehmenswohl schlechthin nicht vereinbar ist".[1026]

449   In diesen Bereich fallen auch die jüngeren Entwicklungen im Bereich der ***Corporate Social Responsibilty*** (kurz: ***CSR***). Dabei geht es um die Einhaltung sozialer und umweltrechtlicher Standards, die über das gesetzlich verpflichtende Maß hinausgehen. Derartige Bestrebungen dienen immer dem Unternehmenswohl, indem sie auf ihr Unternehmen aufmerksam machen und danach trachten, „Vertrauen zu gewinnen, Misstrauen zu beseitigen und das Ansehen zu heben".[1027] Sie zielen idR zumindest mittelbar darauf ab, eine Umsatzsteigerung oder einen anderen im Unternehmenswohl liegenden Effekt für das Unternehmen herbeizuführen. Dabei gilt es zu beachten, dass der für die Gesellschaft eintretende positive Effekt **nicht materieller Natur sein muss**.[1028] „Erfahrungsgemäß wird ein von sozialer Verantwortung getragenes Handeln des Vorstands günstig auf das Unternehmen zurückwirken und seine Produktionskraft und seine Wirkungsmöglichkeiten sowie seine Geltung und seinen Einfluss steigern."[1029] Zulässig sind derartige Maßnahmen (zB Verbesserung von **Arbeitnehmerbedingungen** und das Übertreffen von **Umweltschutzstandards**) daher soweit sie (in welcher Weise auch immer) auch im Unternehmenswohl liegen. Der **Einfluss** öffentlicher Interessen auf das Unternehmenswohl darf dabei nicht übersehen werden.

e) Ergebnis

450   Das Unternehmenswohl **begrenzt** somit das Risiko das durch eine unternehmerische Entscheidung eingegangen werden kann. Ein sorgfältiges Vorstandsmitglied hat daher eine **Gefahrenanalyse** über die potenziellen Auswirkungen einer Fehlentscheidung zu erstellen, um die Gefahr der Entscheidung für das Unternehmenswohl abschätzen zu können.

451   Die **Beurteilung** des Unternehmenswohls im Rahmen einer unternehmerischen Entscheidung hat aus *ex ante* Sicht zu erfolgen.[1030] Auch kommt es nicht auf die – bereits vielfach angesprochene – rein objektivierte Sicht an, ob der Vorstand also tatsächlich zum Wohle der Gesellschaft gehandelt hat, sondern ist vielmehr auch hier ausschlaggebend, ob das Vorstandsmitglied vernünftigerweise annehmen durfte, zum Wohle der Gesellschaft gehandelt zu haben[1031] (siehe im Detail Rn 463). Zum Zeitpunkt der Entscheidung (*ex ante*) muss die Möglichkeit oder gar die naheliegende *Wahrscheinlichkeit* bestanden haben, dass das Geschäft einen **günstigen Ausgang nehmen werde**.[1032] Die Einschätzung des Vorstands aus *ex ante*

[1024] *Spindler* in Münchener Kommentar zum AktG, § 76 Rn 73.

[1025] *Spindler* in Münchener Kommentar zum AktG, § 76 Rn 86.

[1026] *Hüffer*, Kommentar zum AktG, § 76 Rn 24.

[1027] *Spindler* in Münchener Kommentar zum AktG, § 76 Rn 86.

[1028] *Spindler* in Münchener Kommentar zum AktG, § 76 Rn 92.

[1029] *Spindler* in Münchener Kommentar zum AktG, § 76 Rn 86.

[1030] *Fleischer* in *Spindler/Stilz*, Kommentar zum Aktiengesetz, § 93 Rn 71; *Fleischer*, Handbuch des Vorstandsrechts, 259.

[1031] *Fleischer*, Handbuch des Vorstandsrechts, 259.

[1032] *Kalss* in Münchener Kommentar zum AktG, § 93 Rn 304.

Sicht muss daher auch objektiv **plausibel** erscheinen.[1033] Demgegenüber musste keinesfalls feststehen, dass die Entscheidung einen positiven Ausgang nehmen werde, da immer ein gewisses unternehmerisches Risiko besteht.

> ➡ Verpflichtung zur **Verfolgung** des Unternehmens- bzw Gesellschaftswohls und zur **Berücksichtigung** der Interessen der Aktionäre, Arbeitnehmer und der Öffentlichkeit (ohne Vorrang oder Rangordnung). Dh keine vorrangige Verfolgung von Aktionärsinteressen (*shareholder*-Ansatz) oder von Allgemeininteressen, ohne dabei (auch) das Unternehmenswohl zu verfolgen. Nicht-finanzielle Vorteile sowie finanzielle Vorteile sind zu beachten.

4. Nichtvorliegen eines Interessenkonflikts

Eine weitere Voraussetzung für das rechtmäßige Ausüben des unternehmerischen Ermes- **452** sens ist, dass die Entscheidung frei von sachfremden Einflüssen, Interessenkonflikten und unmittelbarem Eigennutzen des Vorstandsmitglieds getroffen wurde.[1034] Eine ausdrückliche Nennung dieses Elementes im Gesetzestext des § 93 dAktG ist laut den relevanten Gesetzesmaterialien[1035] unterblieben, da dieses Erfordernis bereits an mehreren Stellen unerschütterlich verankert ist. So wird diese bereits in der Pflicht, im **Unternehmenswohl** zu handeln,[1036] vorausgesetzt: „Nur der darf annehmen, zum Wohle der Gesellschaft zu handeln, der sich in seiner Entscheidung frei von solchen Einflüssen weiß".[1037] Auch die **Treuepflicht** (Rn 59, Rn 193) erfordert ein derartiges Verständnis; sie zielt sogar primär darauf ab, Interessenkonflikte der Vorstandsmitglieder hintanzuhalten.[1038] Der Treuepflicht gemäß kommt dem Vorstandsmitglied eine Verpflichtung zur besonderen Loyalität gegenüber der Gesellschaft zu; „jedes Vorstandsmitglied hat die Pflicht, in allen Angelegenheiten, die das Interesse der Gesellschaft berühren, allein deren Wohl und nicht seinen eigenen Nutzen oder den Vorteil anderer im Auge zu haben"[1039]. Umfassend behandelt werden Interessenkonflikte auch in Ziff 4.3 **DCGK**, weniger umfassend in Regel 22 **ÖCGK**.[1040]

[1033] *Mertens* in *Mertens/Cahn*, Kölner Kommentar zum Aktiengesetz, § 93 Rn 23.

[1034] BGHZ 135, 244 (253 f); *Ulmer*, Haftungsfreistellung bis zur Grenze grober Fahrlässigkeit bei unternehmerischen Fehlentscheidungen von Vorstand und Aufsichtsrat? DB 2004, 859 (860); *Semler*, Entscheidung und Ermessen im Aktienrecht, FS Ulmer, 627 (637); *Schäfer*, Die Binnenhaftung von Vorstand und Aufsichtsrat nach der Renovierung durch das UMAG, ZIP 2005, 1253 (1253 f); *Fleischer* in *Spindler/ Stilz*, Kommentar zum Aktiengesetz, § 93 Rn 72; *Fleischer*, Handbuch des Vorstandsrechts, 260; *Kalss* in *Kalss/Nowotny/Schauer*, Gesellschaftsrecht, Rn 3/389; *Lutter*, Business Judgment Rule in Deutschland und Österreich, GesRZ 2007, 79 (82); *Hopt* in Großkommentar zum Aktiengesetz, § 93 Rn 83; *Horn*, Die Haftung des Vorstands der AG nach § 93 AktG und die Pflichten des Aufsichtsrats, ZIP 1997, 1129 (1134); *BegrRefE UMAG*, 17; *Schima*, Organ-Interessenkonflikte und Corporate Governance, GesRZ 2003, 199 (199 f); Regel 19 ÖCGK.

[1035] *BegrRefE UMAG*.

[1036] Siehe § 76 dAktG bzw § 70 öAktG. Vgl auch *Dauner-Lieb* in *Henssler/Strohn*, Gesellschaftsrecht, § 93 Rn 24.

[1037] *BegrRefE UMAG*, 17.

[1038] *Kalss* in *Kalss/Nowotny/Schauer*, Gesellschaftsrecht, Rn 3/392.

[1039] *Hopt* in Großkommentar zum Aktiengesetz, § 93 Rn 145; siehe auch *Fleischer* in *Spindler/Stilz*, Kommentar zum Aktiengesetz, § 93 Rn 122.

[1040] Regel 22 ÖCGK: „Der Vorstand fasst seine Beschlüsse frei von Eigeninteressen und Interessen bestimmender Aktionäre, sachkundig und unter Beachtung aller relevanten Rechtsvorschriften".

a) Definitionen

453 Allgemein liegt ein Interessenkonflikt dann vor, wenn divergierende Interessen eine Situation beherrschen.[1041] Dabei muss zwischen Interessen unterschieden werden, die das Vorstandsmitglied nach dem AktG zu verfolgen hat (Unternehmenswohl, Wohl der Aktionäre, etc – siehe Rn 436) und Interessen, die **sachfremd** sind – und daher keinen Einfluss auf die Entscheidung nehmen dürfen. Nur in letzterem Fall handelt es sich um einen tatsächlichen Interessenkonflikt, der zum Entfall der BJR führen kann.

454 Ein unzulässiger, sachfremder Einfluss kann sich aus zwei Sphären ergeben. Einerseits kann das Vorstandsmitglied selbst ein **unmittelbares Eigeninteresse** an einer der Entscheidungsalternativen haben. Hier besteht die Gefahr, dass das Vorstandsmitglied seinen eigenen Interessen bei der Entscheidung Vorrang gewährt. Andererseits sind aber auch (Vorstands-) **fremde Interessen** problematisch, soweit diese auf die Entscheidung des Vorstandsmitglieds Einfluss nehmen können. Gemeint ist damit die Verfolgung von Interessen von dem Vorstand **nahestehender** Personen oder Gesellschaften.[1042] Darüberhinaus können Interessen eines **Dritten** von Bedeutung sein, wenn das Vorstandsmitglied unter dessen **kontrollierendem Einfluss** steht.[1043]

b) Folgen eines Interessenkonflikts

455 Der Vorstand ist zunächst dazu verpflichtet, Interessenkonflikte uneingeschränkt **offenzulegen**.[1044] Der anzulegende **Maßstab** ist streng, so dass schon der **Anschein eines Interessenkonflikts** zu vermeiden ist.[1045] Der Anschein eines Interessenkonflikts genügt überdies, den Vorstand dazu zu verpflichten, den **Gesamtvorstand** mit der Entscheidung zu befassen[1046]: ein Vorstandsmitglied, „das an einer Angelegenheit der Gesellschaft persönlich interessiert ist, darf nicht selbst entscheiden".[1047] Das befangene Vorstandsmitglied sollte der **Versuchung** widerstehen, eine Entscheidung selbst unter dem Vorwand zu fällen, dass eine unbefangene Entscheidung trotz Interessenkonflikt möglich wäre. Obwohl eine solche Entscheidung theoretisch möglich wäre, ist dennoch zu beachten, dass in einer derartigen Situation der Schutz der BJR durch die Existenz des Interessenkonflikts entfällt und es zu einer gerichtlichen Überprüfung der (anscheinend befangenen) Entscheidung kommen könnte. Um dies zu vermeiden, sollte der Vorstand ab Erkennung des Konflikts, diesen offenlegen und den Gesamtvorstand mit der Entscheidung befassen.

456 Nicht einheitlich behandelt wird die Frage, ob den übrigen, unbefangenen Mitgliedern des Vorstands der Schutz der BJR zugute kommt oder ob sie durch die Befangenheit des Vorstandsmitglieds „**infiziert**" werden. Richtiger Ansicht nach muss das befangene Vor-

---

[1041] *Lazopoulos*, Interessenkonflikte und Verantwortlichkeit des fiduziarischen Verwaltungsrates, 37 f.

[1042] *Fleischer*, Handbuch des Vorstandsrechts, 260; *Lutter*, Business Judgment Rule in Deutschland und Österreich, GesRZ 2007, 79 (82); *BegRefE UMAG*, 17; *Schima*, Organ-Interessenkonflikte und Corporate Governance, GesRZ 2003, 199 (201 f).

[1043] *U. Torggler*, Business Judgment Rule und unternehmerische Ermessensentscheidungen, ZfRV 2002, 133, (139) mwN.

[1044] *Fleischer*, Zur organschaftlichen Treuepflicht der Geschäftsleiter im Aktien- und GmbH-Recht, WM 2003, 1045 (1050); *Birkner/Löffler*, Corporate Governance in Österreich, 135; *Schima*, Organ-Interessenkonflikte und Corporate Governance, GesRZ 2003, 199 (201 f); Regel 23 Österreichischer Corporate Governance Kodex; sa *Lazopoulos*, Interessenkonflikte und Verantwortlichkeit des fiduziarischen Verwaltungsrates, 108.

[1045] *Hopt* in Großkommentar zum Aktiengesetz, § 93 Rn 145; *Kalss* in Kalss/Nowotny/Schauer, Gesellschaftsrecht, Rn 3/392.

[1046] *Spindler* in Münchener Kommentar zum AktG, § 93 Rn 55; *Fleischer* in Spindler/Stilz, Kommentar zum Aktiengesetz, § 93 Rn 72.

[1047] *Semler* in Semler/Peltzer, Handbuch für Vorstandsmitglieder, § 1 Rn 126.

standsmitglied sowohl von der Entscheidungsfindung als auch der Beratung der unbefangenen Vorstandsmitglieder ausgeschlossen werden, um das Schutzprivileg der BJR für die übrigen, unbefangenen Mitglieder des Vorstands aufrechtzuerhalten.[1048] Der Interessenkonflikt eines einzelnen Organmitglieds führt damit nicht generell zur Unanwendbarkeit der BJR für alle Organmitglieder[1049] (beispielsweise soweit die übrigen Organmitglieder – ohne Verschulden – von einem Interessenkonflikt eines anderen Organmitglieds nichts wussten).

Schwierigkeiten ergeben sich auch, wenn der **gesamte Vorstand** von der Interessenkollision **457** betroffen ist und eine Entscheidung durch unbefangene Vorstandsmitglieder nicht möglich ist. In derartigen Fällen ist es nicht möglich, die Entscheidung an den Aufsichtsrat abzugeben – diesem fehlt die Entscheidungskompetenz.[1050] Vielmehr hat der Vorstand in diesem Fall trotz Interessenkonflikt zu **entscheiden**[1051] – und zwar, zur eigenen Sicherheit, unter möglichst enger Zusammenarbeit mit dem Aufsichtsrat; dessen Überwachungspflichten verschärfen sich in einer solchen Situation[1052] (vgl Rn 145). Befürchtet der Aufsichtsrat, dass sich der Vorstand bei seiner Entscheidung von Eigeninteressen leiten lässt, so kann er diesen **abberufen**[1053] (zu den Einflussmöglichkeiten des Aufsichtsrats, vgl Rn 153).

Eine Ausnahme zum Entfall des unternehmerischen Ermessensspielraums besteht dann, **458** wenn sich die Eigeninteressen des Vorstandsmitglieds mit den Interessen der Gesellschaft **decken** bzw diese miteinander verknüpft sind[1054] (etwa durch Aktienoptionen des Vorstands am Unternehmen). In diesem Fall bleibt dem Vorstandsmitglied der Ermessensspielraum erhalten, da kein richtiger Interessenkonflikt vorliegt.

Ist eine Entscheidung im objektiven Interessenkonflikt zumindest eines Entscheidungsträ- **459** gers zustande gekommen, so kann die BJR nicht auf die Entscheidung angewendet werden.[1055] Dies bedeutet jedoch nicht, dass der Vorstand automatisch haftet. Ob der Interessenkonflikt die Entscheidung tatsächlich beeinflusst hat, ist durch das Gericht zu klären.[1056] Das Vorstandsmitglied kann dann im Rahmen des **gerichtlichen Beweisverfahrens** beweisen, dass der Interessenkonflikt die Entscheidung nicht ungebührlich beeinflusst hat und die Entscheidung letztendlich **im Interesse des Unternehmens** gefällt wurde. Das Vorstandsmitglied muss hierfür beweisen, dass das abgeschlossene Rechtsgeschäft einem **Fremdvergleich** (*arm's-length transaction with a stranger*) standhält[1057] und nach US-amerikanischer Terminologie *fair to the*

[1048] *Spindler* in Münchener Kommentar zum AktG, § 93 Rn 55; *Fleischer*, Handbuch des Vorstandsrechts, § 7 Rn 57; *Bunz*, Die Business Judgment Rule bei Interessenkonflikten im Kollegialorgan, NZG 2011, 1294 (1296).

[1049] *Bunz*, Die Business Judgment Rule bei Interessenkonflikten im Kollegialorgan, NZG 2011, 1294 (1296).

[1050] *Spindler* in Münchener Kommentar zum AktG, § 93 Rn 55.

[1051] *Hopt/M. Roth* in Großkommentar zum AktG, § 93 Abs 1 Satz 2, 4 nF Rn 41; *Spindler* in Münchener Kommentar zum AktG, § 93 Rn 55. Unklar ob aA: *Fleischer*, Handbuch des Vorstandsrechts, § 7 Rn 57 („In einem solchen Fall ist die unternehmerische Entscheidung freilich von den Vorstandsmitgliedern zu treffen, die keinem Interessenkonflikt unterliegen, oder, falls es daran fehlt, dem Aufsichtsrat zur Billigung vorzulegen.").

[1052] *Spindler* in Münchener Kommentar zum AktG, § 93 Rn 55.

[1053] *Hopt/M. Roth* in Großkommentar zum AktG, § 93 Abs 1 Satz 2, 4 nF Rn 62; *Spindler* in Münchener Kommentar zum AktG, § 93 Rn 55.

[1054] *Fleischer*, Die „Business Judgment Rule": Vom Richterrecht zur Kodifizierung, ZIP 2004, 685 (691); *Spindler* in Münchener Kommentar zum AktG, § 93 Rn 54; *Fleischer* in *Spindler/Stilz*, Kommentar zum Aktiengesetz, § 93 Rn 68.

[1055] *Spindler* in Münchener Kommentar zum AktG, § 93 Rn 46.

[1056] *Spindler* in Münchener Kommentar zum AktG, § 93 Rn 46.

[1057] *Schima*, Organ-Interessenkonflikte und Corporate Governance, GesRZ 2003, 199 (201 f); Regel 24 ÖCGK.

corporation war.[1058] Gelingt dieser Beweis, so **haftet** das Vorstandsmitglied trotz des Eintritts eines etwaigen Schadens **nicht**, da es nicht pflichtwidrig gehandelt hat. Die bloße Existenz gesellschaftsfremder Interessen kann daher richtigerweise erst dann eine Pflichtwidrigkeit begründen, wenn diesen Interessen gegenüber jenen der Gesellschaft unrechtmäßig Vorrang eingeräumt wurde.

460 Dennoch sollte ein Vorstandsmitglied, das die Möglichkeit hat, den Gesamtvorstand nach Offenlegung des Konflikts mit der Entscheidung zu befassen, dies auch tun. Die Gefahr, dass es zu einer gerichtlichen Überprüfung der Entscheidung und der öffentlichen Erörterung der den Interessenkonflikt umgebenden Faktenlage kommt, ist dadurch vermeidbar.

 Vorgehensweise bei Interessenkonflikten:

1) Anschein von Interessenkonflikten vermeiden,
2) bei Vorliegen eines (Anscheins eines) Interessenkonflikts, diesen unverzüglich offenlegen,
3) den *unbefangenen* Gesamtvorstand mit der Entscheidung befassen und sich selbst von Beratungen und der Entscheidung enthalten,
4) soweit gesamter Vorstand befangen, Entscheidung als Gesamtvorstand unter Zusammenwirken mit dem Aufsichtsrat treffen, und
5) jedenfalls Entscheidung am Unternehmensinteresse ausrichten.

Überwachungspflicht des Aufsichtsrats ist zu beachten.

---

c) Sonderfall: Konzern-bezogener Interessenkonflikt

461 Potentiell problematisch ist auch ein Interessenkonflikt, der aus der Einbindung eines Vorstandsmitglieds in verschiedene Bereiche der Konzernstruktur entsteht. Ist das Vorstandsmitglied der Muttergesellschaft zugleich Vorstand einer Tochtergesellschaft, so ist das Vorstandsmitglied aus seinen unterschiedlichen Positionen zur Verfolgung **unterschiedlicher Interessen verpflichtet**. Dabei kann die Verpflichtung zur Verfolgung der Interessen der Mutter nicht zur Rechtfertigung der Verletzung der Interessen der Tochter herangezogen werden. Entscheidet sich das Vorstandsmitglied in seiner Funktion für die Muttergesellschaft, die Konzernstrategie als Vorstandsmitglied der Tochtergesellschaft umzusetzen, so verletzt es dadurch die Interessen der Muttergesellschaft, und kommt damit aufgrund eines Interessenkonflikts nicht in den Genuss des Privilegs des unternehmerischen Ermessensspielraums.[1059]

[1058] *U. Torggler*, Business Judgment Rule und unternehmerische Ermessensentscheidungen, ZfRV 2002, 133, (139).

[1059] *Lutter*, Business Judgment Rule in Deutschland und Österreich, GesRZ 2007, 79 (83).

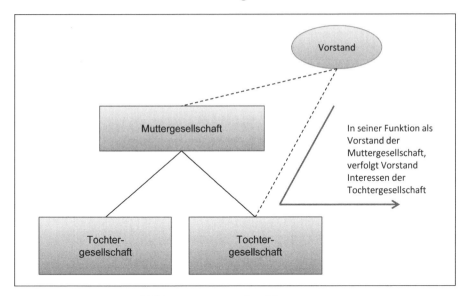

Abbildung 15: Interessenkonflikt im Konzern

5. Handeln in gutem Glauben

Überdies muss das Vorstandsmitglied seine Entscheidung in gutem Glauben treffen. Die **462**
Gutgläubigkeit muss sich auf die Angemessenheit der Information, das Nichtvorliegen von
Sonderinteressen und darauf beziehen, zum Wohle der Gesellschaft gehandelt zu haben.[1060]
Ist dies nicht der Fall, so verdient das Vorstandsmitglied nicht den Schutz des unternehme-
rischen Ermessensspielraums. Dies entspricht dem internationalen Standard.[1061] Da diese
Voraussetzung als selbstverständlich erachtet wird, hat sie tatsächlich nur in ihrer Funktion
als „Sicherheitsleine" oder „Notbremse"[1062] Bedeutung.

6. Vernünftigerweise annehmen dürfen

§ 93 Abs 1 S 1 dAktG verlangt außerdem, dass das Vorstandsmitglied bei seiner unterneh- **463**
merischen Entscheidung „**vernünftigerweise annehmen durfte**, auf der Grundlage angemessener Information zum Wohle der Gesellschaft zu handeln".

Wie bereits mehrfach festgehalten, geht es bei der **Beurteilung des Unternehmenswohls 464**
darum, dass das Vorstandsmitglied – *aufgrund seiner Vorgehensweise* – annehmen durfte, im
Unternehmenswohl zu handeln. Diese Annahme muss bei nachträglicher Beurteilung aus *ex
ante* Sicht **vernünftig** gewesen sein – es findet also eine **Objektivierung der subjektiven Elemente** statt. Die Lehrmeinungen scheinen sich hier nicht stets einig zu sein und befürworten
meist entweder eine subjektive Betrachtung[1063] (die schließlich zurecht dafür kritisiert wird,

---

[1060] *Hüffer*, Kommentar zum AktG, § 93 Rn 4e.
[1061] *Fleischer*, Handbuch des Vorstandsrechts, 256 ff; *Block/Barton/Radin*, The Business Judgment, 80 ff.
[1062] *Fleischer* in *Spindler/Stilz*, Kommentar zum Aktiengesetz, § 93 Rn 76.
[1063] *Fleischer*, Handbuch des Vorstandsrechts, 257; *Hopt/M. Roth* in Großkommentar zum AktG· § 93
Abs 1 Satz 2, 4 nF Rn 30f.

dass dies ein Abgang von der objektivierten Sorgfaltspflicht darstellen würde[1064]) oder eine objektive Betrachtung (welche die subjektive Sphäre, und damit die Beurteilungsaufgabe des Vorstands, gänzlich außer Acht lassen würde). In der objektivierten Betrachtung ist auch auf die **Lage** des konkreten Vorstands Rücksicht zu nehmen.[1065] *Mertens/Cahn* drücken dies passend im Zusammenhang mit der Behandlung des Gesellschaftswohls aus: „Durch das Merkmal „vernünftigerweise annehmen durfte" bring das Gesetz zum Ausdruck, dass der Vorstand nicht nur subjektiv der Auffassung sein muss, zum Besten der Gesellschaft zu handeln, sondern dass diese Einschätzung auch aus der maßgeblichen Perspektive ex ante **objektiv plausibel** erscheint".[1066] Richtigerweise ist daher von einer objektivierten subjektiven Betrachtungsweise auszugehen.

7. Berücksichtigung der Ratio des unternehmerischen Ermessensspielraums

465 Hierbei handelt es sich zwar um kein durch den Gesetzgeber oder die Rspr festgelegtes Kriterium, aber bei der Überprüfung der BJR-Kriterien sollte dennoch stets auf den **Sinn und Zweck** des unternehmerischen Ermessensspielraums und der BJR Rücksicht genommen werden. Der Ermessensspielraum, der dem Organ zugestanden wird, ist weit zu verstehen und soll unternehmerisches Handeln ermöglichen. Eine strenge Anwendung der BJR-Kriterien würde diesem Zweck zuwiderlaufen[1067] und sollte daher vermieden werden.

466 In diesem Sinn hat der BGH in der ARAG/Garmenbeck-Entscheidung festgelegt, dass eine Haftung des Vorstandsmitglieds nur dann in Frage kommt, „wenn die Grenzen, in denen sich ein von Verantwortungsbewusstsein getragenes, ausschließlich am Unternehmenswohl orientiertes, auf sorgfältige Ermittlung der Entscheidungsgrundlagen beruhendes unternehmerisches Handeln bewegen muss, **deutlich überschritten** sind, die Bereitschaft, unternehmerische **Risiken** einzugehen, **in unverantwortlicher Weise überspannt** worden ist oder das Verhalten des Vorstands **aus anderen Gründen als pflichtwidrig** gelten muss".[1068] Damit entsteht zwar der Eindruck einer „haftungsfreien Pflichtverletzung" (welche richtigerweise abzulehnen ist[1069]), doch sollte nach hier vertretener Ansicht bei Prüfung der BJR-Kriterien (bzw bei Entfall der BJR, bei inhaltlicher Überprüfung der Entscheidung durch das Gericht) darauf geachtet werden, dass der unternehmerische Handlungsspielraum generell als weit gefasst zu verstehen ist.

467 Die vom BGH aufgestellte Formulierung (die nicht in das Gesetz übernommen wurde) sollte demnach so verstanden werden, dass erst deutliche, offenkundige Pflichtverstöße als Pflichtverletzung zu werten sind. „Eine Verletzung der Sorgfaltspflichten ist zu bejahen, wenn ein schlechthin unvertretbares Vorstandshandeln vorliegt. Es muss daher zunächst ein Leitungsfehler vorliegen, der auch für einen Außenstehenden derart evident ist, dass sich das Vorliegen eines Fehlers förmlich aufdrängt."[1070] Das AktG lässt ein weites Verständnis des Ermessensspielraums und damit auch der Sorgfaltspflicht zu.[1071] Der dadurch geschaffene,

---

[1064] *Spindler* in Münchener Kommentar zum AktG, § 93 Rn 53.
[1065] *Spindler* in Münchener Kommentar zum AktG, § 93 Rn 53.
[1066] *Mertens/Cahn,* Kölner Kommentar zum Aktiengesetz, § 93 Rn 23.
[1067] Ähnlich: *Spindler* in Münchener Kommentar zum AktG, § 93 Rn 51.
[1068] BGHZ 135, 244 (253).
[1069] *M. Roth*, Unternehmerisches Ermessen und Haftung des Vorstands, 49, 85; *Kindler*, Unternehmerisches Ermessen und Pflichtenbindung, ZHR 162 (1998), 101 (104); *Schlosser*, Die Organhaftung der Vorstandsmitglieder der Aktiengesellschaft, 55.
[1070] *Spindler* in Münchener Kommentar zum AktG, § 93 Rn 51.
[1071] Vgl die detaillierten Ausführungen hierzu in *M. Roth*, Unternehmerisches Ermessen und Haftung des Vorstands, 48 ff.

weit gefasste Haftungsfreiraum kann mit dem Interesse des Unternehmens, risikoscheues Verhalten der Vorstandsmitglieder zu vermeiden, gerechtfertigt werden.[1072]

C. Rechtsfolgen

1. Einhaltung der BJR-Kriterien (unwiderlegliche Vermutung pflichtgemäßen Handelns)

Hält ein Organmitglied sämtliche BJR-Kriterien ein, dh konnte es bei Treffen der un-   **468** ternehmerischen Entscheidung vernünftigerweise und in gutem Glauben davon ausgehen, auf Grundlage angemessener Information und unter Abwesenheit sachfremder Einflüsse und Interessenkonflikte im Wohle des Unternehmens zu handeln, so handelt es innerhalb des unternehmerischen Ermessensspielraums und folglich im Schutzbereich der BJR. Es übt sein unternehmerisches Ermessen **rechtmäßig aus** und handelt daher **pflichtgemäß** (unwiderlegliche Vermutung pflichtgemäßen Handelns). Die Haftung entfällt damit bereits auf Rechtswidrigkeitsebene.[1073] Eine gerichtliche Überprüfung der Entscheidung ist in diesem Fall – unabhängig von den Konsequenzen der Entscheidung – nicht möglich.

2. Nicht-Einhaltung der BJR-Kriterien (gerichtliche Prüfung der Sorgfalt)

Wird aber zumindest eines der BJR-Kriterien nicht eingehalten, so **entfällt** der unterneh-   **469** merische Ermessensspielraum unwiderruflich. Eine Pflichtverletzung des Vorstands steht damit allerdings noch nicht fest. Das Gericht kann nun die Entscheidung inhaltlich überprüfen und bewerten, ob das Vorstandsmitglied **sorgfaltswidrig seine Pflichten verletzt** hat. Bejaht es diese Frage, müssen in weiterer Folge auch die Elemente des Schadens, der Kausalität sowie des Verschuldens geprüft werden, um zur Haftung des Vorstands zu gelangen (Rn 234). Damit steht fest, dass nicht jede Überschreitung der BJR eine Pflichtverletzung darstellt[1074] – diese muss durch das Gericht erst im Verfahren unter inhaltlicher Überprüfung der Entscheidung und des anwendbaren **Sorgfaltsmaßstabs** des handelnden Organs (Vorstand: Rn 57; Aufsichtsrat: Rn 185) festgestellt werden (eine Prüfung, die das Gericht erst durchführen darf, wenn die BJR-Kriterien verletzt wurden). Zwar hat die Verletzung eines der BJR-Kriterien keine Vermutungswirkung, doch wird dadurch idR eine entsprechende Pflichtverletzung indiziert.[1075]

> **Business Judgment Rule**:
> Eine Pflichtverletzung liegt **nicht** vor, soweit das Vorstandsmitglied (oder, seltener das Aufsichtsratsmitglied) bei einer **unternehmerischen Entscheidung**, zum Zeitpunkt der Entscheidung (Beurteilung aus Sicht *ex ante*), **vernünftigerweise annehmen durfte** (objektivierte subjektive Betrachtungsweise – (a) und (b) bilden Grundlage für „annehmen dürfen"; erfordert auch **Gutgläubigkeit**), (a) auf der **Grundlage angemessener Information** und (b) **frei von Sonderinteressen**, **zum Wohle der Gesellschaft** gehandelt zu haben.[1076]

[1072] *M. Roth*, Unternehmerisches Ermessen und Haftung des Vorstands, 49.
[1073] BGHZ 135, 244 (253 f).
[1074] *Spindler* in Münchener Kommentar zum AktG, § 93 Rn 39.
[1075] *Spindler* in Münchener Kommentar zum AktG, § 93 Rn 39.
[1076] Vgl *Hüffer*, Kommentar zum AktG, § 93 Rn 4e.

Nicht vom Schutz der BJR umfasst sind gesetzliche Pflichten und Treuepflichten. Der Zweck der BJR als Instrument zur Erhaltung unternehmerischen Handelns ist bei gerichtlicher Überprüfung der Entscheidung zu berücksichtigen.

BJR wird eingehalten: unwiderlegliche Vermutung, dass **keine** Pflichtverletzung vorliegt („*safe harbor*"). Jede weitere Überprüfung der Entscheidung hat zu unterbleiben; Gegenbeweis ist nicht zulässig.

BJR wird überschritten: Keine Vermutung, dass **Pflichtverletzung (Sorgfaltspflicht)** vorliegt. Diese muss erst im gerichtlichen Haftungsprozess festgestellt werden und liegt erst vor, wenn Handlungsspielraum deutlich, in **unverantwortlicher** Weise, überschritten wurde.

D. Dokumentation des Entscheidungsvorgangs

470   In der Praxis besonders wichtig ist die **nachvollziehbare** Dokumentation der unternehmerischen Entscheidung in den Aufzeichnungen des Organmitglieds.[1077] Organmitgliedern wird empfohlen, die Überlegungen und Fakten für die **Entscheidungsfindung** in ihren Aufzeichnungen für den Fall festzuhalten, dass es zu einem späteren Zeitpunkt zu einer gerichtlichen Überprüfung der Entscheidung kommen sollte. Das Vorstandsmitglied kann sich dadurch bereits bei der Entscheidungsfindung auf eine mögliche Beweislast vorbereiten.[1078] Dabei ist es empfehlenswert, auf die unterschiedlichen Prüfungselemente des unternehmerischen Ermessensspielraums (BJR) einzugehen. Sorgfältig angefertigte Aufzeichnungen können im Fall einer Klageeinbringung bei Gericht eine Abweisung aufgrund Vorliegens der Voraussetzungen für die Inanspruchnahme des Haftungsfreiraums der BJR erheblich erleichtern.

E. Unternehmerisches Ermessen und Außenhaftung

471   Insbesondere für die deutsche Rechtsordnung liegt – aufgrund der systematischen Stellung des § 93 Abs 1 S 2 dAktG – der Schluss nahe, dass auf die Außenhaftung ein Ermessensspielraum nicht anzuwenden ist. Dieser Schluss wäre allerdings übereilt. „Die Regierungsbegründung des UMAG stellt klar, dass der Grundgedanke des Geschäftsleiterermessens nicht auf den Haftungstatbestand des § 93 dAktG beschränkt ist und damit auch weiterhin im Rahmen der Außenhaftung Anwendung finden kann",[1079] seiner Anwendung im Außenverhältnis steht daher grundsätzlich nichts entgegen.[1080]

[1077] *Ritter* in *Schüppen/Schaub*, Münchener Anwaltshandbuch Aktienrecht, § 24 Rn 38; *Buchta*, Die Haftung des Vorstands einer Aktiengesellschaft – aktuelle Entwicklungen in Gesetzgebung und Rechtsprechung (Teil I), DStR 2003, 694 (696).

[1078] *Buchta*, Die Haftung des Vorstands einer Aktiengesellschaft – aktuelle Entwicklungen in Gesetzgebung und Rechtsprechung (Teil I), DStR 2003, 694 (696).

[1079] *Fleischer*, Handbuch des Vorstandsrechts, 262 mwN.

[1080] *Fleischer*, Handbuch des Vorstandsrechts, 262; *Fleischer*, Die Business Judgment Rule, ZIP 2004, 685 (691).

§ 6 Legalitätspflicht

I. Einleitung

Allgemein lässt sich die Legalitätspflicht als Bindung der Gesellschaft und ihrer Organe **472** an Rechtsvorschriften[1081] umschreiben. Gemeint ist damit aber nicht nur die Bindung des Vorstands an gesellschaftsrechtliche Verpflichtungen aus dem **AktG, der Geschäftsordnung und der Satzung**, sondern vielmehr auch an **verwaltungs- und strafrechtliche Verbote** sowie sonstige Bestimmungen aus dem **Zivil-, Unternehmens-, Wettbewerbs-, Arbeits-, Straf-, Verwaltungs-, Steuer- und Sozialrecht.**[1082] Dabei geht es nicht nur um die Einhaltung „lokaler" Gesetze (deutche bzw österreichische Gesetze), sondern auch um **ausländisches Recht**, soweit das Handeln der AG auch ausländischem Recht unterworfen ist[1083] (dies richtet sich nach dem Internationalen Privatrecht und öffentlich-rechtlichen Kollisionsregeln).[1084] Seit Umsetzung des OECD-Übereinkommens über die Bekämpfung von Bestechung ausländischer Amtsträger ist dies auch hinsichtlich der Bezahlung von Bestechungsgeldern gesetzlich ausdrücklich festgelegt (vgl § 334 d-StGB).[1085] Bestechung ist auch rechtswidrig, wenn sie im betroffenen Land üblich ist.[1086]

Wie in *§ 4 Haftung* dargestellt (Rn 231), ist der Vorstand durch die Legalitätspflicht **zur 473 Einhaltung der ihm obliegenden Pflichten verpflichtet**. Davon umfasst sind die Pflichten, die den Vorstand unmittelbar **selbst treffen** – und zwar beispielsweise aus dem AktG, der Satzung oder verbindlichen Organbeschlüssen (interne Legalitätspflicht). Der Vorstand ist aber nach ganz hM auch zur Einhaltung der die **Gesellschaft** bindenden Gesetze und Pflichten verpflichtet (externe Legalitätspflicht), zB umweltrechtliche Auflagen, Bauordnungsvorschriften oder vertragliche Verpflichtungen der Gesellschaft. Hinzuweisen ist in diesem Kontext auch auf die **Überwachungspflicht** (vgl Rn 45). Während die Legalitätspflicht Organmitglieder dazu verpflichtet, gesetzliche Pflichten einzuhalten, geht es bei der Überwachungspflicht um die Sicherstellung der Einhaltung der Legalitätspflicht (ua mittels Einrichtung einer *Compliance*-Organisation).

Die Verletzung der Legalitätspflicht hat **haftungsrechtliche Konsequenzen**: § 93 Abs 2 **474** dAktG bzw § 84 Abs 2 öAktG ordnen die umfassende Haftung des Vorstands für die Verletzung der ihm auferlegten Pflichten an – dazu zählen sowohl die interne als auch die externe Legalitätspflicht. Die Verletzung der *internen* Legalitätspflicht führt bei Vorliegen der übrigen schadensersatzrechtlichen Voraussetzungen unmittelbar zur Haftung des Vorstands gegenüber der Gesellschaft. Die Verletzung der *externen* Legalitätspflicht führt (neben haftungsrechtlichen Konsequenzen für die Gesellschaft selbst) zur Haftung des Vorstands gegenüber der Gesellschaft im Rahmen der Innenhaftung (**Regress** der Gesellschaft am Vorstand). Mit anderen Worten: verletzt der Vorstand als Vertretungsorgan der Gesellschaft die Pflichten

---

[1081] *Paefgen,* Unternehmerische Entscheidungen und Rechtsbindung der Organe in der AG, 17.

[1082] *Raiser/Veil,* Recht der Kapitalgesellschaften, 161 f.

[1083] *Spindler* in Münchener Kommentar zum AktG, § 93 Rn 21.

[1084] *Hölters* in *Hölters,* Kommentar zum Aktiengesetz, § 93 Rn 71.

[1085] *Mertens/Cahn,* Kölner Kommentar zum Aktiengesetz, § 93 Rn 74.

[1086] *Hölters* in *Hölters,* Kommentar zum Aktiengesetz, § 93 Rn 72.

der Gesellschaft, so hat der Vorstand hierfür gegenüber der Gesellschaft für den daraus entstandenen Schaden einzustehen.

475　Komplexe Probleme ergeben sich, wenn der Gesellschaft durch den Pflichtverstoß des Vorstands (Verletzung der externen Legalitätspflicht) ein **finanzieller Vorteil** entsteht (sog nützliche Pflichtverletzung).[1087] Auch in diesen Fällen wird die Innenhaftung des Vorstands mit wenigen Ausnahmen bejaht. Der Gesellschaft kann dann abhängig von den Schadensberechnungsregeln **trotz Nichtvorliegens eines Schadens** (der Vorteil der Gesellschaft wird in der Schadensberechnung uU nicht anerkannt) ein Schadensersatzanspruch gegen das Vorstandsmitglied zukommen.

476　Sinn des vorliegenden Kapitels ist es, einen genauen Blick auf die Haftung aus der Verletzung der externen Legalitätspflicht, und insbesondere die Behandlung der nützlichen Pflichtverletzung, zu werfen. Obwohl die Rechtslage in diesem Bereich oftmals als gesichert dargestellt wird, wird zu zeigen sein, dass es sich mangels einschlägiger Judikatur um einen für den Vorstand potentiell gefährlichen Graubereich handelt.

II. Externe Legalitätspflicht und Innenhaftung

A. Allgemeines

477　Die hL geht davon aus, dass die Legalitätspflicht allgemeine Geltung hat, dh gegenüber jedermann gilt und bei sonstiger Haftung von jedermann einzuhalten ist. Folglich ist nicht nur die AG dazu verpflichtet, die an sie adressierten Rechtsvorschriften zu beachten,[1088] sondern haben sich auch die Vorstandsmitglieder bei Ausübung ihrer **organschaftlichen Aktivitäten** stets **gesetzestreu** zu verhalten.[1089] Da die Gesellschaft als juristische Person nur durch ihre Organe handeln kann, sind diese zur Einhaltung der Rechtsvorschriften, die die Gesellschaft binden, verpflichtet. Anders ausgedrückt, müssen die Vorstandsmitglieder auch alle Rechtsvorschriften einhalten, die **das Unternehmen als Rechtssubjekt treffen**.[1090] Für den Fall, dass ein Vorstandsmitglied eine Gesetzesverletzung durch die Gesellschaft begeht, haftet das Vorstandsorgan der Gesellschaft gegenüber für den daraus entstandenen Schaden. Eine derartige Pflicht der Vorstandsmitglieder besteht demnach zwingend gegenüber der Gesellschaft.

478　Der Vorstand ist also dazu verpflichtet, die *ihn* treffenden Rechtsvorschriften einzuhalten (interne Legalitätspflicht); die Gesellschaft ist dazu verpflichtet, die *sie* treffenden Rechtsvorschriften einzuhalten. Beide sind für die Verletzung der **jeweils sie treffenden** Pflichten verantwortlich. Verletzt die **Gesellschaft** Gesetze oder Verträge (angeordnet durch den Vorstand), so hat die *Gesellschaft* für den daraus entstandenen Schaden nach den Grundsätzen des Zivilrechts einzustehen (vgl Abbildung 16 Fall 1). Verletzt ein **Vorstandsmitglied** eine Rechtsvorschrift, so kann dies zur Außenhaftung gegenüber Dritten führen (vgl Abbildung

---

[1087] *Fleischer*, Handbuch des Vorstandsrechts, 347.

[1088] *Schlosser*, Die Organhaftung der Vorstandsmitglieder der Aktiengesellschaft, 39.

[1089] *Fleischer*, Handbuch des Vorstandsrechts, 241; *Fleischer*, „Nützliche" Pflichtverletzungen von Vorstandsmitgliedern, ZIP 2005, 141 (142 ff); *Peltzer* in *Semler/Peltzer*, Arbeitshandbuch für Vorstandsmitglieder, § 9 Rn 1: Hier spricht man von einer Verpflichtung, sich bei der Unternehmensführung an die geschriebenen und ungeschriebenen Rechtsregeln zu halten.

[1090] *Fleischer*, Handbuch des Vorstandsrechts, 243; *Paefgen*, Unternehmerische Entscheidungen und Rechtsbindung der Organe in der AG, 24; *Goette*, Handbuch Corporate Governance, 749, 756.

16 Fall **2**); im Detail vgl zur Außenhaftung des Vorstands: Rn 256; des Aufsichtsrats: Rn 296. Zusätzlich trifft den Vorstand die Pflicht, die die Gesellschaft treffenden Rechtsvorschriften einzuhalten (externe Legalitätspflicht). In diesem Zusammenhang stellt sich letztlich die Frage, ob die Gesellschaft sich beim Vorstandsmitglied regressieren kann (das die Gesetzesverletzung angeordnet oder fahrlässig verschuldet hat). Nur um diese Frage soll es im Folgenden gehen (vgl Abbildung 16, Fall **3**).

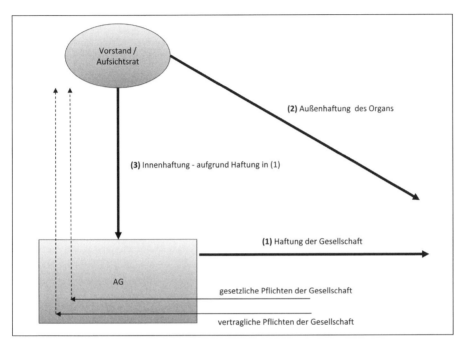

Abbildung 16: Die drei Haftungsformen

Bei der externen Legalitätspflicht handelt es sich um eine **absolute Pflicht**, dh eine Ver- **479** letzung dieser Verpflichtung ist **per se** eine Pflichtverletzung gegenüber der Gesellschaft und führt bei Vorliegen der übrigen Haftungsvoraussetzungen zur Innenhaftung. Dem Vorstandsmitglied kommt im Rahmen der externen Legalitätspflicht **kein unternehmerischer Ermessensspielraum** zu. Besonderheiten können sich bei der Schadensberechnung ergeben. Eifrig diskutiert wird in diesem Zusammenhang die Behandlung der sog **nützlichen Pflicht- bzw Gesetzesverletzung**. Damit ist jener Fall gemeint, in dem eine vom Vorstand angeordnete Gesetzesverletzung zu einem rechnerischen Vorteil für die Gesellschaft führt, und wirft die Frage auf, ob eine vom Vorstand angeordnete Gesetzesverletzung, die der Lehre entsprechend per se rechtswidrig ist, auch zur Haftung des Vorstandsmitglieds führt, wenn sie für das Unternehmen positive Auswirkungen hat.

B. Abgrenzung

480   Die im Folgenden behandelte Pflicht des Vorstands, die die Gesellschaft treffenden gesetzlichen und vertraglichen Pflichten einzuhalten, ist streng von der Pflicht des Vorstands
zu trennen, die ihm durch das AktG, die Geschäftsordnung sowie die Satzung auferlegten
Pflichten einzuhalten.

1. Interne Pflichtenbindung des Vorstands

481   Bei der internen Pflichtenbindung geht es um die Einhaltung von Pflichten, die sich für
den Vorstand aus dem AktG, der Satzung, der Geschäftsordnung oder aus bindenden Organbeschlüssen ergeben.[1091] Dabei kann eine weitere Unterteilung in die Bereiche der Einhaltung
organspezifischer Rechtspflichten, der Wahrung der gesetzlichen **Zuständigkeitsordnung**
sowie der Einhaltung des **Unternehmensgegenstands** vorgenommen werden[1092] (siehe hierzu
bereits Rn 26).

482   Die **Einhaltung** dieser Pflichten gegenüber der Gesellschaft wird durch die zentrale
haftungsrechtliche Sanktion des § 93 Abs 2 dAktG bzw § 84 Abs 2 öAktG sichergestellt
(Innenhaftung) und ist nicht nur auf die in Abs 1 festgelegte Sorgfaltspflicht anzuwenden,
sondern auch auf alle das Vorstandsmitglied treffenden sonstigen Pflichten.[1093] Für die Beurteilung der Innenhaftung kommt es grundsätzlich immer auf die Verletzung interner
Pflichten an.

2. Externe Pflichtenbindung des Vorstands

483   Im Außenverhältnis geht es demgegenüber um die Einhaltung aller Rechtsvorschriften,
die das **Unternehmen** als Rechtssubjekt treffen.[1094] Auch hierfür ist der Vorstand verantwortlich.[1095] Dabei handelt es sich durchwegs um Pflichten, die außerhalb vom AktG angesiedelt
sind.[1096] Gemeint sind also beispielsweise die zahlreichen Vorschriften des **Zivil- und Unter-
nehmensrechts** (Bilanz-, Kartell- und Wettbewerbsrecht),[1097] sowie Bestimmungen aus dem
Gewerberecht, Umweltrecht, Arbeits- und Sozialrecht, Steuerrecht und dem sonstigen
Verwaltungsrecht sowie dem **Straf-** und **Ordnungswidrigkeitsrecht**.[1098] Der Vorstand darf
keine Gesetzesverstöße anordnen oder billigen und hat darüber hinaus auch ein funktionie-

---

[1091] Vgl *Fleischer*, Handbuch des Vorstandsrechts, 241.

[1092] Vgl *Fleischer*, Handbuch des Vorstandsrechts, 241 ff.

[1093] *Hopt* in Großkommentar zum Aktiengesetz, § 93 Rn 78 ff; *Fleischer*, Handbuch des Vorstandsrechts, 249 ff; *Adensamer/Eckert* in *Kalss*, Vorstandshaftung in 15 europäischen Ländern, 169; *Kalss* in
Kalss/Nowotny/Schauer, Gesellschaftsrecht, Rn 3/408.

[1094] *Fleischer*, Handbuch des Vorstandsrechts, 243; *Spindler* in Münchener Kommentar zum AktG, § 93
Rn 64; *Bayer*, Legalitätspflicht, Gesetzesverstöße und Regress bei Kartellverstößen, FS Karsten Schmidt,
88; *Hopt* in Großkommentar zum Aktiengesetz, § 93 Rn 98.

[1095] *Fleischer*, Handbuch des Vorstandsrechts, 243; *Fleischer*, „Nützliche" Pflichtverletzungen von Vorstandsmitgliedern, ZIP 2005, 141 (148); *Paefgen,* Unternehmerische Entscheidungen und Rechtsbindung
der Organe in der AG, 24.

[1096] *Fleischer* in *Spindler/Stilz*, Kommentar zum Aktiengesetz, § 93 Rn 14.

[1097] *Fleischer*, Handbuch des Vorstandsrechts, 243.

[1098] *Fleischer*, Handbuch des Vorstandsrechts, 243; *Fleischer* in *Spindler/Stilz*, Kommentar zum Aktiengesetz, § 93 Rn 23.

rendes Überwachungssystem einzurichten, um sicherzustellen, dass das Unternehmen keine Gesetzesverletzungen begeht[1099] („*Compliance*"; vgl Rn 45).

Auch die die Gesellschaft treffenden **Vertragspflichten** sind hier einzuordnen, da sie von   **484** der Gesellschaft einzuhaltende Verpflichtungen darstellen. Wie zu zeigen sein wird (Rn 508), wird allerdings die Einhaltung vertraglicher Verpflichtungen (wenn auch nicht einhellig) von der hM anders behandelt als die Einhaltung gesetzlicher Verpflichtungen.

C. Grundlage und Umfang der Legalitätspflicht

Im Folgenden werden einige Lehrmeinungen zusammenfassend in einer Tabelle dargestellt.   **485** Für die Tabelle wurden nicht nur die gängigsten Meinungen ausgewählt, sondern soll ein angemessenes Spektrum der in der Literatur vorgebrachten Meinungen angeführt werden. Die für Deutschland hM wird von *Fleischer* umschrieben.

Fleischer[1100]	Die Verletzung externer Pflichten stellt zugleich eine Verletzung interner Pflichten dar, so dass das Vorstandsmitglied der Gesellschaft gegenüber für den entstandenen Schaden einzustehen hat. „Im Außenverhältnis muss ein Vorstandsmitglied sämtliche Rechtsvorschriften einhalten, die das Unternehmen als Rechtssubjekt treffen […]. Ein rechtswidriges Verhalten im Außenverhältnis stellt nach ganz hM zugleich eine Pflichtverletzung im Innenverhältnis dar".[1101]
	„[…] die Einhaltung der Gesetzesbestimmungen [ist] dem Gesellschaftsinteresse vorgeordnet".[1102] Verwiesen wird auf § 396 Abs 1 dAktG, zufolge welcher eine AG aufzulösen ist, wenn das Gemeinwohl durch gesetzeswidriges Verhalten ihrer Verwaltungsträger verletzt bzw bedroht wird.
Paefgen[1103]	Externe Pflichtenbindung mit strikter Gesetzesbindung wird hier mittelbar aus dem AktG hergeleitet; das Unternehmenswohl ist außer Acht zu lassen.
	Die mittelbare Ableitung erfolgt aus § 93 Abs 4 S 1 dAktG, der vorsieht, dass ein Haftungsausschluss zu Gunsten des Vorstands durch einen Hauptversammlungsbeschluss davon abhängig gemacht wird, dass es sich um einen „gesetzmäßigen" Hauptversammlungsbeschluss handelt.
	Es soll zu keiner unterschiedlichen Behandlung zwischen juristischen und natürlichen Personen bezüglich der Bindung an das Gesetz kommen (Gleichbehandlung der Teilnehmer am Rechtsverkehr). Da die juristische

---

[1099] *Bayer*, Legalitätspflicht, Gesetzesverstöße und Regress bei Kartellverstößen, FS Karsten Schmidt, 88.

[1100] *Fleischer*, „Nützliche" Pflichtverletzungen von Vorstandsmitgliedern, ZIP 2005, 141 (142 ff); *Fleischer*, Handbuch des Vorstandsrechts, 241 ff.

[1101] *Fleischer*, Handbuch des Vorstandsrechts, 243.

[1102] *Fleischer*, „Nützliche" Pflichtverletzungen von Vorstandsmitgliedern, ZIP 2005, 141 (148) mit umfassenden weiteren Nachweisen.

[1103] *Paefgen*, Unternehmerische Entscheidungen und Rechtsbindung der Organe in der AG, 17 ff.

	Person nicht selbst handelt, müssen die für sie handelnden Personen, also die Vorstandsmitglieder, für die Einhaltung der Verpflichtungen aus dem Gesetz verantwortlich sein. Die externen Pflichten werden „kraft der Leitungspflicht vom Außenverhältnis in das Innenverhältnis transponiert".[1104] Abgelehnt wird die Möglichkeit des Vorstandsmitglieds, sich auf den subjektiven bzw objektiven Nutzen des Gesetzesverstoßes für die Gesellschaft zu berufen.
Raiser/ Veil[1105]	Das Vorstandsmitglied ist zur Einhaltung der die Gesellschaft verpflichtenden Normen gehalten, weil der Gesellschaft „infolge ihrer Verletzung, Nachteile in Gestalt von Schadenersatzsanktionen, Geldbußen oder auch der Minderung ihres Rufs und ihrer Geschäftschancen erwachsen können". Die Rechtfertigung eines vorschriftswidrigen Verhaltens unter der Prämisse des Unternehmenswohls wird für nicht zulässig erachtet.
Abelts-hauser[1106]	Bei Verstößen gegen gesetzliche Straf- und Ordnungsvorschriften (soweit sie die Gesellschaft verpflichten) handelt das Leitungsorgan nicht nur gegenüber Dritten pflichtwidrig, sondern auch gegenüber der Gesellschaft. „Der Pflichtverstoß nach außen ist zugleich als Sorgfaltspflichtverstoß nach Innen gegenüber der Gesellschaft zu qualifizieren und führt somit zu entsprechenden Schadensersatz- und Unterlassungsansprüchen".[1107] Auch dem Unternehmenswohl dienende Gesetzesverletzungen sind unzulässig.
M. Roth[1108]	Eine generelle Pflicht des Vorstands zur Befolgung von Rechtsvorschriften, die die Gesellschaft betreffen, lässt sich nicht aus dem AktG entnehmen. Verstöße gegen vertragliche oder gesetzliche Pflichten der Gesellschaft gegenüber Dritten sind stattdessen auf ihre Anordnung im Unternehmensinteresse zu untersuchen. Dem Vorstandsmitglied steht dabei ein unternehmerischer Ermessensspielraum im Verhältnis zur Gesellschaft zu. Ein unternehmerisches Ermessen wird bei *vorsätzlichen* Verstößen gegen gesetzliche Vorschriften verneint: „Die Leitungsmacht des Vorstands als Voraussetzung unternehmerischen Ermessens umfasst wegen des universellen Geltungsanspruchs der Rechtsordnung nicht die Befugnis, vorsätzlich gegen geltendes Recht zu verstoßen".[1109]
Schlosser (Ö)[1110]	„Der Vorstand als vertretungs- und geschäftsführungsbefugtes Organ der Gesellschaft hat für deren [Gesetze] Einhaltung Sorge zu tragen".[1111] Ein etwaiges Unternehmensinteresse hat hier außer Acht zu bleiben. Analoge Anwendung von § 396 Abs 1 dAktG für Österreich.

[1104] *Paefgen,* Unternehmerische Entscheidungen und Rechtsbindung der Organe in der AG, 24.

[1105] *Raiser/Veil,* Recht der Kapitalgesellschaften, 161 f.

[1106] *Abeltshauser,* Leitungshaftung im Kapitalgesellschaftsrecht, 213 f.

[1107] *Abeltshauser,* Leitungshaftung im Kapitalgesellschaftsrecht, 213.

[1108] *M. Roth,* Unternehmerisches Ermessen und Haftung des Vorstands, 131 f.

[1109] *M. Roth,* Unternehmerisches Ermessen und Haftung des Vorstands, 132.

[1110] *Schlosser,* Die Organhaftung der Vorstandsmitglieder der Aktiengesellschaft, 1 ff.

[1111] *Schlosser,* Die Organhaftung der Vorstandsmitglieder der Aktiengesellschaft, 39.

Torggler (Ö)[1112]	U. Torggler stellt in Frage, ob der Vorstand gegenüber der Gesellschaft zur Wahrung des öffentlichen Interesses verpflichtet ist. Dabei wird der Wortlaut des § 70 öAktG (Leitung der Gesellschaft „unter Berücksichtigung" der öffentlichen Interessen) unter die Lupe genommen. Öffentliche Interessen haben nur subsidiäre Bedeutung. Folglich ist die Gleichung „Verletzung des öffentlichen Interesses = Pflichtverletzung gegenüber der Gesellschaft" nicht ohne weiteres korrekt und daher ein Gesetzesverstoß nicht per se unzulässig.
	Ein weiterer Ansatzpunkt findet sich in der Funktion des Haftungsrechts. So sollen durch die Organhaftung sog *agency costs* ausgeglichen werden, nicht aber das unternehmerische Risiko der Gesellschaft reduziert werden. Zu diesem ungeminderten Unternehmensrisiko gehören „Schäden aufgrund von Gesetzesverstößen, die zum Wohl des Unternehmens auch ein Einzelunternehmer in Kauf nehmen würde".[1113] Sie resultieren nicht aus der Einschaltung eines Stellvertreters (*agents*) und sollten daher nicht zu ihrer Haftung führen.
Adensamer/ Eckert (Ö)[1114]	„Überschreitungen der Kompetenz sind in jedem Fall rechtswidrig und führen bei Vorliegen von Kausalität und Rechtswidrigkeitszusammenhang zur Haftpflicht des Vorstands".[1115] Grundsätzlich können Vorstandsmitglieder nur unmittelbar für Gesetzesverletzungen haftbar gemacht werden, wenn sie selbst Adressat der verletzten Norm sind. Vorstandsmitglieder sind daher grundsätzlich nicht für rechtswidriges Verhalten der Gesellschaft verantwortlich.
	Ein Schadensersatzanspruch der Gesellschaft gegen das Vorstandsmitglied scheitert in der Regel am fehlenden Rechtswidrigkeitszusammenhang (Schutzbereich der Norm). Die Innenhaftung hat ihren Ursprung in der allgemeinen Pflicht zu sorgfältigem Verhalten nach § 84 Abs 1 AktG. Im Rahmen dieser Sorgfaltspflicht verfügt das Vorstandsmitglied über einen unternehmerischen Ermessensspielraum, sodass eine Orientierung am Unternehmenswohl erforderlich ist. Die öffentlichen Interessen sind aufgrund von § 70 AktG zu berücksichtigen, aber nicht vorrangig in der Entscheidung zu verfolgen. Öffentliche Interessen sind nur dann verpflichtend zu berücksichtigen, „wenn die Beeinträchtigung des öffentlichen Interesses den Nutzen der Gesellschaft eindeutig überwiegt"[1116]. Für die Beurteilung einer aus der Gesetzesverletzung entspringenden Sorgfaltswidrigkeit ist daher im Innenverhältnis eine Interessenabwägung notwendig.

[1112] *U. Torggler*, Von Schnellschüssen, nützlichen Gesetzesverletzungen und spendablen Aktiengesellschaften, wbl 2009, 168 (168 ff).

[1113] *U. Torggler*, Von Schnellschüssen, nützlichen Gesetzesverletzungen und spendablen Aktiengesellschaften, wbl 2009, 168 (172).

[1114] *Adensamer/Eckert* in *Kalss*, Vorstandshaftung in 15 europäischen Ländern, 183.

[1115] *Adensamer/Eckert* in *Kalss*, Vorstandshaftung in 15 europäischen Ländern, 184.

[1116] *Abeltshauser*, Leitungshaftung im Kapitalgesellschaftsrecht, 213 f.

Nowotny (Ö)[1117]	Die Anordnung einer Gesetzesverletzung der Gesellschaft durch den Vorstand ist stets rechtswidrig. Dies gilt auch, wenn die Gesetzesverletzung zum ausschließlichen Wohl der Gesellschaft erfolgt ist (nützliche Gesetzesverletzung). Rechtswidriges Verhalten kann demnach nicht durch in § 70 Abs 1 öAktG genannte Interessen gerechtfertigt werden.

D. Dogmatische Grundlage der Legalitätspflicht

486   Wie sich aus der vorangehenden Tabelle entnehmen lässt, variieren die Ansichten über die Grundlage und den Umfang der Verantwortlichkeit des Vorstands teilweise drastisch. Die hM (umschrieben durch *Fleischer*) vertritt die Ansicht, dass die Verletzung der externen Legalitätspflicht im Bereich gesetzlicher Pflichten (bei klarer Rechtslage) eine Pflichtverletzung des Vorstands im Innenverhältnis darstellt und zur Innenhaftung führen kann. Die jeweils für den Vorrang der externen Legalitätspflicht bereitgestellten dogmatischen Grundlagen sind breit gefächert – nicht alle sind zwingend überzeugend. Die zentrale Frage ist, ob „die **Einhaltung der Gesetzesbestimmungen dem Gesellschaftsinteresse vorgeordnet** ist".[1118]

487   Unabhängig von der dogmatischen Grundlage der Legalitätspflicht sollte jedoch auch ganz **generell** die Frage gestellt werden, ob Gesetze überhaupt einzuhalten sind. Bei dieser Diskussion sollte nicht vergessen werden (an dieser Stelle beinhaltet diese wohl auch rechtsphilosophische und politische Elemente), dass eine Rechtsordnung gs stets die Einhaltung von Gesetzen anstreben sollte. Ob die Einhaltung von Gesetzen stets gesamtwirtschaftlich als effizient anzusehen ist (oder das Allgemeinwohl etwa durch eine effiziente Gesetzesverletzung gefördert würde), ist indes eine gänzlich andere Frage, die an anderer Stelle durchaus ihre Berechtigung haben kann.[1119] Die Antwort auf die Frage nach der Bindung der Gesellschaft und des Vorstands an die Rechtsordnung sollte aber richtigerweise klar zustimmend lauten. Andernfalls würde es zu einem Wettbewerb unter Gesetzesbrechern kommen (wie oftmals im Bereich der Bestechung festgestellt wurde). Im Ergebnis sollte daher an der Absolutheit der externen Legalitätspflicht festgehalten werden.

488   Interessanterweise scheinen sich in **Österreich** vermehrt Stimmen aufzutun, die eine Haftung im Innenverhältnis wegen Verletzung der externen Legalitätspflicht verneinen, soweit der Vorstand im Interesse des Unternehmens gehandelt hat.

489   Im Folgenden soll auf einige der dogmatischen Grundlagen der externen Pflichtenbindung im Detail eingegangen werden, insbesondere:

- Auflösung der AG wegen Gemeinwohlverletzung durch den Vorstand (§ 396 dAktG)
- Zustimmungsvorbehalt des Aufsichtsrats
- Gesetzmäßiger Hauptversammlungsbeschluss
- Gleichbehandlung von Rechtssubjekten
- Leitungspflicht des Vorstands
- Handlungen eines Einzelunternehmers
- Begründung durch Sorgfaltspflicht

[1117] *Nowotny* in *Doralt/Nowotny/Kalss*, Kommentar zum Aktiengesetz, § 84 Rn 10.
[1118] *Fleischer*, „Nützliche" Pflichtverletzungen von Vorstandsmitgliedern, ZIP 2005, 141 (148) mit umfassenden weiteren Nachweisen.
[1119] Siehe etwa: *Gelter/Grechenig*, „Nützliche Gesetzesverletzungen" in Kapitalgesellschaften aus rechtsökonomischer Sicht, Wirtschaftspolitische Blätter 2010, 35–47.

1. Auflösung der AG wegen Gemeinwohlverletzung durch Vorstand (§ 396 dAktG)

Eine in der Literatur prominent vertretene dogmatische Grundlage findet die externe Le- **490** galitätspflicht in § 396 Abs 1 dAktG (für Österreich gibt es keine vergleichbare Norm, dessen analoge Anwendung wird aber vereinzelt gefordert[1120]). „Gefährdet eine Aktiengesellschaft […] durch gesetzwidriges Verhalten ihrer Verwaltungsträger das Gemeinwohl und sorgen der Aufsichtsrat und die Hauptversammlung nicht für eine Abberufung der Verwaltungsträger, so kann die Gesellschaft […] durch Urteil aufgelöst werden".[1121] Vorgesehen ist eine Klage durch das Landgericht; die Auflösung der Gesellschaft erfolgt durch Urteil.

Daraus wird in der Literatur der **Vorrang der Gesetzestreue** gegenüber allen sonstigen **491** Aspekten der Unternehmensleitung abgeleitet.[1122] Diese Ansicht setzt allerdings voraus, dass ein Gesetzesverstoß mit einem Gemeinwohlverstoß gleichzustellen ist und die Einhaltung der externen Legalitätspflicht **Nützlichkeitserwägungen** vorzugehen hat. Eine Gesetzesverletzung im Interesse des Unternehmens ist mit diesen Annahmen nicht möglich („Gesetzesverstöße liegen daher von vornherein nicht im wohlverstandenen Gesellschaftsinteresse"[1123]).

Zunächst ist anzumerken, dass § 396 Abs 1 dAktG keine praktische Bedeutung zukommt.[1124] **492** Im Einzelnen ist die Auflösung der Gesellschaft am Grundsatz der **Verhältnismäßigkeit** (*„measure of last resort"*) zu messen[1125] (arg: „und sorgen der Aufsichtsrat und die Hauptversammlung nicht für eine Abberufung der Verwaltungsträger"). Voraussetzung für die Auflösung der Gesellschaft nach § 396 Abs 1 dAktG ist der (drohende) Eintritt erheblicher „Nachteile für die rechtlich geschützten Interessen der Allgemeinheit oder jedenfalls größerer Bevölkerungskreise".[1126] Dabei müssen diese drohenden Nachteile von einem derartigen Gewicht sein, „dass die Auflösung das angemessene und zugleich am wenigsten belastende Mittel zur Abwehr ist".[1127] Die **Subsidiarität** zeigt sich dadurch, dass in der Literatur sogar davon ausgegangen wird „dass die Gesellschaft zunächst auf die Gemeinwohlschädlichkeit ihres Verhaltens hingewiesen und zur Änderung aufgefordert" werden muss.[1128] Ob ein Vorstandsmitglied daher bei Anordnung eines Gesetzesverstoßes davon ausgehen muss, dass die Gesellschaft wegen Gemeinwohlverstoß aufgelöst wird, ist nicht geklärt. Überdies könnte das Argument angeführt werden, dass die **Wertungen**, die § 396 Abs 1 dAktG zu Grunde liegen, auch für die Legalitätspflicht übernommen werden müssen. Bei der Verfolgung des Unternehmenswohls wäre der Vorstand nach dieser Ansicht dazu verpflichtet, das Gemeinwohl derart zu berücksichtigen, dass es zu keiner Auflösung der Gesellschaft kommt – ein absoluter Vorrang des Gemeinwohls (und damit der externen Legalitätspflicht), müsste aus dieser Sicht nicht zwingend angenommen werden. Ein Vorrang der Legalitätspflicht aus Gründen des Schutzes des Gemeinwohls könnte dann nur angenommen werden, wenn andere Mechanismen den Schutz des Gemeinwohls nicht ausreichend sicherstellen können. Im Verhältnis zwischen Vorstand und Gesellschaft würde dann das Instrument der **Innenhaftung** nur als *last resort* in Frage kommen. Hier könnte zur Verhaltenssteuerung etwa

---

[1120] *Schlosser,* Die Organhaftung der Vorstandsmitglieder der Aktiengesellschaft, 25.

[1121] § 396 Abs 1 dAktG.

[1122] *Bayer,* Legalitätspflicht, Gesetzesverstöße und Regress bei Kartellverstößen, FS Karsten Schmidt, 89 f.

[1123] *Fleischer,* „Nützliche" Pflichtverletzungen von Vorstandsmitgliedern, ZIP 2005, 141 (148).

[1124] *Hüffer,* Kommentar zum AktG, § 396 Rn 1; *Schürnbrand* in Münchener Kommentar zum AktG, § 396 Rn 2.

[1125] *Schürnbrand* in Münchener Kommentar zum AktG, Rn 9; *Kindler,* Unternehmerisches Ermessen und Pflichtenbindung, ZHR 162 (1998), 101 (102).

[1126] *Schürnbrand* in Münchener Kommentar zum AktG, § 396 Rn 8.

[1127] *Schürnbrand* in Münchener Kommentar zum AktG, § 396 Rn 9 mwN.

[1128] *Schürnbrand* in Münchener Kommentar zum AktG, § 396 Rn 9.

auf Weisungs- und Zustimmungsunterworfenheit, sowie auf das Instrument der Abberufung oder auf die Nichtverlängerung[1129] des Vorstandsmandats zurückgegriffen werden.[1130]

2. Zustimmungsvorbehalt (Rspr und § 111 Abs 4 S 2 dAktG)

493   Ähnlich dem Argument hinsichtlich § 396 Abs 1 dAktG wird für die Begründung der externen Legalitätspflicht das Argument angeführt, dass der Aufsichtsrat laut BGH-Rspr zur Einführung eines **Zustimmungsvorbehalts** verpflichtet ist, soweit sich ansonsten ein **rechtswidriges Verhalten** des Vorstands nicht verhindern lässt.[1131] Wenn der Vorstand wegen rechtswidrigen Verhaltens mit einem Zustimmungsvorbehalt in seiner Geschäftsführungsfähigkeit beschränkt werden kann, so das Argument, können rechtswidrige Handlungen der Gesellschaft selbst, die durch den Vorstand angeordnet werden, ebensowenig erlaubt sein.

3. Gesetzmäßiger Hauptversammlungsbeschluss nach § 243 dAktG

494   An anderer Stelle wird das Erfordernis des Vorstands, die die Gesellschaft verpflichtenden Gesetze einzuhalten, auf § 243 Abs 1 dAktG gestützt: „Ein Beschluß der Hauptversammlung kann wegen Verletzung des Gesetzes oder der Satzung durch Klage angefochten werden". Für den Vorstand ergebe sich diese Verpflichtung nicht unmittelbar aus dem Gesetz, sondern ließe sich mittelbar aus § 93 Abs 4 S 1 dAktG ableiten.[1132] Die Bestimmung sieht Folgendes vor: „Der Gesellschaft gegenüber tritt die Ersatzpflicht nicht ein, wenn die Handlung auf einem gesetzmäßigen Beschluß der Hauptversammlung beruht".

495

	§ 396 Abs 1 dAktG	Zustimmungs-vorbehalt (BGH)	§ 243 Abs 1 dAktG
Relevanter Rechtssatz	„Gefährdet eine Aktiengesellschaft [...] durch **gesetzwidriges** Verhalten ihrer Verwaltungsträger das **Gemeinwohl** und sorgen der Aufsichtsrat und die Hauptversammlung nicht für eine **Abberufung** der Verwaltungträger, so kann die Gesellschaft [...] durch Urteil aufgelöst werden".	Aufsichtsrat zur Einführung eines **Zustimmungsvorbehalts** verpflichtet, soweit sich ansonsten ein **rechtswidriges Verhalten** des Vorstands nicht verhindern lässt.	„Der Gesellschaft gegenüber tritt die Ersatzpflicht nicht ein, wenn die Handlung auf einem **gesetzmäßigen Beschluß** der Hauptversammlung beruht". „Ein Beschluß der Hauptversammlung kann wegen Verletzung des **Gesetzes** oder der Satzung durch Klage angefochten werden".

[1129] *Kindler*, Unternehmerisches Ermessen und Pflichtenbindung, ZHR 162 (1998), 101 (102).

[1130] *Kalss*, Durchsetzung von Haftungsansprüchen der Gesellschaft, GesRZ 2005, 51 (51); *Adensamer/Eckert* in *Kalss*, Vorstandshaftung in 15 europäischen Ländern, 173.

[1131] *Fleischer*, „Nützliche" Pflichtverletzungen von Vorstandsmitgliedern, ZIP 2005, 141 (148), mit Verweis auf BGHZ 124, 111 (126 f) = ZIP 1993, 1862 (1867).

[1132] *Paefgen*, Unternehmerische Entscheidungen und Rechtsbindung der Organe in der AG, 17.

	§ 396 Abs 1 dAktG	Zustimmungs-vorbehalt (BGH)	§ 243 Abs 1 dAktG
Argument	Gesetzesverstoß ist gleich Gemeinwohlver-stoß ist gleich Verstoß gegen Unternehmens-wohl. Gesellschaft kann bei Gemeinwohlverstoß aufgelöst werden, daher darf Vorstand nicht Ge-setze verletzen (die Auf-lösung der Gesellschaft kann nie im Interesse der Gesellschaft sein).	Wenn Vorstand durch Zustim-mungsvorbehalt von rechtswid-rigem Verhalten abgehalten werden kann (und hierzu auch verpflichtet ist), kann er auch keine rechtswidri-gen Handlungen vornehmen.	Gesetzmäßiger HV-Beschluss kann Handlung des Vor-stands von Haftung entlasten (gesetzwid-rige HV-Beschlüsse können angefochten werden).

4. Gleichbehandlung von Rechtssubjekten

Die Gesellschaft und dessen Vorstandsmitglieder sollen in **gleicher Weise an die Gesetze** 496 gebunden sein wie alle anderen Teilnehmer des Rechtsverkehrs auch.[1133] Hier ist streng zwischen der „faktischen Möglichkeit" einer Gesetzesverletzung und der „rechtlichen Zu-lässigkeit" zu unterscheiden. Sowohl natürliche als auch juristische Personen *können* Gesetze verletzen, *dürfen* dies aber nicht. Eine unterschiedliche Behandlung von natürlichen und juristischen Personen lässt sich dem AktG nicht entnehmen und wäre auch nicht zu recht-fertigen.

5. Begründung durch Leitungspflicht

Andere Autoren leiten die externe Legalitätspflicht aus der Leitungspflicht des Vorstands 497 ab (§ 76 dAktG bzw § 70 öAktG).[1134] Durch den absoluten Vorrang des Unternehmenswohls im Rahmen der Leitungspflicht kann ein absoluter **Vorrang des Gesellschaftsinteresses** aller-dings vor dem Gemeinwohl im Rahmen der externen Legalitätspflicht nur dann konsequent argumentiert werden, wenn man davon ausgeht, dass die Einhaltung der externen Pflichten der Gesellschaft stets im Unternehmensinteresse liegt (und umgekehrt, dass die Verletzung externer Pflichten stets dem Unternehmensinteresse schaden würde). Dem ist wohl auch dann zuzustimmen, wenn der Gesellschaft im Einzelfall ein Vorteil entsteht. Freilich kann argumentiert werden, dass eine **Interessenabwägung** zwischen Unternehmensinteresse und Gemeinwohl nicht angebracht ist, da die Einhaltung von Gesetzen stets im Unternehmens-interesse liegt, auch wenn im Einzelfall eine Gesetzesverletzung Vorteile mit sich bringen kann. Im letzteren Fall ist jedoch anzumerken, dass bei einer Gesetzesverletzung neben finan-ziellen Nachteilen stets auch **nicht-materielle Nachteile** der Gesellschaft zu berücksichtigen sind.

[1133] *Paefgen,* Unternehmerische Entscheidungen und Rechtsbindung der Organe in der AG, 24; *Schlos-ser,* Die Organhaftung der Vorstandsmitglieder der Aktiengesellschaft, 25; *Aicher* in *Rummel,* § 26 Rn 17.
[1134] *Adensamer/Eckert* in *Kalss,* Vorstandshaftung in 15 europäischen Ländern, 184.

6. Handlungen eines Einzelunternehmers

498   Interessant ist auch der Vergleich zum Einzelunternehmer – der meist herangezogen wird um aufzuzeigen, dass die Einhaltung der externen Pflichten für den Vorstand nicht zwingend anzunehmen ist.[1135] Gesetzesverstöße, die zum Wohl der Gesellschaft angeordnet wurden, seien dann nicht einem Schadensersatzanspruch der Gesellschaft zugänglich, wenn auch ein Einzelunternehmer diesen Gesetzesverstoß in Kauf genommen hätte.[1136]

499   Der Vergleich zum Einzelunternehmer ist deshalb interessant, weil er aufzeigt, was bei der AG aufgrund der **funktionalen Trennung** zwischen Gesellschaft (*principal*) und Leitungsorgan (*agent*) nur schwer zu erkennen ist. Bei einem Einzelunternehmer ist nur eine einzige Person für die Führung der Geschäfte und damit auch für das Unternehmenswohl (= das eigene Wohl) verantwortlich. Bei der AG fallen diese Bereiche auseinander. Hier ist auf der einen Seite das Unternehmen, dessen Wohl verfolgt werden soll, und auf der anderen Seite der Vorstand, der für dieses Wohl verantwortlich ist. Eine Entscheidung (durch die ein Gesetz verletzt wurde) soll demnach, solange sie auch ein Einzelunternehmer getroffen hätte, nicht zur Haftung führen. Verfolgt der Vorstand die Interessen der Gesellschaft und liegt seine Entscheidung damit *ex ante* betrachtet im Unternehmenswohl, so hätte sie auch ein Einzelunternehmer getroffen.

500   Bedacht werden sollte bei diesem Vergleich allerdings, dass im Bereich der externen Legalitätspflicht neben der „Fähigkeit zu Entscheiden" auch auf den Fluss **wirtschaftlicher Vorteile** im Rahmen der *principal-agent* Unterteilung zu achten ist. Die Fähigkeit für einen Anderen zu handeln kann hier nicht von den wirtschaftlichen Konsequenzen und deren Tragung getrennt werden. Erlaubt man dem Vorstand rechtswidrige Handlungen vorzunehmen, wie es auch ein Einzelunternehmer kann, so sollte man doch zumindest überlegen, dem Vorstand in logischer Konsequenz hierzu das wirtschaftliche Risiko dieser Entscheidung zu überantworten, andernfalls der Vorstand zwar den Vorteil, nicht aber den Nachteil der rechtswidrigen Entscheidung tragen würde (der Vorteil ist hier, ohne Haftung davon zu kommen). Schließlich kommt es in einer *principal-agent* Beziehung stets auf die Interessen der Gesellschaft an. Würde man im Innenverhältnis zulassen, dass der Vorstand rechtswidrige Handlungen der Gesellschaft anordnet, so würde die Gesellschaft schlechter gestellt werden (kein Schadensersatz für Anordnung von Gesetzesverletzung) als wenn man diese verbieten würde (Ausgleich durch Schadensersatz). Anstatt die Legalitätspflicht überhaupt in Frage zu stellen, sollte daher vielmehr auf die ordentliche Schadensberechnung, insbesondere den **Vorteilsausgleich**, Wert gelegt werden (siehe Rn 237). Zu einem ähnlichen Ergebnis gelangt man unter dem Gesichtspunkt der Erhaltung des Gesellschaftsvermögens.

7. Begründung durch Sorgfaltspflicht

501   Die externe Legalitätspflicht lässt sich auch aus dem allgemeinen Sorgfaltsmaßstab des Vorstands ableiten (§ 93 Abs 1 S 1 dAktG bzw § 84 Abs 1 öAktG). Die Sorgfaltspflicht hat gem ihrer Doppelfunktion auch die Funktion einer Pflichtenquelle. Die Pflicht der Vorstandsmitglieder zur Einhaltung der die Gesellschaft treffenden Gesetze (externe Legalitätspflicht) ergibt sich aus dieser **Pflichtenquelle** (Rn 34). Die Pflicht zum sorgfältigen Handeln umfasst eben auch die Pflicht, die die Gesellschaft treffenden Gesetze einzuhalten.[1137] Die Ableitung

---

[1135] Siehe etwa *U. Torggler*, Von Schnellschüssen, nützlichen Gesetzesverletzungen und spendablen Aktiengesellschaften, wbl 2009, 168 (168 ff).

[1136] *U. Torggler*, Von Schnellschüssen, nützlichen Gesetzesverletzungen und spendablen Aktiengesellschaften, wbl 2009, 168 (168 ff).

[1137] *Krause*, „Nützliche" Rechtsverstöße im Unternehmen-Verteilung finanzieller Lasten und Sanktionen, BB 2007, BB-Special 8, 2 (5).

dieser Verpflichtung zur Einhaltung allgemeiner Gesetze hat zur Folge, dass ihre Verletzung auch für das Innenverhältnis eine Rolle spielt. Eine Pflichtverletzung im Außenverhältnis stellt daher grundsätzlich auch eine Pflichtverletzung im Innenverhältnis dar.[1138] Vorstandsmitglieder, die im Rahmen ihrer Geschäftsführungstätigkeit gesetzwidrig handeln, wenden nicht die Sorgfalt eines ordentlichen gewissenhaften Geschäftsleiters an und verstoßen daher gegen die **zwingende interne Pflichtenbindung** des § 93 Abs 1 S 1 dAktG bzw § 84 Abs 1 öAktG.[1139]

E. Ausnahmen von der strikten Legalitätspflicht

In zwei Fällen ist durch die hM eine Loslösung von der strengen Rechtsbindung der Vorstandsmitglieder an die Legalitätspflicht anerkannt: bei unklarer oder umstrittener Rechtslage sowie bei vertraglichen Pflichten. Ausnahmsweise können eine rechtfertigende Pflichtenkollision und ein Notstand als haftungsbefreiende Gründe in Frage kommen. **502**

1. Unklare oder umstrittene Rechtslage

Im Falle einer unklaren oder umstrittenen Rechtslage können Vorstandsmitglieder einen für die Gesellschaft **günstigen Rechtsstandpunkt** einnehmen, ohne dabei eine Haftung befürchten zu müssen, sollte dieser Rechtsstandpunkt nicht vom Gericht geteilt werden[1140] (und damit vom Gericht eine Gesetzesverletzung angenommen werden). Ein **Ermessensspielraum** (im Rahmen der **BJR**) wird hier bejaht. **503**

Richtigerweise ist in der Praxis die Rechtslage nur selten eindeutig, der Anwendungsbereich dieser Ausnahme daher generell **weit** zu verstehen. Nur zu oft bestehen zu ein- und derselben Rechtsfrage völlig konträre Lehrmeinungen oder Rechtsansichten verschiedener Gerichte (auch innerhalb verschiedener Senate des gleichen Gerichts).[1141] **504**

In Fällen unklarer Rechtslage scheidet eine strenge Gesetzesbindung schon deshalb aus, weil sich die konkreten Pflichten nicht mit ausreichender Sicherheit feststellen lassen, so dass das Vorstandsmitglied jeweils an die vorsichtigste Auslegungsvariante gebunden wäre, ohne dass Sicherheit über dessen Geltung bestünde. Dies würde genau jenen Zustand verwirklichen, den Gesetzgebung und Lehre vermeiden möchten, nämlich die Entscheidungsunwilligkeit organschaftlicher Vertreter aufgrund zu hoher Haftungsrisiken. Es ist daher nur richtig, dem Vorstand in diesen Fällen einen unternehmerischen Ermessensspielraum zuzugestehen, innerhalb dessen er autonom die Chancen und Risiken für die Gesellschaft abwägen und eine entsprechende Entscheidung fällen kann.[1142] **505**

[1138] *Abeltshauser*, Leitungshaftung im Kapitalgesellschaftsrecht, 213; *Krause*, „Nützliche" Rechtsverstöße im Unternehmen-Verteilung finanzieller Lasten und Sanktionen, BB 2007, BB-Special 8, 2 (5).

[1139] *Bayer*, Legalitätspflicht, Gesetzesverstöße und Regress bei Kartellverstößen, FS Karsten Schmidt, 89 (89 f).

[1140] *M. Roth*, Unternehmerisches Ermessen und Haftung des Vorstands, 132; *Fleischer*, Handbuch des Vorstandsrechts, 245; *Hopt* in Großkommentar zum Aktiengesetz, § 93 Rn 99; *Horn*, Die Haftung des Vorstands der AG nach § 93 AktG und die Pflichten des Aufsichtsrats, ZIP 1997, 1129 (1136); BGH, 13.7.1998 = II ZR 131/97, DStR 1998, 1398 (1400) (Anm *Goette*).

[1141] *Kunz*, Würde die Übernahme des § 93 Abs 1 dAktG in das österreichische Aktienrecht zu mehr Rechtssicherheit in Bezug auf nützliche Gesetzesverletzungen führen? GesRZ 2007, 91 (91).

[1142] *Fleischer*, Handbuch des Vorstandsrechts, 245.

506   Bei unklarer und umstrittener Rechtslage besteht daher für den Vorstand von vornherein ein unternehmerischer Ermessensspielraum. Eine absolute Bindung an das Gesetz kann hier rein faktisch schon gar nicht bestehen. Bei der Ausübung unternehmerischen Ermessens hat sich der Vorstand an die **BJR-Kriterien** zu halten (vgl Rn 397). Dabei wird oftmals die Einholung **sachkundigen Rechtsrats** in jenen Fällen verlangt, in denen es sich um eine Entscheidung mit hoher Bedeutung für die Gesellschaft handelt.[1143]

507   UU kann auch eine **Verpflichtung** des Vorstands argumentiert werden, gesetzliche Freiräume und Lücken zu Gunsten der Gesellschaft zu nutzen (zB bei Steuergestaltung).[1144] Risiken, die sich aus dieser Ausnutzung von Gesetzeslücken ergeben, dürfen in der Regel eingegangen werden[1145] (auf den sicheren Bestand des Unternehmens ist freilich auch hier Rücksicht zu nehmen).

2. Vertragspflichten der Gesellschaft

508   Der Rechtsordnung kann neben dem allgemeinen Grundsatz, dass Verträge einzuhalten sind (*pacta sunt servanda*), keine konkrete gesetzliche Verpflichtung zur Einhaltung von Verträgen entnommen werden. Richtiger Ansicht nach handelt es sich bei Verträgen nicht um Rechtsquellen im technischen Sinn.[1146] Überdies ist die Sanktion für die Nichteinhaltung vertraglicher Pflichten klar und effizient geregelt – nämlich die Möglichkeit des Vertragspartners, Schadensersatz wegen **Nichterfüllung** zu fordern.

509   Aus diesem Grund besteht auch bei Vertragspflichten eine Ausnahme zur strengen externen Legalitätspflicht. Die Lehre ist überwiegend der Ansicht, dass der Vorstand bei vertraglichen Verpflichtungen der Gesellschaft keinen Einschränkungen seiner Leitungsmacht unterliegt;[1147] die Vertragspflicht ist nach hM keine den Vorstand treffende Gesetzespflicht.[1148] Im Ergebnis ist die Anordnung einer Verletzung von Vertragspflichten durch den Vorstand nicht per se ein Pflichtverstoß des Vorstands gegenüber der Gesellschaft. „In bestimmten Fällen kann es der Vorstand nach sorgfältiger Abwägung der unternehmerischen **Chancen und Risiken** also auf eine Verurteilung zum Schadensersatz ankommen lassen".[1149] Dem Vorstand kommt bei Entscheidungen über die Einhaltung vertraglicher Verpflichtungen ein **unternehmerischer Ermessensspielraum** zu (inkl *safe harbor* der **BJR**), so dass er frei ist, zwischen den Nachteilen einer Vertragserfüllung und denen einer Schadensersatzpflicht zu entscheiden[1150] (**Kosten-Nutzen-Rechnung**).

510   Das diesem Ermessensspielraum zu Grunde liegende **Unternehmensinteresse** verlangt die für die Gesellschaft günstigere Lösung; dies muss eben nicht immer die Einhaltung vertraglicher Verpflichtungen sein.[1151] Kommt das Vorstandsmitglied nach sorgfältiger Erwägung der Vorteile und Risiken der involvierten Vertragsverletzung zu dem Ergebnis, dass eine Schadensersatzzahlung für die Gesellschaft vorteilhafter ist als die Vertragserfüllung, so handelt

---

[1143] *Fleischer*, Handbuch des Vorstandsrechts, 245.

[1144] Für Ö siehe beispielsweise *Nowotny* in *Doralt/Nowotny/Kalss*, Kommentar zum Aktiengesetz, § 84 Rn 10.

[1145] *Nowotny* in *Doralt/Nowotny/Kalss*, Kommentar zum Aktiengesetz, § 84 Rn 10.

[1146] *Fleischer*, „Nützliche" Pflichtverletzungen von Vorstandsmitgliedern, ZIP 2005, 141 (150).

[1147] *M. Roth*, Unternehmerisches Ermessen und Haftung des Vorstands, 132.

[1148] *Lutter,* Business Judgment Rule in Deutschland und Österreich, GesRZ 2007, 79 (82).

[1149] *Hopt* in Großkommentar zum Aktiengesetz, § 93 Rn 100; *Fleischer*, „Nützliche" Pflichtverletzungen von Vorstandsmitgliedern, ZIP 2005, 141 (150).

[1150] *Lutter,* Business Judgment Rule in Deutschland und Österreich, GesRZ 2007, 79 (82).

[1151] *M. Roth*, Unternehmerisches Ermessen und Haftung des Vorstands, 132.

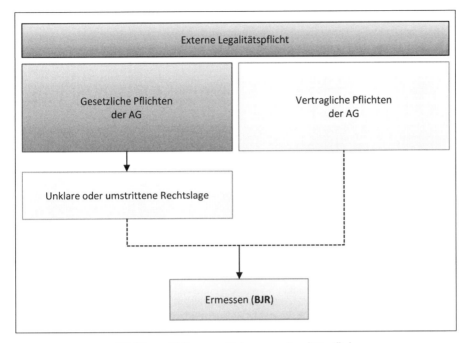

Abbildung 17: Ermessen iRd externen Legalitätspflicht

es bei der Vertragsverletzung nach hM nicht pflichtwidrig.[1152] Handelt das Vorstandsmitglied innerhalb der BJR, können aus dem nichterfüllten Vertragsverhältnis mit einem Dritten zwar zivilrechtliche Konsequenzen der Gesellschaft gegenüber dem Dritten (zB Schadensersatz des Vertragspartners gegen die Gesellschaft) entstehen; das Vorstandsmitglied kann aber von der Gesellschaft hierfür nicht belangt werden.

Fraglich ist in diesem Zusammenhang, ob auch eine Verpflichtung des Vorstands existiert, **511** bestehende Vertragspflichten zu brechen, soweit deren Aufrechterhaltung erhebliche Nachteile für die Gesellschaft mit sich bringt (**Verpflichtung zum Vertragsbruch**). Im Hinblick auf die Bedeutung des Unternehmenswohls ließe sich eine solche Verpflichtung in Einzelfällen argumentieren, gs ist aber der umfassende Ermessensspielraum des Vorstands zu beachten, sodass der Anwendungsbereich einer starren Pflicht zum Vertragsbruch entsprechend gering sein wird. Die völlige Außerachtlassung der Möglichkeit, Vertragspflichten zum Wohle der Gesellschaft zu verletzen, kann jedoch uU als Pflichtverletzung gewertet werden.

3. Rechtfertigende Pflichtenkollision und Notstand

Weitere potentielle Ausnahmen bilden die rechtfertigende **Pflichtenkollision** oder eine Art **512** aktienrechtlicher **Notstand**.[1153] Unten angeführt sind zwei in der Literatur abgehandelte Beispiele. Diese sollen jedoch nicht als Freibrief für Verletzungen der externen Legalitätspflicht verstanden werden.[1154]

[1152] *Fleischer*, „Nützliche" Pflichtverletzungen von Vorstandsmitgliedern, ZIP 2005, 141 (144).
[1153] *Spindler* in Münchener Kommentar zum AktG, § 93 Rn 74.
[1154] *Spindler* in Münchener Kommentar zum AktG, § 93 Rn 75.

- **Zahlungen an Aktionäre** gem § 71 Abs 1 Nr 1 dAktG, die gegen das Verbot der Einlagenrückgewähr verstoßen, um schwere Schäden von der AG abzuwehren.[1155]
- Vornahme von Handlungen zur **Abwehr einer feindlichen Übernahme** der AG, die von der Erklärung nach § 33 Abs 1 S 1 WpÜG nicht gedeckt sind, soweit für den Vorstand „Anhaltspunkte für eine gesetzwidrige Ausbeutung oder dauernd rechtswidrige Tätigkeit des Unternehmens nach Übernahme" bestehen.[1156]

III. Nützliche Pflichtverletzung und externe Legalitätspflicht

A. Allgemeines

513   Bei der nützlichen Gesetzesverletzung geht es um die Frage, ob sich das Vorstandsmitglied im Innenverhältnis darauf berufen kann, dass ein Gesetzesverstoß **subjektiv im Interesse** der Gesellschaft oder **objektiv zu ihrem Nutzen** erfolgte. Kann also ein Vorstandsmitglied eine Gesetzesverletzung (durch die Gesellschaft) anordnen und sich in der Folge gegenüber der Gesellschaft auf die Nützlichkeit dieses Verstoßes für die Gesellschaft berufen – oder: führen effiziente Gesetzesbrüche (*„efficient breach of public law"*) und effiziente Vertragsbrüche (*„efficient breach of contract"*) zur Haftung des Vorstands.

> **Beispiele uU nützlicher Pflichtverletzungen**[1157]: Die Bezahlung von Schmiergeldern an Beamte oder der Verzicht auf Abrechnung, um bestimmte öffentliche Aufträge zu erhalten; die Einschüchterung von Gewerkschaftsmitgliedern, um die Bildung eines Betriebsrats zu verhindern und sich so durch Verhängung einer Strafsanktion höhere Kosten zu ersparen; Missachtung kostenträchtiger Umweltschutzstandards; die Missachtung von Park- und Halteverboten oder Höchstgeschwindigkeitsbegrenzungen, um mehr Umsatz in kürzerer Zeit erzielen zu können; die Missachtung des Sonntagsöffnungsverbots; kartellrechtswidrige Preis- oder Gebietsabsprachen.

514   Ein in der Literatur beliebtes **Paradebeispiel** ist der Fall eines US-amerikanischen Zustelldienstes, bei dem der Vorstand die Weisung an die Mitarbeiter des Unternehmens erteilte, bei der Paketzulieferung Park- und Halteverbote zu missachten. Innerhalb eines Geschäftsjahres wurden der Gesellschaft dadurch Strafen in Höhe von $ 1,5 Mio verhängt. Die hM in Deutschland beurteilt diesen Fall einheitlich und ermöglicht im Innenverhältnis, einen Schadensersatzanspruch der Gesellschaft gegen den Vorstand wegen der durch den Vorstand angeordneten Gesetzesverletzung. Ein Vorteil könnte sich hier beispielsweise dadurch ergeben, dass sich durch die schnellere Zustellung der Pakete ein Wettbewerbsvorteil für die Gesellschaft gegenüber der Konkurrenz ergibt.

515   Mit besonderer Vorsicht ist im Zusammenhang mit nützlichen Pflichtverletzungen vorzugehen, da nicht vom Vorliegen (oder Nichtvorliegen) eines **Schadens auf die Rechtswidrigkeit** geschlossen werden darf. Dies wäre aufgrund der Ablehnung der Erfolgshaftung unzuläs-

---

[1155] *Spindler* in Münchener Kommentar zum AktG, § 93 Rn 74.
[1156] *Spindler* in Münchener Kommentar zum AktG, § 93 Rn 74.
[1157] *Fleischer*, „Nützliche" Pflichtverletzungen von Vorstandsmitgliedern, ZIP 2005, 141 (141 f, 146, 148)

sig.[1158] Wird nämlich versucht, eine Pflichtverletzung des Vorstands dadurch zu rechtfertigen, dass der Gesellschaft aus ihr *ex post* betrachtet ein **Vorteil** entstanden ist, so wird dadurch vom Schaden (oder Vorteil) auf die Rechtswidrigkeit geschlossen. Die Rechtswidrigkeit muss aber hiervon völlig unabhängig, rein aus *ex ante* Sicht beurteilt werden. „Die Pflichtwidrigkeit (Rechtswidrigkeit) eines Verhaltens (Tuns oder Unterlassung) wird auch durch den Nichteintritt eines Schadens keineswegs beseitigt".[1159]

Fest steht aber schon vorweg, dass ein unternehmerischer Ermessensspielraum (**BJR**) bei **516** nützlichen Gesetzesverletzungen bei klarer Gesetzeslage nicht besteht, da gesetzwidrige Entscheidungen keine unternehmerischen Entscheidungen sind[1160] (vgl Rn 397).

Eine Pflichtverletzung des Vorstands liegt eben nur dann vor, wenn der Vorstand sei- **517** ne Pflichten verletzt. Die **Schadensfrage** muss davon **getrennt** behandelt werden. Davon unberührt bleibt freilich die Möglichkeit des Entfalls der Haftung mangels eines Schadens. Besonderheiten können sich aber bei der nützlichen Gesetzesverletzung hinsichtlich der **Schadensberechnung** ergeben.

B. Schadensberechnung und verhinderte Vorteilsanrechnung

1. Allgemeines

Die Frage der **verhinderten Vorteilsanrechnung** bzw des verhinderten Vorteilsausgleichs **518** wird auch im Zusammenhang mit der **nützlichen Pflichtverletzung im Rahmen der externen Legalitätspflicht** schlagend. Die verhinderte Vorteilsanrechnung in anderen Situationen wird bereits im Kapitel über die Schadensberechnung abgehandelt (Rn 237).

Hier geht es um die Frage ob jener Vorteil, der der Gesellschaft durch die gesetzwidrige **519** Entscheidung des Vorstands entstanden ist (zB Wettbewerbsvorteil durch Kartellrechtsverstoß), bei der Berechnung des Schadens im Rahmen des Haftungsverfahrens ausgeblendet werden soll (verhinderte Vorteilsanrechnung).

Nach der unter Rn 236 erörterten **Differenzmethode** (die Standardmethode der Schadens- **520** berechnung) müsste sich die Gesellschaft in ihrem Schadensersatzanspruch gegen den Vorstand etwaig erlangte Vorteile anrechnen lassen. Ein Teil der Lehre verlangt demgegenüber bei Verletzung der externen Legalitätspflicht einen verhinderten Vorteilsausgleich, dh der Vorstand haftet für jeden Nachteil, unabhängig von etwaigen Vorteilen zu Gunsten der Gesellschaft.

Ordnet ein Vorstandsmitglied **beispielsweise** die Missachtung wettbewerbsrechtlicher Vor- **521** schriften an, so entsteht der Gesellschaft dadurch ein Schaden in Höhe der verhängten Strafe. Andererseits kann der Gesellschaft aber dadurch auch ein Wettbewerbsvorteil entstanden sein. Würde man einen verhinderten Vorteilsausgleich bejahen, so müsste das Vorstandsmitglied der Gesellschaft den gesamten Schaden (Strafe) ersetzen, die Gesellschaft müsste sich den durch den Gesetzesverstoß erlangten Vorteil (Wettbewerbsvorteil) aber in der Schadensberechnung nicht anrechnen lassen.

Bei der Verletzung von **externen** Pflichten (zB Gesetze, die die Gesellschaft verpflich- **522** ten) wird im Gegensatz zu organschaftlichen Pflichten ein verhinderter Vorteilsausgleich

---

[1158] *Pietzke,* Die Verantwortung für Risikomanagement und Compliance im mehrköpfigen Vorstand, CCZ 2010, 45 (46).

[1159] *Schima,* Business Judgment Rule und Verankerung im österreichischen Recht, GesRZ 2007, 93 (95).

[1160] *Dauner-Lieb* in *Henssler/Strohn,* Gesellschaftsrecht, § 93 Rn 20.

aus Gründen des **öffentlichen Interesses** erwogen;[1161] dies würde die Abschreckungswirkung der Vorschriften deutlich verstärken.[1162] Dem kann freilich entgegengehalten werden, dass das Aktienrecht vorrangig der Schadenskompensation dient und keine Straffunktion beinhaltet;[1163] auch ist es gs nicht Aufgabe des Innenhaftungsrechts, die Einhaltung gesetzlicher Normen außerhalb des AktG sicherzustellen. Die Rspr verlangt für die Vorteilsanrechnung zugunsten des Vorstands, dass sie „dem Sinn und Zweck der Ersatzpflicht entspreche und den Schädiger unter Würdigung aller Umstände **nicht unbillig entlaste**".[1164] Fehlt es an dieser Voraussetzung, so sollte eine Anrechnung verweigert werden.[1165]

523 Es sollte überdies beachtet werden, dass die Vorteile aus der Gesetzesverletzung insoweit verringert werden müssen, soweit im Straf- oder Zivilrecht die Möglichkeit einer **Gewinnabschöpfung** vorgesehen ist.[1166]

524 In diesem Zusammenhang ist anzuführen, dass hier wohl zwischen unrechtmäßiger Bereicherung der Gesellschaft auf Kosten des Vorstands und der unbilligen Entlastung des Vorstands auf Kosten der Gesellschaft eine **Balance** zu finden ist.

2. Netto-Vorteil und Netto-Nachteil

525 Ganz grundlegend soll hier angemerkt sein, dass ein verhinderter Vorteilsausgleich überhaupt nur dann zur Anwendung kommen soll, wenn nach klassischer Gesamtvermögensbetrachtung ein Netto-Schaden der Gesellschaft vorliegen würde. Ein verhinderter Vorteilsausgleich kommt damit dann nicht in Betracht, wenn der Gesellschaft schon bei Gesamtvermögensbetrachtung gar kein Schaden entstanden ist. Im unten in Tabelle A angeführten Beispiel kann die Gesellschaft keinen Schadensersatz fordern (indem man einen Vorteilsausgleich verhindert), um von einem **Netto-Vorteil** von € 50.000 auf € 150.000 zu gelangen (dh um zusätzliche € 100.000 vom Vorstand einzufordern). Die verhinderte Vorteilsanrechnung würde hier im Ergebnis wohl zu einer ungerechtfertigten Bereicherung der Gesellschaft auf Kosten des Vorstands (durch Regress aus Schadensersatz) führen.

[1161] *Fleischer*, „Nützliche" Pflichtverletzungen von Vorstandsmitgliedern, ZIP 2005, 141 (151); *Spindler* in Münchener Kommentar zum AktG, § 93 Rn 77.

[1162] *Fleischer*, „Nützliche" Pflichtverletzungen von Vorstandsmitgliedern, ZIP 2005, 141 (151 f). Mit gleichen Argumenten an anderer Stelle, vgl *Werner*, Die zivilrechtliche Haftung des Vorstands einer AG für gegen die Gesellschaft verhängte Geldbußen gegenüber der Gesellschaft, CCZ 2010, 143 (145).

[1163] *Kunz*, Würde die Übernahme des § 93 Abs 1 dAktG in das österreichische Aktienrecht zu mehr Rechtssicherheit in Bezug auf nützliche Gesetzesverletzungen führen? GesRZ 2007, 91 (92).

[1164] Siehe *Fleischer*, „Nützliche" Pflichtverletzungen von Vorstandsmitgliedern, ZIP 2005, 141 (152) mwN; Interne Fußnoten wurden entfernt.

[1165] *Fleischer*, Kompetenzüberschreitungen von Geschäftsleitern im Personen- und Kapitalgesellschaftsrecht – Schaden – rechtmäßiges Alternativverhalten – Vorteilsausgleichung, DStR 2009, 1204 (1210).

[1166] *Fleischer*, „Nützliche" Pflichtverletzungen von Vorstandsmitgliedern, ZIP 2005, 141 (152).

Tabelle A	Netto–Vorteil
Schaden	− € 100.000
Vorteil	€ 150.000
Netto AG *vor* Schadensersatz	€ 50.000

	Gesamtvermögensbetrachtung (mit Vorteilsanrechnung)	Verhinderte Vorteilsanrechnung
Schadensersatz Vorstand	€ 0	€ 100.000
Netto AG *nach* Schadensersatz	**€ 50.000**	**€ 150.000**

Entsteht der Gesellschaft durch die Verletzung der externen Legalitätspflicht durch den **526** Vorstand aber bei Gesamtvermögensbetrachtung ein **Netto-Nachteil**, so kann sie einen Schadensersatzanspruch geltend machen. Darüber hinaus ist ein verhinderter Vorteilsausgleich unter Berücksichtigung der Umstände des Einzelfalls zu überlegen.

Tabelle B	Netto–Nachteil
Schaden	− € 100.000
Vorteil	€ 50.000
Netto AG *vor* Schadensersatz	− € 50.000

	Gesamtvermögensbetrachtung (mit Vorteilsanrechnung)	Verhinderte Vorteilsanrechnung
Schadensersatz Vorstand	€ 50.000	€ 100.000
Netto AG *nach* Schadensersatz	**€ 0**	**€ 50.000**

Auf dieser Ebene stellt sich schließlich die Frage, wem die positiven und negativen **Konse-** **527** **quenzen** der Pflichtverletzung auferlegt werden sollen. Bei **Gesamtvermögensbetrachtung** 1) würde der Schadensersatz des Vorstands auf den Netto-Schaden der Gesellschaft begrenzt (hier € 50.000), 2) würde damit der *gesamte* Vorteil aus der Pflichtverletzung dem Vorstand haftungsmindernd zugute kommen, und 3) würde die Gesellschaft bei Null aussteigen (dh sie würde durch die Gesetzesverletzung, zu der sie „missbraucht wurde", weder einen Vorteil noch einen Nachteil erleiden).

Verhindert man hingegen die Vorteilsanrechnung (dh wird der Vorteil ausgeblendet) **528** zulasten des Vorstands im Haftungsverfahren betreffend der Verletzung der externen Legalitätspflicht, so kommt der Vorteil aus der Gesetzesverletzung der Gesellschaft selbst zugute (zu beachten ist aber, dass die verletzte Norm manchmal eine andere Lösung anstreben würde – so würde beispielsweise das Kartellrecht wohl weniger gefördert, wenn der Vorteil eher bei der Gesellschaft als beim Vorstand verbleibt[1167]). Eine verhinderte Vorteilsanrechnung ließe

---

[1167] *Fleischer*, Kompetenzüberschreitungen von Geschäftsleitern im Personen- und Kapitalgesellschaftsrecht – Schaden – rechtmäßiges Alternativverhalten – Vorteilsausgleichung, DStR 2009, 1204 (1210)

sich insbesondere aus der Sicht **rechtfertigen**, dass 1) es sich um die Verletzung einer absoluten Pflicht handelt, für die dem Vorstand die BJR nicht zugute kommt, 2) das Unternehmen
Träger des unternehmerischen Risikos ist und ihm (und nicht dem Vorstand) damit auch der
Vorteil aus seiner eigenen Gesetzesverletzung zukommen sollte, 3) es sich bei einer Gesetzes-
bzw Pflichtverletzung um keine unternehmerische Tätigkeit handelt, es daher auch keinen
Grund gibt, warum das Unternehmen das Risiko aus dieser Entscheidung tragen sollte (unstr
ist das Unternehmen Träger des unternehmerischen Risikos), und 4) die Nichteinhaltung von
Gesetzen neben einem finanziellen Schaden auch immaterielle Schäden für die Gesellschaft
als Konsequenz haben kann, die in die Schadensersatzrechnung nicht stets einfließen können
(und damit im Zweifel ein Ausgleich zugunsten der Gesellschaft stattfinden sollte). Gleiches
sollte aus Gründen der Erhaltung des Gesellschaftsvermögens gelten. Ebenso kann der Vergleich zum Einzelunternehmer ins Treffen geführt werden. Wird angeführt, dass auch ein
Einzelunternehmer ihn treffende Gesetze verletzen kann (und sollte dies daher auch für den
Vorstand einer AG möglich sein), so muss man richtigerweise auch anführen, dass der AG, und
nicht dem Vorstand, als Träger des Unternehmens der daraus entstehende Vorteil zur Gänze
zukommen müsste. Zur Schadensberechnung siehe überdies Rn 235.

IV. Haftung bei Verletzung der externen Legalitätspflicht

1. Zusammenfassung

529   Die **Gesellschaft** ist im *Außenverhältnis* für die Einhaltung sowohl gesetzlicher als auch vertraglicher Verpflichtungen der Gesellschaft verantwortlich. Der Vorstand ist **der Gesellschaft
gegenüber** (*Innenverhältnis*) für die Einhaltung von gesetzlichen und vertraglichen Pflichten
der Gesellschaft verantwortlich (externe Legalitätspflicht). Für die Einhaltung von **Gesetzen**

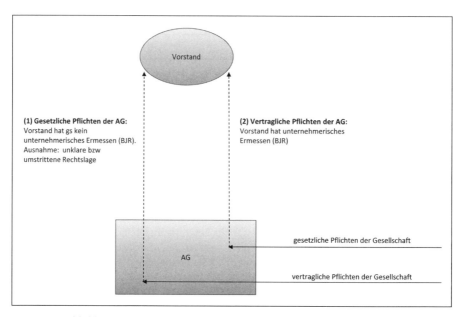

Abbildung 18: Ungleichbehandlung gesetzlicher und vertraglicher Pflichten

ist diese Verantwortung *un*beschränkt (vgl Abbildung 18 Fall **1**), für die Einhaltung vertraglicher Verpflichtungen hingegen nur beschränkt (vgl Abbildung 18 Fall **2**).

Ein Verstoß gegen gesetzliche Pflichten ist nur dann keine Pflichtverletzung, wenn eine **530** unklare Rechtslage besteht. Vertragliche Pflichten können gs im Rahmen des unternehmerischen Ermessens nach Durchführung einer wirtschaftlichen Pro- und Kontrarechnung verletzt werden. Auch die BJR kommt dem Vorstand hier zugute. Die Abwägung zwischen den aus der Vertragsverletzung zu erwartenden Schadensersatzpflichten und den dadurch für die Gesellschaft gewonnenen Vorteilen wird ausdrücklich als zulässig erachtet.

2. Haftung

Verletzt das Vorstandsmitglied bei klarer Rechtslage ein die Gesellschaft treffendes Gesetz, **531** so verletzt es dadurch gs seine externe Legalitätspflicht. Unabhängig von der dogmatischen Einordnung der Legalitätspflicht innerhalb des Aktienrechts, liegt damit gs eine Pflichtverletzung des Vorstands (und damit Rechtswidrigkeit) vor. Um zur Haftung des betreffenden Vorstandsmitglieds zu gelangen, müssen überdies ein kausaler Schaden sowie **Verschulden** gegeben sein. Die Vorteilhaftigkeit einer Entscheidung vermag dem Vorstand hier selten zugute kommen – die verhinderte Vorteilsanrechnung, soweit im öffentlichen Interesse, diesen sogar zusätzlich belasten (Rn 237). Auf Verschuldensebene (subjektive Zurechnung des rechtswidrigen Verhaltens) hat eine gesonderte Prüfung der Einhaltung der **Sorgfaltspflicht** zu erfolgen (Anwendung der Sorgfalt eines ordentlichen und gewissenhaften Geschäftsleiters; zur Verschuldensprüfung siehe Rn 313). Die gesonderte Prüfung der Sorgfalt auf Verschuldensebene ist selten, da mit Vorliegen einer objektiven Sorgfaltspflichtverletzung (hier: Verletzung der Legalitätspflicht) gs auch die subjektive Sorgfaltspflicht als verletzt angesehen wird.

Dies muss jedoch nicht zwingend der Fall sein. So ist bei Verletzung der externen Lega- **532** litätspflicht eine Haftung wohl dann ausgeschlossen, wenn diese Verletzung trotz sorgfältiger Einrichtung einer effektiven *Compliance*-Organisation erfolgt ist (diese bezweckt die Einhaltung gesetzlicher Vorschriften durch die Gesellschaft und ihre Mitarbeiter). Wer also sorgfältig daran arbeitet, Gesetzesverstöße mittels einer effektiven *Compliance*-Organisation zu vermeiden, der kann nicht dafür haftbar gemacht werden, wenn letztendlich doch ein Gesetzesverstoß erfolgt. Anders verhält es sich freilich, wenn die Gesetzesverletzung vom Vorstand eigens angeordnet wurde (Vorsatz) oder fahrlässig nicht vermieden wurde.

Eine Anmerkung sei an dieser Stelle hinsichtlich **nützlicher Gesetzesverletzungen** (Rn 513) **533** gemacht. Auf Rechtswidrigkeitsebene wird hier gs eine Pflichtverletzung vorliegen – bei Prüfung der Sorgfaltspflicht auf Verschuldensebene entsteht hierdurch jedoch entgegen des ersten Anscheins keine Hintertür für die Haftungsfreiheit dieser Pflichtverletzung (zB sorgfältige Gesetzesverletzung im Unternehmensinteresse). Die *Anordnung* einer Pflichtverletzung wird *stets* auf Verschuldensebene als sorgfaltswidrig gewertet werden (weil „vorsätzlich"), selbst wenn diese Anordnung im Interesse des Unternehmens vorgenommen wurde. In einem solchen Fall greift auch eine allfällige D&O-Versicherung gs nicht (Deckungsausschluss bei Vorsatz; vgl Rn 616).

Grundfragen zur externen Legalitätspflicht:

1) Gibt es eine **Pflicht** des Vorstands, sämtliche die die Gesellschaft treffenden gesetzlichen und vertraglichen Pflichten einzuhalten (externe Legalitätspflicht)? – *Ja.*

2) Führt die **Verletzung** der externen Legalitätspflicht zur **Innenhaftung** des Vorstands? – *Ja, neben etwaigen haftungsrechtlichen Konsequenzen einer solchen Verletzung im Rahmen der Vorstands-Außenhaftung sowie der Haftung der Gesellschaft selbst, ist die Verletzung der Legalitätspflicht mit wenigen Ausnahmen per se pflichtwidrig und führt bei Vorliegen eines kausalen Schadens und Verschuldens zur Innenhaftung. Auf Verschuldensebene ist zu prüfen, ob der Vorstand die Sorgfalt eines ordentlichen und gewissenhaften Geschäftsleiters eingehalten hat.*

3) Gibt es **Ausnahmen**? – *Ja, bei unklarer Rechtslage und vertraglichen Pflichten steht dem Vorstand ein unternehmerischer Ermessensspielraum zu. Solange er die Sorgfaltspflicht einhält (inkl. Schutz der BJR), ist ein Verstoß nicht pflichtwidrig. Auch können dem Vorstand im Einzelfall rechtfertigende Pflichtenkollision oder Notstand zugute kommen.*

4) Führt die Verletzung einer gesetzlichen Pflicht auch zur Haftung, wenn der Gesellschaft dadurch ein Vorteil entsteht (**nützliche Pflichtverletzung**)? – *Ja, auch nützliche Pflichtverletzungen sind Pflichtverletzungen (der Verstoß gegen eine gesetzliche Norm ist per se rechtswidrig). Einzig im Rahmen der Schadensberechnung kann die Nützlichkeit für den Vorstand vorteilhafte Auswirkungen haben. Aber hier kann uU eine Vorteilsanrechnung unterbleiben (dh der Vorteil wird bei der Schadensberechnung zulasten des Vorstands weggedacht).*

5) Führt die Verletzung einer gesetzlichen Pflicht **zwingend zur Haftung**? – *Nein, es müssen neben der durch die Gesetzesverletzung eingetretenen Pflichtverletzung (objektive Pflichtwidrigkeit) auch ein kausaler Schaden sowie Verschulden gegeben sein. Eine vom Vorstand eigens angeordnete Gesetzesverletzung wird auf Verschuldensebene auch dann subjektiv sorgfaltswidrig sein (da vorsätzlich angeordnet), wenn diese im Interesse des Unternehmens erfolgt ist. Anders wird es sich hingegen verhalten, wenn der Vorstand sorgfältig gehandelt hat (zB durch eine sorgfältige Compliance-Organisation versucht hat, Gesetzesverstöße zu verhindern).*

§ 7 D&O-Versicherung

I. Einleitung

Führungskräfte eines Unternehmens haften persönlich für die Verletzung ihrer Pflichten. **534** Aufgrund der steigenden Anspruchsbereitschaft von Geschädigten, der Komplexität des Haftungsrechts und dem stets immanenten **Risiko**, einer hohen Haftungsklage ausgesetzt zu sein, besteht das Bedürfnis von Führungskräften sich angemessen gegen die Haftungsrisiken und einer potentiell existenzvernichtenden Haftung zu schützen. Zu diesem Zweck kann eine D&O-Versicherung abgeschlossen werden.

Die *Directors' and Officers' Liability Insurance*, kurz D&O-Versicherung, ist eine freiwillige **535** **Vermögensschadenhaftpflichtversicherung**, die Aufsichts- und Führungskräfte juristischer Personen vor Haftungsrisiken schützen soll, die sich aus ihrer Tätigkeit ergeben. Sie ist eine besondere Form der Vermögensschadenhaftpflichtversicherung.[1168] Die korrekte, aber ungebräuchliche, deutsche Bezeichnung ist „Vermögensschadenhaftpflichtversicherung für Organe bzw Organhaftpflichtversicherung".[1169]

Vom Versicherungsschutz **umfasst** sind idR Vorstands- und Aufsichtsratsmitglieder sowie **536** leitende Angestellte. Inhaltlich umfassen D&O-Versicherungen meist sowohl Innenhaftungs- als auch Außenhaftungsansprüche gegen die Führungskraft. Je nach Substantiierung des geltend gemachten Anspruchs deckt die Versicherung die Kosten des **Rechtsschutzes**, also die Kosten der gerichtlichen Verteidigung, und/oder den erfolgreich geltend gemachten **Schadensersatzanspruch**.

Die D&O-Versicherung übernimmt gs das finanzielle Risiko eines Haftungsfalls. In der **537** Praxis bestehen jedoch zahlreiche Haftungsausschlüsse und Beschränkungen, so dass das Leitungsorgan nicht umfassend vor jedem Schadensersatzanspruch und dem Zugriff auf sein Privatvermögen geschützt ist. Oft wird zur Begründung dieser offenen Stellen angeführt, dass dem Haftungsrecht eine Verhaltenssteuerungsfunktion zukommt, welche durch die D&O-Versicherung nicht vermindert werden darf. Es gilt ein Gleichgewicht zwischen dem Interesse des Leitungsorgans in Haftungsfällen vermögensrechtlich geschützt zu sein und dem Interesse der Gesellschaft verantwortungsvolles Handeln der Leitungsorgane aufrechtzuerhalten. Dabei darf aber das Interesse der Gesellschaft an der Versicherung nicht vergessen werden. Die vertragliche Ausgestaltung des Versicherungsvertrags ist im Ergebnis ein Ausgleich der Interessen des Versicherers, des Versicherten und der Gesellschaft.

[1168] *Gisch* in *Ratka/Rauter*, Handbuch Geschäftsführerhaftung, 409.
[1169] *Gisch* in *Ratka/Rauter*, Handbuch Geschäftsführerhaftung, 409; *Sieg* in *Krieger/U. H. Schneider*, Handbuch Managerhaftung, § 16 Rn 2.

II. Ursprung und Entwicklung

A. USA

538   Ihren Ursprung hat die D&O-Versicherung im US-amerikanischen Rechtsraum.[1170] Als Reaktion auf den Vertrauenseinbruch in Folge des Börsencrashes der New York Stock Exchange (NYSE) am 25. Oktober 1929 (Schwarzer Freitag) verschärfte die Gesetzgebung die gesetzlichen Haftungsbestimmungen für amerikanische Gesellschaftsorgane.[1171] Diese drastische Änderung veranlasste *Lloyds of London* die erste D&O-Versicherung zu entwickeln und am Versicherungsmarkt anzubieten.[1172]

539   Ende der 1960er bzw Anfang der 1970er Jahre war der Abschluss von D&O-Versicherungen in Großunternehmen bereits üblich[1173] und zehn Jahre später hatten bereits knapp 97% aller an der NYSE notierten *stock corporations* D&O-Versicherungen abgeschlossen.[1174] Die D&O-Versicherung ist in den USA für Großunternehmen und KMUs zu einer Standardversicherung[1175] avanciert, sodass deren Abschluss als selbstverständlich angesehen wird.[1176]

540   Die D&O-Versicherung hat nicht nur ihren Ursprung in den USA und hat sich dort zu einem populären Produkt entwickelt, sondern erzielt dort auch das höchste Prämienvolumen (etwa $6 Mrd[1177]). Grund hierfür sind die Besonderheiten des US-amerikanischen Haftungs-

---

[1170] *Gruber/Mitterlechner/Wax,* D&O-Versicherung mit internationalen Bezügen, § 1 Rn 41; *Gisch* in *Ratka/Rauter,* Handbuch Geschäftsführerhaftung, 410; *Sieg* in *Krieger/U. H. Schneider,* Handbuch Managerhaftung, § 16 Rn 2, 428; *Wollny,* Die Directors' and Officer's Liability Insurance in den Vereinigten Staaten von Amerika (D und O-Versicherung) – Vorbild für eine Aufsichtsratshaftpflichtversicherung in Deutschland, 149 ff.

[1171] *Scheifele,* Die Vermögensschaden-Haftpflichtversicherung für Manager in den Vereinigten Staaten von Amerika, 9; *Möhrle,* Gesellschaftsrechtliche Probleme der D&O-Versicherung, 3.

[1172] *Thümmel,* Persönliche Haftung von Managern und Aufsichtsräten, Rn 403; *Griehser,* Versicherungsmöglichkeit von Vorstands- und Aufsichtsratsmitgliedern – Anpassung der Director's and Officer's Liability Insurance für Österreich, RdW 2006, 134; vgl auch *Schlechtriem* in *Kreuzer,* Die Haftung der Leitungsorgane von Kapitalgesellschaften, 76; *Paetzmann,* „Insuring the Agents" – Managerdisziplinierung und Rolle der D&O –Versicherung als Instrument der Corporate Governance, ZVersWiss 2008, 177 (179 f).

[1173] Vgl *U. H. Schneider/Ihlas,* Die Vermögensschaden-Haftpflichtversicherung des Geschäftsführers einer GmbH, DB 1994, 1123 (1125); *Scheifele,* Die Vermögensschaden-Haftpflichtversicherung für Manager in den Vereinigten Staaten von Amerika, 114 f. Vgl ferner Handbuch Geschäftsführerhaftung, 410, der den Beginn bereits mit den 60er Jahren die D&O-Versicherung als eine Standardversicherung in den USA bezeichnet.

[1174] *Gisch in Ratka/Rauter,* Handbuch Geschäftsführerhaftung, 410.

[1175] *Semler/Schenck,* Arbeitshandbuch für Aufsichtsratsmitglieder, § 9 Rn 160; *Beckmann* in *Beckmann/Matusche-Beckmann,* Versicherungsrechts-Handbuch, § 28 Rn 2.

[1176] *Griehser,* Versicherungsmöglichkeit von Vorstands- und Aufsichtsratsmitgliedern – Anpassung der Director's and Officer's Liability Insurance für Österreich, RdW 2006, 135; *Merkt,* US-amerikanisches Gesellschaftsrecht, Rn 547; *Sieg,* Tendenzen und Entwicklungen der Managerhaftung in Deutschland, DB 2002, 1759; *U. H. Schneider/Ihlas,* Die Vermögensschaden-Haftpflichtversicherung des Geschäftsführers einer GmbH, DB 1994, 1123; *Kästner,* Aktienrechtliche Probleme der D&O-Versicherung, AG 2000, 113 (114); *Vetter,* Aktienrechtliche Probleme der D&O-Versicherung, AG 2000, 453; *Schlechtriem* in *Kreuzer,* Die Haftung der Leitungsorgane von Kapitalgesellschaften, 76; *Thümmel,* Persönliche Haftung von Managern und Aufsichtsräten, Rn 404; *Möhrle,* Gesellschaftsrechtliche Probleme der D&O-Versicherung, 4; *Buxbaum* in *Kreuzer,* Die Haftung der Leitungsorgane von Kapitalgesellschaften, 93 ff.

[1177] Allianz Global Corporate & Speciality, Introduction to D&O Insurance, 6 (abrufbar unter <http://www.agcs.allianz.com/assets/PDFs/risk%20insights/AGCS-DO-infopaper.pdf>).

rechts. Durch die vereinfachte Durchsetzung von Haftungsansprüchen (va auch im Bereich der Außenhaftung) sind die Organmitglieder im US-amerikanischen Rechtsraum einem beträchtlichen Haftungsrisiko ausgesetzt, was zu einem erhöhten Bedarf an Versicherungsschutz führt.

B. Deutschland und Österreich

In Deutschland gab es bereits Ende des 19. Jahrhunderts Pläne zur Einführung einer **541** Haftpflichtversicherung für Vorstands- und Aufsichtsratmitglieder, die damals allerdings aufgrund ihres Rufs als „Bequemlichkeitsversicherung" abgelehnt wurde.[1178] Nach diesem „missglückten" Versuch führte erst in den 1970er Jahren die Verschärfung der Haftungsnormen für Leitungsorgane (insbesondere Aktien-, Genossenschafts- und GmbH-Gesetz) zunächst zum Angebot einer Vermögensschaden-*Rechtsschutz*-Versicherung; diese deckte nur die Kosten der Abwehr von Haftungsansprüchen, nicht aber erfolgreich geltend gemachte Forderungen gegen das Management.[1179] Erst 1986 wurde in Deutschland eine „echte" D&O-Versicherung als Deckungskonzept angeboten.[1180]

Die D&O-Versicherung fasste jedoch – anders als in den USA – nur langsam auf dem **542** deutschen Versicherungsmarkt Fuß.[1181] Nachdem die ersten Versicherungen von einem Tochterunternehmen einer US-amerikanischen Versicherungsgesellschaft (*Chubb*) angeboten worden waren, boten deutsche Versicherer 10 Jahre später D&O-Versicherungen an.[1182] Nach dem Wegfall des Erfordernisses, eine solche Versicherung bei der Bundesanstalt für Versicherungsaufsicht anzumelden, nahm das Angebot an D&O-Versicherung ab 1994 stetig zu.[1183] 2006 hatten schon 95% der Top 100 deutschen Unternehmen eine D&O-Versicherung abgeschlossen.[1184] Die steigende Nachfrage resultiert dabei aus dem erhöhten Haftungs- und Inanspruchnahmerisiko von Organmitgliedern, welches sich einerseits aus der Verschärfung der gesetzlichen Haftungsbestimmungen, andererseits aber auch aus der strengeren Rspr und letztlich auch der erhöhten Inanspruchnahmebereitschaft klagslegitimierter Dritter ergibt.[1185] Die D&O-Versicherung wird heute als **Standardprodukt** angesehen.[1186]

Obwohl es sich um eine relativ junge Versicherung in Deutschland handelt, ist der deutsche **543** D&O-Versicherungsmarkt heute vielfältig und – nach England – der größte Europas. Derzeit wird das Prämienvolumen auf € 500 Mio bis € 1 Mrd geschätzt und ist im Steigen begriffen.[1187]

[1178] *Griehser*, Versicherungsmöglichkeit von Vorstands- und Aufsichtsratmitgliedern – Anpassung der Director's and Officer's Liability Insurance für Österreich, RdW 2006, 135; *C. Olbrich*, Die D&O-Versicherung, 6; *Möhrle*, Gesellschaftsrechtliche Probleme der D&O- Versicherung, 3; *Kästner*, Aktienrechtliche Probleme der D&O-Versicherung, AG 2000, 113 (114); *Schimmer* in *Patzina/Bank/Schimmer/Simon-Widmann*, Haftung von Unternehmensorganen, Kapitel 18 Rn 1.

[1179] *Beckmann* in *Beckmann/Matusche-Beckmann*, Versicherungsrechts-Handbuch, § 28 Rn 3

[1180] *C. Olbrich*, Die D&O-Versicherung, 5.

[1181] *Ihlas*, Organhaftung und Haftpflichtversicherung, 35–58 mwN.

[1182] *C. Olbrich*, Die D&O-Versicherung in Deutschland, 7.

[1183] *Hölters* in *Hölters*, Kommentar zum Aktiengesetz, § 93 Rn 394.

[1184] *Limmer*, D&O-Versicherungen in Deutschland – Die Absicherung der Organhaftung in Unternehmen, 24 ff; *Gisch* in *Ratka/Rauter*, Handbuch Geschäftsführerhaftung, 356.

[1185] *Griehser*, Versicherungsmöglichkeit von Vorstands- und Aufsichtsratmitgliedern – Anpassung der Director's and Officer's Liability Insurance für Österreich, RdW 2006, 135; *Sieg* in *Terbille/Höra*, Münchener Anwaltshandbuch Versicherungsrecht, § 17 Rn 22.

[1186] *Fleischer* in *Spindler/Stilz*, Kommentar zum Aktiengesetz, § 93 Rn 225.

[1187] *Sieg* in *Terbille/Höra*, Münchener Anwaltshandbuch Versicherungsrecht, § 17 Rn 16.

544 Auch in Österreich hat die Entwicklung erst später eingesetzt.[1188] Das Prämienvolumen beträgt derzeit ca. € 10 Mio.[1189]

III. Vor- und Nachteile einer D&O-Versicherung

A. Interesse des Versicherten

545 Die D&O-Versicherung bietet den Versicherten Schutz, wenn sie wegen in Ausübung ihrer Tätigkeit begangener Pflichtverletzungen von der eigenen Gesellschaft (Innenhaftung) oder von Dritten (Außenhaftung) für die Deckung des entstandenen Vermögensschadens in Anspruch genommen werden. Das versicherte Interesse ist der Schutz vor Nachteilen, die der Versicherte durch den Versicherungsfall erleiden kann.[1190] Die Versicherung entlastet ihn von seinem **persönlichen Haftungsrisiko** im Versicherungsfall und schützt ihn damit vor oftmals existenzvernichtenden Schadensersatzzahlungen. Durch die Deckung des Anspruchs verhindert sie einen Zugriff der Gläubiger auf das Privatvermögen des Organmitglieds.[1191] Der Versicherte hat daher ein wirtschaftliches Interesse an einer solchen Versicherung.

546 Versicherungsschutz besteht für Schäden aus Pflichtverletzungen, so dass die D&O-Versicherung eine willkommene Ergänzung des durch den unternehmerischen Ermessensspielraum im Sinne der **BJR** geschaffenen haftungsfreien Raums darstellt (Rn 355). Dort, wo das Vorstandsmitglied bei seiner Entscheidung den unternehmerischen Ermessensspielraum derart überschreitet, das es eine Pflichtverletzung begeht (also rechtswidrig handelt), greift die D&O-Versicherung. Grenzen findet der Schutz der D&O-Versicherung idR bei vorsätzlicher Pflichtverletzung oder wissentlicher Schadensverursachung (Rn 616).

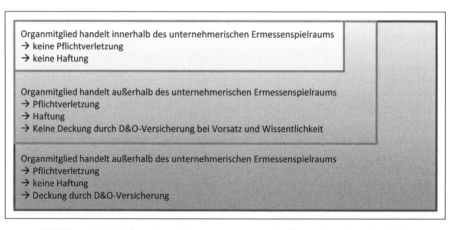

Abbildung 19: Schichten der Haftung von Organmitgliedern und Deckung durch die D&O-Versicherung

---

[1188] *Kwauk,* Wenn Manager teure Fehler machen, VersR 2006, 5 (5).

[1189] *Gisch* in *Ratka/Rauter,* Handbuch Geschäftsführerhaftung, 410.

[1190] *Möhrle,* Gesellschaftsrechtliche Probleme der D&O-Versicherung, 11.

[1191] *Griehser,* Versicherungsmöglichkeit von Vorstands- und Aufsichtsratmitgliedern – Anpassung der Director's and Officer's Liability Insurance für Österreich, RdW 2006, 133 (137).

Aus dem Abschluss einer D&O-Versicherung entstehen – dem ersten Anschein entgegen – **547** für den Versicherten nicht ausschließlich Vorteile. So besteht beispielsweise in der Praxis durch Abschluss einer solchen Versicherung die Gefahr, aufgrund des verbesserten Haftungspotenzials vermehrt durch die Gesellschaft oder Dritte in Anspruch genommen zu werden.[1192] Dort, wo ansonsten auf eine gerichtliche Geltendmachung aufgrund fehlender Deckungsmittel im persönlichen Vermögen des Leitungsorgans verzichtet würde, wird im Wissen um einen solventen D&O-Versicherer vermehrt der gerichtliche Weg eingeschlagen. Aber auch wenn der Versicherer letztendlich seiner Deckungspflicht nachkommt und den Schadensersatzanspruch der Gesellschaft oder Dritter befriedigt, sind Klagen für das Leitungsorgan wegen der Öffentlichkeitswirkung, den damit verbundenen Mühen und dem Zeitaufwand nachteilig und seiner Reputation schädlich.

B. Interesse der Gesellschaft

Auch das Unternehmen selbst hat ein Interesse an einer D&O-Versicherung, da sie „das **548** Vermögen des Unternehmens vor Schäden durch fehlerhaftes Managerverhalten schützt".[1193] Im Bereich der Innenhaftung, wenn sich die Gesellschaft also wegen einer Schadensersatzzahlung gegenüber Dritten beim Vorstandsmitglied regressiert, steht der Gesellschaft ein sonst nicht vorhandenes **Haftungspotenzial** zur Verfügung.[1194] Die D&O-Versicherung dient daher dem „Schutz vor den finanziellen Folgen von Vermögensschäden, die nicht nur das Privatvermögen der Manager, sondern auch das Firmenvermögen von Kapitalgesellschaften bedrohen".[1195] Man spricht insofern von einer Doppelschutzwirkung.[1196]

Kritisch ist jedoch anzumerken, dass der Versicherungsschutz auch die Abwehr von Scha- **549** densersatzansprüchen umfasst und daher zu der absurden Situation führt, dass die Gesellschaft in einem Innenhaftungsprozess ihren eigenen Gegner, das Leitungsorgan, mit der Unterstützung des Versicherers finanziert und gleichzeitig dadurch die Deckungssumme schmälert.[1197] In Deutschland wurde durch die Reform des Versicherungsvertragsgesetzes das sog **Trennungsprinzip**, wonach zunächst der Haftungsanspruch zwischen Geschädigtem und Versichertem festgestellt und erst in der Folge der Ausgleich des Schadens durch den Versicherer in einem Deckungsprozess durchgefochten werden muss, stark geändert.[1198] § 108 Abs 2 dVVG erklärt nun ein Abtretungsverbot in den AGB für unzulässig (ein solches Verbot kann jedoch immer noch im Einzelfall ausgehandelt werden). Das Leitungsorgan kann daher gs seinen Anspruch gegen den Versicherer an den Versicherungsnehmer abtreten, sodass die Gesellschaft unmittelbar gegen den Versicherer einen Zahlungsanspruch geltend machen kann.[1199] Dadurch

---

[1192] *Schmitt*, Organhaftung und die D&O-Versicherung, 100.

[1193] *Gisch* in *Ratka/Rauter*, Handbuch Geschäftsführerhaftung, 356; vgl auch *Ries/Peininger*, Haftung und Versicherung von Managern, 151.

[1194] *Fleischer*, Handbuch des Vorstandsrechts, § 12 Rn 3; *Lutter*, Bankenkrise und Organhaftung, ZIP 2009, 197 (200); *Schüppen/Sanna*, D&O-Versicherungen: Gute und schlechte Nachrichten! ZIP 2002, 550 (553).

[1195] *Barzen/Brachmann/Braun*, D&O-Versicherung für Kapitalgesellschaften: Haftungsrisiken der Geschäftsleitung und ihre Deckung, 101.

[1196] *Gisch* in *Ratka/Rauter*, Handbuch Geschäftsführerhaftung, 409.

[1197] Siehe dazu im Detail *Peltzer*, Konstruktions- und Handhabungsschwierigkeiten bei der D&O Versicherung, NZG 2009, 970, der sich für einen Direktanspruch zwischen Versicherungsnehmer und Versicherer ausspricht und eine Vereinheitlichung von Haftungsprozess und Deckungsprozess.

[1198] *Gruber/Mitterlechner/Wax*, D&O-Versicherung mit internationalen Bezügen, § 2 Rn 24.

[1199] *Fleischer* in *Spindler/Stilz*, Kommentar zum Aktiengesetz, § 93 Rn 231; *Hölters* in *Hölters*, Kommentar zum Aktiengesetz, § 93 Rn 416; *Voit* in *Prölss/Martin*, Versicherungsvertragsgesetz, AVB-AVG § 1 Rn 9.

fallen Haftungs- und Deckungsprozess zusammen.[1200] Die Beweislastumkehr gemäß § 93 Abs 2 S 2 dAktG bzw § 84 öAktG kommt jedoch nicht zur Anwendung, da kein eigenständiger Haftungsprozess geführt wird.[1201]

550 Durch eine D&O-Versicherung kann den Führungskräften auch die durch immer strengere Haftungsnormen geschaffene Angst vor Entscheidungen und dem damit verbundenen Risiko genommen werden. Die D&O-Versicherung kann ein „konstitutives Element zur Sicherung unternehmerischer Handlungsfreiheit"[1202] darstellen. Dies wiederum liegt im starken Interesse des Unternehmens, da **risikoscheues Handeln** nicht zu wirtschaftlichem Erfolg führt.[1203]

551 Auch im **Wettbewerb um Führungskräfte** liegt eine D&O-Versicherung im Interesse des Unternehmens, da sie das Anwerben qualifizierter Führungskräfte ermöglicht.[1204] Teilweise ist eine solche Versicherung erforderlich, da viele Bewerber nicht gewillt sind, die entsprechende Position ohne Schutz durch eine D&O-Versicherung zu übernehmen. In einem solchen Fall kann die Pflicht zum Abschluss einer D&O-Versicherung durch die Gesellschaft vertraglich (durch eine Versicherungsverschaffungsklausel) gesichert werden.[1205]

552 Weiters verbessert der Abschluss einer D&O-Versicherung die **Kreditwürdigkeit** der Gesellschaft und damit ihr wirtschaftliches Ansehen.[1206] Aufgrund der durch Basel II[1207] und Basel III[1208] geschaffenen erhöhten Anforderungen an die Bonität hinsichtlich der Eigenkapitalunterlegung, sowie der Abhängigkeit der Höhe der Kreditzinsen vom individuellen Kreditausfallrisiko der Gesellschaft, können Unternehmen durch Abschluss einer D&O-Versicherung nicht nur ihre Kreditkosten niedriger halten, sondern auch sicherstellen, überhaupt an Fremdfinanzierungsmittel zu gelangen.[1209] Von besonderem Vorteil ist in diesem Zusammenhang die Vereinbarung einer *Company-Reimbursement*-Klausel. Diese bestimmt, dass der Deckungsanspruch aus der Versicherung vom Versicherten auf die Gesellschaft **übergeht**, wenn der Versicherte durch die Gesellschaft von einem Außenhaftungsanspruch freigestellt wird.[1210] Dadurch wird sichergestellt, dass das freistellende Unternehmen am Versicherer Regress nehmen kann.[1211]

[1200] *Hölters* in *Hölters*, Kommentar zum Aktiengesetz, § 93 Rn 416.

[1201] *Fleischer* in *Spindler/Stilz*, Kommentar zum Aktiengesetz, § 93 Rn 231; *Hölters* in *Hölters*, Kommentar zum Aktiengesetz, § 93 Rn 416.

[1202] OLG München, 15.3.2005, 25 U 3940/04; *Dreher*, Der Abschluss von D&O-Versicherungen und die aktienrechtliche Zuständigkeitsordnung, ZHR 165 (2001), 293 (310).

[1203] *Paetzmann,* „Insuring the Agents" – Managerdisziplinierung und Rolle der D&O –Versicherung als Instrument der Corporate Governance, ZVersWiss 2008, 177 (187).

[1204] *Dreher*, Der Abschluss von D&O-Versicherungen und die aktienrechtliche Zuständigkeitsordnung, ZHR 165 (2001), 293 (310); *Fleischer*, Handbuch des Vorstandsrechts, § 12 Rn 11.

[1205] *Spindler* in Münchener Kommentar zum AktG, § 93 Rn 177.

[1206] *Lange*, Zulässigkeitsvoraussetzungen einer gesellschaftsfinanzierten Aufsichtsrats-D&O-Versicherung, ZIP 2001, 1524 (1526).

[1207] Abzurufen unter <www.bundesbank.de/Navigation/DE/Kerngeschaeftsfelder/Bankenaufsicht/Basel2/basel2.html>.

[1208] Abzurufen unter <www.bundesbank.de/Navigation/DE/Kerngeschaeftsfelder/Bankenaufsicht/Basel3/basel3.html>

[1209] *Möhrle*, Gesellschaftsrechtliche Probleme der D&O-Versicherung, 16 mwN; *Lange*, Praxisfragen der D&O-Versicherung (Teil I), DStR 2002, 1626 (1626).

[1210] *Sieg* in *Terbille/Höra*, Münchener Anwaltshandbuch Versicherungsrecht, § 17 Rn 101.

[1211] Im Detail *Lange*, Die Company-Reimbursement-Klausel in der D&O-Versicherung, VersR 2011, 429 ff.

C. Interesse der Allgemeinheit

Die D&O-Versicherung soll Leitungsorgane vor dem Haftungsrisiko schützen, sie aber **553** dadurch nicht zu sorgfaltslosem Verhalten veranlassen. Die verhaltenssteuernde Wirkung des Haftungsrechts soll in ihren wichtigsten Teilen aufrecht erhalten bleiben. Deckt die D&O-Versicherung Innenhaftungsansprüche, also Ansprüche der Gesellschaft gegenüber dem Leitungsorgan, so erhöht dies die Attraktivität des Versicherungsschutzes in der Praxis. Gleichzeitig birgt dies die Gefahr, dass das Leitungsorgan und die Gesellschaft kollusiv zusammenwirken um Haftungsfälle zu konstruieren. Gegen dieses erhöhte Risiko der Kollusion, sowie das Risiko der Sorgfaltslosigkeit des Leitungsorgans steuern Instrumente wie Selbstbehalt, Prämienanpassungsklausel, Beschränkungen auf durch die Hauptversammlung geltend gemachte Ansprüche, Ausschluss bei Vorsatz bis hin zum Ausschluss der Innenhaftung[1212] (vgl Rn 613).

IV. Die D&O-Versicherung als Vertrag

A. Zuständigkeit für den Abschluss einer D&O-Versicherung

Die D&O-Versicherung ist eine echte **Versicherung für fremde Rechnung** iSd §§ 100, 43 **554** ff dVVG bzw § 74 ff öVersVG.[1213] Der Versicherungsvertrag wird zwischen der Gesellschaft (Versicherungsnehmerin) und dem Versicherungsunternehmen (Versicherer) *für* die Versicherten (idR Organmitglieder und ev leitende Angestellte) abgeschlossen. Vertragspartner des Versicherers, und damit auch Versicherungsnehmer, ist die Gesellschaft, und nicht das einzelne Mitglied des Leitungsorgans. Dem Versicherungsnehmer – der Gesellschaft – kommen die **Gestaltungsrechte** (zB Kündigung) aus dem Versicherungsvertrag zu („formelle Verfügungsberechtigung"). Die **Ansprüche**, die sich aus dem Versicherungsvertrag ergeben, kommen allerdings der versicherten Person zugute („materielle Rechtsträgerschaft").[1214] Vgl Abbildung 20.

Der Vertragspartner des Versicherers ist folglich die Gesellschaft und nicht der Versicherte, **555** also das Leitungsorganmitglied. Es stellt sich aber weiters die Frage, wer **innerhalb der Gesellschaft für den Abschluss einer D&O-Versicherung zuständig** ist, dh wer die Entscheidung über den Abschluss trifft und die AG dabei vertritt.

Nach hM ist für den Abschluss von allgemeinen Versicherungsverträgen – kraft Ver- **556** tretungsmacht – alleine der **Vorstand** zuständig (vgl § 78 Abs 1 dAktG bzw § 71 Abs 1 öAktG).[1215] Die D&O-Versicherung weist aber Besonderheiten auf, insbesondere werden die Versicherungsprämien idR durch den Versicherungsnehmer (Gesellschaft) bezahlt, aber der Schutz kommt dem Versicherten zugute. Die D&O-Versicherung könnte daher als Teil des **Entgelts** eingestuft werden und würde folglich in die Zuständigkeit des Aufsichtsrats fallen bzw eines Beschlusses der Hauptversammlung bedürfen.

[1212] *Spindler* in Münchener Kommentar zum AktG, § 93 Rn 174.

[1213] *Gruber/Mitterlechner/Wax,* D&O-Versicherung mit internationalen Bezügen, § 2 Rn 10; *Fleischer,* Handbuch des Vorstandsrechts, § 12 Rn 6; *Limmer,* D&O-Versicherungen in Deutschland – Die Absicherung der Organhaftung in Unternehmen, 15, 29; *Gisch* in *Ratka/Rauter*, Handbuch Geschäftsführerhaftung, 414.

[1214] *Schauer*, Versicherungsvertragsrecht, 168.

[1215] *Gruber/Mitterlechner/Wax,* D&O-Versicherung mit internationalen Bezügen, § 5 Rn 5; *Griehser,* Versicherungsmöglichkeit von Vorstands- und Aufsichtsratsmitgliedern – Anpassung der Director's and Officer's Liability Insurance für Österreich, RdW 2006, 133 (136).

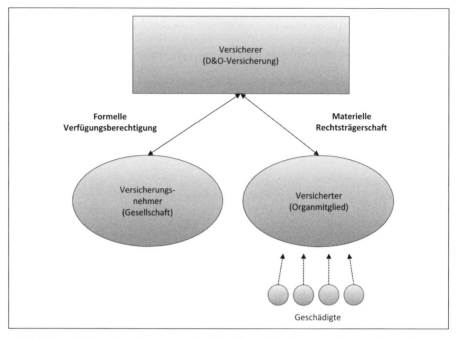

Abbildung 20: Dreiecksverhältnis zwischen Versicherer, Versicherungsnehmer und Versichertem

557   In **Deutschland** wird vorherrschend die Ansicht vertreten, dass die D&O-Versicherung im **überwiegenden wirtschaftlichen Interesse der Gesellschaft** (Erweiterung des Haftungsfonds, Verbesserung der Kreditwürdigkeit, Wettbewerbsvorteil beim Anwerben von Führungskräften, etc.)[1216] liegt. Es handle sich daher bei der Übernahme der Prämienzahlung für eine D&O-Versicherung aufgrund dieses überwiegenden Interesses der Gesellschaft am Abschluss der Versicherung **nicht um einen Teil des Entgelts**.[1217] Die Übernahme der Bezahlung der Versicherungsprämie durch die Aktiengesellschaft stelle keine Gegenleistung für die Mandatsübernahme dar.[1218] Folglich falle der Abschluss nicht in die Entgeltskompetenz des Aufsichtsrats, sondern in die **Zuständigkeit des Vorstands** gemäß § 78 Abs 1 dAktG. Es ist folglich keine Zustimmung des Aufsichtsrats gemäß § 112 dAktG für die Versicherung des Vorstands bzw der Hauptversammlung gemäß § 113 dAktG für die Versicherung von Aufsichtsratsmitgliedern notwendig.[1219] Die grundsätzliche Zuordnung der Entscheidung an den Vorstand hat in der Praxis den Vorteil, dass der Vorstand die Police verhandeln und dadurch mehr Einfluss auf ihre Ausgestaltung nehmen kann. Die geringere Publizität einer Versiche-

---

[1216] *Dreher/Thomas*, Die D&O-Versicherung nach der VVG-Novelle 2008, ZGR 2009, 31 (50); *Notthoff*, Rechtliche Fragestellungen im Zusammenhang mit dem Abschluss einer Director's & Officer's-Versicherung, NJW 2003, 1350 (1354).

[1217] *Vetter*, Aktienrechtliche Probleme der D&O-Versicherung, AG 2000 , 453 (457); *Dreher*, Der Abschluss von D&O-Versicherungen und die aktienrechtliche Zuständigkeitsordnung, ZHR 165 (2001), 293 (321); *Lange*, Zulässigkeitsvoraussetzungen einer gesellschaftsfinanzierten Aufsichtsrats-D&O-Versicherung, ZIP 2001, 1524 (1524); *Semler/Schenck*, Arbeitshandbuch für Aufsichtsratsmitglieder, § 10 Rn 48. AA *Beckmann* in *Beckmann/Matusche-Beckmann*, Versicherungsrechts-Handbuch, § 28 Rn 23 ff.

[1218] *Semler/Schenck*, Arbeitshandbuch für Aufsichtsratsmitglieder, § 10 Rn 48.

[1219] *Gruber/Mitterlechner/Wax*, D&O-Versicherung mit internationalen Bezügen, § 5 Rn 15; *Sieg* in *Terbille/Höra*, Münchener Anwaltshandbuch Versicherungsrecht, § 17 Rn 42 ff; AA *Beckmann* in *Beckmann/Matusche-Beckmann*, Versicherungsrechts-Handbuch, § 28 Rn 23 ff.

rung mangels Hauptversammlungsbeschluss verringert die Chance, dass Dritte Schäden nur geltend machen, weil sie um einen solventen D&O-Versicherer wissen.

Da das Vorstandsmitglied jedoch auch ein eigenes Interesse am Abschluss einer D&O-Versicherung hat, könnte beim Bejahen seiner Kompetenz ein **Interessenkonflikt** vorliegen. Die BJR verlangt aber, dass das Vorstandsmitglied bei seiner unternehmerischen Entscheidung frei von unternehmensfremden Interessen agiert (siehe Rn 452). Um bereits den Anschein einer Befangenheit zu vermeiden, könnte es folglich ratsam sein, die Zustimmung des Aufsichtsrats einzuholen[1220] oder die Entscheidung durch andere, nicht von der Versicherung umfasste Vorstandsmitglieder vornehmen zu lassen.[1221]

In **Österreich** wird überwiegend die Ansicht vertreten, dass die D&O-Versicherung **Teil des Entgelts** ist,[1222] so dass sich die Kompetenz zum Abschluss einer D&O-Versicherung nach den allgemeinen Entgeltregelungen bestimmt. Im Ergebnis ist daher die Zustimmung des **Aufsichtsrats** erforderlich.[1223]

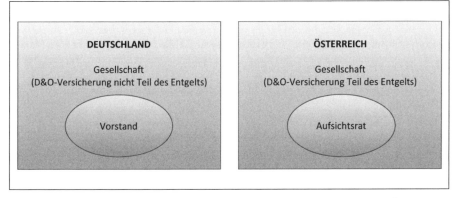

Abbildung 21: Abschlusskompetenz für die D&O-Versicherung in Deutschland und Österreich

---

[1220] So auch *Hölters* in *Hölters*, Kommentar zum Aktiengesetz, § 93 Rn 403.

[1221] Die Zustimmung des Aufsichtsrats begrüßend auch *Kalss* in *Kalss/Nowotny/Schauer*, Gesellschaftsrecht, Rn 3/453; *Semler/Schenck*, Arbeitshandbuch für Aufsichtsratsmitglieder, § 9 Rn 162.

[1222] OGH 30.6.1999, 9 ObA 68/99m; *Wenger*, AG: Abschluss einer Rechtsschutzversicherung für den Vorstand auf Kosten der Gesellschaft, RWZ 1999, 360 (360). Vgl dort auch die Begründung, dass der Abschluss einer Rechtsschutzversicherung nicht als gem § 1014 ABGB zustehender Aufwandersatz einzuordnen ist.

[1223] *Kalss* in Münchener Kommentar zum AktG, § 93 Rn 330; *Schima*, Organ-Interessenkonflikte und Corporate Governance, GesRZ 2003, 199 (199); *Griehser*, Versicherungsmöglichkeit von Vorstands- und Aufsichtsratsmitgliedern – Anpassung der Director's and Officer's Liability Insurance für Österreich, RdW 2006, 133 (136). Vgl hierzu auch deutsche Lehrmeinungen: *Hüffer* in *Bayer/Habersack*, Aktienrecht im Wandel, 384; sowie nochmals OGH 30.6.1999, 9 ObA 68/99m; *Wenger*, AG: Abschluss einer Rechtsschutzversicherung für den Vorstand auf Kosten der Gesellschaft, RWZ 1999, 360 (360); verneinend *Jaufer*, Managerhaftung, 148.

B. Pflicht zum Abschluss einer D&O-Versicherung

560   Die Frage nach einer Pflicht zum Abschluss einer D&O-Versicherung hat insofern bedeutende Auswirkungen, als im Schadensfall Schadensersatzansprüche der Führungskraft gegenüber der Gesellschaft entstehen können, wenn diese es pflichtwidrig verabsäumt hat, für sie eine Versicherung abzuschließen.[1224]

1. Pflicht des Vorstands

561   Eine Pflicht des Vorstandsmitglieds zum Abschluss einer D&O-Versicherung könnte sich aus der **Sorgfaltspflicht** (§ 93 Abs 1 dAktG bzw § 84 Abs 1 öAktG) ergeben. Entsprechend den bereits erfolgten Ausführungen zu diesem Thema erfordert die Pflicht, das Unternehmenswohl zu verfolgen (Rn 32), die Vornahme jener Maßnahmen, die den dauerhaften Bestand und die Rentabilität des Unternehmens sichern.[1225] Dem Vorstandsmitglied kommt bei der Verfolgung des Unternehmenswohls jedoch ein unternehmerischer **Ermessensspielraum** (und der Schutz der BJR) zu. Das Interesse an einer D&O-Versicherung hängt dabei insbesondere von der Risikoanfälligkeit der unternehmerischen Tätigkeit und der wirtschaftlichen Tragbarkeit der Versicherungsprämien (welche bei hoher Risikoanfälligkeit entsprechend höher ausfallen) ab. Im Einzelfall kann sich also eine Pflicht zum Versicherungsabschluss dort ergeben, wo das Gesellschaftsinteresse dies verlangt.[1226]

562   Aus dieser Sicht kann daher insbesondere bei besonderer **Risikoanfälligkeit** der unternehmerischen Tätigkeit der Abschluss einer D&O-Versicherung geboten sein, um der Gesellschaft den Ersatz potenzieller Schäden durch das Handeln der Leitungsorgane (Innenhaftung) durch die Versicherung (idealerweise in voller Höhe) zu sichern.[1227] Maßgeblich ist folglich die Wahrscheinlichkeit eines Schadenseintritts in der spezifischen Branche des Unternehmens.[1228]

563   Von einer allgemeinen Pflicht zum Versicherungsabschluss kann aber nicht gesprochen werden.[1229] Solange der Vorstand im Rahmen des unternehmerischen Ermessensspielraums die Entscheidung trifft, den Abschluss einer D&O-Versicherung zu unterlassen, verstößt er gegen keine Pflicht.

2. Pflicht der Gesellschaft

564   Teilweise wird im Rahmen der dienstlichen **Fürsorgepflicht** bzw Treuepflicht von einer Pflicht der Gesellschaft gesprochen, eine D&O-Versicherung für ihre Leitungsorgane abzuschließen.[1230] Richtigerweise wird diesbezüglich jedoch angeführt, dass es die weitgehend

---

[1224] *Lange,* Die Haftung des (versicherungsnehmenden) Unternehmens anstelle des D&O-Versicherers, VersR 2010, 162 ff; *Sieg* in *Terbille/Höra,* Münchener Anwaltshandbuch Versicherungsrecht, § 17 Rn 64.

[1225] *Hüffer, Kommentar zum AktG,* § 76 Rn 13; *Spindler* in Münchener Kommentar zum AktG, § 76 Rn 73; *Strasser* in *Jabornegg/Strasser,* Kommentar zum Aktiengesetz, § 70 Rn 24.

[1226] *Fleischer,* Handbuch des Vorstandsrechts, § 12 Rn 14 mwN; *Lange,* Praxisfragen der D&O-Versicherung (Teil I), DStR 2002, 1626 (1630).

[1227] *Fleischer,* Handbuch des Vorstandsrechts, § 12 Rn 14 mwN.

[1228] *Lange,* Praxisfragen der D&O-Versicherung (Teil I), DStR 2002, 1626 (1630), der eine Statistik zitiert, wonach 30% der 1995–2001 an die Öffentlichkeit gedrungenen D&O-Schadensfälle Banken und Finanzdienstleister betrafen und 20% IT, Software, Internet und neue Medien.

[1229] So auch *Gruber/Mitterlechner/Wax,* D&O-Versicherung mit internationalen Bezügen, § 5 Rn 40.

[1230] *Fleischer,* Handbuch des Vorstandsrechts, § 12 Rn 15.

selbständige Stellung der Leitungsorgane erfordert, dass sie sich eigenverantwortlich um eine entsprechende Absicherung gegen die sie treffenden Risiken kümmern.[1231] Insofern sei eine solche Pflicht der Gesellschaft nur dann denkbar, wenn das Organmitglied keine Möglichkeit hat, sich selbst zu versichern und es die Prämien selbst zahlt.[1232] Eine Pflicht kann sich also insofern idR nur aus einer entsprechenden Satzungsregel ergeben.[1233]

3. Versicherungsverschaffungsklausel

Da folglich keine allgemeine Pflicht zum Abschluss einer D&O-Versicherung durch die **565** Gesellschaft zu Gunsten seiner Führungskräfte besteht, liegt es im Interesse des Organmitglieds auf die Vereinbarung einer Versicherungsverschaffungsklausel im **Anstellungsvertrag** zu bestehen.[1234] Hat die Gesellschaft dem Organmitglied im Anstellungsvertrag eine D&O-Versicherung zugesichert, so ist sie verpflichtet zu dessen Gunsten eine D&O-Versicherung abzuschließen. Unterlässt die Gesellschaft den Abschluss einer solchen Versicherung, so kann das Organmitglied seine Funktion aus wichtigem Grund niederlegen.[1235] Weiters haftet die Gesellschaft dem Organmitglied für den entstandenen Schaden: in einer Innenhaftungssituation kann das Leitungsorgan somit seine Schadensersatzforderung gegen die Forderung des Unternehmens wegen Pflichtverletzung aufrechnen; in einer Außenhaftungssituation muss das Unternehmen das Leitungsorgan von der Außenhaftung in Höhe des Anspruchs des Leitungsorgans gegen die Gesellschaft freistellen.[1236]

C. Versicherungsprämie

Die Versicherungsprämie stellt die **Gegenleistung** des Versicherungsnehmers für den **566** Schutz des versicherten Risikos dar. Die Versicherungsprämie wird idR von der Gesellschaft, dem Versicherungsnehmer, getragen. Für die Zahlung der Prämie gelten die § 33 ff dVVG bzw §§ 35 öVersVG.

Die **Höhe** wird mit dem Versicherer ausgehandelt und wird idR aufgrund der kurzen **567** Vertragsdauer nicht automatisch angepasst.[1237] Die Höhe hängt von vielen Faktoren ab: ausschlaggebend sind dabei aus Sicht des Versicherers die Deckungssumme, der Selbstbehalt und die Haftungsausschlüsse, auf der Seite des Unternehmens die Unternehmensgröße, die Art und Ausbreitung der Geschäftätigkeit und damit die Risikoanfälligkeit sowie der bisherige Unternehmenserfolg und Schadensfälle.[1238]

Die in der Sphäre des Unternehmens angesiedelten Faktoren können nicht geändert wer- **568** den, sondern sollten so wahrheitsgetreu wie möglich dargelegt werden, andernfalls dies zur Kündigung des Versicherungsvertrags bzw der Verweigerung der Deckung führen kann. Die

---

[1231] *Spindler* in Münchener Kommentar zum AktG, § 93 Rn 177.

[1232] *Fleischer*, Haftungsfreistellung, Prozesskostenersatz und Versicherung für Vorstandsmitglieder, WM 2005, 909 (919).

[1233] *Gruber/Mitterlechner/Wax,* D&O-Versicherung mit internationalen Bezügen, § 5 Rn 36.

[1234] *Fleischer* in *Spindler/Stilz*, Kommentar zum Aktiengesetz, § 93 Rn 237; vgl im Detail *Gruber/ Mitterlechner/Wax,* D&O-Versicherung mit internationalen Bezügen, § 5 Rn 41 ff.

[1235] *Hölters* in *Hölters*, Kommentar zum Aktiengesetz, § 93 Rn 404.

[1236] *Lange*, Die Haftung des (versicherungsnehmenden) Unternehmens anstelle des D&O-Versicherers, VersR 2010, 177; *Hölters* in *Hölters*, Kommentar zum Aktiengesetz, § 93 Rn 404.

[1237] *Beckmann* in *Beckmann/Matusche-Beckmann*, Versicherungsrechts-Handbuch, § 28 Rn 136 f.

[1238] *Fleischer*, Handbuch des Vorstandsrechts, § 12 Rn 29; *Lange*, Praxisfragen der D&O-Versicherung (Teil I), DStR 2002, 1626 (1628).

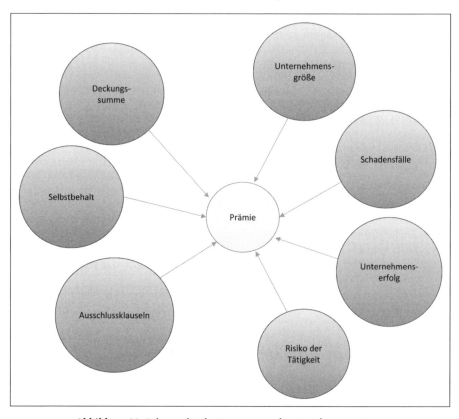

Abbildung 22: Faktoren bei der Bestimmung der Versicherungsprämie

Deckungssumme, Selbstbehalt und Ausschlussklauseln können jedoch verhandelt werden, idS dass die Prämien geringer ausfallen werden, wenn die Deckungssumme sinkt, der Selbstbehalt steigt oder weitere Ausschlussklauseln vereinbart werden. Es liegt daher im Interesse der Gesellschaft, genaue Überlegungen darüber anzustellen, welchen Risiken die Organe ausgesetzt sind und welche Bestimmungen daher für sie essentiell sind und wo sie bereit sind nachzugeben.

D. Vertragliche Ausgestaltung

569   Grundlage jeder D&O-Versicherung ist vor allem der **Versicherungsvertrag** und hier insb die Allgemeinen Vertragsbedingungen (**AVB**). Grundsätzlich gelten für die D&O-Versicherung die Vorschriften für Haftpflichtversicherungen (§§ 100 ff dVVG bzw §§ 149 öVersVG) und die allgemeinen Bestimmungen des dVVG bzw öVersVG.[1239] Hinsichtlich der AVB gelten §§ 305 ff BGB und § 879 Abs 3 ABGB zu Allgemeinen Geschäftsbedingungen. Die einzelnen Vertragsbestimmungen unterliegen jedoch mehr oder minder dem **Verhandlungsspielraum** zwischen dem Versicherer und dem Versicherungsnehmer. Die Hauptverhandlungspunkte sind idR die Deckungssumme und die Prämie.

[1239] *Hölters* in *Hölters*, Kommentar zum Aktiengesetz, § 93 Rn 395; *Gruber/Mitterlechner/Wax*, D&O-Versicherung mit internationalen Bezügen, § 2 Rn 2.

Eine Arbeitsgruppe des Gesamtverbandes der Deutschen Versicherungswirtschaft verfasste **570** die Allgemeinen Versicherungsbedingungen für die Vermögensschaden-Haftpflichtversicherung von Aufsichtsräten, Vorständen und Geschäftsführern (**AVB-AVG**), die als Musterbedingungen für D&O-Versicherungen auf dem deutschen Markt in der Fassung vom Mai 2013 zur Verfügung gestellt werden.[1240] In Österreich stellt der Verband der Versicherungsunternehmen Österreichs für Haftpflichtversicherungen allgemein, nicht D&O-Versicherungen im Speziellen, unverbindliche Musterbedingungen zur Verfügung, die sog. Allgemeinen und Ergänzenden Allgemeinen Bedingungen für die Haftpflichtversicherung (**AHVB und EHVB**).[1241]

Die AVB-AVG konnten sich jedoch nicht als Marktstandard durchsetzen.[1242] Sie werden **571** zwar als Musterbedingungen in der geltenden Fassung empfohlen, der Trend geht aber in Richtung **Individualisierung**.[1243] Die angebotenen Deckungskonzepte und der Verhandlungsraum können sich hier erheblich von Versicherer zu Versicherer und jeweils im Einzelfall unterscheiden.[1244] Es obliegt daher dem Versicherungsnehmer – und im Interesse des Leitungsorgans auch dessen Mitgliedern – einen Vergleich anzustellen und sinnvolle Bedingungen auszuhandeln.[1245] Klarerweise haben größere Unternehmen gs einen besseren Verhandlungsstandpunkt als KMUs; es ist trotzdem von großem Vorteil sich über die verschiedenen Angebote eingehend zu informieren und für das betroffene Unternehmen die passende Lösung zu finden.

Die nachstehenden Ausführungen über den Gegenstand der D&O-Versicherung in sachli- **572** cher, örtlicher und zeitlicher Hinsicht versuchen einen Überblick über die am meisten verbreiteten Klauseln zu geben. Deckungskonzepte können aber uU erheblich davon abweichen, weshalb ein gründliches Studium des Versicherungsvertrags und der AVB im Einzelfall ratsam ist.

V. Gegenstand der Versicherung

A. Sachlicher Umfang

Die D&O-Versicherung versichert das Risiko einer Inanspruchnahme eines Leitungsorgans **573** für die Verletzung seiner Pflichten. Voraussetzung für das Eingreifen einer D&O-Versicherung ist daher das Vorliegen eines Versicherungsfalls. Der Deckungsanspruch lässt sich in den **Rechtsschutzanspruch** und den **Befreiungsanspruch** gliedern und umfasst daher „sowohl die gerichtliche und außergerichtliche Abwehr unbegründeter als auch die Befriedigung

---

[1240] Abrufbar unter <http://www.gdv.de/downloads/versicherungsbedingungen/allgemeine-versicherungsbedingungen-fur-die-vermogensschaden-haftpflichtversicherung-von-aufsichsraten-vorstanden-und-geschaftsfuhrern-avb-avg/gdv-allg-versicherungsbedingungen_dando_2013/?back=%2Fdownloads%2Fversicherungsbedingungen%2Fallgemeine-versicherungsbedingungen-fur-die-vermogensschaden-haftpflichtversicherung-von-aufsichsraten-vorstanden-und-geschaftsfuhrern-avb-avg%2F>

[1241] Abrufbar unter http://www.versichern24.at/sites/default/files/dokumente/ahvb-ehvb_2005_version_2012.pdf.

[1242] *Hölters* in *Hölters*, Kommentar zum Aktiengesetz, § 93 Rn 396 f.

[1243] *Gruber/Mitterlechner/Wax,* D&O-Versicherung mit internationalen Bezügen, § 2 Rn 2; *Fleischer* in *Spindler/Stilz*, Kommentar zum Aktiengesetz, § 93 Rn 230; *Voit* in *Prölss/Martin*, Versicherungsvertragsgesetz, AVB-AVG § 1 Rn 1.

[1244] *Sieg* in *Terbille/Höra*, Münchener Anwaltshandbuch Versicherungsrecht, § 17 Rn 4.

[1245] *Lange*, Praxisfragen der D&O-Versicherung (Teil I), DStR 2002, 1626 (1627).

begründeter Schadensersatzansprüche".[1246] Die D&O-Versicherung hat folglich sowohl eine Abwehr- als auch eine Schadensausgleichsfunktion (siehe § 100 dVVG bzw § 150 öVersVG).

574 Der Versicherer haftet für die Kosten bis zur Höhe der vereinbarten Deckungssumme. IdR ist außerdem ein Selbstbehalt vereinbart, der vom Leitungsorgan selbst zu tragen ist (in Deutschland ist dieser verpflichtend). Dies ist vor dem Hintergrund der Verhaltenssteuerung des Verhaltens der Führungskräfte durch das Haftungsrecht zu sehen.

575 Schließlich ist eine Deckung durch den Versicherer in vertraglich vereinbarten Fällen ausgeschlossen (Haftungsausschlussklauseln).

1. Versicherter

576 Versicherte Personen sind idR alle gegenwärtigen und ehemaligen Mitglieder der Organe der Gesellschaft,[1247] also sowohl **Vorstands- als auch Aufsichtsratsmitglieder**. Manche Versicherungsbedingungen umfassen auch zukünftige Organmitglieder.[1248] In jedem Fall sind **stellvertretende Organmitglieder** umfasst, da diese gesetzlich den gleichen Pflichten wie die Organmitglieder selbst unterliegen.[1249]

577 Da die Mitglieder eines Organs gesamtschuldnerisch haften (Rn 323), wird nur das **Organ in seiner Gesamtheit** versichert und nicht jedes Mitglied einzeln genannt.[1250] Versichert ist folglich „der Vorstand" und „der Aufsichtsrat" und eventuell „leitende Angestellte". Es handelt sich daher um eine Gruppenversicherung und keine Einzelpolice. Dies minimiert das Risiko von Versicherungslücken, die durch Einzelversicherungen entstehen können.[1251] Strittig ist, ob auch fehlerhaft bestellte Führungskräfte umfasst sind; hier wird nach der Art des Fehlers – prozessual oder materiell – zu unterscheiden sein.[1252]

578 Vom Versicherungsschutz können auch **leitende Angestellte** umfasst sein.[1253] Wer im Sinne der D&O-Versicherung als leitender Angestellter gilt, bestimmt sich nach der Definition im Versicherungsvertrag, der idR auf § 5 Abs 3 dBetrVG bzw § 36 Abs 2 öArbVG abstellt.[1254]

579 Für leitende Angestellte besteht im Vergleich zu sonstigen Führungskräften ein geringeres Risiko der tatsächlichen Inanspruchnahme, da für sie sowohl nach deutschem als auch nach österreichischem Recht eine **Haftungsprivilegierung** besteht. In Deutschland wird die Haf-

---

[1246] *Fleischer*, Handbuch des Vorstandsrechts, § 12 Rn 42; *Schilling*, Managerhaftung und Versicherungsschutz für Unternehmensleiter und Aufsichtsräte, 15. Vgl auch 4.1 der AVB-AVG.

[1247] *Ries/Peininger*, Haftung und Versicherung von Managern, 156, *Barzen/Brachmann/Braun*, D&O-Versicherung für Kapitalgesellschaften: Haftungsrisiken der Geschäftsleitung und ihre Deckung, 112.

[1248] *Gruber/Mitterlechner/Wax*, D&O-Versicherung mit internationalen Bezügen, § 3 Rn 14; *Fleischer*, Handbuch des Vorstandsrechts, § 12 Rn 27.

[1249] *Fleischer*, Handbuch des Vorstandsrechts, § 12 Rn 27; *Beckmann* in *Beckmann/Matusche-Beckmann*, Versicherungsrechts-Handbuch, § 28 Rn 53; *Gruber/Mitterlechner/Wax*, D&O-Versicherung mit internationalen Bezügen, § 3 Rn 16.

[1250] *Gruber/Mitterlechner/Wax*, D&O-Versicherung mit internationalen Bezügen, § 3 Rn 12; *Schilling*, Managerhaftung und Versicherungsschutz für Unternehmensleiter und Aufsichtsräte, 20; *Schimmer* in *Patzina/Bank/Schimmer/Simon-Widmann*, Haftung von Unternehmensorganen, Kapitel 18 Rn 14.

[1251] *Fleischer*, Handbuch des Vorstandsrechts, § 12 Rn 26.

[1252] *Gisch* in *Ratka/Rauter*, Handbuch Geschäftsführerhaftung, 415; *Fleischer*, Handbuch des Vorstandsrechts, § 12 Rn 27; *Beckmann* in *Beckmann/Matusche-Beckmann*, Versicherungsrechts-Handbuch, § 28 Rn 55.

[1253] *Schilling*, Managerhaftung und Versicherungsschutz für Unternehmensleiter und Aufsichtsräte, 20; *Gisch* in *Ratka/Rauter*, Handbuch Geschäftsführerhaftung, 416.

[1254] *Gisch* in *Ratka/Rauter*, Handbuch Geschäftsführerhaftung, 416.

tung durch die Arbeitnehmerhaftung begrenzt, weil der Versicherer nicht für mehr einstehen soll als der Versicherte.[1255] Demnach haftet der Arbeitnehmer nur bei Vorsatz oder grober Fahrlässigkeit und bei „mittlerer Fahrlässigkeit" lediglich anteilig.[1256] In Österreich sieht das Dienstnehmerhaftpflichtgesetz[1257] ein Haftungsprivileg vor. Hiernach haften Dienstnehmer nicht für entschuldbare Fehlleistungen und nur eingeschränkt für fahrlässiges Verhalten. Die D&O-Versicherung wird daher für leitende Angestellte erst dann schlagend, wenn das **Haftungsprivileg nicht greift**. In diesen Fällen greift jedoch auch oft ein Ausschlusstatbestand der D&O-Versicherung. Die Bedeutung einer D&O-Versicherung ist daher in diesem Zusammenhang beschränkt.

Eher selten ist der Einschluss von Mitarbeitern der Gesellschaft, die eine Organfunktion außerhalb des versicherten Unternehmens bzw des Konzerns (inkl also mehrheitlich verbundener Tochterunternehmen[1258]) wahrnehmen.[1259] Da diese Funktion außerhalb des Unternehmens, das die Versicherung abschließt, wahrgenommen wird, ist diese meist nicht von der Versicherung umfasst.[1260] Sie können jedoch gegen ein zusätzliches Prämienaufkommen mitversichert werden.[1261] Davon ist idR jedoch abzuraten, da va bei international tätigen Organmitgliedern der Umfang der Haftungsrisiken nicht abschätzbar ist.[1262] **580**

Auch Organe und leitende Angestellte mehrheitlicher[1263] **Tochterunternehmen** können zu den versicherten Personen zählen.[1264] Dies dürfte idR wirtschaftlich sinnvoll sein, da die Prämien geringer ausfallen werden als bei Abschluss einer separaten Versicherung für das Tochterunternehmen.[1265] Für in den USA ansässige Tochtergesellschaften gilt dies aus Risikoüberlegungen jedoch meist nicht.[1266] **581**

2. Versicherungsfall

Grundsätzlich stellt jede haftungsbegründende **Pflichtverletzung** eines Führungsorgans einen Versicherungsfall dar. Unter Pflichtverletzung fallen alle Verletzungen von Pflichten, die sich aus dem AktG, dem Gesellschaftsvertrag, der Satzung und verbindlichen Organ- **582**

[1255] *Beckmann* in *Beckmann/Matusche-Beckmann*, Versicherungsrechts-Handbuch, § 28 Rn 59.

[1256] *Sieg* in *Terbille/Höra*, Münchener Anwaltshandbuch Versicherungsrecht, § 17 Rn 77.

[1257] BGBl 80/65 idF BGBl 169/1983.

[1258] *Gisch* in *Ratka/Rauter*, Handbuch Geschäftsführerhaftung, 416; *Schilling*, Managerhaftung und Versicherungsschutz für Unternehmensleiter und Aufsichtsräte, 20.

[1259] *Gruber/Mitterlechner/Wax*, D&O-Versicherung mit internationalen Bezügen, § 3 Rn 24; *Sieg* in *Terbille/Höra*, Münchener Anwaltshandbuch Versicherungsrecht, § 17 Rn 2.

[1260] *Fleischer*, Handbuch des Vorstandsrechts, § 12 Rn 28; *Beckmann* in *Beckmann/Matusche-Beckmann*, Versicherungsrechts-Handbuch, § 28 Rn 83.

[1261] *Schilling*, Managerhaftung und Versicherungsschutz für Unternehmensleiter und Aufsichtsräte, 21; *Sieg* in *Terbille/Höra*, Münchener Anwaltshandbuch Versicherungsrecht, § 17 Rn 73.

[1262] *Lattwein/Krüger*, D&O-Versicherung – das Ende der Goldgräberstimmung, NVersZ 2000, 368.

[1263] Gemeint sind damit zumindest mehrheitliche Beteiligungen, da nur dann eine konsolidierte Bilanz der Muttergesellschaft besteht, die die für das Versicherungsverhältnis erforderlichen Daten enthält. Bei geringeren Anteilen kommt es aufgrund fehlender Informationen über die Tochtergesellschaft zu *Underwriting*-Problemen; vgl *Möhrle*, Gesellschaftsrechtliche Probleme der D&O- Versicherung, 20 mwN.

[1264] *Gisch* in *Ratka/Rauter*, Handbuch Geschäftsführerhaftung, 416; *Schilling*, Managerhaftung und Versicherungsschutz für Unternehmensleiter und Aufsichtsräte, 20; *Sieg* in *Terbille/Höra*, Münchener Anwaltshandbuch Versicherungsrecht, § 17 Rn 71.

[1265] *Schimmer* in *Patzina/Bank/Schimmer/Simon-Widmann*, Haftung von Unternehmensorganen, Kapitel 18 Rn 17.

[1266] *Gisch* in *Ratka/Rauter*, Handbuch Geschäftsführerhaftung, 416; *Schilling*, Managerhaftung und Versicherungsschutz für Unternehmensleiter und Aufsichtsräte, 21.

beschlüssen ergeben (vgl zB Rn 30). In den meisten Versicherungsbedingungen finden sich eigenständige Definitionen des Begriffs Pflichtverletzung. Nicht umfasst sind Schäden, die aus bloßen Fehlentscheidungen resultieren – Entscheidungen also, die das Leitungsorgan pflicht- gemäß getroffen hat, die jedoch negative Konsequenzen nach sich gezogen haben. Hierfür ist das Leitungsorgan nicht haftbar und bedarf daher auch keines Versicherungsschutzes. Diese Schäden fallen in das unternehmerische Risiko der Gesellschaft und sind weder vom Vorstand noch vom Versicherer zu tragen.

583   Von der D&O-Versicherung sind sowohl **Innen-** als auch **Außenhaftungsansprüche**, also Ansprüche der Gesellschaft oder Dritter gegen das Organmitglied umfasst[1267] (vgl ab Rn 245). Häufig wird jedoch der Verdacht geäußert, die Gesellschaft sehe es gar nicht auf das Vermögen des Organmitglieds ab, sondern nur auf den Versicherer und versuche sich durch die Geltendmachung von Innenhaftungsansprüchen ihre Bilanz aufzubessern.[1268] Die überwiegende Anzahl der Haftungsfälle stützt sich tatsächlich auf § 93 Abs 2 dAktG bzw § 84 Abs 2 öAktG und stellt daher Innenhaftungsansprüche dar. Das Risiko der Kollusion oder freundlichen Inanspruchnahme prägt aus diesem Grund zahlreiche gängige Klauseln der D&O-Versicherungen, die diese Gefahr zu verringern versuchen.

584   Kein Versicherungsschutz für Leitungsorgane besteht für Schäden, die ihnen aus ihrer Eigenschaft als **Gesellschafter** – und nicht als Unternehmensleiter – entstehen. Greifen also Gläubiger der Gesellschaft in besonderen Fällen zur Deckung ihrer Forderungen auf die Ge- sellschafter und damit auch das Leitungsorgan durch,[1269] besteht kein Versicherungsschutz durch die D&O-Versicherung.

585   Die Begrenzung auf Pflichtverletzungen führt idR auch zur Vereinbarung einer sog **Dienstleistungsklausel** (sog *professional indemnity exclusion*). Diese schließt den Ersatz von Schäden Dritter aus, die durch die berufliche Tätigkeit von Organen oder Mitarbeitern einer Gesellschaft entstanden sind.[1270] Die D&O-Versicherung soll „die Organe in ihrer **gesell- schaftsrechtlichen Organfunktion**" schützen und nicht soweit sie Dienstleistungen unmit- telbar selbst erbringen".[1271]

586   Die Haftung des Leitungsorgans und das Entstehen eines Versicherungsfalls erfordern, dass durch diese Pflichtverletzung der Gesellschaft oder Dritten kausal ein Schaden entstanden ist. Vom Versicherungsschutz umfasst sind dabei idR ausschließlich **Vermögensschäden**, nicht aber Personen- und Sachschäden,[1272] letztere können durch eine eigene (Betriebs-)Haftpflicht- versicherung oder Produkthaftpflichtversicherung gedeckt werden.[1273] Für die Definition des Begriffs des Vermögensschadens wird regelmäßig auf eine Negativdefinition zurückgegriffen, nach der ein Vermögensschaden ein Schaden ist, der weder ein Personen- noch ein Sachschaden

---

[1267] *Gruber/Mitterlechner/Wax*, D&O-Versicherung mit internationalen Bezügen, § 2 Rn 5; *Schilling*, Managerhaftung und Versicherungsschutz für Unternehmensleiter und Aufsichtsräte, 14.

[1268] *Sieg* in *Terbille/Höra*, Münchener Anwaltshandbuch Versicherungsrecht, § 17 Rn 97.

[1269] *Kalss* in *Kalss/Nowotny/Schauer*, Gesellschaftsrecht, Rn 3/8.

[1270] *Schilling*, Managerhaftung und Versicherungsschutz für Unternehmensleiter und Aufsichtsräte, 17.

[1271] *Schilling*, Managerhaftung und Versicherungsschutz für Unternehmensleiter und Aufsichtsräte, 18; aA *Beckmann* in *Beckmann/Matusche-Beckmann*, Versicherungsrechts-Handbuch, § 28 Rn 81.

[1272] *Fleischer*, Handbuch des Vorstandsrechts, § 12 Rn 31; *Schmitt*, Organhaftung und die D&O- Versicherung, 143; *Thümmel*, Haftungsrisiken der Vorstände, Geschäftsführer, Aufsichtsräte und Beiräte sowie deren Versicherbarkeit, DB 1995, 1013 (1018).

[1273] *U. H. Schneider*, Die Vermögensschaden-Haftpflichtversicherung des Geschäftsführers einer GmbH, DB 1994, 1123 (1124); *Möhrle*, Gesellschaftsrechtliche Probleme der D&O-Versicherung, 11; vgl auch *Sieg*, Zur Außenhaftung des GmbH-Geschäftsführers und zu ihrer Deckung durch Versicherung, VersR 1996, 1210 (1211); *Beckmann* in *Beckmann/Matusche-Beckmann*, Versicherungsrechts-Handbuch, § 28 Rn 66; *Schimmer* in *Patzina/Bank/Schimmer/Simon-Widmann*, Haftung von Unternehmensorganen, Kapitel 18 Rn 18.

ist, oder sich aus derartigen Schäden ableitet.[1274] Auch sog unechte Vermögensschäden, dh Vermögensschäden, die sich als adäquat kausale Folgeschäden von Personen- oder Sachschäden darstellen, sind folglich nicht vom Versicherungsschutz erfasst.[1275] Nach diesem Grundsatz sind auch Regressansprüche der Gesellschaft gegen das Leitungsorgan, wenn sie von Dritten wegen Sach- und Personenschäden in Anspruch genommen werden, nicht umfasst; idR stellt dies jedoch keine Schwierigkeit dar, da solche Ansprüche gegenüber Dritten meist von Haftpflichtversicherungen der Gesellschaft gedeckt sind.[1276]

Es findet idR auch eine Einschränkung des Versicherungsschutzes auf **gesetzliche** Haftungsbestimmungen statt; nicht umfasst sind daher ua deliktische und sonstige, vor allem vertragliche Ansprüche, die einen Schadensausgleich anstreben.[1277]   **587**

In Österreich wird der Deckungsumfang regelmäßig auch auf **privatrechtliche** Haftungsbestimmungen eingeschränkt.[1278] Folglich sind Schäden, die sich aus Verstößen gegen **öffentlich-rechtliche** Normen ergeben (beispielsweise Steuervorschreibungen und Sozialversicherungsbeiträge), nicht von der Versicherung gedeckt.[1279] In Deutschland findet sich diese Einschränkung hingegen in keiner der neueren Versicherungsbedingungen; dort werden öffentlich-rechtliche Haftungsbestimmungen ausdrücklich vom Versicherungsschutz umfasst.[1280] Dieser Unterschied kann in der Praxis eine große Rolle spielen. Beim Abschluss einer D&O-Versicherung ist daher darauf zu achten, ob öffentlich-rechtliche Haftungtatbestände ausgenommen werden.   **588**

3. Abwehrkosten

Der Rechtsschutzanspruch zielt darauf ab, **alle gebotenen**[1281] **gerichtlichen und außergerichtlichen Kosten der Abwehr von Schadensersatzansprüchen** zu übernehmen.[1282] Der Rechtsschutzanspruch entsteht bereits mit ernstlicher Erklärung des vermeintlich Geschädigten, Ansprüche zu haben und diese zu verfolgen.   **589**

[1274] *Gisch* in *Ratka/Rauter*, Handbuch Geschäftsführerhaftung, 417 mwN; *Fleischer*, Handbuch des Vorstandsrechts, § 12 Rn 32 mwN; *Schmitt*, Organhaftung und die D&O-Versicherung, 144.

[1275] *Beckmann* in *Beckmann/Matusche-Beckmann*, Versicherungsrechts-Handbuch, § 28 Rn 67; *Sieg* in *Terbille/Höra*, Münchener Anwaltshandbuch Versicherungsrecht, § 17 Rn 89.

[1276] *Fleischer*, Handbuch des Vorstandsrechts, § 12 Rn 32; *Beckmann* in *Beckmann/Matusche-Beckmann*, Versicherungsrechts-Handbuch, § 28 Rn 69 f; *Sieg* in *Terbille/Höra*, Münchener Anwaltshandbuch Versicherungsrecht, § 17 Rn 94.

[1277] *Gisch* in *Ratka/Rauter*, Handbuch Geschäftsführerhaftung, 364; siehe auch *Sieg* in *Terbille/Höra*, Münchener Anwaltshandbuch Versicherungsrecht, § 17 Rn 85.

[1278] Vgl beispielsweise Art 2.2.1 AHVB-EHVB.

[1279] *Gisch* in *Ratka/Rauter*, Handbuch Geschäftsführerhaftung, 418; *Völkl*, der Umfang des Versicherungsschutzes nach den Allgemeinen Versicherungsbedingungen zur Haftpflichtversicherung für Vermögensschäden (AVBV), AnwBl 1995, 166; *Sieg* in *Terbille/Höra*, Münchener Anwaltshandbuch Versicherungsrecht, § 17 Rn 86.

[1280] Vgl *Fleischer*, Handbuch des Vorstandsrechts, § 12 Rn 34; *Gisch* in *Ratka/Rauter*, Handbuch Geschäftsführerhaftung, 418; *C. Olbrich*, Die D&O-Versicherung, 131 f.

[1281] Kosten sind geboten, soweit sie für die zweckentsprechende Rechtsverfolgung oder -verteidigung notwendig sind. Vgl. auch *Gruber/Mitterlechner/Wax*, D&O-Versicherung mit internationalen Bezügen, § 6 Rn 1.

[1282] *Schauer*, Versicherungsvertragsrecht, 406; *Von Dalwigk* in *Widmaier*, Münchener Anwaltshandbuch Strafverteidigung, Rn 12. Vgl auch Art 5.2 AHVB: „Die Versicherung umfasst ferner die den Umständen nach gebotenen gerichtlichen und außergerichtlichen Kosten der Feststellung und Abwehr einer von einem Dritten behaupteten Schadenersatzpflicht, und zwar auch dann, wenn sich der Anspruch als unberechtigt erweist".

590   In der Praxis stellt diese Funktion die Hauptfunktion der D&O-Versicherung dar, vor allem weil oft unsubstantiierte Schadensersatzansprüche geltend gemacht werden und auf einem falschen Verständnis der Haftung von Leitungsorganen beruhen.[1283] Das Ziel ist unbegründete Schadensersatzforderungen abzuwehren, was im Interesse sowohl des Versicherten als auch des Versicherers liegt. In diesen Fällen kommt der D&O-Versicherung eine Abwehrfunktion zu.

591   Von diesem Rechtsschutzanspruch sind auch die Kosten eines **Aktivprozesses** gedeckt, wenn dieser zur Verteidigung des Versicherten geführt wird, zB bei Aufrechnung von Schadensersatzforderungen mit noch offenen Abfindungs-, Vergütungs- oder Pensionsansprüchen eines schon ausgeschiedenen Organmitglieds.[1284] Dabei muss jedoch die geltend gemachte Forderung unbestritten sein und nur gerade wegen der Aufrechnung mit dem strittigen Schadenersatzanspruch durch die Gesellschaft nicht bestehen.[1285]

592   Vom **Rechtsschutzanspruch** umfasst sind idR Anwalts-, Sachverständigen-, Zeugen- und Gerichtskosten.[1286] Auch hier unterscheiden sich die Deckungskonzepte der verschiedenen Versicherer zum Teil erheblich; es ist daher ratsam im Einzelfall die gedeckten Abwehrkosten und ihre Definitionen einer genauen Betrachtung zu unterziehen.

593   Im Gegensatz dazu sieht der Versicherungsvertrag oft eine **Prozessvertretungsbefugnis** des Versicherers vor.[1287] Dies ist insofern bedeutend, als § 93 dAktG bzw § 84 öAktG eine Beweislastumkehr zu Lasten des Versicherten vorsieht und der Versicherer nur so sicherstellen kann, dass seine Interessen im Prozess hinreichend gewahrt sind.[1288] Wäre der Versicherer im Haftungsprozess zwischen Geschädigtem und Leitungsorgan nur „stiller Zuschauer und Finanzierer", bestünde das Risiko, dass sich das Leitungsorgan aufgrund des Bestehens einer D&O-Versicherung wenig bemüht, seine Haftung zu bestreiten (aus Reputationsgründen wird dies in der Praxis jedoch nur selten ein Problem sein).

594   Als Alternative zu einer D&O-Versicherung stellt sich für die Deckung der Rechtsschutzkosten eine allgemeine **Rechtsschutzversicherung** dar. Die Rechtsschutzversicherung deckt die Kosten der Rechtsdurchsetzung. Sie ist weit verbreitet und ihre Ausgestaltung kann mitunter erheblich variieren. Ähnlich versichert eine sog **Strafrechtsschutzpolice** die Kosten im Zusammenhang mit der Verteidigung gegen Strafverfolgungen, die mit dem Unternehmensgegenstand zusammenhängen; darunter fallen Strafverfahren, Ordnungswidrigkeitsverfahren, Disziplinar- und Standesverfahren.[1289] Die **Strafe** selbst fällt nicht unter den Versicherungsschutz.[1290] IdR sind Vorsatzdelikte von der Deckungspflicht ausgeschlossen.[1291] Ist der Ersatz von Verteidigungskosten in Finanzstrafsachen durch eine Abgabenklausel ausgeschlossen, so kann zusätzlich ein sog **Steuer-Rechtsschutz** abgeschlossen werden.[1292]

[1283] *Sieg* in *Terbille/Höra*, Münchener Anwaltshandbuch Versicherungsrecht, § 17 Rn 127.

[1284] *Sieg* in *Terbille/Höra*, Münchener Anwaltshandbuch Versicherungsrecht, § 17 Rn 131 f.

[1285] *Sieg* in *Terbille/Höra*, Münchener Anwaltshandbuch Versicherungsrecht, § 17 Rn 132; *Gruber/Mitterlechner/Wax,* D&O-Versicherung mit internationalen Bezügen, § 6 Rn 20 f.

[1286] *Fleischer*, Handbuch des Vorstandsrechts, § 12 Rn 43.

[1287] *Gruber/Mitterlechner/Wax,* D&O-Versicherung mit internationalen Bezügen, § 6 Rn 12 ff; *Beckmann* in *Beckmann/Matusche-Beckmann*, Versicherungsrechts-Handbuch, § 28 Rn 88.

[1288] *Fleischer*, Handbuch des Vorstandsrechts, § 12 Rn 46.

[1289] *Schilling*, Managerhaftung und Versicherungsschutz für Unternehmensleiter und Aufsichtsräte, 32.

[1290] *Schilling*, Managerhaftung und Versicherungsschutz für Unternehmensleiter und Aufsichtsräte, 32 ff.

[1291] *Gisch* in *Ratka/Rauter*, Handbuch Geschäftsführerhaftung, 431.

[1292] *Gisch* in *Ratka/Rauter*, Handbuch Geschäftsführerhaftung, 433.

4. Schadensausgleich

Der Befreiungsanspruch zielt darauf ab, das Leitungsorgan von einer tatsächlich bestehen- **595** den Verpflichtung zur **Schadensersatzleistung** zu befreien. IdR handelt sich um eine Ersatzpflicht des Versicherers gegenüber der Gesellschaft, die den Versicherten in Anspruch nimmt (Innenhaftung); die Ersatzpflicht kann jedoch auch gegenüber einem Dritten bestehen, wenn dieser den Versicherten unmittelbar in Anspruch nimmt (Außenhaftung).[1293] Der Versicherer übernimmt die Leistung des Schadensersatzes an den Geschädigten.

Voraussetzung für einen Befreiungsanspruch ist die Feststellung einer Schadensersatzver- **596** pflichtung, also die **tatsächliche Ersatzpflicht** des Versicherten gegenüber der Gesellschaft oder dem Dritten. Die Schadensersatzpflicht wird dabei in einem zivilrechtlichen Haftpflichtprozess festgestellt,[1294] bei dem der Versicherer auch die Kosten aus dem Rechtsschutz übernimmt.[1295] Die Pflicht zur Freistellung entsteht folglich durch die Feststellung der Schadensersatzverpflichtung in einem Leistungsurteil.[1296]

Auch **Vergleiche** (Rn 331) oder **Anerkenntnisse** binden den Versicherer und lösen seine **597** Deckungspflicht aus. Je nach Versicherungsbedingungen sind Vergleiche und Anerkenntnisse, die mit Zustimmung des Versicherers geschlossen werden, für diesen bindend; werden sie jedoch ohne seine Zustimmung vom Leitungsorgan geschlossen, so verliert das Leistungsorgan seit der Aufhebung des Anerkenntnis- und Vergleichsverbots durch § 105 dVVG nicht den Versicherungsschutz, der Versicherer muss aber idR nur bis zur Höhe des Anspruchs, wie er ohne Anerkenntnis oder Vergleich gewesen wäre, Deckung gewähren.[1297]

5. Versicherungs- bzw Deckungssumme

Die Leistung des Versicherers ist mit der im Versicherungsschein angegebenen Versiche- **598** rungssumme **begrenzt**. Die Festsetzung einer Deckungssumme ist im Bereich der D&O-Versicherung aufgrund der Gefahr erheblicher „Frequenzschäden", also einer plötzlichen Flut von Haftungsfällen, weltweit üblich.[1298] Deckungssummen liegen im Interesse des Versicherers, dessen Haftung dadurch definitive Höchstgrenzen gesetzt werden.

Die vereinbarte Versicherungssumme bezieht sich auf alle in einem **Versicherungsjahr** **599** eingetretenen Versicherungsfälle (zum Anspruchserhebungsprinzip siehe Rn 638) und steht nicht für jeden einzelnen Schadensfall zur Verfügung.[1299] Das heißt, dass die Versicherung nur all jene Ansprüche deckt, die innerhalb eines Versicherungsjahres die Deckungssumme nicht überschreiten. Jenseits der Deckungssumme ist der Versicherte hinsichtlich dieser Versicherung schutzlos – der Abschluss einer *Excess*-Versicherung ist freilich auch hier möglich.

Gemäß § 101 Abs 2 dVVG bzw § 150 Abs 2 öVersVG sind die **Abwehrkosten** jedoch auch **600** zu ersetzen, wenn sie gemeinsam mit dem Freistellungsanspruch über die Deckungssumme hinausgehen. Üblicherweise wird in den Vertragsbedingungen jedoch abweichend davon vereinbart, dass die Abwehrkosten in die Versicherungssumme **eingerechnet** werden, da den

---

[1293] *Gisch* in *Ratka/Rauter*, Handbuch Geschäftsführerhaftung, 420.

[1294] *Schauer*, Versicherungsvertragsrecht, 401; *Ries/Peininger*, Haftung und Versicherung von Managern, 402.

[1295] *Gisch* in *Ratka/Rauter*, Handbuch Geschäftsführerhaftung, 420.

[1296] *Voit* in *Prölss/Martin*, Versicherungsvertragsgesetz, AVB-AVG § 4 Rn 2.

[1297] *Voit* in *Prölss/Martin*, Versicherungsvertragsgesetz, AVB-AVG § 4 Rn 2; *Beckmann* in *Beckmann/Matusche-Beckmann*, Versicherungsrechts-Handbuch, § 28 Rn 7b.

[1298] *C. Olbrich*, Die D&O-Versicherung, 167 f; *Gruber/Mitterlechner/Wax*, D&O-Versicherung mit internationalen Bezügen, § 6 Rn. 22.

[1299] *Fleischer*, Handbuch des Vorstandsrechts, § 12 Rn 44.

Kosten bei dieser Art der Versicherung eine größere Bedeutung als dem Schadensausgleich zukommt.[1300] Die Versicherungssumme stellt folglich eine absolute Höchstgrenze für die Deckungspflicht des Versicherers dar und kann sowohl durch Abwehrkosten als auch Schadensausgleich ausgeschöpft werden. Da sich die Abwehrkosten auf zweistellige Millionenbeträge belaufen können, ermöglicht nur eine Einbeziehung dieser Kosten in die Deckungssumme eine Kalkulation der Prämien.[1301] Unterschiedlich geregelt ist die Allokation der Abwehrkosten, wenn beispielsweise nur Teile der geltend gemachten Ansprüche vom Versicherungsschutz erfasst oder nur Teile der Anspruchsgegner versichert sind.[1302]

601   Grundsätzlich ist eine **Abwägung** zwischen dem Umfang des Versicherungsschutzes und der Höhe der Deckungssumme vorzunehmen: Je weiter der sachliche Umfang (Personenkreis, Ausschlussklauseln), desto höher sollte die Deckungssumme sein, um nicht allzu bald bar jedes Versicherungsschutzes zu sein.[1303] Dies kann beispielsweise zu Problemen bei Versicherungsfällen bei Tochterunternehmen führen.[1304] Schöpft ein Tochterunternehmen die Versicherungssumme aus, so sind die restlichen Unternehmen einer Gruppe für den Rest des Versicherungsjahres schutzlos. Es empfiehlt sich daher – soweit angebracht – *sublimits* bzw einzelne Deckungssummen zu vereinbaren.[1305]

602   Die **Höhe der Versicherungssumme** richtet sich nach dem individuellen Risiko, dh nach der Branche, Abhängigkeiten, Gesellschaftern und Vielem mehr.[1306] Ausschlaggebend ist die finanzielle Lage des Unternehmens: Grundsätzlich sollte mindestens die Hälfte des Eigenkapitals oder **10% der Bilanzsumme** des Unternehmens abgedeckt sein.[1307] Die Vereinbarung einer Deckungssumme ist mit der Schwierigkeit behaftet, den Umfang möglicher Haftungsfälle abzuschätzen.

603   Aus Sicht des Versicherers ist anzumerken, dass gerade internationale Großkonzerne Deckungssummen in Millionenhöhe erfordern. Sieht sich ein Versicherer nicht im Stande diese Beträge aufzubringen, wie zB nationale Versicherer, so können Versicherungsverträge mit mehreren Versicherern abgeschlossen werden.[1308] Die interne Organisation zwischen den Versicherern unterliegt ihrer Disposition und sollte keine Auswirkungen für den Versicherten haben.

6. Selbstbehalt

604   Unter Selbstbehalt versteht man jenen Betrag, den der Versicherte, also das Leitungsorgan, im Falle eines Versicherungsfalles und Deckung durch den Versicherer **selbst zu tragen hat**. Der Selbstbehalt fällt in den persönlichen Gefahrtragungsbereich des Leitungsorgans und ist daher nicht von der Gesellschaft zu tragen.[1309]

[1300] *Gruber/Mitterlechner/Wax,* D&O-Versicherung mit internationalen Bezügen, § 6 Rn 25 f; *Beckmann* in *Beckmann/Matusche-Beckmann,* Versicherungsrechts-Handbuch, § 28 Rn 91; *Sieg* in *Terbille/Höra,* Münchener Anwaltshandbuch Versicherungsrecht, § 17 Rn 138; *Schimmer* in *Patzina/Bank/Schimmer/Simon-Widmann,* Haftung von Unternehmensorganen, Kapitel 18 Rn 64.

[1301] *Sieg* in *Terbille/Höra,* Münchener Anwaltshandbuch Versicherungsrecht, § 17 Rn 138.

[1302] *Sieg* in *Terbille/Höra,* Münchener Anwaltshandbuch Versicherungsrecht, § 17 Rn 138; *Schimmer* in *Patzina/Bank/Schimmer/Simon-Widmann,* Haftung von Unternehmensorganen, Kapitel 18 Rn 65.

[1303] *Sieg* in *Terbille/Höra,* Münchener Anwaltshandbuch Versicherungsrecht, § 17 Rn 137.

[1304] *Schilling,* Managerhaftung und Versicherungsschutz für Unternehmensleiter und Aufsichtsräte, 29.

[1305] *Sieg* in *Terbille/Höra,* Münchener Anwaltshandbuch Versicherungsrecht, § 17 Rn 137.

[1306] *Schilling,* Managerhaftung und Versicherungsschutz für Unternehmensleiter und Aufsichtsräte, 28.

[1307] *Schilling,* Managerhaftung und Versicherungsschutz für Unternehmensleiter und Aufsichtsräte, 29.

[1308] *Loritz/Wagner,* Haftung von Vorständen und Aufsichtsräten: D&O-Versicherungen und steuerliche Fragen, DStR 2012, 2205 (2206).

[1309] *Gisch* in *Ratka/Rauter,* Handbuch Geschäftsführerhaftung, 424.

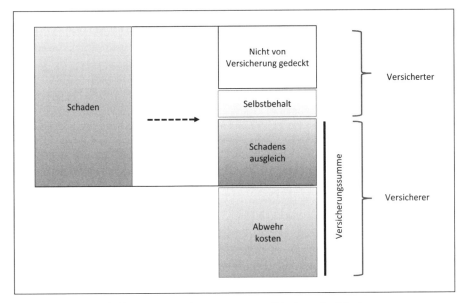

Abbildung 23: Versicherungssumme und Deckung des Schadens

Der Selbstbehalt kann dabei ein Mal pro Schaden (unabhängig davon, wie viele Organmit- **605** glieder gesamtschuldnerisch für den Schaden haften[1310]) anfallen oder für jedes Organmitglied, das haftbar gemacht wird.[1311] IdR bezieht sich der Selbstbehalt nur auf den Schadensausgleich und nicht auf die Abwehrkosten, da nur nach Beendigung des Verfahrens die Haftpflicht feststeht.[1312] Der Selbstbehalt dient schließlich der Prävention von pflichtwidrigem Handeln, was bei unbegründeten Schadensersatzforderungen nicht vorliegt.[1313]

Rechtspolitisch wird gegen D&O-Versicherungen vorgebracht, dass sie die verhaltens- **606** steuernde Wirkung des aktienrechtlichen Haftungsrechts vermindern.[1314] Aus diesem Grund sei eine D&O-Versicherung nur unter Vereinbarung eines Selbstbehalts zulässig. Dieser stelle sicher, dass Leitungsorgane trotz Versicherungsschutz angehalten sind, sich regelkonform zu verhalten (*moral hazard*).[1315] Die Vereinbarung eines Selbstbehalts verfolgt daher aufgrund der – wenn auch uU vergleichsweise geringen – Anteilnahme des Versicherten am Schaden, den

---

[1310] So beispielsweise *Fleischer* in *Spindler/Stilz*, Kommentar zum Aktiengesetz, § 93 Rn 249.

[1311] *Thüsing/Traut*, Angemessener Selbstbehalt bei D&O-Versicherungen. Ein Blick auf die Neuerungen nach dem VorstAG, NZA 2010, 140 (143), die der Ansicht sind, beide Varianten wären zulässig; ebenso *Harzenetter*, Der Selbstbehalt in der D&O-Versicherung nach dem VorstAG und der Neufassung des Deutschen Corporate Governance Kodex (DCGK), DStR 2010, 653 (656).

[1312] *Olbrich/Kassing*, Der Selbstbehalt in der D&O-Versicherung: Gesetzliche Neuregelung lässt viel Fragen offen, BB 2009, 1659 (1660); *Harzenetter*, Der Selbstbehalt in der D&O-Versicherung nach dem VorstAG und der Neufassung des Deutschen Corporate Governance Kodex (DCGK), DStR 2010, 653 (655); *Fleischer* in *Spindler/Stilz*, Kommentar zum Aktiengesetz, § 93 Rn 245.

[1313] *Hölters* in *Hölters*, Kommentar zum Aktiengesetz, § 93 Rn 409.

[1314] Vgl *Fleischer*, Handbuch des Vorstandsrechts, § 12 Rn 3; *Paetzmann*, „Insuring the Agents" – Managerdisziplinierung und Rolle der D&O-Versicherung als Instrument der Corporate Governance, ZVersWiss 2008, 177 (187).

[1315] *Möhrle*, Gesellschaftsrechtliche Probleme der D&O-Versicherung, 115 mwN; *Thüsing/Traut*, Angemessener Selbstbehalt bei D&O-Versicherungen. Ein Blick auf die Neuerungen nach dem VorstAG, NZA 2010, 140 (142).

Zweck der **Prävention**,[1316] versucht also pflichtwidriges Verhalten hintanzuhalten sowie kollusives Zusammenwirken mit der Gesellschaft zu vermeiden.[1317] Ein Schadensfall und damit einhergehend eine Inanspruchnahme des Versicherers soll auch den Versicherten „schmerzen".

607   Dem kann entgegengehalten werden, dass durch den Abschluss einer D&O-Versicherung die Steuerungsfunktion des Haftungsrechts nur abgeschwächt, nicht aber beseitigt wird. Eine persönliche Haftung der Leitungsorgane besteht auch nach Abschluss einer D&O-Versicherung. Ob die Versicherung tatsächlich den entstandenen Schaden übernimmt, hängt von der Deckungssumme, aber auch davon ab, ob einer der zahlreichen Haftungsausschlüsse zur Anwendung kommt. Für das Leitungsorgan bleibt daher stets ein gewisses Restrisiko der persönlichen Inanspruchnahme,[1318] sodass die Vereinbarung eines Selbstbehalts nicht unbedingt notwendig erscheint. Außerdem ist das Haftungsrecht nur eines der Instrumente zur Prävention pflichtwidrigen Verhaltens. Vielmehr besteht weiterhin die Möglichkeit der Verweigerung der Entlastung[1319] sowie des Widerrufs der Bestellung. Die präventive Wirkung des drohenden Amtsverlusts und der nachhaltigen Rufschädigung sind nicht zu unterschätzen.[1320]

608   Das **dAktG** sieht für Vorstandsmitglieder **zwingend** die Vereinbarung eines Selbstbehalts vor: „Schließt die Gesellschaft eine Versicherung zur Absicherung eines Vorstandsmitglieds gegen Risiken aus dessen beruflicher Tätigkeit für die Gesellschaft ab, ist ein Selbstbehalt von mindestens 10 Prozent des Schadens bis mindestens zur Höhe des Eineinhalbfachen der festen jährlichen Vergütung des Vorstandsmitglieds vorzusehen." (§ 93 Abs 2 Satz 3 dAktG).[1321] Gemäß § 116 dAktG gilt dies jedoch nicht für Aufsichtsratsmitglieder (vgl aber Ziff 3.8 DCGK). Da es sich bei dieser Bestimmung nicht um ein Verbotsgesetz handelt, können auch Versicherungen ohne Selbstbehalt abgeschlossen werden, solange die Gesellschaft direkt mit den Organmitgliedern einen Selbstbehalt vereinbart.[1322] Da die Haftungsquoten so flexibler verteilt und besser an die verschiedenen Gehälter angepasst werden können, ist eine solche Regelung uU sinnvoll.[1323] Damit der Selbstbehalt seiner Funktion gerecht wird, so die Befürworter, muss der Betrag spürbar sein; daher wurde ein Mindestbetrag von 10 % des Schadens vorgesehen. Damit das Organmitglied aber nicht übermäßig im Fall von großen Schäden belastet wird und die Ansprüche der Gesellschaft verkürzt werden, wurde auch ein **Höchstbetrag** pro Jahr in der Mindesthöhe der 1,5fachen Jahresvergütung vorgesehen.[1324]

[1316] *Gisch* in *Ratka/Rauter*, Handbuch Geschäftsführerhaftung, 425; *Hüffer*, Kommentar zum AktG, § 93 Rn 18a; *Melot de Beauregard/Gleich*, Aktuelle Problemfelder bei der D&O-Versicherung, NJW 2013, 824 (828).

[1317] *Fleischer*, Handbuch des Vorstandsrechts, § 12 Rn 45.

[1318] *Fleischer*, Handbuch des Vorstandsrechts, § 12 Rn 9; *Fleischer*, Haftungsfreistellung, Prozesskostenersatz und Versicherung für Vorstandsmitglieder, WM 2005, 909 (919).

[1319] Vgl im Detail *Weitemeyer*, Die Entlastung im Aktienrecht – neueste Entwicklungen in Gesetzgebung und Rechtsprechung, ZGR 2005, 280.

[1320] *Möhrle*, Gesellschaftsrechtliche Probleme der D&O- Versicherung, 116.

[1321] Auch der Deutsche Corporate Governance Kodex verlangt in Nr 3.8 die Vereinbarung eines angemessenen Selbstbehalts.

[1322] *Thüsing/Traut*, Angemessener Selbstbehalt bei D&O-Versicherungen. Ein Blick auf die Neuerungen nach dem VorstAG, NZA 2010, 140 (141); aA *Fleischer* in *Spindler/Stilz*, Kommentar zum Aktiengesetz, § 93 Rn 251. Vgl auch *Gruber/Mitterlechner/Wax*, D&O-Versicherung mit internationalen Bezügen, § 6 Rn 62.

[1323] *Thüsing/Traut*, Angemessener Selbstbehalt bei D&O-Versicherungen. Ein Blick auf die Neuerungen nach dem VorstAG, NZA 2010, 140 (141).

[1324] *Thüsing/Traut*, Angemessener Selbstbehalt bei D&O-Versicherungen. Ein Blick auf die Neuerungen nach dem VorstAG, NZA 2010, 140 (142); *Harzenetter*, Der Selbstbehalt in der D&O-Versicherung nach dem VorstAG und der Neufassung des Deutschen Corporate Governance Kodex (DCGK), DStR 2010, 653 (655); *Voit* in *Prölss/Martin*, Versicherungsvertragsgesetz, AVB-AVG § 4 Rn 11.

In **Österreich** ist die Vereinbarung eines Selbstbehalts **nicht gesetzlich vorgeschrieben** 609
oder vom ÖCGK empfohlen. Abgesehen von oben angeführten Gründen, die gegen die
absolute Notwendigkeit der Vereinbarung eines Selbstbehalts sprechen, spricht gegen die
Vereinbarung eines Selbstbehalts, dass es zweifelhaft ist, ob sich das Handeln durch das Risiko
einer höheren Inanspruchnahme tatsächlich ändert.[1325] Wirtschaftspolitisch kann außerdem
hinterfragt werden, ob es sinnvoll ist, den Haftungsgedanken als oberste Maxime unternehmerischer Entscheidungen setzen zu wollen.[1326] So kann es für das Unternehmen von Nachteil
sein, wenn eine Führungskraft durch die Vereinbarung eines Selbstbehalts zu risikoscheuerem
Verhalten veranlasst wird.

Der Zweck der Prävention gebietet keine bestimmte **Form des Selbstbehalts**. Die Ver- 610
einbarung eines **prozentualen** Selbstbehalts hat wohl die größte Präventionswirkung: Der
vom Leitungsorgan zu zahlende Betrag nimmt mit der Größe des Schadens zu. Oft steht aber
die Größe des Schadens in keinem logischen Zusammenhang mit der Schwere der Pflichtverletzung. **Fixe** Summen hingegen setzen den Vorstand einer geringeren oder zumindest
einfacher abschätzbaren Gefahr aus. Eine Orientierung an der Vergütung des Leitungsorgans
macht insofern Sinn, als deren Höhe die Risikoexposition der übernommenen Tätigkeit
widerspiegelt.[1327] Meist werden D&O-Versicherungen jedoch als Gruppenversicherung für
zahlreiche in- und ausländische Leitungsorganmitglieder abgeschlossen und daher ist eine
Differenzierung hinsichtlich der einzelnen Versicherten nicht möglich.[1328] Außerdem ist
fraglich, wie der Selbstbehalt eines Organmitglieds mit mehreren Mandaten aber einheitlicher
Vergütung zu berechnen ist, dh ob es mehrere Selbstbehalte in voller Höhe für jedes Mandat
zu tragen hat.[1329]

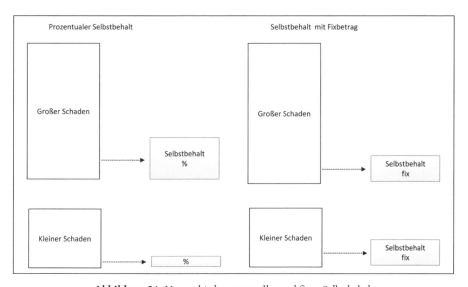

Abbildung 24: Unterschied prozentueller und fixer Selbstbehalt

---

[1325] *Hölters* in *Hölters*, Kommentar zum Aktiengesetz, § 93 Rn 406; *Sieg* in *Terbille/Höra*, Münchener
Anwaltshandbuch Versicherungsrecht, § 17 Rn 142.
[1326] *Hölters* in *Hölters*, Kommentar zum Aktiengesetz, § 93 Rn 406.
[1327] *Spindler* in Münchener Kommentar zum AktG, § 93 Rn 185.
[1328] *Fleischer*, Handbuch des Vorstandsrechts, § 12 Rn 19.
[1329] Ablehnend *Thüsing/Traut*, Angemessener Selbstbehalt bei D&O-Versicherungen. Ein Blick auf die
Neuerungen nach dem VorstAG, NZA 2010, 140 (143).

611   Um dem Risiko der Inanspruchnahme in Form eines Selbstbehalts entgegen zu wirken, hat sich am Markt die **D&O-Selbstbehaltsversicherung** herausgebildet.[1330] Hier wird der Selbstbehalt nicht – wie bezweckt – vom Vorstand selbst getragen, sondern von einem Versicherer. Die Selbstbehaltsversicherung kann einerseits als Bestandteil einer D&O-Versicherung abgeschlossen werden, bei der sich die Versicherung auch auf den Umfang des Selbstbehalts erstreckt. Andererseits kann der Selbstbehalt aber auch von einer etwaigen individuellen Vermögensschaden-Rechtsschutzversicherung gedeckt werden, die in Form einer Namenspolice für das einzelne Leitungsorganmitglied ausgestellt wird, sog Zusatzkapazitäten- oder Kumulmodell.[1331] Entgegen dem ersten Eindruck wird die Präventionswirkung des Selbstbehalts dadurch jedoch nicht untergraben,[1332] denn diese Versicherung wird vom Versicherten selbst abgeschlossen und finanziert[1333] (die Gesellschaft darf die Kosten auch nicht mittelbar übernehmen[1334]). Der Gesetzgeber hat darauf verzichtet, Selbstbehaltsversicherungen zu verbieten.[1335] Der Abschluss einer solchen Versicherung stellt daher heute **gängige Praxis** dar.[1336]

612   Möglich, aber in der Praxis nicht sehr verbreitet, ist außerdem die Vereinbarung eines sog **Integralfranchise**. Dabei übernimmt der Versicherer nur Schäden ab einem bestimmten Betrag, aber in voller Höhe.[1337] Der Versicherer kann folglich in kleinen Haftungsfällen nicht in Anspruch genommen werden und erspart sich damit administrative Kosten und Mühen. Bei großen Schadensfällen übernimmt er jedoch den vollen Schaden und der Versicherte hat keinen Selbstbehalt zu tragen. Zu beachten ist, dass die Zulässigkeit einer solchen Vereinbarung nach deutschem Recht nicht restlos geklärt ist.

7. Haftungsausschlüsse

613   Im Versicherungsvertrag und den AVB sind idR zahlreiche Haftungsausschlüsse vereinbart. Soweit eine dieser Klauseln zur Anwendung kommt, entfällt der Versicherungsschutz. Die verschiedenen Klauseln können zu beträchtlichen Deckungseinschränkungen des Versicherers führen. Der Versicherungsvertrag ist daher diesbezüglich einer genauen und sorgfältigen Betrachtung zu unterziehen.[1338] Nachfolgend werden häufig vereinbarte Haftungsausschlussklauseln kurz dargestellt; die Aufzählung stellt einen Ausschnitt aus der gängigen Praxis dar und ist nicht abschließend. Auch können die Details dieser Klauseln von Versicherer zu Versicherer sehr unterschiedlich ausgestaltet sein.

[1330] *Ringleb* in *Ringleb/Kremer/Lutter/v. Werder*, DCGK-Kommentar, Rn 522.

[1331] Vgl *Möhrle*, Gesellschaftsrechtliche Probleme der D&O- Versicherung, 136; *Melot de Beauregard/Gleich*, Aktuelle Problemfelder bei der D&O-Versicherung, NJW 2013, 824 (829).

[1332] Siehe zB *Thüsing/Traut*, Angemessener Selbstbehalt bei D&O-Versicherungen. Ein Blick auf die Neuerungen nach dem VorstAG, NZA 2010, 140 (142).

[1333] Vgl im Detail *Lange*, Die D&O-Selbstbehalt-Versicherung, r+s 2010, 92; *Olbrich/Kassing*, Der Selbstbehalt in der D&O Versicherung: Gesetzliche Neuregelung lässt viel Fragen offen, BB 2009, 1659 (1662); *Harzenetter*, Der Selbstbehalt in der D&O-Versicherung nach dem VorstAG und der Neufassung des Deutschen Corporate Governance Kodex (DCGK), DStR 2010, 653 (658).

[1334] *Ringleb* in *Ringleb/Kremer/Lutter/v. Werder*, DCGK-Kommentar, Rn 522.

[1335] *Thüsing/Traut*, Angemessener Selbstbehalt bei D&O-Versicherungen. Ein Blick auf die Neuerungen nach dem VorstAG, NZA 2010, 140 (143); *Harzenetter*, Der Selbstbehalt in der D&O-Versicherung nach dem VorstAG und der Neufassung des Deutschen Corporate Governance Kodex (DCGK), DStR 2010, 653 (658).

[1336] *Melot de Beauregard/Gleich*, Aktuelle Problemfelder bei der D&O-Versicherung, NJW 2013, 824 (829).

[1337] *Gisch* in *Ratka/Rauter*, Handbuch Geschäftsführerhaftung, 425.

[1338] *Rahmann/Ramm*, Managerhaftung, D&O-Versicherung und internes Risikomanagement, GWR 2013, 435 (436).

Haftungsausschlussklauseln zielen zum einen darauf ab, trotz D&O-Versicherung den An- **614** reiz des Haftungsrechts zu sorgfältigem Handeln aufrechtzuerhalten. Es ist eine Besonderheit der D&O-Versicherung, "dass der Versicherungsschutz auch Ansprüche des Versicherungsnehmers (Aktiengesellschaft) gegen die versicherte Person (die Vorstandsmitglieder) erfasst".[1339] Dadurch besteht jedoch die Gefahr des Missbrauchs oder des kollusiven Zusammenwirkens der Gesellschaft mit dem Vorstandsmitglied, um eine Zahlung des Versicherers zu erwirken. Zum anderen haben die Haftungsausschlussklauseln daher den Zweck, die Gefahr, dass der Versicherungsnehmer und die versicherte Person gemeinsam zum Schaden des Versicherers kollusiv zusammenwirken zu bannen und dienen daher der Vermeidung von **Missbrauch**.

Haftungsausschlüsse werden vom Versicherer im Deckungsprozess, also wenn es um die **615** Frage der Deckung durch den Versicherer geht, vorgebracht. **Beweispflichtig** für das Vorliegen eines Ausschlussgrunds ist der Versicherer.[1340]

a) Vorsätzliche Schadensverursachung

Bei vorsätzlicher Schadensverursachung ist der Schadensfall vom Versicherungsschutz **616** der D&O-Versicherung **kraft Gesetz** ausgenommen (§ 103 dVVG bzw § 61 öVersVG).[1341] Er findet sich daher in sämtlichen D&O-Versicherungsbedingungen.[1342]

Vorsätzliche Schadensverursachung bedeutet, dass es dem Versicherten auf die Herbeifüh- **617** rung eines bestimmten Schadens ankommt,[1343] wobei sich der Vorsatz auf das **Schadensereignis und die Schadensfolgen** beziehen muss.[1344]

Die Haftungsausschlussklausel soll in der Praxis hauptsächlich dazu dienen, der Gefahr der **618** **Kollusion** zwischen Gesellschaft und Führungskraft entgegenzuwirken.

b) Wissentliche Pflichtverletzung

Auch Schäden, die durch wissentliche Pflichtverletzung verursacht werden, sind regel- **619** mäßig vom Versicherungsschutz ausgeschlossen.[1345] Wissentlich bedeutet in diesem Zusammenhang die „Gewissheit über die Pflichtverletzung und ein über die billigende Inkaufnahme hinausgehendes Wollen des Pflichtverstoßes".[1346] Im Gegensatz zur wissentlichen *Schadensverursachung* bezieht sich bei der wissentlichen *Pflichtverletzung* die Wissentlichkeit nicht auf die Schadensherbeiführung, sondern auf die Pflichtverletzung.[1347]

Dieser Haftungsausschluss hat in der Praxis große Bedeutung und kann daher zu Recht **620** als „**Nadelöhr**" der D&O-Bedingungen bezeichnet werden.[1348] Dies liegt vor allem daran, dass das Organmitglied insbesondere bei gravierenden Pflichtverletzungen auf große

---

[1339] *Fleischer*, Handbuch des Vorstandsrechts, § 12 Rn 37.

[1340] *Beckmann* in *Beckmann/Matusche-Beckmann*, Versicherungsrechts-Handbuch, § 28 Rn 115; *Gisch* in *Ratka/Rauter*, Handbuch Geschäftsführerhaftung, 426. Siehe auch OGH, Urteil vom 28.5.1974, 8 Ob 98/74.

[1341] *Gisch* in *Ratka/Rauter*, Handbuch Geschäftsführerhaftung, 425; *Schilling*, Managerhaftung und Versicherungsschutz für Unternehmensleiter und Aufsichtsräte, 22.

[1342] *Gisch* in *Ratka/Rauter*, Handbuch Geschäftsführerhaftung, 425.

[1343] *C. Olbrich*, Die D&O-Versicherung, 179.

[1344] *Fleischer*, Handbuch des Vorstandsrechts, § 12 Rn 49.

[1345] Siehe zB Punkt 5.1 AVB-AVG.

[1346] *Saria*, Die subjektive Komponente der Pflichtwidrigkeitsklauseln in der Haftpflichtversicherung, VR 2005, 206 (206); vgl auch *Steiner*, Zur Haftung des Aufsichtsrats, GesRZ 1997, 248 (252); *C. Olbrich*, Die D&O-Versicherung, 179.

[1347] *Gruber/Mitterlechner/Wax*, D&O-Versicherung mit internationalen Bezügen, § 7 Rn 50; *Lattwein/Krüger*, D&O-Versicherung – das Ende der Goldgräberstimmung, NVersZ 2000, 366 f.

[1348] *Lange*, Praxisfragen der D&O-Versicherung (Teil II), DStR 2002, 1674 (1676).

Schwierigkeiten stoßen wird, darzulegen, dass es seine Pflicht nicht kannte (objektiver Pflichtenmaßstab).[1349] Um den Haftungsausschluss zu vermeiden, wären hier Argumente denkbar, dass dem Vorstand die Berufserfahrung fehlte, sowie fehlende Ausbildung im Pflichtenbereich oder fehlende Weiterbildung in rechtlicher Hinsicht[1350] (das Fehlen eines Pflichtverstoßes ließe sich aufgrund des objektivierten Sorgfaltsmaßtabes hierdurch freilich nicht argumentieren). Schließlich kann das Organmitglied auch versuchen zu argumentieren, dass ihm die Pflichtverletzung nicht bewusst war, dass es also subjektiv der Meinung war, seine Pflicht nach bestem Gewissen zu erfüllen.[1351]

621   Verfahrensrechtlich wird dieser Ausschlusstatbestand dadurch entschärft, dass der Versicherer die Voraussetzungen der wissentlichen Pflichtverletzung **nachweisen** muss.[1352] Während ein Anscheinsbeweis nicht ausreicht, ist ein Indizienbeweis, dh der Schluss von Beweisanzeichen auf innere Tatsachen, beispielsweise durch die Art und Schwere der Pflichtverletzung, sehr wohl zulässig.[1353]

622   Dem Leitungsorgan werden aufgrund der Rechtsschutzfunktion der D&O-Versicherung bis zum Nachweis der wissentlichen Pflichtverletzung die Abwehrkosten **vorgestreckt**.[1354] Wird in der Folge jedoch das Vorliegen des Ausschlussgrunds festgestellt, so entfällt die Versicherung rückwirkend und das Leitungsorgan ist zur Rückzahlung der ersetzten Kosten verpflichtet.[1355]

623   Ordnet ein Leitungsorgan die Verletzung von Rechtsvorschriften an, deren Adressat die Gesellschaft ist (externe Legalitätspflicht, siehe Rn 472), und tut es dies zu Gunsten der Gesellschaft (**nützliche Gesetzesverletzung**, siehe Rn 513), so liegt eine wissentliche Gesetzesverletzung vor. Vorstandsmitglieder sollten bei Ausübung ihrer Tätigkeit stets beachten, dass eine vorsätzlich angeordnete Gesetzesverletzung im Bereich der externen Legalitätspflicht, auch wenn sie mit besten Absichten für die Gesellschaft getroffen wurde (zB die Verletzung von Umweltauflagen, um sich Kosten zu ersparen), bei Vorliegen eines Schadens (mit Besonderheiten in der Schadensberechnung) gs zur Haftung führt, und der Schadenersatz aufgrund der Ausschlussklausel nicht von der D&O-Versicherung gedeckt ist.

c) Eigenschadenklausel

624   In den Versicherungsbedingungen wird auch häufig die Haftung für Eigenschäden ausgeschlossen.[1356] Diese Klausel ist von Bedeutung, wenn der Versicherte an der Gesellschaft **persönlich beteiligt** ist. Dadurch soll der „wirtschaftliche Eigenschaden des versicherten Schädigers vom Versicherungsschutz ausgenommen" werden.[1357]

625   Durch diese Klausel wird jener **Reflexschaden** vom Versicherungsschutz ausgenommen, der dem Leitungsorgan durch seine schädigende Handlung in Form der Minderung seiner Kapitalbeteiligung entsteht (vgl Rn 251). Der Versicherungsschutz wird folglich um den Teil des

---

[1349] *Lange*, Praxisfragen der D&O-Versicherung (Teil II), DStR 2002, 1674 (1676).

[1350] *Lange*, Praxisfragen der D&O-Versicherung (Teil II), DStR 2002, 1674 (1676).

[1351] *Lange*, Praxisfragen der D&O-Versicherung (Teil II), DStR 2002, 1674 (1677); *Gruber/Mitterlechner/Wax,* D&O-Versicherung mit internationalen Bezügen, § 7 Rn 51.

[1352] *Schauer*, Versicherungsvertragsrecht, 148; *Lattwein/Krüger*, D&O-Versicherung – das Ende der Goldgräberstimmung, NVersZ 2000, 367; *Voit* in *Prölss/Martin*, Versicherungsvertragsgesetz, AVB-AVG § 5 Rn 4; *Sieg* in *Terbille/Höra*, Münchener Anwaltshandbuch Versicherungsrecht, § 17 Rn 150.

[1353] *Sieg* in *Terbille/Höra*, Münchener Anwaltshandbuch Versicherungsrecht, § 17 Rn 150.

[1354] Vgl zu Beweislast und Abwehrkosten: *Fleischer*, Handbuch des Vorstandsrechts, § 12 Rn 51.

[1355] *Gruber/Mitterlechner/Wax,* D&O-Versicherung mit internationalen Bezügen, § 7 Rn 73; *Lattwein/Krüger*, D&O-Versicherung – das Ende der Goldgräberstimmung, NVersZ 2000, 367.

[1356] Siehe zB Punkt 4.2 AVB-AVG.

[1357] *Fleischer*, Handbuch des Vorstandsrechts, § 12 Rn 39.

Schadensersatzanspruchs vermindert, welcher der Quote der Kapitalbeteiligung des Vorstandsmitglieds entspricht.[1358] In der Praxis kann es aber dazu kommen, dass die Deckungskürzung den Eigenschaden betragsmäßig übersteigt; dies ist jedoch durch den Normzweck gerechtfertigt.[1359] Strittig ist jedoch auf welchen Zeitpunkt für die Beurteilung der Beteiligung abzustellen ist (auf den Zeitpunkt der Pflichtverletzung oder des Eintritts des Versicherungsfalls).[1360]

Durch die Eigenschadenklausel soll verhindert werden, dass das Vorstandsmitglied sowohl **626** als versicherte Person als auch als Geschädigter zum Nachteil des Versicherers einen Versicherungsfall vortäuscht. Einem Vorstand soll es in seiner Eigenschaft als Gesellschafter nicht möglich sein, sich selbst als Leitungsorgan in Anspruch zu nehmen.[1361]

Da Beteiligungen der Organe an der Gesellschaft heute die Norm sind, sollten besonders **627** KMUs bei der Ausgestaltung dieser Klausel darauf achten, dass die Deckung uU in der Praxis in bestimmten Bereichen nur sehr beschränkt Schutz bietet.[1362] Zu denken ist beispielsweise an den Ausschluss einer gewissen Beteiligungsgröße (etwa bis 15% oder 30%)[1363] oder eine unterschiedliche Anrechnung von Anteilen von Familienangehörigen.[1364]

d) Insolvenzklausel

Bei Unternehmen mit finanziellen Problemen wird der Versicherungsschutz häufig auf **628** Pflichtverletzungen eingeschränkt, die vor Insolvenzeröffnung begangen wurden.[1365] Auch möglich ist die Anknüpfung an die Insolvenzreife[1366]. Teilweise wird in den Versicherungsbedingungen auch vorgesehen, dass der Versicherungsvertrag mit Eintritt einer Insolvenz überhaupt als automatisch beendet gilt.[1367] Dies stellt ein großes Risiko für den Versicherten dar, da damit jeglicher Versicherungsschutz entfällt, unabhängig vom Zeitpunkt der Pflichtverletzung (vgl Anspruchserhebungsprinzip Rn 638).

e) Subsidiaritätsklausel

Eine Subsidiaritätsklausel schließt die Deckungspflicht des Versicherers aus, wenn der **629** geltend gemachte Schaden auch unter einer **anderen Versicherung** versichert wurde.[1368] Überschneidungen ergeben sich eventuell mit Kreditversicherungen, Produkthaftpflichtversicherungen, Betriebs- und Umwelthaftpflichtversicherungen und AGG-Deckung.[1369]

Wird der Deckungsschutz des Versicherers nur für den Fall des Bestands und der Leis **630** tungspflicht einer anderen Versicherung verneint (**einfache Subsidiaritätsklausel**), so ist dies insofern nicht weiter problematisch, als schlicht eine Hierarchie zwischen den Versicherungen

---

[1358] *Möhrle*, Gesellschaftsrechtliche Probleme der D&O- Versicherung, 38; *Voit* in *Prölss/Martin*, Versicherungsvertragsgesetz, AVB-AVG § 4 Rn 5f; *Beckmann* in *Beckmann/Matusche-Beckmann*, Versicherungsrechts-Handbuch, § 28 Rn 93.

[1359] *Beckmann* in *Beckmann/Matusche-Beckmann*, Versicherungsrechts-Handbuch, § 28 Rn 95.

[1360] *Gruber/Mitterlechner/Wax*, D&O-Versicherung mit internationalen Bezügen, § 6 Rn 37f; *Sieg* in *Terbille/Höra*, Münchener Anwaltshandbuch Versicherungsrecht, § 17 Rn 135.

[1361] *Schilling*, Managerhaftung und Versicherungsschutz für Unternehmensleiter und Aufsichtsräte, 23.

[1362] *Fleischer*, Handbuch des Vorstandsrechts, § 12 Rn 39; *Beckmann* in *Beckmann/Matusche-Beckmann*, Versicherungsrechts-Handbuch, § 28 Rn 93.

[1363] *Beckmann* in *Beckmann/Matusche-Beckmann*, Versicherungsrechts-Handbuch, § 28 Rn 93.

[1364] *Schilling*, Managerhaftung und Versicherungsschutz für Unternehmensleiter und Aufsichtsräte, 23.

[1365] *Fleischer*, Handbuch des Vorstandsrechts, § 12 Rn 47.

[1366] Vgl Ziff 3.4 AVB-AVG.

[1367] *Schilling*, Managerhaftung und Versicherungsschutz für Unternehmensleiter und Aufsichtsräte, 24.

[1368] *Schilling*, Managerhaftung und Versicherungsschutz für Unternehmensleiter und Aufsichtsräte, 24. ZB Punkt 6 AVB-AVG.

[1369] *Voit* in *Prölss/Martin*, Versicherungsvertragsgesetz, AVB-AVG § 6 Rn 6.

festgesetzt wird.[1370] Treffen mehrere solcher Klauseln in unterschiedlichen Versicherungen aufeinander, so heben sie sich auf und es besteht eine **Doppelversicherung** gemäß § 78 dVVG bzw § 59 öVersVG.[1371]

631 Wird eine Ersatzpflicht aber ausgeschlossen, wenn eine andere Versicherung besteht, dies aber unabhängig von ihrer Pflicht zur Leistung im Einzelfall (**uneingeschränkte Subsidiaritätsklausel**), oder wenn eine andere Versicherung abgeschlossen *hätte* werden können (**qualifizierte Subsidiaritätsklausel**), so führt diese Ausschlussklausel zu einem beträchtlichen Haftungsrisiko für das Leitungsorgan und ist als unangemessen und daher nichtig iSd AGB-Rechts anzusehen.[1372] Kritisch ist hier anzumerken, dass das Leitungsorgan schwer abschätzen kann, welche anderen Versicherungen es oder die Gesellschaft noch abschließen *sollten.* Auch wäre dazu eine detaillierte Kenntnis des Versicherungsmarktes notwendig. Unklar ist auch, ob die Deckungspflicht entfällt, wenn die Gesellschaft eine andere Versicherung hätte abschließen können, aber dies nicht getan hat oder auch wenn sie es nicht tun konnte, weil der Versicherer einen Vertragsabschluss abgelehnt hat. Aufgrund dieser schwierigen und in der Praxis ungeklärten Fragen, sind der Vorstand und die Gesellschaft gehalten, besondere Vorsicht bei der Vereinbarung einer solchen Klausel walten zu lassen.

f) Gerichtsklausel

632 Bei Vereinbarung einer Gerichtsklausel besteht Versicherungsschutz für Innenhaftungsansprüche nur dann, wenn sie **gerichtlich geltend gemacht** wurden und die Schadensersatzpflicht der versicherten Person durch ein rechtskräftiges Urteil festgestellt wurde.[1373] Eine solche Klausel ist in Punkt 1.3 der AVB-AVG vorgesehen, wird in der Praxis jedoch häufig abbedungen.[1374]

633 Diese Klausel dient aus Sicht des Versicherers dazu, Missbrauchs- und Kollusionsfälle vom Versicherungsschutz auszuschließen. Nur wenn die Forderung der Gesellschaft gegenüber dem Leitungsorgan gerichtlich festgestellt wurde, ist der Versicherer ersatzpflichtig. Kritisch ist jedoch anzumerken, dass diese Klausel dazu führen kann, dass die gerichtliche und außergerichtliche **Vergleichsbereitschaft** des Leitungsorgans dadurch sinkt, da für daraus entstehende Zahlungsverpflichtungen keine Deckung durch die D&O-Versicherung besteht. Dies ist grundsätzlich unerwünscht, da Vergleiche häufig im gemeinsamen Interesse des Leitungsorgans und der Gesellschaft liegen und dadurch oftmals die negativen Auswirkungen eines Gerichtsverfahrens vermieden werden können (zB Reputation der Führungskraft und des Unternehmens, Zeit- und Kostenaufwand).

g) Trennungsklausel

634 Bei dieser Klausel wird die Deckungspflicht des Versicherers für Innenhaftungsfälle davon abhängig gemacht, dass sich die Gesellschaft unverzüglich von der versicherten Person trennt, dh diese abberuft und sie für einen gewissen Folgezeitraum – meist 5 Jahre – keine vergleichbare Position in der Gesellschaft einnehmen lässt.[1375]

635 Diese Klausel soll ebenfalls die **Missbrauchsgefahr** senken, da sich das Leitungsorgan nicht mit einer Kollusion einverstanden zeigen wird, wenn es gravierende berufliche Folgen davon

---

[1370] *Beckmann* in *Beckmann/Matusche-Beckmann*, Versicherungsrechts-Handbuch, § 28 Rn 15.
[1371] *Beckmann* in *Beckmann/Matusche-Beckmann*, Versicherungsrechts-Handbuch, § 28 Rn 17.
[1372] *Beckmann* in *Beckmann/Matusche-Beckmann*, Versicherungsrechts-Handbuch, § 28 Rn 16.
[1373] *Beckmann*, Einschränkungen der Innenhaftungsdeckung bei der D & O-Versicherung, 25 (36).
[1374] *Voit* in *Prölss/Martin*, Versicherungsvertragsgesetz, AVB-AVG § 1 Rn 26.
[1375] *Fleischer*, Handbuch des Vorstandsrechts, § 12 Rn 41; *Gruber/Mitterlechner/Wax*, D&O-Versicherung mit internationalen Bezügen, § 7 Rn 166 f.

trägt. Für die Gesellschaft ist damit allerdings eine meist ungewollt starke **Publizitätswirkung** mit der Geltendmachung von Innenhaftungsansprüchen verbunden. Auch ist von Seiten der geschädigten Gesellschaft nicht immer eine Trennung vom betroffenen Organmitglied erwünscht und sinnvoll; eine einzige haftungsbegründende Handlung reicht oft nicht, um die jahrelange Vertrauensbeziehung zu zerrütten.[1376]

h) Bußgelder und Geldstrafen

In manchen D&O-Versicherungen wird die Deckungspflicht für Vertragsstrafen, Geld- **636** strafen oder Geldbußen, sowie für finanzielle Schäden durch Umwelteinwirkungen ausgeschlossen.[1377] Ebenso werden häufig Entschädigungen mit Bußcharakter (*punitive damages*) vom Versicherungsschutz ausgenommen.[1378]

Diese Klauseln haben das Ziel, den **Sanktionszweck** solcher Maßnahmen auch beim Ab- **637** schluss einer D&O-Versicherung aufrecht zu erhalten. Dem Grunde nach fehlt es bei diesen Geldern aber auch schon an einem Schaden, sodass dieser Klausel nur klarstellende Wirkung zukommt.[1379]

B. Zeitlicher Umfang

Entgegen dem allgemeinen Haftpflichtversicherungsrecht, bei dem häufig die Ereignis- **638** theorie[1380] oder die Verstoßtheorie[1381] zu Grunde gelegt wird, kommt bei der D&O-Versicherung das sog **Anspruchserhebungsprinzip** (*claims-made*-Prinzip) zur Anwendung.[1382] Es bestimmt den Beginn und das Ende des Versicherungsschutzes.[1383]

Demnach sind nur solche Schadenersatzansprüche von der D&O-Versicherung gedeckt, **639** „die während des Laufs des Versicherungsvertrages **verursacht und** […] **geltend gemacht** werden".[1384] Ausschlaggebend ist demnach, dass das schadensverursachende Verhalten während des Versicherungszeitraums gesetzt und der Anspruch innerhalb der Versicherungslaufzeit (schriftlich[1385]) gegenüber dem Versicherten geltend gemacht wurde.[1386] Dies ist eine Kombination des Verstoß- und Anspruchserhebungsprinzips (letzteres für sich würde zur

---

[1376] *Möhrle*, Gesellschaftsrechtliche Probleme der D&O-Versicherung, 65 ff; aA *Gruber/Mitterlechner/Wax*, D&O-Versicherung mit internationalen Bezügen, § 7 Rn 171.

[1377] *Möhrle*, Gesellschaftsrechtliche Probleme der D&O-Versicherung, 35.

[1378] *Fleischer*, Handbuch des Vorstandsrechts, § 12 Rn 54.

[1379] *Beckmann* in *Beckmann/Matusche-Beckmann*, Versicherungsrechts-Handbuch, § 28 Rn 131.

[1380] Ausschlaggebend ist hier der Zeitpunkt des Schadenseintritts.

[1381] Ausschlaggebend ist hier der Zeitpunkt der haftungsbegründenden Handlung.

[1382] *Wollny*, Die Director's and Officer's Liability Insurance in den Vereinigten Staaten von Amerika (D und O-Versicherung) – Vorbild für eine Aufsichtsrathaftpflichtversicherung in Deutschland, 405; *Schilling*, Managerhaftung und Versicherungsschutz für Unternehmensleiter und Aufsichtsräte, 16; *Möhrle*, Gesellschaftsrechtliche Probleme der D&O-Versicherung, 33; *Limmer*, D&O-Versicherungen in Deutschland – Die Absicherung der Organhaftung in Unternehmen, 4.

[1383] *Scheifele*, Die Vermögensschaden-Haftpflichtversicherung für Manager in den Vereinigten Staaten von Amerika, 126.

[1384] *Griesher*, Versicherungsmöglichkeit von Vorstands- und Aufsichtsratsmitgliedern – Anpassung der Director's and Officer's Liability Insurance für Österreich, RdW 2006, 133 (136).

[1385] Dies dient gemäß Punkt 2 der AVB-AVG der leichteren Bestimmung des maßgeblichen Zeitpunkts.

[1386] *Pataki*, Der Versicherungsfall in der Haftpflichtversicherung – Grenzen eines Definitionsversuches am Beispiel der „Claims-made"-Theorie, FS Winter, 229 (233); *Melot de Beauregard/Gleich*, Aktuelle Problemfelder bei der D&O-Versicherung, NJW 2013, 824 (825).

unbeschränkten Haftung des Versicherers für in ferner Vergangenheit begangene Pflichtverletzungen führen).[1387]

640   Diese Regelung bringt für den Versicherer den Vorteil mit sich, dass ihm zum Ablauf des Versicherungsvertrages sämtliche Haftungsfälle bekannt sind.[1388] Nachteilig ist jedoch aus der Sicht des Versicherten, dass für eine lückenlose Risikodeckung die stetige Erneuerung des Versicherungsvertrags erforderlich ist.[1389] Jeder nachfolgende Versicherungsvertrag kann sowohl Vorteile als auch Nachteile für den Versicherten bergen, abhängig von den AVB und der Deckungssumme.[1390]

641   Oft sehen D&O-Versicherungen einen **Nachmeldezeitraum** (oder Nachhaftungsfrist) vor, innerhalb dessen Versicherungsschutz besteht, soweit die Pflichtverletzung während des Versicherungszeitraums begangen wurde und innerhalb des Nachhaftungszeitraums geltend gemacht wurde.[1391] Idealerweise beträgt dieser Nachmeldezeitraum fünf Jahre, um alle während der Vertragsdauer erfolgten Pflichtverletzungen bis zu ihrer Verjährung abzudecken.[1392]

642   Auch kann die Möglichkeit der **Umstandsmeldung** vereinbart werden. Dadurch kann während einer kurzen Frist nach Ende des Versicherungsvertrags der Versicherte dem Versicherer Umstände mitteilen, die eine Inanspruchnahme wahrscheinlich erscheinen lassen, sodass später damit im Zusammenhang geltend gemachte Ansprüche vom Versicherungsschutz umfasst sind.[1393]

643   Unter Umständen kann aber eine rein auf der Kombination aus Verstoß- und Anspruchserhebungsprinzip basierende Versicherung unzulässig sein, weil gerade bei kurzer Vertragsdauer kaum Versicherungsfälle darunter fallen können.[1394] Dies wird jedoch durch die Möglichkeit entschärft, gegen eine entsprechende – meist jedoch vergleichsweise sehr geringe – Erhöhung der Prämienzahlungen, eine Rückwärtsversicherung sowie eine Nachhaftungsregelung abzuschließen.[1395]

[1387] *Heße*, Das Anspruchserhebungsprinzip in den Allgemeinen Versicherungsbedingungen von D&O-Versicherungsverträgen und das Recht der Allgemeinen Geschäftsbedingungen, NZI 2009, 790 (790 f).

[1388] *Gruber/Mitterlechner/Wax*, D&O-Versicherung mit internationalen Bezügen, § 6 Rn 97; *Küpper-Dirks*, Managerhaftung und D&O-Versicherung, Haftungssituation und Deckungskonzepte, 65.

[1389] Vgl äußerst kritisch dazu *Baumann*, Versicherungsfall und zeitliche Abgrenzung des Versicherungsschutzes in der D&O-Versicherung, NZG 2010, 1366; *Graf von Westphalen*, Wirksamkeit des Claims-made-Prinzips in der D&O-Versicherung, VersR 2011, 145 ff; *Koch*, Das Claims-made-Prinzip in der D&O-Versicherung auf dem Prüfstand der AGB-Inhaltskontrolle, VersR 2011, 295 ff.

[1390] *Schilling*, Managerhaftung und Versicherungsschutz für Unternehmensleiter und Aufsichtsräte, 15.

[1391] *Melot de Beauregard/Gleich*, Aktuelle Problemfelder bei der D&O-Versicherung, NJW 2013, 824 (825); *Heße*, Das Anspruchserhebungsprinzip in den Allgemeinen Versicherungsbedingungen von D&O-Versicherungsverträgen und das Recht der Allgemeinen Geschäftsbedingungen, NZI 2009, 790 (791).

[1392] *Melot de Beauregard/Gleich*, Aktuelle Problemfelder bei der D&O-Versicherung, NJW 2013, 824 (825). Es sei darauf hingewiesen, dass durch Art. 2 und 6 des Restrukturierungsgesetzes die Verjährungsfrist für Schadenersatzansprüche von börsennotierten Aktiengesellschaften gegenüber ihren Leitungsorganen auf zehn Jahre verdoppelt wurde.

[1393] *Gruber/Mitterlechner/Wax*, D&O-Versicherung mit internationalen Bezügen, § 6 Rn 155 ff; *Melot de Beauregard/Gleich*, Aktuelle Problemfelder bei der D&O-Versicherung, NJW 2013, 824 (825).

[1394] *Beckmann* in Beckmann/Matusche-Beckmann, Versicherungsrechts-Handbuch, § 28 Rn 105.

[1395] *Schmitt*, Organhaftung und die D&O-Versicherung, 134. Kritisch dazu *Heße*, Das Anspruchserhebungsprinzip in den Allgemeinen Versicherungsbedingungen von D&O-Versicherungsverträgen und das Recht der Allgemeinen Geschäftsbedingungen, NZI 2009, 790, der eine solche Kompensation der Nachteile des Anspruchserhebungsprinzips als unzureichend ansieht. Ebenso *Baumann*, Versicherungsfall und zeitliche Abgrenzung des Versicherungsschutzes in der D&O-Versicherung, NZG 2010, 1366.

Die **Rückwärtsversicherung** deckt Schäden aus Pflichtverletzungen, die vor Vertragsab- **644** schluss begangen wurden[1396] und zum Zeitpunkt des Vertragsabschlusses noch nicht bekannt sind.[1397] Manchmal werden jedoch auch Pflichtverletzungen ausgeschlossen, die bekannt sein *hätten müssen*, was im Versicherungsfall zu erheblichen Beweisschwierigkeiten führen kann.[1398] Dies soll verhindern, dass der Versicherungsnehmer im Wissen um einen zukünftigen Haftungsfall in eine Versicherung kontrahiert. Beide Ausschlüsse führen aber dazu, dass die Deckung durch die Rückwärtsversicherung leicht ausgeschlossen werden kann: Da davon auszugehen ist, dass das Leitungsorgan positive Kenntnis von seinem Fehlverhalten hat, besteht idR kein Versicherungsschutz.[1399] Eine solche inhaltlich qualifizierte Rückversicherung kann daher aufgrund seiner beschränkten praktischen Wirkung als bloßes Marketinginstrument qualifiziert werden.[1400] Rückwärtsversicherungen können auch in zeitlicher Hinsicht (etwa fünf Jahre) oder sachlicher Hinsicht (für bestimmte Schadensersatzansprüche) eingeschränkt werden.[1401]

Eine **Nachhaftungsregelung** deckt demgegenüber Fälle, in denen eine Pflichtverletzung **645** zwar während des Versicherungszeitraums begangen wurde, aber der Anspruch aus dieser Pflichtverletzung erst nach Ablauf des Versicherungszeitraums geltend gemacht wird.[1402] Dadurch wird die **nachträgliche Meldung** von im Versicherungszeitraum entstandenen Ansprüchen[1403] ermöglicht. Es handelt sich daher um eine Verlängerung der Anspruchserhebungsfrist.[1404] Pflichtverletzungen, die erst im Zeitraum der Nachversicherung begangen wurden, sind hingegen idR nicht vom Versicherungsschutz umfasst.[1405] Meist wird dabei die Deckungssumme auf den noch nicht in Anspruch genommenen Teil des letzten Versicherungsjahres beschränkt.[1406] Es ist daher darauf zu achten, dass eine Nachhaftung zwecklos ist, wenn die Versicherungssumme schon vollständig ausgeschöpft wurde; in einem solchen Fall besteht

---

[1396] *Gruber/Mitterlechner/Wax,* D&O-Versicherung mit internationalen Bezügen, § 6 Rn 130; *C. Olbrich,* Die D&O-Versicherung, 151; *Pataki,* Der Versicherungsfall in der Haftpflichtversicherung – Grenzen eines Definitionsversuches am Beispiel der „Claims-made"-Theorie, FS Winter, 229 (233); *Möhrle,* Gesellschaftsrechtliche Probleme der D&O- Versicherung, 34; *Notthoff,* Rechtliche Fragestellungen im Zusammenhang mit dem Abschluss einer Director's & Officer's-Versicherung, NJW 2003, 1350 (1352); *Beckmann* in *Beckmann/Matusche-Beckmann,* Versicherungsrechts-Handbuch, § 28 Rn 107.

[1397] *Thümmel,* Persönliche Haftung von Managern und Aufsichtsräten, 150; *Beckmann* in *Beckmann/Matusche-Beckmann,* Versicherungsrechts-Handbuch, § 28 Rn 108. ZB Punkt 3.2. AVB-AVG.

[1398] *Schilling,* Managerhaftung und Versicherungsschutz für Unternehmensleiter und Aufsichtsräte, 16; *Lange,* Praxisfragen der D&O-Versicherung (Teil II), DStR 2002, 1674 (1674).

[1399] *Gruber/Mitterlechner/Wax,* D&O-Versicherung mit internationalen Bezügen, § 6 Rn 132; Vgl *Lattwein/Krüger,* D&O-Versicherung – das Ende der Goldgräberstimmung, NVersZ 2000, 366.

[1400] *Beckmann* in *Beckmann/Matusche-Beckmann,* Versicherungsrechts-Handbuch, § 28 Rn 109.

[1401] *Sieg* in *Terbille/Höra,* Münchener Anwaltshandbuch Versicherungsrecht, § 17 Rn 115.

[1402] *Pataki,* Der Versicherungsfall in der Haftpflichtversicherung – Grenzen eines Definitionsversuches am Beispiel der „Claims-made"-Theorie, FS Winter, 229 (234); *Notthoff,* Rechtliche Fragestellungen im Zusammenhand mit dem Abschluss einer Director's & Officer's-Versicherung, NJW 2003, 1350 (1352); *Schilling,* Managerhaftung und Versicherungsschutz für Unternehmensleiter und Aufsichtsräte, 16; *Beckmann* in *Beckmann/Matusche-Beckmann,* Versicherungsrechts-Handbuch, § 28 Rn 111.

[1403] *Gruber/Mitterlechner/Wax,* D&O-Versicherung mit internationalen Bezügen, § 6 Rn 141; *Küpper-Dirks,* Managerhaftung und D&O-Versicherung, Haftungssituation und Deckungskonzepte, 66; *Schmitt,* Organhaftung und die D&O-Versicherung, 129 ff.

[1404] *Beckmann* in *Beckmann/Matusche-Beckmann,* Versicherungsrechts-Handbuch, § 28 Rn 114; *Schimmer* in *Patzina/Bank/Schimmer/Simon-Widmann,* Haftung von Unternehmensorganen, Kapitel 18 Rn 53.

[1405] *Notthoff,* Rechtliche Fragestellungen im Zusammenhang mit dem Abschluss einer Director's & Officer's-Versicherung. Effektiver Schutz von Vorständen und Aufsichtsräten gegen Haftungsrisiken, NJW 2003, 1350 (1352).

[1406] *Schilling,* Managerhaftung und Versicherungsschutz für Unternehmensleiter und Aufsichtsräte, 16.

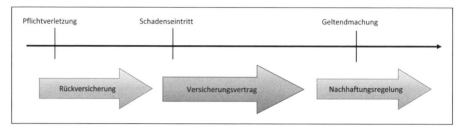

Abbildung 25: Zeitliche Reihenfolge des Versicherungsschutzes

für das Leitungsorgan kein Versicherungsschutz mehr.[1407] Voraussetzung für eine Nachhaftungsregelung ist die Kündigung des Versicherungsvertrags,[1408] uU kann nach der Art der Kündigung, durch den Versicherungsnehmer oder den Versicherer differenziert werden.[1409] Wechselt die Gesellschaft Versicherer, so erlischt idR die Nachhaftung.[1410]

646   Grundsätzlich ist anzumerken, dass angesichts der fünfjährigen **Verjährungsfrist** von Schadensersatzansprüche gegenüber dem Vorstand gemäß § 93 Abs 6 dAktG bzw § 84 Abs 6 öAktG (Rn 343) eine Nachhaftung von üblicherweise zwei Jahren nicht vor danach geltend gemachten Schadensersatzansprüchen schützt.[1411] Dies lässt aber nicht automatisch auf die Nutzlosigkeit einer Nachhaftungsregelung schließen; es liegt klarerweise im starken Interesse der Geschädigten, ihre Ansprüche zu Zeiten einer aufrechten D&O-Versicherung geltend zu machen, um eine vollständige Befriedigung des Anspruchs zu sichern.

647   Kritisch ist hier anzumerken, dass die Gesellschaft als Versicherungsnehmer fungiert und somit die Vertragsverlängerung in der Hand hat. Der Vorstand ist daher gut beraten, über seine eigene Versicherungssituation korrekt informiert zu sein und eine Nachversicherung zu fordern. Derzeit haben Versicherungsverträge üblicherweise eine Länge von einem Jahr, die entweder automatisch oder durch ausdrückliche Vereinbarung verlängert werden kann.[1412]

C. Örtlicher Umfang

648   Eine örtliche Beschränkung des Versicherungsschutzes bedeutet meist, dass sowohl die **Pflichtverletzung** als auch der **Schadenseintritt** und die **Anspruchserhebung** in diesem geografischen Gebiet erfolgen müssen.[1413] Auch werden tw Ansprüche, die vor ausländischen Gerichten geltend gemacht werden oder die auf der Verletzung ausländischen Rechts beruhen, umfassend ausgeschlossen.[1414]

[1407] *Gruber/Mitterlechner/Wax,* D&O-Versicherung mit internationalen Bezügen, § 6 Rn 148; *Beckmann* in *Beckmann/Matusche-Beckmann,* Versicherungsrechts-Handbuch, § 28 Rn 114.

[1408] *Lattwein/Krüger,* D&O-Versicherung – das Ende der Goldgräberstimmung, NVersZ 2000, 366.

[1409] *Sieg* in *Terbille/Höra,* Münchener Anwaltshandbuch Versicherungsrecht, § 17 Rn 120.

[1410] *Lattwein/Krüger,* D&O-Versicherung – das Ende der Goldgräberstimmung, NVersZ 2000, 366; *Sieg* in *Terbille/Höra,* Münchener Anwaltshandbuch Versicherungsrecht, § 17 Rn 121.

[1411] *Griehser,* Versicherungsmöglichkeit von Vorstands- und Aufsichtsratsmitgliedern – Anpassung der Director's and Officer's Liability Insurance für Österreich, RdW 2006, 133 (136).

[1412] *Sieg* in *Terbille/Höra,* Münchener Anwaltshandbuch Versicherungsrecht, § 17 Rn 123 f.

[1413] *Gisch* in *Ratka/Rauter,* Handbuch Geschäftsführerhaftung, 424.

[1414] *Fleischer,* Handbuch des Vorstandsrechts, § 12 Rn 53; zB Punkt 5.5 AVB-AVG für EU.

Manchmal enthalten die Versicherungsbedingungen eine Einschränkung des örtlichen Gel- **649**
tungsbereichs auf Deutschland bzw Österreich oder auf Europa.[1415] Die überwiegende Anzahl
der Versicherungsbedingungen sieht überdies einen Haftungsausschluss für Tätigkeiten der
versicherten Person in den **USA** oder anderen Ländern mit *common-law*-Bezug vor.[1416] Grund
dafür ist generell das Risiko, sich fremden, für den Versicherer schwer einschätzbaren Regeln,
aussetzen zu müssen (dies gilt für jegliche Einschränkung des örtlichen Geltungsbereichs),
Verfahren vor einer *jury* sowie die potentiell sehr hohen Schadensersatzforderungen (*punitive
damages*).[1417] Bei Deckungsbedarf in den USA sollte daher ein in den USA tätiger Versicherer
für eine separate Police herangezogen werden.

Insofern besteht gerade für international tätige Unternehmen ein großes Interesse an ei- **650**
nem internationalen Versicherungskonzept.[1418] Hier bestehen erhebliche Unterschiede in den
Versicherungsangeboten, die von der Gesellschaft und dem Leitungsorgan intensiv geprüft
werden sollten.

[1415] *Gisch* in *Ratka/Rauter*, Handbuch Geschäftsführerhaftung, 423 f.
[1416] *Gruber/Mitterlechner/Wax,* D&O-Versicherung mit internationalen Bezügen, § 6 Rn 90; vgl auch
Thümmel, Persönliche Haftung von Managern und Aufsichtsräten, Rn 438.
[1417] *Gruber/Mitterlechner/Wax,* D&O-Versicherung mit internationalen Bezügen, § 6 Rn 91; *Gisch* in
Ratka/Rauter, Handbuch Geschäftsführerhaftung, 424 mwN.
[1418] *Fleischer,* Handbuch des Vorstandsrechts, § 12 Rn 53.

§ 8 Executive Summary

§ 1 **Einleitung** (ab Rn 1)

§ 2 **Pflichten des Vorstands** (ab Rn 9)   651

1. Dem Vorstand obliegen die Geschäftsführung, Leitung und Vertretung der AG.
   - Die **Geschäftsführung** (Rn 10) ist die Gesamtheit aller auf die Verfolgung des Gesellschaftszwecks gerichteten Tätigkeiten. Es gilt gs Gesamtgeschäftsführung (einstimmiger Beschluss).
   - Die **Leitung** (Rn 13) ist ein Teilbereich der Geschäftsführung; sie kann nicht delegiert werden. Sie umfasst die Unternehmensplanung, die Organisation der Unternehmensstruktur sowie die Besetzung von der dem Vorstand unmittelbar nachgeordneten Führungspositionen.
   - Die **Vertretungsmacht** (Rn 19) erstreckt sich auf gerichtliche und außergerichtliche Vertretungshandlungen. Sie ist nach Außen unbeschränkbar. Es gilt gs Gesamtvertretung (einstimmiger Beschluss).
2. Dem Vorstand kommt bei unternehmerischen Entscheidungen ein **unternehmerischer Ermessensspielraum** zu (Rn 355), der es ihm ermöglicht, diese in eigener Verantwortung zu treffen, ohne dass es nachträglich zu einer inhaltlichen Überprüfung dieser Entscheidungen kommen kann. Der Begriff der Business Judgment Rule (BJR) umschreibt diesen Haftungsfreiraum.
3. Der Vorstand hat bei seiner Tätigkeit **drei Pflichtengruppen** zu beachten: 1) Sorgfaltspflicht, 2) Treuepflicht und 3) sonstige Pflichten, die sich aus Gesetz, Satzung oder verbindlichem Organbeschluss für ihn ergeben.
   - Die **Sorgfaltspflicht** (Rn 32) verpflichtet den Vorstand bei Ausübung seiner Tätigkeit die Sorgfalt eines ordentlichen und gewissenhaften Geschäftsleiters anzuwenden. Diese Generalklausel nimmt eine Doppelfunktion als Sorgfaltsmaßstab und als Pflichtenquelle ein.
     — Als *Sorgfaltsmaßstab* (Rn 57) dient sie als Maßstab zur Messung der Schuld im Rahmen eines Haftungsverfahrens. Da es sich aber um einen objektivierten Sorgfaltsmaßstab handelt, fungiert die Sorgfaltspflicht zugleich als objektive Sorgfaltspflicht (Rechtswidrigkeitsebene) und als typisierter Verschuldensmaßstab (Verschuldensebene). Die einzuhaltende Sorgfalt bestimmt sich danach, welche Kenntnisse und Fähigkeiten für das vom Vorstand zu leitende Unternehmen benötigt werden. Dabei ist der Sorgfaltsmaßstab an den tatsächlichen Verhältnissen der individuellen Gesellschaft zu konkretisieren. Eine Berufung des Vorstands auf fehlende Kenntnisse und Fähigkeiten ist ihm durch die Objektivierung nicht möglich.
     — Als *Pflichtenquelle* (Rn 34) dient die Sorgfaltspflicht als Grundlage für die Legalitätspflicht (Rn 44 und Rn 472), die Überwachungspflicht (inkl *Compliance*-Organisation) (Rn 45), sowie die Pflicht zur sorgfältigen Unternehmensleitung (als Generalklausel für weitere Pflichten zur Unternehmensleitung).
   - Die **Treuepflicht** (Rn 59) fordert vom Vorstand im Rahmen einer Generalklausel eine uneingeschränkte Interessenwahrung zu Gunsten der Gesellschaft. Präzisierungen der Treuepflicht finden sich vereinzelt auch im Gesetz wieder, so beispielsweise das Wettbewerbsverbot (Rn 65) und die Verschwiegenheitspflicht (Rn 77).

- Eine dritte Pflichtengruppe bilden Verpflichtungen aus **Gesetz** (Rn 88), der **Satzung** sowie verbindlichen **Organbeschlüssen** (Rn 132). Einzelgesetzliche Pflichten sind beispielsweise: Pflicht zur Namensangabe auf Geschäftsbriefen; Pflicht zur Anmeldung von Änderungen des Vorstands; Pflicht zur Leitung der Gesellschaft; Pflicht zur Vorbereitung und Ausführung von Hauptversammlungsbeschlüssen; Pflicht zur Einhaltung des Wettbewerbsverbots; Pflicht zur Berichterstattung gegenüber dem Aufsichtsrat; Pflicht zur Erstellung einer Entsprechenserklärung; Pflicht zur Buchführung und Einrichtung eines Frühwarnsystems; Pflicht zur Einberufung der Hauptversammlung (Verlustanzeige) und Stellung des Insolvenz- oder Vergleichsantrags; Pflicht zur Geltendmachung von Schadensersatzansprüchen gegen den Aufsichtsrat. Besondere Pflichten ergeben sich auch im Übernahmefall.

652 § 3 Pflichten des Aufsichtsrats (ab Rn 142)

1. Der Aufsichtsrat ist das **Überwachungsorgan** der Gesellschaft (Rn 142). Seine Hauptaufgaben sind die zukunftsorientierte **Beratung** sowie nachträgliche (bzw begleitende) **Kontrolle** des Vorstands und seiner Mitglieder (insbes der Geschäftsführung). Die konkreten Pflichten richten sich nach der Lage des Unternehmens (zB Verdachtsmomente erhöhen die Überwachungspflichten).

2. Zur Wahrnehmung seiner Aufgaben stehen dem Aufsichtsrat **umfassende Instrumente** bzw Einflussmöglichkeiten (Rn 153) zur Verfügung, zB umfassende Informationsrechte (Rn 156); die vorsorgliche oder ad-hoc Einführung von Zustimmungsvorbehalten (Rn 163); Personalkompetenz über den Vorstand (Rn 175); Erlass einer Geschäftsordnung für den Vorstand (Rn 178); Mitwirkungsrechte (Rn 181).

3. Bei Ausführung seiner Tätigkeit hat auch der Aufsichtsrat die Sorgfaltspflicht, die Treuepflicht sowie sonstige gesetzliche Einzelpflichten einzuhalten (Rn 184).
    - Die **Sorgfaltspflicht** (Rn 185) verlangt, dass der Aufsichtsrat die Sorgfalt eines ordentlichen und gewissenhaften Überwachungs- und Beratungsorgans einhält. Die Doppelfunktion der Sorgfaltspflicht als Verschuldensmaßstab und Pflichtenquelle gilt auch für den Aufsichtsrat.
    - Die allgemeine **Treuepflicht** (Generalklausel) (Rn 193) verpflichtet den Aufsichtsrat dazu, im Unternehmensinteresse zu handeln und Interessenkonflikte zu vermeiden. Es besteht eine gesetzliche Verschwiegenheitpflicht (Rn 199), aber kein allgemeines Wettbewerbsverbot.
    - Zu den **einzelgesetzlichen Pflichten** (Rn 213) gehören beispielsweise die Pflicht zur Einberufung der Hauptversammlung soweit es das Wohl der Gesellschaft verlangt; die Pflicht zur Vertretung der Gesellschaft in Angelegenheiten mit dem Vorstand (zB Verträge zwischen Vorstand und Gesellschaft); Geltendmachung von Schadensersatzansprüchen gegen den Vorstand; Pflicht zur Prüfung des Jahresabschlusses, Lageberichts und des Gewinnverwendungsvorschlags (und Feststellung). Weitere Pflichten bestehen beispielsweise im Kapitalmarktrecht.

653 § 4 Haftung (ab Rn 231)

1. Bei der **Innenhaftung** geht es um die Haftung des Vorstands bzw Aufsichtsrats gegenüber der Gesellschaft aus der Verletzung der ihnen gegenüber der Gesellschaft auferlegten Pflichten (Vorstand: Rn 252; Aufsichtsrat: Rn 293). Die zentrale Haftungsnorm für die Innenhaftung ist § 93 Abs 2 dAktG bzw § 84 Abs 2 öAktG. Zu prüfen sind Schaden, Rechtswidrigkeit, Kausalität, Adäquanz und Verschulden.

- Der **Schaden** (Rn 235) ist dabei jede negative Veränderung im Gesellschaftsvermögen (Differenzmethode). Ein verhinderter **Vorteilsausgleich** (Rn 240) kann bei der Verletzung des externen Legalitätsprinzips (die Gesellschaft treffende gesetzliche Pflichten) aus öffentlichen Interessen in Betracht kommen (dh etwaige der Gesellschaft durch die Pflichtverletzung entstehende Vorteile werden bei der Schadensberechnung nicht zugunsten des Organs angerechnet). In bestimmten im Gesetz gelisteten Fällen (alle zum Schutz des Gesellschaftsvermögens) wird ein Schaden in Höhe der abgeflossenen Mittel vermutet (Rn 241).
- Die **Rechtswidrigkeit** (Rn 245) ergibt sich aus der Verletzung der dem Vorstand bzw Aufsichtsrat auferlegten Pflichten (Sorgfaltspflicht, Treuepflicht, sonstige Pflichten aus Gesetz, Satzung oder verbindlichen Organbeschlüssen). Auf Rechtswidrigkeitsebene ist im Rahmen der Sorgfaltspflicht der unternehmerische Ermessensspielraum (**BJR**) zu berücksichtigen – eine Haftung für Fehlentscheidungen ist ausgeschlossen.
- Durch die **Kausalität** und **Adäquanz** (Rn 307) wird überprüft, ob das pflichtwidrige Verhalten des Vorstands für den Schaden kausal und überdies nach dem gewöhnlichen Lauf der Dinge zu erwarten war. Dem Vorstandsmitglied steht der Nachweis des rechtmäßigen **Alternativverhaltens** offen (dh dass der Schaden auch ohne pflichtwidrigem Verhalten entstanden wäre).
- Auf **Verschuldensebene** (Rn 313) wird die subjektive Vorwerfbarkeit des pflichtwidrigen Verhaltens geprüft (die Haftung von Vorstand und Aufsichtsrat ist eine Verschuldenshaftung, keine Erfolgshaftung). Da es sich bei der Sorgfaltspflicht um einen objektivierten Sorgfaltsmaßstab handelt, ist die objektive Pflichtwidrigkeit hier automatisch subjektiv vorwerfbar. Die Prüfung der Sorgfaltspflicht beschränkt sich daher oft auf das Vorliegen von Entschuldigungsgründen.

2. Bei der Beweislastverteilung ergibt sich hinsichtlich der Rechtswidrigkeit und des Verschuldens eine **Beweislastumkehr** (Rn 347), soweit die Gesellschaft Tatsachen und Umstände darlegen kann, die auf das pflichtwidrige Verhalten schließen lassen. Die Gesellschaft muss demgegenüber stets Schaden und Kausalität beweisen (Ausnahmen bestehen in Fällen des Abs 3) (Rn 241).

3. Bei der **Außenhaftung** (Vorstand: Rn 256; Aufsichtsrat: Rn 296) geht es um die Haftung des Vorstands bzw Aufsichtsrats gegenüber Gesellschaftern, Gläubigern oder sonstigen Dritten. Eine Außenhaftung kommt nur in Betracht, soweit der **Schutzbereich der Norm** auch den Schutz des geschädigten Dritten bezweckt. **Reflexschäden** sind nicht ersatzfähig. Eine Außenhaftung kommt in Deutschland beispielsweise in folgenden Fällen in Frage: Verletzung eines absolut geschützten Rechtsguts (zB Mitgliedschaftsrecht der Aktionäre); Verletzung eines Schutzgesetzes; vorsätzliche sittenwidrige Schädigung; Verletzung eines Vertrags mit Schutzwirkung zu Gunsten Dritter; Verletzung einer spezialgesetzlichen Regelungen (zB im Kapitalmarktrecht, Wettbewerbsrecht, Immaterialgüterrecht, Umweltrecht, Produkthaftungsrecht). § 93 Abs 2 dAktG bzw § 84 Abs 2 öAktG kommt kein Schutzgesetzcharakter zu Gunsten Dritter zu.

4. Die Vorstands- bzw Aufsichtsratsmitglieder haften als **Gesamtschuldner** (Rn 323) unabhängig vom Grad des Verschuldens der einzelnen Mitglieder (dieser kann aber in einem Verfahren hinsichtlich des Regresses zwischen den Organmitgliedern relevant sein). Eine wirksame **Ressortverteilung** (Rn 325) kann unzuständige Vorstandsmitglieder nur dann von einer Haftung befreien, wenn sie kein Überwachungsverschulden trifft.

5. Besondere Bestimmungen finden sich bezüglich der Zulässigkeit von **Verzicht** bzw **Vergleich** (zulässig erst nach Ablauf einer Sperrfrist und soweit Hauptversammlung zustimmt und keine Minderheit widerspricht) (Rn 331), der **Verjährung** (Rn 343) sowie der **Entlastung** durch Handlungsanordnungen durch die Hauptversammlung (Rn 338).

654 § 5 Unternehmerisches Ermessen und die Business Judgment Rule
(ab Rn 355)

1. Im Rahmen seiner unternehmerischen Tätigkeit kommt dem Vorstand ein umfassender unternehmerischer Ermessensspielraum zu, ohne den unternehmerisches Handeln schlechthin undenkbar wäre. Auch dem Aufsichtsrat steht ein solcher Freiraum zu, der Anwendungsbereich ist allerdings seiner Funktion entsprechend geringer. Dieser Ermessensspielraum ermöglicht es einerseits Entscheidungen zu treffen, bei denen das Organ nicht an konkrete Handlungsanforderungen gebunden ist (Leitungsermessen), andererseits soll dieser auch die inhaltliche Überprüfung der Entscheidung im Rahmen eines gerichtlichen Verfahrens verhindern (BJR). Es handelt sich demnach sowohl um einen **Handlungs-**, als auch um einen **Haftungsfreiraum**. Für das Unternehmen hat dieser Ermessensspielraum eine hohe Bedeutung, da er die Handlungsfähigkeit des Vorstands trotz strenger Haftungsnormen ermöglicht. Es wird dadurch übertriebener Risikoscheue gezielt entgegengesteuert, ohne dabei den Präventionscharakter des Haftungsrechts abzuschwächen. In Deutschland wurde die BJR ausdrücklich in § 93 Abs 1 S 2 dAktG verankert. Obwohl in Österreich eine gesetzliche Regelung ausgeblieben ist, gilt die BJR auch dort. Im Bereich der Außenhaftung ist ein unternehmerischer Ermessensspielraum grundsätzlich nicht auszuschließen.

2. Von vornherein **kein** Ermessensspielraum steht Organmitgliedern dort zu, wo ausdrückliche Pflichten (dh konkrete Handlungsanforderungen) vorgesehen sind, zB **konkrete Handlungspflichten** die im AktG, der Satzung oder in verbindlichen Organbeschlüssen enthalten sind (Rn 378). Auch im Bereich der **externen Legalitätspflicht** (dh gesetzliche Pflichten der Gesellschaft, für deren Einhaltung der Vorstand verantwortlich ist) besteht kein Schutz der BJR (Rn 479). **Ausnahmen** bestehen bezüglich gesetzlicher Pflichten bei unklarer Rechtslage bzw bei vertraglichen Verpflichtungen der Gesellschaft (eine Verletzung kann hier von der BJR gedeckt sein). Beurteilungsspielräume und Abwägungsbereiche sind vom Ermessensspielraum zu unterscheiden.

3. **Voraussetzung** für die rechtmäßige Ausübung des unternehmerischen Ermessensspielraums (sog BJR-Kriterien) sind wie folgt:
   - Vorliegen einer **unternehmerischen Entscheidung** (Rn 397). Eine solche liegt vor, wenn dem Vorstandsmitglied zumindest zwei rechtlich zulässige und tatsächlich mögliche Entscheidungsalternativen zur Auswahl stehen, und bei der Entscheidung die Gefahr besteht, dass das Gericht diese Entscheidung nachträglich falsch beurteilen könnte (*hindsight bias*). Dabei ist auch eine **Unterlassung**, soweit sich das Vorstandsmitglied aktiv für eine solche entscheidet, als Entscheidungsalternative anzuerkennen (Rn 406). Eine ausdrückliche gesetzliche Handlungsanordnung darf nicht bestehen.
   - Außerdem muss das Vorstandsmitglied sorgfältig eine **Entscheidungsgrundlage** ermitteln (Rn 411). Dabei kommt es nicht auf vollständige, sondern auf angemessene **Information** an. Die Angemessenheit der einzuholenden Information richtet sich dabei nach der Situation des Unternehmens (zB Größe des Unternehmens) und der konkreten Entscheidungssituation (zB Zeitdruck, verbundenes Risiko) (Rn 420). Hat das Vorstandsmitglied eine angemessene Informationsgrundlage für seine Entscheidung geschaffen, so führen Fehlbeurteilungen und Fehleinschätzungen dieser Information nicht zu einer Haftung.
   - Überdies darf das Vorstandsmitglied zum Zeitpunkt der Entscheidung **keinem Interessenkonflikt** (Rn 452) unterliegen. Sachfremde Einflüsse dürfen die Entscheidung nicht beeinflusst haben. Dem Organmitglied steht im Rahmen der gerichtlichen Überprüfung (nach Entfall der BJR) aber die Möglichkeit offen zu beweisen, dass sich unter-

nehmensfremde Interessen mit denen des Unternehmens gedeckt haben oder dass diese keinen Einfluss auf die Entscheidung genommen haben (Fremdvergleich).

- Außerdem musste das Vorstandsmitglied zum Zeitpunkt seiner Entscheidung **vernünftigerweise annehmen dürfen** (Rn 463), dass die Entscheidung dem **Unternehmenswohl** (Rn 431) dienen würde (dh der nachhaltigen Steigerung des Unternehmenswerts dient). Die Interessen der Aktionäre, Arbeitnehmer und der Öffentlichkeit sind zu berücksichtigen. Beim Element des „vernünftigerweise annehmen dürfens" kommt es auf eine objektivierte subjektive Sicht des Organmitglieds in der konkreten Entscheidungssituation aus Sicht *ex ante* an. Diese Annahme muss auch bei gerichtlicher Überprüfung objektiv plausibel erscheinen. Auch **Gutgläubigkeit** des Organmitglieds wird verlangt (Rn 462).
- Bei Prüfung der BJR-Kriterien durch das Gericht ist stets die **Ratio** der BJR im Auge zu behalten (Rn 465). Im Zweifel sollte der unternehmerische Ermessensspielraum daher weit gefasst werden.

4. Entscheidet das Organmitglied **innerhalb** der BJR-Kriterien (Rn 468), so handelt es nicht pflichtwidrig, und zwar auch dann nicht, wenn sich die Entscheidung nachträglich als Fehlentscheidung herausstellt. Hierbei handelt es sich um eine **unwiderlegliche Vermutung** (dh ein Gegenbeweis kann nicht erbracht werden). Bei der Beurteilung der rechtmäßigen Ausübung des unternehmerischen Ermessens ist zwingend eine *ex ante* Sicht einzunehmen.

5. **Überschreitet** (Rn 469) das Organmitglied die BJR, so entfällt der Schutz der BJR unwiderruflich und kommt es zur inhaltlichen Überprüfung der Entscheidung. Eine Pflichtverletzung steht damit aber noch nicht fest; diese muss im Verfahren erst festgestellt werden.

§ 6 Legalitätspflicht (ab Rn 472)   655

1. Die **interne Legalitätspflicht** (Rn 481) bindet den Vorstand an die Pflichten aus AktG, Satzung und verbindlichen Organbeschlüssen. Anzuerkennen ist auch eine Pflicht des Vorstands zur Einhaltung von die Gesellschaft treffenden gesetzlichen und vertraglichen Pflichten (**externe Legalitätspflicht**) (Rn 483). Es besteht eine ganze Reihe an dogmatischen Begründungen für die Existenz der Legalitätspflicht (Rn 486). Die Verletzung der Legalitätspflicht ist mit der Innenhaftung sanktioniert.

2. Die externe Legalitätspflicht ist absolut; ein Verstoß ist **per se** pflichtwidrig und führt – bei Vorliegen von Verschulden und einem kausalen Schaden – zur Haftung des Organs gegenüber der Gesellschaft (**Innenhaftung**). Ein **unternehmerischer Ermessensspielraum** (iSd BJR) ist im Bereich der externen Legalitätspflicht abzulehnen.

3. Bei **unklarer oder umstrittener Rechtslage** (Rn 503) bzw bei **Vertragspflichten** (Rn 508) der Gesellschaft ist im Einklang mit der hM ein unternehmerischer Ermessensspielraum anzuerkennen (dh Entscheidungen, durch die unklare gesetzliche Pflichten oder vertragliche Pflichten verletzt werden, sind dann nicht pflichtwidrig, wenn die BJR-Kriterien eingehalten wurden). Im Bereich gesetzlicher Pflichten bei unklarer oder umstrittener Rechtslage kann uU sogar eine Pflicht zur Ausnutzung dieser Unklarheit zu Gunsten des Unternehmens bestehen. Vertragliche Pflichten sind nach hier vertretener Ansicht auf ihre Nützlichkeit für das Unternehmen zu überprüfen. Im Einzelfall ist der Entfall der Haftung auch aufgrund rechtfertigender **Pflichtenkollision** oder **Notstand** (Rn 512) denkbar.

4. Besonderheiten können sich bei **nützlichen Pflichtverletzungen** ergeben (Rn 513). Diese sind nicht „mehr oder weniger" pflichtwidrig als andere Pflichtverletzungen. Es darf hier nicht vom Schaden/Vorteil auf die Rechtswidrigkeit geschlossen werden. Zu beachten ist

auch, dass es im öffentlichen Interesse zu einem verhinderten Vorteilsausgleich kommen kann (dh etwaige Vorteile, die der Gesellschaft durch die Pflichtverletzung iRd externen Legalitätspflicht entstanden sind, werden dem Organ bei der Schadensberechnung (Rn 518) nicht angerechnet).

656 § 7 D&O-Versicherung (ab Rn 534)

1. Die D&O-Versicherung ist eine freiwillige **Vermögensschaden-Haftpflichtversicherung**, die Vorstandsmitglieder vor Haftungsrisiken im Rahmen der Innen-, sowie auch der Außenhaftung schützen soll. Sie stammt aus dem US-amerikanischen Rechtsraum und hat sich auch im deutschsprachigen Raum zunehmend zu einer Standardversicherung entwickelt.

2. Bei der D&O-Versicherung handelt es sich um eine **Versicherung für fremde Rechnung**, da die Gesellschaft Versicherungsnehmerin ist und das Organmitglied die versicherte Person.

3. Entgegen dem ersten Anschein liegt das **Interesse** an einer D&O-Versicherung nicht ausschließlich bei den versicherten **Organmitgliedern** (diese genießen den Schutz des persönlichen Vermögens im Haftungsfall) (Rn 545). Auch die **Gesellschaft** hat ein beträchtliches wirtschaftliches Interesse am Abschluss einer solchen Versicherung (Rn 548), da es die Wahrscheinlichkeit eines vollständigen Schadensausgleichs erhöht. In der Regel können Schäden, die das Vorstandsmitglied durch Pflichtverletzungen verursacht, aufgrund der fehlenden finanziellen Mittel vom Vorstand gar nicht vollständig ersetzt werden. Auch im Wettbewerb um fähige Führungskräfte ist eine D&O-Versicherung heutzutage dienlich, wenn nicht sogar erforderlich. Die D&O-Versicherung erhöht auch die Bonität und das wirtschaftliche Ansehen der Gesellschaft. Im Ergebnis ist daher von einem **überwiegenden** Interesse der Gesellschaft am Abschluss einer D&O-Versicherung auszugehen.

4. Die **aktienrechtliche Zuständigkeit** für den Abschluss einer D&O-Versicherung liegt beim Vorstand (Rn 554). Dies ergibt sich daraus, dass die Versicherung im überwiegenden wirtschaftlichen Interesses der Gesellschaft liegt, und daher nicht als Teil des Entgelts anzusehen ist (in diesem Fall wäre der Aufsichtsrat dafür zuständig). Der Vorstand schließt den Versicherungsvertrag *für* die Gesellschaft ab, und wird dabei – im Gegensatz zu Insichgeschäften – nicht selbst Vertragspartei, sondern bloß Berechtigter aus dem Versicherungsvertrag. In der Regel wird der Versicherungsvertrag für sämtliche Mitglieder des Aufsichtsrats und des Vorstands abgeschlossen. In Österreich wird überwiegend der Aufsichtsrat als zuständiges Organ angesehen.

5. Eine **Pflicht zum Abschluss** einer D&O-Versicherung ist nach dem derzeitigen Stand der Rechtslage weder aus Interessen der Gesellschaft (Unternehmenswohl), noch aus Interessen des Vorstands (Fürsorgepflicht) zwingend anzunehmen, kann sich aber wohl aus den Umständen ergeben (Rn 560).

6. Vom **sachlichen** Umfang (Rn 573) der Versicherung sind jedenfalls der Rechtsschutzanspruch und der Befreiungsanspruch umfasst. Der Rechtsschutzanspruch zielt darauf ab, alle gebotenen gerichtlichen und außergerichtlichen Kosten der Abwehr vermeintlich unbegründeter Schadensersatzansprüche zu übernehmen (Rn 589). Der Befreiungsanspruch bezweckt demgegenüber das Organmitglied von tatsächlich bestehenden Verpflichtungen zur Zahlung von Schadensersatz zu befreien (Rn 595). Der Versicherungsschutz umfasst gs sowohl **Innen-** als auch **Außenhaftungsansprüche**.

7. **Gegenstand** der Versicherung sind ausschließlich **Vermögensschäden**. Personen- und Sachschäden sind Gegenstand einer eigenen Betriebshaftpflichtversicherung. Auch findet idR eine Beschränkung auf gesetzliche Haftpflichtbestimmungen, manchmal überdies auf

privatrechtliche Haftungsgrundlagen statt. Öffentlich-rechtliche Haftungsgrundlagen sind dann vom Deckungsschutz nicht umfasst.

8. Sachlich wird der Umfang der Haftung durch eine **Begrenzung** der Versicherungssumme (Rn 598) und regelmäßig auch durch Selbstbehaltsvereinbarungen (Rn 604) eingeschränkt (für den Vorstand in Deutschland zwingend). Auch finden sich in Versicherungsverträgen häufig umfassende **Haftungsausschlussklauseln** (Rn 613), beispielsweise der Ausschluss für vorsätzliche Schadensverursachung, wissentliche Pflichtverletzung, Eigenschäden des Versicherten; weiters auch Gerichtsklauseln und Trennungsklauseln.

9. Der **zeitliche** Umfang (Rn 638) des Versicherungsschutzes richtet sich nach dem **Anspruchserhebungsprinzip**. Demnach kommt es darauf an, dass ein Schadensersatzanspruch während der Dauer des Versicherungsvertrags verursacht und auch geltend gemacht wurde. Erweitert werden kann der zeitliche Umfang des Versicherungsschutzes durch Rückwärtsversicherungen und Nachhaftungsregelungen.

10. Der **örtliche** Umfang (Rn 648) der Versicherung wird meist auf Europa oder das Inland beschränkt; nahezu alle Versicherungsbedingungen sehen einen Ausschluss für Pflichtverletzungen vor, die nach ausländischem Recht geahndet werden (insbes USA).

Stichwortverzeichnis

(Zahlen = Randnummern)